Romance

O Bispo

Amor e sexualidade face a face

Ana Cristina Vargas
pelo espírito
José Antônio

Dados Internacionais de Catalogação na Publicação (CIP)
(Câmara Brasileira do Livro, SP, Brasil)

José Antônio (Espírito) .
O Bispo / pelo espírito José Antônio ;
[psicografado por] Ana Cristina Vargas. --
Catanduva, SP : Boa Nova Editora, 2003.

ISBN 85-86470-27-9

1. Espiritismo 2. Psicografia 3. Romance
brasileiro I. Vargas, Ana Cristina. II. Título.

03-0639 CDD-133.93

Índices para catálogo sistemático:
1. Romances psicografados : Espiritismo 133.93

Impresso no Brasil/*Presita en Brazilo*

Ana Cristina Vargas

pelo espírito José Antônio

O Bispo

Amor e sexualidade face a face

boa nova
editora e distribuidora de livros espíritas

Instituto Beneficente Boa Nova - Entidade coligada à Sociedade Espírita Boa Nova
Av. Porto Ferreira, 1031 - Caixa Postal 143 - Catanduva/SP - CEP 15809-020
Sites: www.boanovaonline.com.br - www.boanova.org.br
E-mail: boanova@boanovaonline.com.br
Fone: (17) 521-2400 - Fax: (17) 521-2191

1ª edição
10.000 exemplares
Setembro/2003

Capa
Direção de arte
Francisco do Espírito Santo Neto
Designer
Cristina Fanhani Meira

Revisão
Maria Lúcia Almeida Maier

Editoração eletrônica
feita a partir da digitação
da própria médium por
Cristina Fanhani Meira

O produto da venda desta obra é
destinado à manutenção das atividades
assistenciais da Sociedade de Estudos
Espíritas Vida, de Pelotas, RS, e da
Sociedade Espírita Boa Nova,
de Catanduva, SP.

Sumário

Apresentação

Um caminho...

Existe sabedoria em reconhecer a experiência alheia e dela usufruir para nosso crescimento, por isso ao entregar-lhes este livro tomo por empréstimo as palavras de grandes mestres, deixando que elas falem do propósito desta obra.

"Chamo homem vicioso a esse amante vulgar que ama o corpo antes que a alma. O amor está por toda parte na Natureza, que nos convida a exercitar nossa inteligência; é encontrado até nos movimentos dos astros. É o amor que orna a Natureza de seus ricos tapetes; ele se enfeita e fixa sua morada lá onde encontra flores e perfumes. É ainda o amor que dá paz aos homens, a calma ao mar, o silêncio aos ventos e o sono à dor." [1]

"O amor é de essência divina, e, desde o primeiro até o último, possuis no fundo do coração a chama desse fogo sagrado. É um fato que pudestes constatar muitas vezes; o homem mais abjeto, o mais vil, o mais

---

[1] *Platão. Item XVI. Resumo da Doutrina de Sócrates e de Platão. Introdução de* O Evangelho Segundo o Espiritismo. *Trad. Salvador Gentile. Araras, IDE.*

criminoso, tem por um ser, ou por um objeto qualquer, uma afeição viva e ardente, à prova de tudo que tendesse a diminuí-la, e atingindo, freqüentemente, proporções sublimes."[2]

"(...) e por minha parte tento convencer os outros de que, para alcançar o bem, a natureza humana não encontrará facilmente melhor auxiliar do que Eros."[3]

---

[2] *Fénelon.* O Evangelho Segundo o Espiritismo, *capítulo XI, item 9. Trad. Salvador Gentile. Araras, IDE.*

[3] *Sócrates.* O Banquete. *Trad. Jean Melville. São Paulo, Martin Claret.*

Capítulo 1

Nossos primeiros encontros

"Os preconceitos do mundo sobre o que se convencionou chamar o ponto de honra dão essa suscetibilidade sombria, nascida do orgulho e da exaltação da personalidade (...)".[1]

– Foi uma visão profética, meu caro – dizia meu interlocutor, muito nervoso e agitado. – Jamais esquecerei aquela manhã. Agora, aqui, falando com vocês sobre esses fatos, eles me parecem marcados por um determinismo quase diabólico, perverso. Não havia como resistir ou evitar tudo o que foi feito.

Notando que meu companheiro desequilibrava-se, procurei intervir:

– Mantenha a calma – pedi-lhe. – São apenas lembranças. Sei o quanto dói remexer fatos marcantes que para você são presentes. Mas, por favor, mantenha a calma, será melhor assim. De nada adianta revoltar-se. É preciso drenar – e ao me dar conta que usava expressões médicas para curar feridas internas, sorri lançando um olhar a meu amigo Georges que assistia à conversa, displicentemente apoiado ao peitoral da janela de meu estúdio de trabalho, e o provoquei completando – drenar essas chagas interiores, não concorda comigo, Georges?

– Claro – apoiou reticentemente Georges devolvendo-me o sorriso como quem diz: "a tarefa é sua, vá em frente". Olhando a face conturba-

[1] *Allan Kardec.* O Evangelho Segundo o Espiritismo, *Cap. XII, item 8. Ide.*

da do companheiro à minha frente, estendi-lhe a mão; havia notado que ele era avesso ao contato humano, parecia temer uma carícia e até mesmo uma palavra de carinho. Ele olhou fixamente minha mão estendida, não retribuiu o gesto dando-me sua mão. Resolvi insistir, tentei tocar-lhe o ombro gentilmente. Foi pior, ele encolheu-se no assento da poltrona, vi seu olhar aflito antes que ele escondesse o rosto entre as mãos, depois me disse:

– Não me toque! Fique longe de mim. Não preciso da sua piedade, nem de ninguém.

Dirigindo-se a mim e a Georges, falou descontrolado:

– Deixem-me voltar, não me submeterei a isso, por que interferem, não têm nada com isso. Afastem-se, me deixem, vocês não sabem nada do que eu sinto, nem por que faço o que faço. Mas garanto-lhes, tenho sérias razões para agir assim. Não se metam em um assunto que lhes é desconhecido.

Georges acercou-se do nosso companheiro, puxou uma cadeira e sentou-se à sua frente. Sem hesitação sobrepôs suas mãos às do nosso companheiro. Gentilmente fez com que ele tornasse a descobrir o rosto e, olhando-o firmemente, comentou:

– Ricardo, é preciso pôr fim a esse sofrimento. Olhe à sua volta, você é um ser inteligente, capaz, não há do que fugir senão de você mesmo. Responda-me, como fazer isso?

Georges falava calmamente, porém a inflexão de autoridade era marcante em sua voz.

– Aonde você for carregará esses sentimentos e pensamentos. José Antônio tem razão, nossas chagas interiores precisam ser drenadas. Precisamos abrir nosso íntimo, olhar lá dentro, ver as coisas que nos machucam, entender por que são ou foram assim. Não desejamos e nem faremos com que esse processo seja forçado; ele é seu e deve seguir o tempo que lhe for necessário. Mas pense que quanto antes você resolver ingressar nessa viagem melhor será.

Mais calmo, Ricardo olhava cheio de dúvidas ora para mim, ora para Georges. O temor de revelar algo há muito escondido o torturava.

– Falamos várias vezes sobre isso, eu sei. Mas ainda não consigo olhar esse passado, nem aceitar o presente. Em mim vive o conflito.

– Meu amigo, você precisa descansar. Vamos andar um pouco pelo jardim – convidou Georges. – É preciso afastar a mente dessas vivências. Já é tempo.

Ricardo levantou-se, sua postura revelava certo acanhamento. Era interessante notar como oscilava emocionalmente; postou-se de costas para nós e permaneceu algum tempo em silêncio.

Enquanto aguardávamos a resposta eu analisava: estava sendo um processo de recuperação muito lento, mas a personalidade dele me fascinava, sua história, suas emoções, por vezes tão conturbadas, tão secretas, escondidas das vistas do público. A dualidade daquele caráter arrebatado e sensível, cruel e amoroso, dominador e passivo, e todos os conflitos que abrigava em seu coração eram para mim valiosíssimos. Sinceramente o queria como amigo, e acredito que naquele momento ele sentiu isso porque voltou-se, olhou-me nos olhos e perguntou:

– Não me julgas? Não me condenas? Não tens vergonha de mim?

Novamente estendi-lhe a mão e respondi:

– Faltam-me qualificativos para julgá-lo, não vejo em seu interior e não vivi suas experiências. Não posso julgá-lo, por conseqüência não o condeno. Desejo ser seu amigo, respeito os sentimentos que abrigas. Ninguém deve se envergonhar por amar e você amou.

– Bem sabe que sou diferente, lhe disseram, eu sei – insistiu Ricardo. – Ainda assim quer participar desse processo todo, que eu mesmo temo.

– Ricardo, precisamos aprender a conviver com as diferenças e entendê-las. É chegado o momento de desenterrar os ossos da hipocrisia que a sociedade lança sob o tapete do moralismo – disse-lhe. – Sabe, analisar a sociedade humana pode ser uma comédia ou uma tragédia dependendo da lente que usamos. Já a olhei com lentes de cinismo e a vi como uma comédia, caráteres risíveis, caricaturas de homens. Sofri bastante e pensava que tudo era uma tragédia. Meu amigo Georges, me auxiliou a resgatar desse sofrimento o equilíbrio, a compreender a mim mesmo, meu íntimo, minhas vivências e a ver que todos somos iguais nesse aspecto: para podermos mudar, devemos nos compreender e nos aceitar. Olhe, não desejo fazer discursos, mas pense: quantas pessoas vivem o seu drama de amor, ódio, ciúme, traição e vingança...

– Não se esqueça do medo, da ansiedade, da incompreensão, da vergonha, da marginalidade social, do preconceito, das dúvidas atrozes –

acrescentou Ricardo, interrompendo-me. – Mesmo assim queres realmente minha colaboração?

– Quero – respondi. – Considere isso como um resgate da minha própria consciência. Enquanto estive na matéria arranhei esses temas em meus trabalhos, mas faltou-me o senso maior de compromisso com o progresso que deve ter o artista para afrontar alguns preconceitos e estabelecer discussões, então soterrei esses impulsos cedendo aos interesses materiais, aos preconceitos sociais. Apenas deixei esboços desses assuntos, frágeis convites, ao pensamento de meus leitores para verem essas diferenças. Como vê, ofereço-te minha amizade e ajuda se necessário for, ao passo que você também me ajudará. Sua experiência para mim é rica, por isso gostaria de participar do teu processo de "drenagem interior".

Georges riu da denominação que dei ao trabalho.

– Ainda não sei. Sinto-me confuso. Por vezes, os argumentos de vocês me convencem, me pacifico, porém surgem as lembranças e... Ah! eu sofro, essa é a verdade – desabafou Ricardo, caindo pesadamente sobre a poltrona que ocupava anteriormente.

– Muito bem, Ricardo, encontre as suas verdades, assuma-as. Fizeste bem em admitir o sofrimento. Agora decide o que queres fazer com ele: conservá-lo ou não? – aparteou Georges sorrindo alegremente. – Não tenha pressa. E agora que me diz quanto aquele passeio? Ainda espero sua resposta.

Vendo que Georges me sinalizava para não insistir com Ricardo, dando-lhe tempo para amadurecer a idéia de partilhar suas experiências, prontamente incentivei:

– Vá, Ricardo. Medite com calma. Se desejar conversar novamente comigo, não se constranja, venha. Terei prazer em recebê-lo.

– Acho que realmente ainda não é o melhor momento. Não estou seguro se desejo isso realmente – declarou Ricardo. – Sei que tenho barreiras interiores muito fortes a vencer antes de me expor dessa forma.

Voltando-se para Georges, disse:

– É melhor andarmos lá fora, um passeio me fará bem.

Georges levantou-se prontamente, disposto a acompanhá-lo. Despedimo-nos amistosamente e os acompanhei até a saída.

Em minha mesa, várias anotações a respeito de Ricardo; eu acompanhava o caso há alguns anos, mas apenas recentemente pudemos nos aproximar dele. Caminhei até a ampla janela de vidro que dá vista ao jardim de nossa instituição e pude acompanhar com o olhar o passeio de Georges e Ricardo.

Confiava que ele compreenderia nosso propósito. Queria, e quero, Ricardo como um grande amigo.

Pacientemente, aguardei a aquiescência dele aos nossos planos. Em uma manhã ensolarada, enquanto descansava alguns minutos no jardim, recebi um chamado de Georges. Ricardo dava sinais seguros de ingressar em processo de autoconhecimento e renovação, concordara com minha presença e a transformação de sua existência finda em tema de nosso trabalho. Carrego sempre comigo o parco material de que necessito para apontamentos, estava a meu lado no banco, peguei-o e rapidamente me dirigi à sala indicada por Georges.

– Sê bem-vindo, José Antônio – cumprimentou-me o gentil Georges. – Apenas te aguardávamos para dar início à sessão.

– Vim tão logo recebi seu chamado. Como estão? – indaguei dirigindo-me também a Ricardo.

– Disposto – respondeu Ricardo, firme.

– Ótimo, meu amigo – elogiei. – Verá como será bem melhor para você livrar-se desses grilhões.

– Faça um bom trabalho, José Antônio – alertou ele. – Que todos os meus padecimentos emocionais e desacertos se tornem de utilidade para alguém.

– Farei o melhor a meu alcance, Ricardo – respondi-lhe sinceramente. – E agora, esqueça que estou aqui.

Ricardo acomodou-se no divã em que se encontrava recostado. Na parede à sua frente uma grande tela, sentado ao lado do paciente, Georges e depois eu.

Georges levantou-se, acionou o funcionamento da tela e, voltando-se para Ricardo, solicitou com calma:

– Reconstrua suas memórias, Ricardo. Analise-se. Vá em busca de suas emoções, compreenda-as. Esse é o nosso propósito.

Enquanto começávamos a ver as imagens do passado de Ricardo, ouvíamos sua voz emocionada narrar as próprias experiências.

Capítulo 9

As lembranças

"(...) Em verdade vos digo que um dentre vós, o que come comigo, me trairá".[1]

Os raios de sol incidiam sobre a vegetação das campinas, o suave relevo, de tempos em tempos quebrado pelo aparecimento de alguns aglomerados de árvores nativas e arbustos, oferecia à vista um cenário de plácida tranqüilidade campestre.

Um pequeno feudo, com um burgo ao redor e, mais adiante, sobre um elevado do terreno, a imponente construção do convento do Vêneto, com suas paredes cinzentas, suas altas janelas, as torres características do estilo gótico, apontando o firmamento, como que desejosas de aproximar o homem do criador a qualquer preço.

Andando apressada, uma camponesa, jovem, corpo atraente que as vestes pobres não escondiam, cabelos castanhos, levemente encaracolados nas pontas, escapavam do lenço fortemente amarrado na cabeça e brilhavam à luz do sol. Em uma das mãos trazia uma pequena trouxa de tecido, na outra arrastava um menino de aproximadamente sete anos, de olhar assustado e expressão tomada de medo. A pobre criança tropeça-

---

[1] *Jesus.* Bíblia Sagrada, *Mateus 14:18. Trad. João Ferreira de Almeida. Barueri, Sociedade Bíblica do Brasil.*

va nos próprios pés para acompanhar o ritmo da jovem. Era franzino, delicado, no rosto sobressaía os enormes olhos castanhos, rajados de tons dourados, luminosos e sombreados por espessas e longas pestanas. A pele bronzeada denunciava que a criança vivia ao ar livre, o que lhe dava um ar saudável e rosado.

– Apressa-te – pedia a jovem ao menino lançando um olhar à construção do convento ainda um tanto distante. – Não seja lerdo, anda mais depressa. Não temos o dia todo pela frente.

– Ai, não posso mais! – queixava-se o menino. – Quero parar, meus pés doem. Pára mãe.

– Cala-te. Já disse, é preciso andar mais depressa – ralhou a jovem, mal-humorada.

Choramingando e cansado, o menino foi arrastado até a porta da igreja do convento.

A jovem suspirou profundamente, ajeitou o lenço, passou a mão sobre o avental e olhou o menino a seu lado. O rosto pequeno, sujo de pó, estava marcado pelo caminho traçado pelas lágrimas. O medo e a incerteza se estampavam na expressão infantil, como a indagar: que será de mim? Pouco compreendia do que se passava, mas percebera que o novo marido de sua mãe não aprovava sua presença em casa. Várias vezes fora vítima de agressões e ouvira a mãe clamar para que não mais o machucasse e a resposta do padrasto lhe ficara gravada na memória:

– Livra-te deste fedelho. Não estou disposto a criar filho de outro homem.

Em vão a mãe argumentara que o pequeno era órfão de pai há dois anos, que ele tivesse paciência. Nada comovera o padrasto.

– Entrega-o para a igreja o quanto antes. Farás um bem a ele e a nós. Já te disse, não suporto ver a cria de outro homem sob o meu teto. Lá com os padres terá do bom e do melhor. Leva-o o quanto antes. Assim que o entregares partiremos daqui, vamos fazer fortuna em Veneza, dizem que lá o comércio é rico e há lugar para todos, chega de viver explorado nesse feudo esquecido do mundo.

O discurso inflamado do marido um pouco amedrontava a mulher outro tanto a seduzia. Viver na cidade, ser esposa de um comerciante, conquistar fortuna era seu sonho desde menina. Invejava a senhora do castelo para quem trabalhava, suas roupas, os objetos luxuosos, as jóias, as festas. Julgava que a riqueza era só prazer, e que os ricos eram isentos de sofrimento.

Mas havia um preço: afastar-se do filho, o pequeno Enzo, lembrança de seu primeiro amor tragicamente terminado com a morte do esposo em uma caçada. Viúva, jovem e pobre, sua vida após a morte do pai de Enzo não fora nada fácil. O segundo casamento com um homem mais experiente e vivido lhe parecera a solução ideal. Não considerara o caráter violento, frio e calculista do candidato. Agora, passados quase três meses, via-se na contingência de abandonar o filho às portas do convento. Enzo era um menino, não havia como deixá-lo na roda dos enjeitados, era preciso entregá-lo ao monsenhor Ricardo.

Encarando o filho, a mulher abaixou-se, pegou a ponta do avental e limpou o rosto do menino. Depois, não sofreando as emoções contraditórias que lhe sacudiam o íntimo, tomou o menino nos braços e apertou-o contra si, beijando-lhe sôfregas e repetidas vezes a cabeça loira. Não tinha palavras a dizer ao filho. Não sabia se ele entenderia ou não seu gesto algum dia e julgava que sendo ele uma criança nada entendia do momento doloroso que compartilhavam. Mas como estava enganada!

A criança não entendia a estranha lógica do raciocínio adulto, não lhe acompanhava as nuances e as razões de ser tão cheias de mesquinhos sentimentos e impulsos imediatistas, mas sentia, e como sentia, que sua mãe naquele momento se despedia dele. Essa contradição de não compreender as razões do abandono, mas senti-lo profundamente, marcaria de carência e desencadearia complexo de rejeição no caráter do pequeno Enzo por muito tempo, daquele dia em diante. E, de forma semelhante o medo de amar uma mulher e vê-la partir, abandonando-o, seria uma sombra vagando em seu mundo emocional.

Dominando a emoção e os gritos da consciência, a mulher ergueu-se, respirou fundo, não teve coragem de contemplar o olhar aflito e transtornado do filho. Puxando-o pela mão, entrou na igreja.

Monsenhor Ricardo era um homem então com trinta anos, jovem para ocupar o destacado cargo no corpo clerical do convento. Aos domingos era sempre ele quem realizava a homilia da santa missa. Naquele, em especial, em razão do mal estar de seu superior, oficiava todo o rito religioso. Estava de frente para o altar, ricamente ornamentado de belas imagens, vestidas de veludo em nichos entalhados em madeira. O dourado do ouro dominava e ofuscava a vista deslumbrando os fiéis que nisso viam o poder da Santa Igreja e de seus venerandos representantes. Erguia uma taça também de ouro à altura da testa, oferecendo-a à imagem de Jesus crucificado e coroado de espinhos. Entoava uma prece em latim que recitava mecanicamente, sem qualquer emoção. Ao virar-se, ainda trazia erguida a taça, enquanto a abaixava, seu olhar contemplava a assembléia reunida à sua frente. Chamou-lhe a atenção a presença da jovem mulher com o menino pela mão. Não precisava que lhe dissessem o que ela desejava, ao longo dos anos a serviço da Igreja perdera a conta de quantas vezes esse fato se repetira. Continuava a realizar de forma maquinal o serviço religioso, mas seu pensamento fora atraído para a mulher e a criança. Olhou o menino e, intimamente, compadeceu-se dos dias futuros daquela criança. Conhecia-os antecipadamente e suas histórias eram visíveis e sempre as mesmas a espalharem-se pelos corredores do colégio do convento. Aquele era um menino pobre, por certo a mãe o estava entregando à igreja.

– Triste destino! – pensava monsenhor. – Ele será um padre qualquer de uma remota aldeia da Itália. Sem dinheiro não galgará postos no clero.

Como que atraído pela pomposa figura do monsenhor Ricardo, o pequeno Enzo o olhou. Foi o primeiro olhar que trocaram, viu-o baixar a taça dourada e depois pronunciar:

– *Amen dico vobis quia unus ex vobis me tradet qui manducat mecum.*[2]

A criança não despregava o olhar aflito da figura do monsenhor. Apenas quando sua mãe soltou-lhe a mão e saiu em desabalada corrida pela porta da igreja foi que o pequeno percebeu que a igreja estava vazia e que restavam apenas ele e o oficiante do serviço: aquele homem estranho, vestido de negro e bordô, que agora o contemplava do altar.

Enzo tentou erguer-se e correr atrás da mãe, mas suas pernas esta-

---

[2] *(...) Em verdade vos digo que um de vós, que comigo come, há de trair-me. Marcos, 14:18*

vam cansadas e após alguns passos trôpegos caiu no solo de pedra da igreja e, vendo ao longe a figura da mãe correndo, se pôs a chorar convulsivamente.

Monsenhor Ricardo aproximou-se, tomou-o nos braços, acariciou-lhe os cabelos, murmurou algumas frases, tentando em vão consolar o pequeno órfão. De nada adiantava lançar-se em busca da mulher, bem sabia que por detrás daquele gesto havia uma história de pobreza, dor, em alguns casos, de criminosos pecados de adultério segundo a teologia católica, ou imbecis ilusões de poder que acabavam em mal disfarçada prostituição nas tabernas dos burgos de grandes feudos. Pensando em todos aqueles desatinos, o religioso abraçou carinhosamente o menino e sem que percebesse ou premeditasse tornou-se daquele momento em diante o protetor do pequeno Enzo.

Levou-o até o alojamento dos meninos, entregando-o aos cuidados do irmão Jacobino para que fosse limpo e alimentado, recomendando ao subordinado que zelasse pelo menino e fizesse o registro de praxe. Antes de afastar-se levantou o rosto do pequeno, e vendo seus olhos inchados e vermelhos, falou-lhe suavemente:

– Nada tema, meu pequeno. Você agora é um filho da Santa Madre Igreja, eu cuidarei de você. Nada lhe faltará. Seja dócil e obediente às ordens do irmão Jacobino.

Vendo que o menino o olhava demonstrando haver entendido o essencial do que lhe falara, indagou:

– Como é seu nome?

Uma voz infantil, rouca e chorosa fez-se ouvir em resposta:

– Meu nome é Enzo, padre.

– Muito bem, Enzo, vá com irmão Jacobino, ele lhe dará alimento e depois o levará até onde passará a ser doravante seu quarto.

Passando a mão sobre os cabelos loiros e empoeirados do menino, sorriu.

– Um belo menino. Vá e comporte-se.

O ambiente frio e austero do convento do Vêneto foi o palco da infância do pequeno Enzo. Em meio às grossas paredes, aos silenciosos e longos corredores, cresceu um menino marcado pela carência, pelo abandono, por perdas sucessivas. Duas figuras imprimiriam em seu caráter mensagens muito diferentes: irmão Jacobino e monsenhor Ricardo.

O irmão Jacobino, um frade humilde e de bom coração, era o responsável por acolher os órfãos no convento. Era dele a tarefa de auxiliá-los a crescer provendo o necessário ao desenvolvimento físico dos meninos. Jacobino tinha sob sua tutela 20 infantes entre os sete e os doze anos; após essa idade seus tutelados eram transferidos às mãos de monsenhor Ricardo para iniciar-lhes na vida eclesiástica.

Os dois monges não poderiam ser mais diferentes. Como comumente falamos, eram tão distintos quanto a água do vinho. Irmão Jacobino era água, pessoa de caráter simples, natural, humilde, servia a todos, não fazia mal a ninguém, era órfão, fora educado no convento aonde chegara nas mesmas condições de seus atuais tutelados, não era ambicioso, estava satisfeito com a tranqüilidade de sua existência dedicada a minorar a dor da orfandade que sentira na própria pele.

Monsenhor Ricardo comparava-se perfeitamente ao vinho da região, forte, encorpado, de cor escura e fascinante, seu caráter arrebatado, orgulhoso, ambicioso ao extremo não se conformava em não ser o centro das atenções, em não ter sobre si o brilho e o fascínio que o poder temporal exerce sobre os homens e a sociedade da época. Carreirista, galgava rapidamente postos e cargos no clero a peso de dinheiro, descendia de família nobre, culto, astuto, inteligente, amealhava fortuna como quem colhe flores do campo na primavera. Em pouco tempo no corpo clerical era figura destacada e invejada. De seus lábios ouviam-se discursos belíssimos, em confissão não havia outro mais clemente e benévolo com os fiéis, crescia sua fama e seu poder, o espanto de tão meteórica ascensão era comentado nos cantos dos salões com dúvidas e reticências e publicamente festejado pelos seus muitos devedores.

Naqueles dias estava próximo de se concretizar mais um passo do arrojado plano daquele homem ambicioso – tornar-se a autoridade máxima daquele convento e região: ser o sucessor do bispo Giordano, velho servidor da Igreja Romana, atacado subitamente de progressiva fraqueza orgânica que os médicos não logravam debelar.

O bispo fora exemplar em sua trajetória como religioso. Chegara ao cargo que ocupava por vias legítimas e dedicava-se à administração da obra com zelo e devoção. Era um ingênuo que tanto quanto possível vivia distante do mundo político que envolve o clero e a milenar instituição romana. Aos olhos de Ricardo, o velho sacerdote representava coisa bem diversa...

Na cela do adoentado bispo, Ricardo era incansável, não permitia a nenhum outro membro da congregação substituí-lo nos cuidados ao paciente. Quando alguém vinha oferecer-se para auxiliar, recebia como resposta:

– Não posso permitir que se desgaste nesta atividade. No convento e em todo Vêneto sou o maior devedor de gratidão a Vossa Reverendíssima. Permita que lhe restitua um pouco do muito que lhe devo. Prossiga seu trabalho e deixe-me com nosso superior.

Impressionados com o devotamento do religioso, pouco a pouco todos foram se afastando e deixando que ele conduzisse os cuidados necessários ao bispo Giordano. E dia a dia o velho sacerdote envergava mais o corpo em direção à terra. Quando saía dos aposentos humildes do bispo, monsenhor Ricardo trazia no rosto a máscara de desolação, expressão triste, sombria, e os olhos sempre velados a ninguém encaravam face a face, sempre baixos em aparente humildade.

Na misteriosa doença do superior ele expandiu sua influência, assumindo os cuidados devidos ao paciente, a administração do convento, os contatos com os pares e superiores do bispo adoentado. O moribundo pouco abria os olhos, sua agonia era lenta, parecia vegetar, definhava, mas estranhamente, nos poucos momentos em que se apresentava lúcido, seu olhar refletia um medo terrível, sua alma gritava uma revolta que seu corpo não tinha meios de expressar. À aproximação de Ricardo, encolhia-se no leito tal qual animal encurralado por cães nas caçadas, que vê a morte aproximar-se e quer lutar pela vida, mas é impotente e por fim acaba vencido.

A agonia do velho bispo durou meses. Lutava bravamente para não se render à morte, mas em uma madrugada chuvosa, em meio ao som de forte ventania que fazia bater as janelas do convento e ouvir um melancólico e lúgubre assobio, o sacerdote abriu pela última vez os olhos. No azul pálido, quase sem vida de seu olhar, a revolta e o ódio imprimiam uma luz ofuscante que condensava toda energia vital daquele corpo que se consumia. Encarando seu enfermeiro, apontou-lhe o dedo trêmulo, em riste; seu rosto magro, encovado e de cor cadavérica, era um rictus de pavor e revolta. Gastando suas últimas energias materiais, o bispo fez soar a voz num sussurro apavorante e ameaçador em meio ao assobio da ventania:

– Você pagará caro por isso, Ricardo.

Impassível, Ricardo recebeu as últimas palavras do bispo do Vêneto, vendo-o desfalecer em seguida, caindo o braço esquálido ao lado da cama e batendo no piso. Sem qualquer emoção, tomou o braço do doente e colocou-o sobre o peito. Constatando que o bispo não mais vivia, correu os dedos sobre os olhos do falecido, fechando-os e escondendo de todos o brilho de ódio e revolta que neles havia. Porém, não conseguiu retirar do cadáver a expressão, o rictus de pavor, o medo, as marcas sutis da revolta.

O cadáver hirto, pálido, trajado com suas vestes clericais e aparatos que o deviam acompanhar no túmulo, foi preparado por monsenhor Ricardo sob a costumeira alegação do dever de gratidão:

– Esta é minha última oportunidade de saldar uma grande dívida de gratidão a nosso ilustre benfeitor – dizia a quem se aproximasse para ajudá-lo.

Os religiosos não se atreveram a contestá-lo, parecia justo que o dedicado servidor de tantos anos prestasse também as últimas homenagens ao amigo. Nas exéquias, reuniram-se as altas autoridades que decidiriam quem seria o sucessor do bispo Giordano e causava sincera piedade a consternação e a estóica fé com que monsenhor Ricardo suportava a morte do superior.

..*

A tela se apagou. Imediatamente minha atenção voltou-se para Georges, que observava Ricardo extremamente agitado, ainda deitado no divã. A consciência do companheiro revolvia-se em crise profunda.

– Ricardo – chamava Georges, meigamente. – Ricardo, tenha calma. Lembre-se, tudo isso é passado.

– Eu sei, mas isso não retira a culpa pelos meus atos. Você viu. – Ricardo dobrava-se sobre si mesmo tapando o rosto, envergonhado. – Eu matei friamente o bispo Giordano, e ele sabia. Nunca esqueci aquele olhar acusador, cheio de ódio que o velho me lançou em seus últimos momentos.

– Você quer falar sobre isso, Ricardo? Faz bem expressar nossos sentimentos em palavras. É para isso que temos o dom de falar – incentivou Georges.

– Desejava ser o bispo, e realmente fui, atingi meu objetivo. O preço na época não me importou. Hoje vejo quão ilusório era tudo que julgava então de tamanha importância. O fato é que eu desejava o poder, o dinheiro. A ambição e a ganância me moviam. Agora, olhando esse passado, me pergunto: para quê? Serviu apenas para chegar a esse momento de duração infinita repleto de tortura, vergonha e culpa no qual vivo.

– Não se condene tanto, Ricardo – advertia Georges. – A culpa, assim como o medo, são emoções que paralisam o desenvolvimento natural do ser humano. Reconhecer um erro e arrepender-se dele é muito diferente de culpar-se. Você está se culpando. Lembre-se do que já conversamos: a proposta é rever para se autoconhecer.

Ricardo fazia um esforço visível para recobrar o controle de seus sentimentos. Georges não o apressou, deixou que ele próprio ditasse o tempo necessário.

– Creia-me, Georges, estou tentando pôr em prática todas as lições que assisti em seus trabalhos aqui na instituição antes de aceitar esse desafio. Lembro-me de todas elas, mas como é difícil. Meu íntimo é conturbado. Compreender a mim mesmo parece tão complexo! – dizia Ricardo, levantando-se e caminhando um pouco em torno da ampla sala de Georges. – Como você pode gostar de fazer isso? Já notei que passa horas e horas com as mais diferentes criaturas fazendo o que faz comigo. Como agüenta?

Georges sorriu e respondeu, olhando para mim e para Ricardo:

– Amo o que faço. Conhecer o outro é conhecer a mim mesmo. Se reconheço no caráter de alguém frieza, calculismo, ódio ou qualquer outro elemento é porque os tenho em mim. Os índios, no norte dos Estados Unidos, tinham um ditado muito interessante sobre o que você me perguntou. Eles diziam que se realmente desejamos conhecer alguém, devemos caminhar sobre seus pés nove luas. Convivendo com nossos irmãos em evolução, aprendemos sobre eles, é este o único caminho. Nessa convivência descobrimos a eles e a nós mesmos. Ricardo, conhecer-se não é difícil como você afirmou, ao contrário, é fácil, é só ter a atenção voltada a si mesmo em primeiro lugar e depois aos outros. É o que estamos fazendo agora. Você está olhando para você mesmo, para suas atitudes, porque não fez isso enquanto estava encarnado.

– É um convite tão simples – Ricardo falava em voz alta como que para si próprio. – Mas quando encarnado sempre olhei para os outros. Preocupava-me conhecer e julgar o caráter dos outros, reconhecer seus pontos fracos e fortes para deles tirar proveito. Não prestei atenção a mim mesmo. Minhas emoções correram soltas, sem controle, e minha inteligência nunca ouviu minha consciência. Eu era um ser tripartido, um emocional, outro fria inteligência a serviços dos vícios da personalidade e, por fim, o que agora enfrento: uma consciência sufocada.

Georges, notando-o mais calmo, fez um gesto apontando-lhe que retornasse ao divã. Ele obedeceu e acomodou-se confortavelmente.

– Deixe-a conversar com você. Tudo quanto precisamos está em nosso interior, temos apenas que aprender a buscar as fontes de sabedoria divina que temos gravadas na consciência. Isso nos possibilita analisa e julgar a nós mesmos.

Georges sorriu, aproximou-se de Ricardo e tocou-lhe o braço gentilmente.

– Lembre-se que julgar não é para condenar, mas sim para ver com clareza quais atitudes nossas geraram esse sofrimento, quais as emoções que as impulsionaram e buscar nessa fonte sagrada de nosso íntimo o caminho para apaziguarmo-nos com o universo interior e exterior. Vamos prosseguir?

Ricardo aquiesceu e enquanto falava as cenas voltaram a projetar-se na tela.

– Tornei-me o bispo do Vêneto...

Capítulo 3

O início de uma amizade

"(...) Os sentimentos são os instintos elevados à altura do progresso realizado".[1]

O ambiente até então austero do convento foi rapidamente transformando-se sob a direção do bispo Ricardo.

O luxo que existia nos altares da igreja adentrou os corredores do convento. Reformas sucediam-se com grande velocidade. Por toda parte surgiam pinturas de anjos, rechonchudos e nus, apenas cobrindo os órgãos genitais, com cabelos ou esvoaçantes tecidos. Imagens dos patriarcas hebreus surgiram esculpidas ou pintadas em tetos e paredes, exibindo músculos fortes de braços, peito e coxas. Cores fortes, muito brilho e pompa falavam quem era o novo bispo do Vêneto.

– Deus aprecia o belo e fez do homem sua imagem e semelhança. Não se esqueçam disso. Eis aí o que penso: que melhor forma de homenagear a divindade senão louvando-lhe a grandeza da criação em imagens de beleza e poder? – discursava o bispo quando inquirido por algum fiel ou até mesmo por seus pares e superiores.

Às alegações de que gastava somas astronômicas em suas obras, a

[1] *Allan Kardec.* O Evangelho Segundo o Espiritismo, *cap. XI, item 8. Trad. Salvador Gentile. Araras, IDE.*

resposta era também pronta:

– Não vos afadigueis pela posse do ouro, meu caro. Lembre-se: o Pai tudo vê e provê. O apego aos tesouros materiais conduz o homem ao caminho do mal, do demônio. São as portas largas da perdição cujas facilidades ele abre. Liberte-se desse mal, meu filho – orientava especialmente aos fiéis. – Faça que seu dinheiro renda eternamente, invista-o no local onde nem as traças nem a ferrugem o corroem, invista-o na grandeza do nome da Santa Madre Igreja, em louvor a Deus e à sua criação.

Com grande habilidade como orador, tanto em público como em particular, o dom da palavra fácil e convincente fez de Ricardo uma das maiores fortunas abrigadas sob o manto da Igreja.

Sua origem nobre auxiliou e muito seu ingresso e início na carreira sacerdotal, mas é inegável que sua "capacidade pessoal" foi a grande responsável pelo acúmulo de capital em suas mãos.

O convento respirava essa estranha prosperidade. Ricardo banira, tanto quanto possível, os rigores eclesiásticos. Dizia que no convento viviam em família, que Deus era o Pai e era justo que todos fossem alegres por estarem sob seu amparo.

Suas medidas na administração do convento, entretanto, não eram isentas de críticas, porém os grupos antagônicos escondiam-se, dissimulavam, não se mostravam à luz do dia. E tudo não passava de fofoca, pois todos reconheciam a astúcia do jovem bispo e temiam enfrentá-lo.

Se havia alguém feliz e inocente em todas as transformações que vivia o monastério, esse alguém era irmão Jacobino.

A maior tolerância da nova administração lhe permitira implementar uma série de renovações e melhorias no trabalho com os órfãos. Um novo prédio foi erguido para abrigar os pequenos, uma espécie de ala escolar, e tanto quanto possível, irmão Jacobino, seu diretor, permitia aos meninos, cumpridos os deveres educacionais e religiosos, que se divertissem em jogos e brincadeiras ao ar livre, quebrando a triste rotina imposta às crianças educadas sob a mão férrea e fria da Igreja. O clérigo sonhava que um dia transformaria aquele local em um simples orfanato de onde os meninos poderiam partir quando tivessem condições suficientes para enfrentar a vida, não mais se submetendo a uma vida sacerdotal compulsória por escolha de familiares que os haviam abandonado.

Envolvido em suas pequenas conquistas, Jacobino não dava atenção aos rumores que cercavam a figura do bispo. Era seu amigo, admirava-o pelo pouco de seus desejos que ele concedera. O bispo tinha nele um servidor fiel e devotado a toda prova.

Logo após assumir o novo cargo, Ricardo viu-se na contingência de escolher alguém de confiança a quem delegar poderes em sua ausência. Examinou suas opções entre os irmãos de ordem: padre Rugiero não lhe inspirava muita confiança; nele a inveja era uma força nítida e atuante, ele pouco pensava crescer e muito pensava em como os outros cresciam. "Um ser invejoso é perigoso" – analisava Ricardo –, "seu intuito é destruir o objeto de sua cobiça. Esse não serve"; a próxima opção era padre Levi – "fingido, faz-se de simplório e não o é, engenhoso, trama pelas costas, cria situações e conceitos a respeito de pessoas unicamente para servir a seus propósitos, além disso, é egoísta demais e tem ambições por poder e autoridade. Melhor seria uma serpente enrolada no braço que este homem trabalhando a meu lado; padre Bento só quer amealhar dinheiro, se oporia a qualquer benfeitoria nesse local e já me bastam os anos de frieza e feiúra que suportei aqui. Reconheço ser ele o menos prejudicial, mas ainda assim não o quero".

Somente depois de meses dirigindo o convento foi que o novo bispo aproximou-se do irmão Jacobino, figura que até então não lhe despertara qualquer interesse.

Visitara a ala construída para aos órfãos no período em que estava em obras e no dia da inauguração. Era chegado o momento de fazer-se presente naquele setor. Arrumava-se em seus aposentos, na residência que lhe era designada em função do posto que ocupava, acompanhado somente de Lucas, jovem seminarista que o servia nas questões pessoais.

– Crianças são incômodas, estas daqui ainda mais, pois têm um olhar acusador e triste – dizia Ricardo para si mesmo enquanto mirava-se no espelho, ajeitando os trajes clericais. Passava a mão sobre o rico bordado da manta, notando-lhe os detalhes, esquecido do desagrado em visitar os infantes. – Lindo trabalho, preciso recomendar à irmã responsável pelo bordado que use mais fios em ouro e prata. Se tivesse feito isso ficaria belíssimo. Imagina essas ovelhas com pontos dourados. Não posso me esquecer de mandar-lhe essa recomendação.

Ajeitando mais uma vez a vestimenta, deu-se por satisfeito e, apanhando um terço que lhe era estendido pelo jovem seminarista que o servia, sorriu-lhe graciosamente e convidou-o gentil:

– Venha, Lucas. Vejamos como estão os pequenos. Afinal precisaremos de boas informações para comover os nobres e ricos a contribuírem com um pouco mais de ouro para os serviços da Igreja.

– Vossa Reverendíssima sempre tem razão. Com certeza as damas apreciarão saber dos cuidados dispensados aos garotos. Além do que sua presença e interesse naquele setor do convento serão testemunhados pela duquesa Clarissa, que nos enviou esta manhã um comunicado dizendo que necessita de um retiro espiritual e pedindo que fosse encaminhado à abadessa Agnes.

– Jovem, por que não fui avisado desse acontecimento mais cedo? – indagou o bispo, contrariado. – Os assuntos que envolvem a duquesa são de meu imediato interesse. Sou seu confessor, preciso saber de tudo que envolve o nome da duquesa. Que foi feito com relação ao pedido?

– Perdão, Reverendíssimo – pediu Lucas com voz de quem pretende desculpar-se, e prosseguiu: – Não julgava ser a duquesa pessoa que gozava de tão alta importância junto ao senhor.

– Pois saiba que ela goza desse merecido privilégio. Lembre-se também que daqui por diante preciso saber de todas as coisas com antecedência. Fui claro?

– Sim, Reverendíssimo. Não abusarei de vossa generosidade. Todas as minhas funções estarão a contento. Quanto ao encaminhamento, bem, ainda nada foi feito. Vossa Reverendíssima não despachou esta manhã. O pedido da duquesa encontra-se em sua mesa, juntamente com as demais correspondências.

O bispo fez uma expressão de desagrado que o jovem seminarista, preocupado, captou através do reflexo do espelho.

– Incompetente! – esbravejou Ricardo. – Como não sabes que uma pessoa do nível da duquesa Clarissa jamais se deve deixar esperando, ainda que seja resposta a uma correspondência. Doravante lembre-se do que lhe disse agora e espero que as coisas melhorem. Você começou bastante mal o trabalho.

O jovem, assustado e encolhendo-se ante a resposta irada do superior, nada respondeu, limitando-se a baixar a cabeça.

Com um amplo gesto, beirando ao exagero teatral, Ricardo afastou-se do espelho e dirigiu-se para a porta. O jovem permanecia estático, parado, no mesmo local onde fora repreendido.

– Vamos, criatura! Deus tem pressa, não podemos perder o dia todo – disse Ricardo, e notando que o rapaz o olhava cheio de medo, intimamente deliciou-se.

– Então, até para abrir a porta a teu superior precisarei mandar? De que te serviram os anos de lições sobre a vida religiosa? A hierarquia e a obediência são conceitos-chave, estão na base de sustentação do sistema católico romano.

Pálido e trêmulo, lentamente o seminarista apercebia-se dos deveres que lhe competiam. Intenso rubor substituiu a palidez ao assimilar plenamente as advertências do bispo. Correu a abrir a porta diante da qual Ricardo estava parado, esperou que o superior saísse e seguiu-o a respeitável distância. Por fora, ele obedecia, por dentro, questionava:

– "Vim para servir a Jesus Cristo, nosso Senhor e salvador. Não para servir de lacaio do bispo".

Ignorando o que se passava no íntimo de seu novo aprendiz, Ricardo encaminhou-se rapidamente à nova ala.

No pátio os meninos corriam e gritavam alegremente. Em meio a eles, com a batina erguida até à altura dos joelhos, para dar mais agilidade de deslocamento, irmão Jacobino comandava a brincadeira. O rosto do religioso, na casa dos quarenta anos, tinha o mesmo brilho alegre e travesso de seus tutelados. Correndo de um lado a outro em volta dos pequenos, o religioso suava muito. Envolvido com as atividades com as crianças, não percebeu a chegada de uma visitante, era a duquesa Clarissa.

Jacobino não sabia o motivo, mas fato era que desde o primeiro dia que colocara os olhos na dama em questão não se simpatizara com ela, apesar da relativa juventude, beleza e a imensa fortuna a que se vinculava.

Vendo-a aproximar-se do local onde se reunia com os pequenos, Jacobino tornou-se ciente de que precisaria atendê-la. Olhou para todos os lados à procura de algum irmão que pudesse recepcioná-la. Viu sentado sob uma das árvores frutíferas que delimitavam o espaço final do pátio, ressonando levemente, o frei Paulo. Sem vacilação, irmão Jacobino assobiou, retirando o companheiro de seu momento de descanso. Vendo-o erguer-se, Jacobino fez-lhe um sinal chamando-o ao centro do pátio:

– Frei, está vendo aquela distinta dama parada junto à sacada do primeiro piso? – indagou Jacobino olhando firmemente frei Paulo.

O olhar do frei seguiu a direção indicada por Jacobino, deparando com o rosto da duquesa Clarissa.

– Evidentemente, meu irmão. Todos sabem quem é a duquesa Clarissa – retrucou o frei.

– Ótimo, quero que vá atendê-la, com a máxima educação. Diga que nada sabes a qualquer pergunta que ela venha a te fazer.

Notando o ar de espanto na face do frei, Jacobino completou, à guisa de explicação:

– É assunto do bispo, coisa antiga, melhor ninguém se envolver.

– Hum – sussurrou o frei em resposta, sinalizando que aceitava e compreendia a explicação ofertada. Sem outras palavras, frei Paulo seguiu em direção à visitante, com a mesma expressão neutra de poucos minutos antes.

Jacobino voltou para junto das crianças e prosseguiu as brincadeiras, agora com menos algazarra. Volta e meia seu olhar se dirigia à bela dama agora em conversação com frei Paulo. Viu que eles se dirigiam para um banco de madeira instalado à sombra de uma grande árvore, copada e colorida pelas flores e folhas.

Transcorridos poucos minutos, não mais que meia hora, eis que ao fim do corredor surge a imponente figura do bispo Ricardo, seguido pelo jovem seminarista. Ele caminhava lenta e seguramente, chegando à área do prédio que se abria em um pátio interno, para o qual a área com grandes arcos permitia a visão das diversas salas do interior. Parou, apoiou-se suavemente na mureta que dividia a área e o pátio e ficou contemplando a atividade desenvolvida por Jacobino. A confiança com que os meninos se aproximavam do religioso, com familiaridade e respeito, chamou-lhe a atenção.

– Pequenos, venham – chamava Jacobino apontando a mão direita em direção ao próprio peito como dizendo "venham a mim". E continuava: – Nada temam, venham. Vamos sentar aqui mesmo e conversar um pouco.

A esta declaração um coro de vozes infantis se fez ouvir em murmúrio de lamento e resignação. O sacerdote sorriu e ralhou docemente com seus tutelados:

– Ora, tenham compaixão. Vejam, sou um velho perto de vocês, não tenho mais seis ou sete anos.

Resignados e tranqüilos, os meninos obedeceram à orientação recebida, sentando-se em volta do irmão Jacobino.

– Muito bem, enquanto descansamos nosso corpo, podemos trabalhar nossas almas. Vamos seguir conversando sobre Nosso Senhor Jesus Cristo, está certo?

As crianças sorriram, expressaram-se várias ao mesmo tempo concordando e um certo burburinho se formou, que cessou tão logo se fez ouvir a voz de Jacobino.

– Jesus gostava muito das crianças. Era alegre e amigo, por isso as cativava com grande facilidade. Elas corriam ao seu encontro assim que o viam passar e seguiam-no pelos arredores das vilas onde moravam. Como vocês já sabem, ele andava sempre acompanhado de alguns discípulos.

Vendo que os meninos prestavam atenção, Jacobino olhou para Enzo, agora ambientado ao convento, por quem tinha especial carinho e indagou:

– Enzo, esqueci-me do que quer dizer discípulo, você se lembra?

O menino sorriu, estufou o peito com um orgulho infantil e ingênuo – que o tornava uma figurinha estranha, parecia querer ser adulto antes do tempo e naquela pergunta ele via essa oportunidade, era o melhor do grupo, por isso auxiliava o religioso – e cheio de si, respondeu:

– Discípulos eram os aprendizes que Jesus havia escolhido para ajudá-lo a pregar o reino de Deus. Eram doze...

– Muito bem – incentivou Jacobino interrompendo o pequeno, pois sabia que se não o fizesse somente ele falaria e os demais ficariam silenciosos e entediados.

– Você presta atenção à história. Vamos ver se outro colega sabe me ajudar. Olhou à volta e chamou: – Carlo, me diga o nome dos discípulos de Jesus?

– Pedro, Lucas, Mateus, João, André, Felipe, Judas, Tiago, Simão, Bartolomeu, Tomé e Judas Iscariotes. – recitou o menino de sopetão, em um só fôlego, como se temesse esquecer algum nome.

Jacobino levantou-se, andou até o pequeno Carlo, acariciou-lhe os cabelos e aprovou:

– Ótimo, você não se esqueceu de nenhum dos amigos de Jesus. – Andou um pouco em torno da roda e perguntou: – Quem me diz qual era a profissão de Simão, chamado Pedro, e de seu irmão André?

– Pescadores – respondeu o pequeno Enzo, com voz segura puxando o coro dos meninos.

Interessado pelo trabalho de Jacobino, o bispo acercou-se do grupo e observou-os mais de perto. O jogo de perguntas e respostas prosseguiu, ora Jacobino fazendo perguntas, ora o pequeno Enzo questionando, interessado e participativo.

Absorto, Jacobino não notou a aproximação do bispo. Somente quando sua sombra projetou-se sobre o grupo de meninos foi que o religioso silenciou, reconhecendo o superior, imediatamente colocando-se em posição de inferioridade e cumprimentando-o cerimoniosamente.

– Prossiga seu trabalho, irmão. Apreciei ver a forma como ensina os meninos – disse Ricardo ante o mutismo do outro sacerdote.

– Sei, Reverendíssimo, que essa é uma aula que foge aos padrões, mas tem sido melhor desta forma, principalmente nestes dias quentes – justificou Jacobino.

– Nada tenho a opor a seu trabalho, irmão. Sei que nosso falecido diretor era bastante rigoroso no tocante às aulas aos pequenos. Já eu penso de outra forma, creio mais liberal. – O bispo sorriu deixando entrever dentes em bom estado. – Como lhe disse, prossiga, achei interessante seu método.

– Obrigado, Reverendíssimo. Este era o método de Nosso Senhor Jesus Cristo. Sem pretensões, procuro imitá-lo – respondeu Jacobino com o olhar baixo e fixo no solo.

– Por agora, não tenho muito tempo para conversar, mas mandarei avisá-lo assim que tiver disponibilidade para conversarmos mais amiúde sobre seu trabalho.

Ricardo correu o olhar pelo grupo de meninos até localizar Enzo. Então indagou a Jacobino:

– Ele foi o último que recebemos, não é verdade?

– Sim, Reverendíssimo. Foi o senhor quem o acolheu há mais de dez meses.

– Estou lembrado. Como ele está? – perguntou Ricardo.

– Bem melhor agora. Parece sentir menos a falta da família. É fechado, tem poucos amigos, brinca eventualmente, depois de alfabetizado parece ter descoberto fascinação pela leitura. É muito atencioso e inteligente – informou Jacobino.

Ricardo lançou novo e demorado olhar a Enzo, que agora riscava algumas letras com o dedo no chão.

– Prossiga seu trabalho, irmão. Mandarei chamá-lo conforme combinado. Dito isso, o bispo afastou-se no mesmo passo silencioso que chegara.

O pequeno Enzo, a quem a figura do bispo vinha associada a lembranças de abandono e proteção, acompanhou com o olhar a figura alta e forte se afastar. Na mente da criança as cenas da chegada tumultuada ao convento retornavam com força: lembrava a mãe, os carinhos, os cheiros de casa e a vida que levara antes, muito diferente do regramento conventual. Um embolado de sentimentos conflituosos cresceu no peito de Enzo: saudade, raiva, medo, tristeza, autopiedade, insegurança total misturavam-se desencadeando uma crise emocional há muito sufocada e retardada.

Enquanto via o bispo afastar-se, num lapso irrisório de tempo, tudo isso aconteceu no universo emocional do menino. Sem pensar, muito menos refletir, Enzo levantou-se, pálido, na eminência de uma crise de pranto, que não se fez esperar. Correu, surpreendendo irmão Jacobino que, atordoado, viu o pequeno passar como um vento esbarrando na batina do bispo e seguindo rumo ao dormitório. Pelos corredores se ouviam os gritos desesperados da criança.

– Por favor, fiquem onde estão. Continuem conversando educadamente. Vou atender Enzo – pediu irmão Jacobino ao grupo de meninos.

Ante a aquiescência de seus tutelados, Jacobino levantou-se e andou apressado até os corredores. Ficou surpreendido ao encontrar Ricardo parado, olhando o caminho seguido por Enzo, com expressão meditativa.

– Desculpe, Reverendíssimo. Não sei o que aconteceu com o menino. Ele costuma ser bastante dócil – explicou irmão Jacobino ao bispo, no afã de desculpar-se pela conduta inconveniente de Enzo.

Ricardo lançou um olhar penetrante ao sacerdote a seu lado e perguntou incrédulo:

– O irmão não sabe o que acontece com o menino? Tem certeza? – Fez uma pausa avaliando a expressão de espanto do irmão Jacobino, advertindo-o. – Ponha-se no lugar dele, irmão, e entenderá.

– Por certo, Reverendíssimo, a situação do menino é delicada e recente, entretanto, do meu ponto de vista, nada justifica um ato de pouca educação. E foi exatamente isso que presenciamos – justificou-se Jacobino na dúvida de como lidar com seu superior e seu humor volúvel.

Notando que irmão Jacobino seria um tanto duro na reprimenda ao menino, Ricardo determinou:

– Volte a atender seus outros alunos, irmão. Deixe que do caso de Enzo cuido eu.

– Claro, Reverendíssimo, mas não há necessidade de o senhor se envolver neste caso – disse irmão Jacobino.

– Estou bem ciente disso, irmão. Não precisa me lembrar. Porém, eu o lembro de que a autoridade máxima nesse convento é minha, portanto, eu decido em que me envolver – advertiu o bispo de forma arrogante e severa.

Irmão Jacobino revoltou-se ante a arrogância do bispo. A raiva brotou em seu interior e a custo foi sufocada. Aos olhos de Ricardo, o religioso baixava a cabeça, submisso e humilde, porém o pensamento dele gritava: "Onde está em ti a religiosidade que devias nutrir? Onde a humildade? Onde a benevolência? A tolerância?", e projetava sobre seu interlocutor energias pesadas e desarmônicas. Entretanto, a couraça endurecida que envolvia os centros da inteligência e os emocionais de Ricardo era por demais resistente. Ele ainda pensava somente em si, tudo por e para si mesmo, assim, nada registrou das emissões vibratórias de Jacobino.

– Volte a suas crianças – determinou o bispo a Jacobino. – Irei ver o pequeno.

Aquiescendo, Jacobino afastou-se, retornando à sua tarefa e acompanhando com o olhar, à distância, os fatos que ocorriam no pátio. Viu quando o bispo deu uma ordem ao seminarista e este, apressado, dirigiu-se ao encontro da duquesa e logo depois fê-la acompanhá-lo ao interior do monastério. Ricardo seguiu à procura do menino.

À medida que se aproximava do dormitório infantil, Ricardo ouvia com mais nitidez os soluços de Enzo e os gritos chamando:

– "Mama, mama, vem me buscar, me leva de volta".

O bispo apressou o passo e entrou no dormitório. Jogado sobre a cama singela, o menino esmurrava o travesseiro e debatia-se, tomado de revolta e desespero.

– Meu menino, acalme-se – pediu o bispo em tom sereno.

Enzo nem ao menos deu mostras de haver notado a presença estranha no dormitório, ignorando completamente as palavras de Ricardo.

Observando a reação da criança, Ricardo considerou várias alternativas para interferir: gritos, um castigo físico, adverti-lo da conduta inadequada determinando-lhe alguns dias na cela, todas eram formas corriqueiras de educar nos monastérios, mas nenhuma o agradava. Por isso, resolveu sentar-se ao lado do menino e abraçá-lo. "Da dor que te aflige, eu também experimento" – pensava Ricardo. – "Não há ser humano capaz de viver sem afeto, é como o ar e a água, imprescindível à vida".

Abraçado ao menino, deixou-se ficar pensando em si próprio e na sua estranha e solitária existência. Naquele momento ele admitia suas necessidades afetivas e justificava todos seus atos de ganância pelo poder como compensações pela liberdade que de certa forma lhe faltava e pelos afetos perdidos e negados.

Enzo, exausto de chorar, acalmou-se. Notou que alguém o abraçava, acariciando seus cabelos. Após o primeiro dia que chegara ao convento, ninguém mais o havia abraçado ou acariciado. Irmão Jacobino era muito alegre e paciente, mas tinha vinte meninos para atender, a disciplina vinha em primeiro lugar. E o pequeno sentia uma necessidade profunda de carinho, de contato físico, de calor humano, para aplacar o frio da rejeição, do abandono e das grossas e cinzentas paredes do convento que o enchiam de medo.

Curioso, Enzo enxugou o rosto molhado das lágrimas com as mãos e virou-se para encarar quem o havia procurado. Espantou-se ao deparar-se com o rosto de Ricardo.

– Bispo! O senhor não vai me castigar? Por favor, diga que não!

– Não pretendo castigá-lo – respondeu Ricardo, com um meio sorriso suavizando-lhe a expressão da face. – Você não fez nada que mereça castigo.

– Da outra vez que eu agi assim, o irmão Jacobino veio aqui e me disse que se eu fizesse isso outra vez seria castigado, que estava sendo ingrato com Deus, que me acolheu e me deu outra família – explicou Enzo. – Mas, bispo, eu queria tanto ir para a casa da minha mãe. Por que eu não posso mais ficar com ela? É porque o meu pai morreu?

– Enzo, as pessoas agem de formas muito estranhas e às vezes difíceis de entender. Não sei lhe dizer por que sua mãe o entregou para nós, pode ter havido vários motivos. Olhe, os outros meninos que estão aqui chegaram quase todos da mesma forma que você. Algumas mães nos disseram que não tinham como sustentar uma criança, outras, que haviam feito promessa a um santo de entregar um dos filhos ao serviço da Igreja, outros simplesmente são mandados para cá porque não têm ninguém no mundo para criá-los. Mas quero que você se lembre de uma coisa, por toda sua vida de hoje em diante: não se importe com os dias passados, ocupe-se com o futuro e faça o melhor para mostrar ao mundo que você venceu. Seja forte! Lute. Esqueça o resto. Agora nós somos sua família – disse Ricardo, buscando confortar o menino.

Enzo o olhou muito sério e retrucou:

– E como se faz para esquecer, padre?

Ricardo pensou um pouco. A pergunta direta do menino exigia uma resposta clara e, na verdade, o caminho do esquecimento nem ele próprio conhecia. Sufocar emoções era o que sabia fazer, mesmo porque emoções não se esquecem.

– Dê um propósito ao seu tempo, Enzo. Por exemplo: diga para você mesmo que será o melhor aluno deste convento, que depois será o melhor padre e assim por diante. E persiga esse propósito com toda sua vontade – respondeu Ricardo.

– Foi assim que o senhor conseguiu se tornar o novo bispo? – inquiriu Enzo.

– É, pode-se dizer que foi – disse Ricardo. – Minha história é um pouco diferente da sua, quando você for maior eu lhe contarei, está bem?

Enzo olhou a figura impecável do bispo à sua frente. Levantou-se e parado, contemplou o rico paramento que acompanhava a batina engomada, os bordados chamaram-lhe a atenção e estendeu a mão para tocá-los.

– É bonita sua batina. É mais colorida que a dos outros padres. Quando eu crescer quero usar uma igual a essa – falou Enzo e, um tanto encabulado, observou a mancha molhada à altura dos joelhos do bispo. – Desculpe, bispo, eu molhei as suas vestes.

Ricardo sorriu ante a preocupação e o ar constrangido do menino. Puxou-o para si e, abraçando-o novamente, disse:

– Está desculpado. Quando você crescer terá de ser bispo para usar uma batina igual à minha.

– Vou ser o melhor aluno – afirmou Enzo categórico. – Depois o senhor me ensina a ser bispo?

– Estude e seja primeiro o melhor aluno. Depois conversaremos novamente, ainda é preciso muito tempo. Tens que crescer e te tornares um rapaz, então te ensinarei.

Os olhos castanhos de Enzo brilharam com uma esperança nova. Ricardo, notando a mudança da criança, percebeu logo um caráter determinado e o nascimento do desejo de poder.

– Isso, meu menino. À autoridade e ao poder todos se curvam. Os detentores do mando não conhecem rejeição, eles é que rejeitam os outros. Seja superior – ensinou Ricardo. – Sempre.

Tomando o menino pela mão, o bispo retornou ao pátio e mandou que Enzo voltasse à companhia do irmão Jacobino, prometendo-lhe que viria visitá-lo na próxima semana.

– De hoje em diante seremos amigos – assegurou Ricardo ao menino antes que ele corresse para atender à ordem de regressar ao grupo.

Jacobino, que não soubera o que esperar do novo bispo, surpreendeu-se favoravelmente ao ver que Enzo não trazia qualquer marca de violência física ou moral. Ao contrário, o pequeno tinha os olhos vermelhos e inchados do choro, mas traziam agora um brilho novo, um toque de alegria e esperança onde antes sempre havia tristeza.

– Que estranha criatura é este nosso bispo – disse irmão Jacobino para si mesmo. – Imprevisível, é o mínimo que se pode dizer.

Os meninos, ainda sentados a seu redor, olhavam-no sem entender a quem ele falava e Enzo, que se reintegrara ao grupo, logo defendeu seu amigo.

– O bispo é muito bom, irmão Jacobino. Ele não me bateu nem me castigou pelo que fiz há pouco. Apenas conversou comigo e me explicou muitas coisas. Nunca mais vou chorar – falou o menino com uma entonação confiante e infantil de que ao longo da existência seria possível cumprir o prometido, ignorando o futuro e a necessidade de escoar, aliviar as energias emocionais através das lágrimas.

– É mesmo! – exclamou irmão Jacobino, fingindo surpresa e admiração. – Acho muito bom que você realmente cumpra com o que disse. Não tem razões para chorar. Quando crescer verá que há muitas dores e sofrimentos maiores que os seus. Devemos rezar e agradecer a Deus por tudo que temos. Ele nos dá sempre o necessário ao corpo e à alma.

– Quando eu crescer vou ser igual ao bispo – afirmou Enzo muito sério em seus sete anos de idade.

– E depois vai querer aproximar-se do Vaticano e servir ao santo padre, Enzo? – perguntou Felipe em tom de zombaria. Os colegas riram; os maiores, que divisavam haver outros interesses governando a distribuição de cargos e ascensões no corpo clerical, sutilmente zombavam da ingenuidade infantil de Enzo em pretender igualar-se ao superior.

– Você verá se não serei igual a ele – respondeu Enzo enfurecido por ter sua pretensão se tornado alvo de zombaria.

– Ah, ficou furioso, olhem só. Um futuro bispo não pode se encolerizar, Enzo – provocou Felipe.

– Basta, Felipe! Vá para a capela e reze 30 pai-nossos e 50 avemarias, e permaneça de joelhos até eu ir conversar com você. Medite sobre seu comportamento de agora, veja se não lhe parecerá inconveniente a um religioso de qualquer grau – ordenou irmão Jacobino, severo.

– Mas padre, Enzo estava dizendo bobagens...

– Sem "mas padre", não quero explicações. Sei o que vi. Você já é quase um rapaz; em breve estará começando a preparação para tornar-se um sacerdote e é bom que vá meditando sobre seu comportamento e reformulando-o desde cedo. A Igreja não precisa de mais um padre que fale aos outros e nada diga a si próprio. Vá, menino.

– Está bem – concordou Felipe, que tinha grande admiração e respeito pelo irmão Jacobino. – Me desculpe, irmão Jacobino.

– Peça perdão a Deus, meu filho – retrucou Jacobino observando Felipe afastar-se.

Enzo, que ouvira tudo em silêncio, intimamente regozijou-se julgando que o colega havia sido castigado por havê-lo importunado, justamente a ele que agora todos sabiam ser amigo do bispo.

Estavam plantadas no coração de Enzo as sementes que no futuro germinariam produzindo um comportamento sempre cordato à vontade do bispo. Servindo-o, sendo amigo de quem tinha poder e influência, ele também teria vantagens. Essa foi a leitura que Enzo realizou dos fatos daquela manhã.

Na sala do convento destinada aos trabalhos do bispo, a duquesa Clarissa andava de um lado a outro, sem parar, nervosa, ora espiava a janela, ora corria à porta. A ânsia de falar com Ricardo era grande e visível em seu comportamento. Frei Paulo, que a acompanhara e permanecia aguardando a chegada do bispo, não se furtara de analisar a nobre dama. Era uma mulher ainda jovem, não devia contar trinta anos, muito bela, cabelos negros exuberantes, muitíssimo bem arranjados em um penteado no alto da cabeça, olhos claros, quase cinzentos, pele branca, boca rosada, traços definidos, harmoniosos e bem desenhados. Apesar do nervosismo, frei Paulo pudera perceber que a duquesa era uma mulher determinada; notara em seu olhar um quê de frieza, um toque implacável, que lhe dava uma expressão marcante.

– Perdoe-me a impertinência, senhora duquesa, mas não seria melhor sentar-se alguns minutos? O bispo não deve demorar-se. Como a senhora sabe, ele é muito dedicado ao que faz, e o menino é um dos nossos mais recentes abrigados – disse frei Paulo.

– Conheço o caráter de nosso bispo, frei – respondeu friamente a duquesa, continuando sua peregrinação em curvas pelo recinto.

– Gostaria que pedisse um chá? – insistiu o frei desejoso de acalmar a senhora. – Tornaria sua espera mais agradável.

– Não se incomode, frei. Tampouco se retenha junto a mim abandonando suas funções – retrucou a duquesa friamente.

Um tanto constrangido pela clara dispensa que recebera, frei Paulo simplesmente respondeu:

– Se é assim que a senhora prefere, sinta-se à vontade na casa de Deus.

– Obrigado, frei – agradeceu a duquesa.

Sozinha na sala, a dama observava à sua volta. Notara já na chegada as reformas que iam se processando no convento. O ambiente tornara-se bem mais luminoso, alegre em que pese à arte sacra ser destituída de alegria.

– É, isto está melhor, bem melhor – afirmou a duquesa, referindo-se às instalações do convento e reparando nos grandes tapetes que cobriam o piso muito limpo da sala.

À porta da sala o bispo, que chegara sorrateiramente, com passos muito leves, quase imperceptíveis, ouviu o comentário da visitante e arrematou:

– As melhorias estão apenas se iniciando, minha cara duquesa.

– Ah! Ricardo! – exclamou Clarissa, voltando-se. – Não o ouvi chegar.

– Sou leve como uma pluma, caríssima. Meus pés não martelam o chão que piso. E aproximando-se, estendeu-lhe a mão, que a visitante beijou automaticamente. – Deus lhe abençoe.

Os olhos cinzentos de Clarissa fitavam Ricardo com algo além de devoção religiosa enquanto ela dizia:

– Que saudades, meu primo. Como tens passado?

– Muito bem, Clarissa. A vida eclesiástica tem sido para mim uma fonte de surpresas, nunca julguei que seria tão prenhe de emoções. Posso dizer que me sinto realizado. E você, o que me conta?

A declaração de Ricardo perturbou a duquesa que, tomando delicadamente as saias do luxuoso traje que usava, encaminho-se para a janela que dava vista às suaves e verdes colinas da região. Respirou fundo e, mantendo-se de costas para o bispo, respondeu:

– Lamentavelmente não posso dar-lhe resposta igual. Bem sabes que sofro e muito. Em verdade, vim em busca de tua ajuda.

– Em que posso servi-la?

Voltando-se, a duquesa contempla a porta aberta da sala e indaga, preocupada:

– Não há perigo de sermos ouvidos? Mesmo em um convento sei que as paredes têm ouvidos, primo.

– As paredes têm ouvidos, concordo contigo, mas te afianço que os freis que me servem têm amor à própria língua. Não gostariam de passar sem ela. Notando a inquietação da visitante e intimamente saboreando compartilhar de algum segredo escuso que lhe renderia fácil dominação, ou melhor, maior dominação sobre a duquesa, Ricardo dirigiu-se à porta e a fechou. – Está melhor assim, Clarissa?

– Agradeço-lhe a compreensão. Sinto-me mais à vontade para expressar meu problema.

– Deseja que eu a ouça em confissão?

– Entre nós não se faz necessário este sacramento, Ricardo. Confio em ti, não preciso do olhar de Deus sobre nós.

– Que seja como é teu desejo – tornou Ricardo, sentando-se em uma alta cadeira, de madeira torneada e estofada em veludo. Apontou à prima uma cadeira à sua frente e convidou-a: – Sente-se e me conte o que a trouxe tão cedo a este convento. Somente há pouco chegou às minhas mãos um pedido teu para um retiro espiritual junto à abadessa Agnes. Por que isso em meio à temporada de festas?

Sentando-se graciosamente no local indicado, a duquesa tomou um leque e abanando-se narrou o motivo de sua visita:

– Serei direta, Ricardo. Preciso de sua ajuda. O retiro junto à abadessa é mera desculpa. Sabes quanto meu marido é devotado à Igreja. Creio que com a idade que tem o medo de morrer e ir para o inferno o assombra, aproveito-me disso e sempre que digo que desejo ir à igreja ou fazer um retiro ele prontamente concorda.

– Disso estou informado, então vejamos se consigo poupar-lhe o restante. Será o jovem marquês Giuliano o motivo desse retiro? – perguntou o bispo.

– Em parte, também ele – respondeu, nervosa, a duquesa.

– Em parte?

– Ah, Ricardo! Por que não se casou comigo? Tudo seria tão diferente! Sempre nos demos bem, confesso que não entendi até hoje sua atitude – falou Clarissa levantando-se e dando alguns passos em torno da sala, nervosamente abrindo e fechando o leque.

– Se não entendeste depois de todos estes anos, não será agora que te farei compreender. Deixemos este assunto enterrado. Vamos, conta-me logo o que te trouxe aqui.

– Estou grávida – declarou a duquesa.

– Jesus! – exclamou Ricardo. – Como foste imprudente a este ponto, mulher? Quem é o pai dessa infeliz criança?

– Este é o problema. É meu cavalariço – confessou a duquesa.

– Como? Um criado? Perdeste completamente o juízo, Clarissa? – recriminou Ricardo. – Tomando por amante um criado de teu marido? E o marquês não era suficiente?

– Por favor, não me condene. Estes meses já o tenho feito sozinha. Meu casamento é uma mentira, um jogo de aparência somente. Sou jovem, tenho sangue nas veias, desejos que meu marido pela idade que tem não compreende, muito menos satisfaz. Giuliano estava viajando e por vezes torna-se difícil poder encontrá-lo e, bem, meu cavalariço é um homem jovem, forte, um belo italiano, bem vestido passaria por um nobre. Encantei-me com ele e para nós é tão fácil estarmos juntos! Tem sido maravilhoso, Ricardo.

– Tanto que estás grávida deste criado – interrompeu Ricardo algo irônico.

– Tenha paciência comigo, te imploro. Não me negues tua ajuda.

– Que desejas fazer? – indagou Ricardo.

– Não quero ter essa criança – declarou Clarissa. – Por isso vim em busca de tua ajuda. Já fizemos isto antes.

– Bem sei, Clarissa. Pensei que você havia aprendido a lição.

– Prometo-lhe, primo, será a última vez – falou Clarissa e em tom sedutor prosseguiu. – E, como da outra vez, compensarei regiamente o convento, basta que me digas o que se faz necessário para engrandeceres ainda mais a obra religiosa. O duque não negará um pedido meu em favor da igreja.

Ricardo pensou um pouco, avaliando a situação e decidindo como agir, depois respondeu:

– Muito bem, caríssima, quem sou eu, um humilde servo do Pai, para julgar tuas ações, especialmente porque não a ouvi em confissão. – Declarou isso como se fizesse grande diferença; depois sorriu, quase que imperceptivelmente, e continuou: – Farei o que me pedes, mas que seja realmente a última vez.

– "É preciso que ela julgue isso como sendo muito difícil" – pensava Ricardo –; "assim será mais valorizado".

– Vou te encaminhar agora mesmo aos cuidados da abadessa

Agnes. Aguarde minha visita ainda esta semana – determinou Ricardo.

– Muito obrigada, primo. Serei muito grata por este auxílio.

– Isso veremos depois.

Ricardo levantou-se e foi até uma mesa, retirou de uma gaveta uma folha de papel, tomou a pena e o tinteiro e escreveu rápidas linhas à abadessa solicitando atenção especial à duquesa Clarissa, que iria se internar para um retiro espiritual por tempo indeterminado. Dobrou a carta e fechou selando a missiva com uma gota de cera na qual imprimiu o emblema do anel que trazia no dedo da mão esquerda. Estendeu o documento à visitante dizendo: – Tome, aí está meu pedido para teu retiro. Conforme combinamos, irei vê-la ainda esta semana. Facilite tudo jejuando e entregando-se às orações.

– Seguirei suas ordens, Ricardo, e mais uma vez muito obrigada – agradeceu a duquesa, tomando a mão do bispo e beijando-a.

– Vá em paz, Clarissa – respondeu Ricardo.

– Até a próxima vez, primo.

A duquesa, mais tranqüila, aliviada poderia-se dizer, confiante na eficiente ajuda do bispo, afastou-se altiva andando pelos corredores do convento até encontrar à saída a carruagem que a esperava.

– Ao convento da abadessa Agnes, cocheiro – determinou Clarissa, acomodando-se no interior do carro.

O cocheiro não ousou responder, simplesmente acenou com a cabeça em concordância com a ordem recebida.

Da janela de sua sala, Ricardo viu a nuvem de poeira que se levantava à passagem do veículo que conduzia a duquesa a seu destino.

Dois dias depois, envolvido com os preparativos da curta viagem ao convento das irmãs do Carmelo, o bispo necessitava designar um responsável para dirigir o mosteiro na sua ausência. Entre as opções que considerou preponderou a figura do irmão Jacobino.

– "Este serve, ele se parece com as crianças. É ingênuo, confiável, não fará nada a não ser conduzir zelosamente o dia-a-dia dos freis. É, Jacobino será meu substituto" – pensava Ricardo.

Com esta decisão determinou ao seminarista que mandasse vir à sua presença o irmão responsável pelos infantes.

Jacobino encontrava-se no refeitório saboreando um caneco com caldo de legumes enquanto revia as anotações referentes às despesas da ala que dirigia. Surpreso, notou a aproximação do esbaforido seminarista que servia ao bispo.

– Sê bem vindo! Chega mais perto – convidou Jacobino, arredando-se no banco e ofertando um lugar a seu lado para o jovem. – Senta aqui.

– Obrigado, frei – respondeu o jovem aceitando o convite.

– O que o traz até esta ala esquecida do convento? – indagou Jacobino.

– Ordens do Reverendíssimo bispo. Este convento é grande, andei apressado para vir buscá-lo, estou com o coração aos saltos, saindo pela boca – disse o seminarista.

– Acalme-se, meu filho. O mundo não foi feito em um dia só e até mesmo o Todo-Poderoso descansou. Vou lhe trazer um copo de água ou quem sabe quer um caneco com o caldo? Está delicioso.

– Água está muito bom, irmão – respondeu o seminarista.

Rapidamente Jacobino dirigiu-se até a mesa onde se encontrava uma grande jarra de barro cheia de água, serviu um copo e voltou para junto de seu inusitado companheiro.

Colocou a água em frente ao rapaz, aguardou que ele sorvesse sedento o líquido e voltou a sentar-se.

– Muito bem, agora diga calmamente, sem pressa, o que o trouxe até aqui? – indagou Jacobino.

– O bispo deseja vê-lo com urgência, pediu que viesse buscá-lo imediatamente – disse o seminarista ainda afoito.

– Então o bispo realmente vai cumprir com o prometido. Quando disse que me chamaria para discutir a educação dos pequenos, não acreditei. Mas veja só, meu filho, a vida nos traz surpresas.

O seminarista olhava estupefato para o religioso a seu lado. Jacobino recebera a ordem do superior e não fizera nenhum gesto de correr a dar-lhe cumprimento. Mantinha-se calmo, sentando, saboreando seu caldo e olhando suas contas.

Notando que era alvo de interesse do jovem, sorriu e disse:

– Fui criado neste convento, meu filho. Posso dizer que sou religioso desde os meus primeiros anos de vida. Não recordo nada que não seja este convento. Por aqui, desde que existo, já passaram vários bispos, eles vão e vêm e eu continuo aqui cuidando dos pequenos, portanto, não se aflija, não vou correr para atender o bispo Ricardo. Se desejar retornar a seu serviço, pode ir. Eu primeiro vou tomar meu caldo, hoje acordei indisposto e o alimento está me reanimando, depois vou concluir estas contas, então atenderei ao pedido do bispo.

– Isso irá demorar muito, irmão? – indagou o seminarista.

– Não creio, talvez uma meia hora ou um pouco mais.

O jovem suspirou profundamente. Ficar longe do bispo seria agradável, olhou ao redor observando o refeitório simples e limpo e deixou-se ficar.

– Se não se incomoda, vou aguardá-lo – informou o seminarista.

– Fique à vontade. Se desejar partilhe a refeição dos meninos, você vai gostar, é bem diferente do ambiente pomposo da mesa do bispo – convidou Jacobino.

– O senhor tem razão, as refeições são deliciosas, porém me sinto mal. O senhor já serviu a algum bispo?

– Já, meu filho. Servi ao bispo Giordano, logo que ele chegou aqui. Eu era jovem como você e foi muito bom. Graças à sabedoria de nosso antigo superior encontrei meu caminho junto aos órfãos. Pouco conheço o bispo Ricardo, mas ele me parece estranho, imprevisível seria o termo adequado. Vejo que ele gosta de luxo e beleza pelas reformas que mandou fazer desde que o convento está sob sua direção.

– O irmão tem razão, nunca se sabe o que esperar do bispo.

A chegada ordenada dos meninos chamou a atenção do seminarista. Todos em fila se aproximaram do irmão Jacobino pedindo-lhe a bênção antes de fazer a refeição. O religioso atendeu um a um dos garotos, pacientemente trocando algumas palavras com eles. Enzo, que era dos últimos, reconheceu o seminarista que servia ao bispo e sorriu para o jovem, depois de cumprimentar o irmão Jacobino.

– O senhor serve ao bispo, não é mesmo? – indagou Enzo dirigindo-se ao seminarista.

– Sim – respondeu o jovem.

– O bispo é meu amigo, diga que mandei pedir-lhe a bênção.

Surpreso, o seminarista ficou olhando o menino à sua frente, não o conhecia.

– Preciso saber o seu nome para dar corretamente o recado.

– Enzo, ele me conhece – tornou a afirmar confiantemente.

– Darei seu recado, Enzo.

Notando que a fila parara seu regular andamento, irmão Jacobino lançou um olhar a Enzo, que imediatamente disse:

– Desculpe-me, padre. Estava apenas conversando.

– Eu vi. Mas pense um pouco em seus colegas que estão com fome. Da próxima vez venha conversar após a refeição, assim não estará prejudicando ninguém – advertiu irmão Jacobino.

– Está bem, padre – respondeu Enzo antes de afastar-se em direção ao restante da fila que já se aproximava das mesas.

Observando o menino andar apressado para juntar-se aos demais, Jacobino comentou:

– É um bom menino, sofre muito com o abandono da mãe. Mas preciso corrigi-lo, é um tanto temperamental, caráter arrebatado e bastante egoísta, sempre pensa em si primeiro, sem dar importância aos sentimentos e às necessidades dos outros colegas. Imagine se não o corrijo agora, quem não será no futuro.

– Seu trabalho é muito bonito, irmão – elogiou o seminarista, encantado com os meninos. – Quando deixei o seminário pensava em fazer algo assim, trabalhar pelos pobres e desvalidos. Deve ser gratificante. Isso é ser caridoso.

Irmão Jacobino olhou seriamente o jovem, analisando-o. O rapaz tinha os olhos sonhadores, via-se que sua mente estava distante.

– Você escolheu servir a Igreja – constatou Jacobino. – Isso é bom. Os fiéis precisam de pessoas de fé e devotadas para guiá-los. Serás um bom padre. E se algo posso acrescentar à tua formação, gostaria de te pedir duas coisas.

– Peça, irmão – respondeu prontamente o seminarista, muito interessado em ouvir irmão Jacobino.

– Primeiro: lembre-se que caridade não é somente atender às necessidades físicas dos pobres e desvalidos. É, principalmente, atender às necessidades das almas pobres e desvalidas de orientação na vida, por isso, embora sabendo que estes meninos são órfãos e carentes, não me eximo de repreendê-los, corrigi-los, elogiá-los se o merecerem, é minha tarefa guiá-los. Procuro conhecer-lhes as almas e suprir estas necessidades. Tremo quando noto a ganância, o egoísmo, a soberba nestes caráteres infantis, assusta-me ver que almas tão cedo já manifestam estes pendores, mas peço a Deus força e inspiração para corrigi-los, evitando que se percam. Lembre-se: as necessidades da alma independem da condição social ou econômica. Você poderá ser mandado a servir em algum rico feudo e lá encontrar inúmeros necessitados. – Irmão Jacobino fez uma pausa e, notando que seu ouvinte estava atento a suas palavras, prosseguiu: – Segundo: não perca sua crença, por desacreditar nos homens que a representam. Confie em Deus, ele não o decepcionará. Homens e cargos são transitórios, muitos passarão por ti, por isso segue com Ele, que é eterno. Faz dele o guia de teus passos e andarás bem.

– "Estou há meses neste convento e somente agora encontro alguém que me fala ao espírito, me alimenta a alma. Foi em busca disso que vim aqui. Obrigado, meu Deus, começava a descrer" – pensou o rapaz.

– Lembrarei sempre de seus conselhos, irmão – disse o seminarista e, num impulso, tomou a mão do padre pedindo-lhe: – Me dê sua bênção, preciso dela.

Jacobino sorriu e pousou a mão sobre a cabeça do jovem.

– A vida está difícil não é mesmo, meu filho?

– Muito, padre – concordou o seminarista. – Suas palavras reacenderam meus ideais. Começava a abrigar a descrença.

– Sei como é isso – confortou irmão Jacobino. – Deus o abençoe.

O religioso voltou sua atenção às contas e o jovem ficou pensativo a seu lado, desfrutando o momento de simplicidade e afeto.

– Estou pronto. Vamos ao encontro do bispo – anunciou irmão Jacobino levantando-se e depositando o caneco após sorver o último gole do caldo.

O seminarista nada respondeu, colocando-se em pé disposto a acompanhar Jacobino à sala do bispo.

Ricardo os aguardava pacientemente. Sentado em sua poltrona favorita, revirava nas mãos as contas de um terço de madrepérolas, examinava-as uma a uma, como se desejasse descobrir o motivo de as contas serem tão suavemente irregulares.

– "É uma imperfeição quase imperceptível a quem não tenha um senso estético mais apurado" – analisava o bispo, olhando-as. – "Parecem-se comigo. São minha amigas, temos algo em comum".

– Reverendíssimo – chamou o seminarista à porta de acesso. – Com sua licença, aqui está o irmão Jacobino atendendo a vosso chamado.

– Faça-o entrar – respondeu Ricardo sem erguer o olhar do terço que contemplava embevecido.

– Vossa Reverendíssima, como tem passado? – cumprimentou informalmente irmão Jacobino.

Estranhando a conduta do subalterno que não lhe pedia a bênção, Ricardo o olhou. "Ele é realmente diferente", pensava o bispo, e encarando o olhar sereno e firme de Jacobino, perscrutou-lhe o olhar como se desejasse devastar-lhe a alma, porém os olhos escuros de Jacobino nada refletiam além de serenidade e firmeza. "É, ele tem têmpera, não é a mesma minha, mas vejo que tem e é confiável; houvesse algo a esconder nessa alma e seu olhar não seria tão transparente".

– Bastante ocupado, irmão. Nossa congregação tem se expandido nos últimos tempos, e exige dedicação integral – respondeu o bispo. – Justamente é sobre isso que quero lhe falar.

– A congregação? – indagou Jacobino, surpreso. – Permita-me falar da minha surpresa, senhor bispo. Julguei ser chamado à sua presença para discutir assuntos referentes à ala que dirijo.

– Não ignoro o que lhe prometi. Não se aflija, conversaremos sobre os meninos noutra oportunidade. Infelizmente um assunto urgente me obrigará a um afastamento temporário do convento.

– Espero que não seja nada grave.

– Um contratempo desagradável, irmão, apenas isso. Mas seja como for, exige minha presença e não posso me eximir de socorrer esta pobre criatura. O irmão compreende, acima dos deveres do bispado, para mim, está minha tarefa de pastor de almas – justificou Ricardo.

– Claro, senhor. Deveres da consciência são impostergáveis. Entretanto, ainda não associei o que isso tem a ver com a necessidade de Vossa Reverendíssima trazer-me à sua presença para discutir assuntos da congregação – falou Jacobino.

– Entenderá, irmão. Venha, sente-se, a conversa será longa.

Jacobino obedeceu e frente a frente com o bispo ouviu suas explicações acerca das razões de convidá-lo a assessorar a direção do convento e de nomeá-lo seu substituto sempre que se ausentasse.

– Senhor, minha surpresa não pode ser maior – disse Jacobino.

– Não vejo razão, irmão. Não há ninguém que conheça este convento com maior propriedade, pelo que consta desde a infância, estou errado?

– Não, Reverendíssimo.

– Além do que atuou junto ao meu antecessor por vários anos e afastou-se para dedicar-se à infância. Tem todos os predicados de que preciso, além disso, vejo em seus olhos que posso confiar no irmão.

– Honra-me sua confiança, senhor, porém, insisto, encontrei meu caminho junto aos pequenos, é lá que desejo servir a Nosso Senhor, conduzindo aqueles seres jovens ao seu rebanho – respondeu Jacobino.

– Irmão Jacobino, não desejo dar-lhe uma ordem, prefiro o método da persuasão, portanto, pense se não servirá melhor a seus propósitos estando mais perto do poder diretivo desse convento. Todos os caminhos serão mais fáceis, garanto-lhe. E quando lhe propus esse trabalho, não pensei em afastá-lo dos meninos; pude presenciar o bem que lhes faz sua condução, não tenho outro a quem confiaria tamanha responsabilidade – insistiu Ricardo, notando que pouco a pouco as barreiras de irmão Jacobino ruíam a seus argumentos.

O frei fez uma pequena pausa como se meditasse, olhou à sua volta, lembrou a figura benévola do bispo Giordano e como se pressentisse sua presença um arrepio lhe correu pela espinha dorsal, como que uma sombra do velho bispo rondava a cadeira onde agora se assentava Ricardo e Jacobino poderia jurar que ouviu sua voz a dizer:

– "Volte, volte".

Sacudindo a cabeça e espelhando certa perturbação no olhar, Jacobino piscou várias vezes e voltou a encarar o bispo Ricardo.

– O que houve, não se sente bem, irmão Jacobino? – indagou o bispo, preocupado com a súbita mudança em seu entrevistado.

– Não, Reverendíssimo, estou bem, foi uma leve tontura, acredito que seja o calor. Perdoe-me – disse Jacobino e, desejando desviar o assunto da estranha ocorrência, tornou ao assunto central da conversa e antes que se desse conta já havia respondido. – Voltarei a esse cargo bispo. Aceito sua indicação.

Ricardo sorriu e prontamente disse:

– Excelente, tomaremos todas as providências para iniciar suas funções hoje mesmo. Anunciarei sua nomeação na missa que reúne todos os religiosos logo mais na hora do ângelus. Está dispensado, irmão Jacobino.

Encerrada a reunião com o bispo, Jacobino ainda estava sob o estranho efeito do ocorrido na sala. Buscando reencontrar sua paz interior e assimilar a estranha vivência – que a bem da verdade admitia não ser a primeira em sua vida – buscou refúgio sob a sombra da generosa árvore no pátio do convento e, sentado no rústico banco de madeira, deixou-se ficar meditando sobre aqueles fatos e tentando entendê-los.

Cumpridos os atos necessários à nomeação de Jacobino ao cargo de seu secretário, Ricardo deu andamento aos preparativos para sua curta visita ao convento da Ordem do Carmelo.

Na madrugada seguinte o bispo partia acompanhado apenas pelo cocheiro e alguns guardas. Viagem desconfortável, Ricardo sacolejava pelas estradas empoeiradas e pensava no quanto sua prima lhe deveria por aquele "favor".

O convento onde estava em retiro a duquesa era um prédio austero. À distância viam-se apenas grossos muros e telhados escuros, nenhuma janela, apenas um pesado portão de madeira, com dobradiças de ferro, onde se postavam duas sentinelas. A construção era o legítimo produto do conceito que abriga a Ordem – isolamento do mundo. Nada falava de troca de um ambiente a outro ou intercâmbio de nenhum tipo. Uma vez atravessados os portões, o mundo dos humanos deveria ficar para trás e lá ser um local de adoração e contemplação da obra divina. Mas como em tudo que toca a mão humana, ali também havia as impressões deixadas por quem precisava ainda dos caminhos da evolução...

– Alto! – ordenou uma voz severa aos visitantes quando se aproximavam dos portões. – Quem vem aí?

– Vossa Reverendíssima, monsenhor Ricardo, bispo do Vêneto, Irmã. Abra, em nome do Cristo – respondeu um dos guardas mostrando o brasão da bandeira que carregava.

– Venha em paz. Aguarde que mandaremos abrir o portão – respondeu a voz agora com acento mais cordato.

Poucos minutos depois se abriam os portões do convento e a carruagem do bispo ingressava num largo caminho, árido, onde se ouviam apenas os sons do cascalho que estalavam sob as rodas da carruagem. O sol incidia sobre as grossas paredes ofuscando a vista do visitante, no pátio não se via viva alma.

– "Como essas mulheres agüentam isso?" – pensava o bispo. – "Que horror! Nenhuma janela para rua, só as internas, e ainda assim a disciplina é tão severa que até para falar as pobres tem hora. Não, graças a Deus não nasci mulher, pois me internar num local desses, nem morto gostaria".

Vagarosamente Ricardo dirigia-se à porta que o conduziria ao interior da construção, onde o aguardava uma das freiras.

– Seja bem-vindo, Reverendíssimo – cumprimentou a freira, informando: – A abadessa o aguarda desde cedo.

– Houve pequenos contratempos na viagem. Conduza-me até a abadessa que tenho urgência, desta vez minha visita será muito breve – respondeu o bispo.

Baixando a cabeça e cruzando os braços dentro das largas mangas do hábito preto que usava, a freira cumpriu o pedido de Ricardo. Andaram pelos corredores do convento onde se viam várias freiras escovando o piso de madeira. Como trabalhavam, não lhe dirigiam a palavra, apenas abaixavam a cabeça à sua passagem.

– "Vida horrorosa!" – pensava Ricardo, porém seu rosto era impassível, nada em sua fisionomia dava sinais dos pensamentos e das emoções que abrigava.

Ao fim de inúmeros corredores, que mais pareciam um labirinto grego, por fim a freira o fez entrar na sala da abadessa Agnes.

– Senhora abadessa, trago à sua presença o bispo do Vêneto, monsenhor Ricardo, que aguardávamos desde as primeiras horas da manhã – anunciou a freira.

– Muito bem, irmã Marta. Volte a suas funções – ordenou a abadessa.

Irmã Agnes era uma mulher altiva, magra, alta, rosto fechado, desprovido de emoções, seus olhos verdes eram frios e sua voz tinha um marcado tom de amargura. O pesado hábito escondia completamente seu corpo, deixando ver apenas o rosto e eventualmente as mãos. Aproximou-se do bispo e reverenciou-o conforme determinavam os preceitos da Igreja.

Acomodados nas cadeiras de madeira da sala, que nenhum conforto ofereciam a um viajante cansado, os dois conversaram brevemente acerca do retiro espiritual da duquesa. Em breves palavras o bispo explicou o motivo da presença de Clarissa, informando apenas o que se fazia indispensável para conseguir o apoio da abadessa.

– Os velhos problemas do mundo, não é mesmo, Reverendíssimo? – disse a abadessa. – Nos retiramos da sociedade e eles vêm até nós.

– É nossa tarefa auxiliar, abadessa. Além disso, sabe que podemos contar com a generosidade da duquesa.

– Sem dúvida haverá que ser generosa. Tem idéia se ela sabe com quantos meses está? – indagou Agnes.

– Aproximadamente dois meses, foi o que me informou. – respondeu o bispo. – Acredito que não seja difícil.

– Nunca se sabe, senhor bispo. Tenho larga experiência em partos e abortamentos e lhe asseguro que é sempre uma incógnita.

– Juntos nunca enfrentamos problemas – recordou Ricardo.

– É verdade, porém julgo que um exame seja aconselhável para decidirmos como será – insistiu a abadessa.

– A senhora é uma mulher prática e determinada, concordo plenamente com sua orientação. Faça como julgar melhor, apenas me avise do resultado para deliberarmos o momento certo – disse Ricardo dando por encerrado o assunto e indagando: – Como está o convento desde que a senhora assumiu? Muitos planos?

A abadessa torceu a boca no que seria uma imitação de sorriso e respondeu:

– Vossa ajuda foi preciosa para minha conquista. Como abadessa ao menos desfruto de certa liberdade, que torna a vida mais suportável e, posso até dizer, com alguns momentos prazerosos. Quanto a planos, o bispo bem sabe que nossa Ordem é muito rígida, pouco se pode modificar.

– A senhora encontrará os melhores caminhos, tenho certeza. E agora – disse Ricardo, levantando-se – preciso descansar, pode providenciar isso, por gentileza?

– Com certeza.

Um brilho passageiro e malicioso iluminou o olhar da abadessa ao inquirir: – Há algum ajudante que deva ter acesso à sua cela para ajudá-lo, Reverendíssimo?

– Há um guarda escocês que me serve nessas viagens, abadessa. Pode fazer a gentileza de mandá-lo ao local em que ficarei alojado e nos mande a refeição lá mesmo. Estou muito cansado – respondeu Ricardo.

– Pode me dizer o nome de seu ajudante? – perguntou Agnes.

– Não é preciso, é um jovem alto e ruivo, o mais forte da guarda. Não terão dificuldade em identificá-lo – respondeu Ricardo, próximo da porta.

A abadessa acatou a informação e despediram-se. Parada a alguns metros de distância, irmã Marta esperava novas ordens da superiora. Vendo-a, Agnes ordenou:

– Irmã Marta, vá ao pátio e faça entrar o guarda alto e ruivo que serve ao senhor bispo. Providencie também que uma das irmãs leve o bispo a seu local de descanso, depois mande servir a refeição a nossos visitantes.

– Sim, madre. – respondeu a freira, e seguiu a passos rápidos pelos corredores para dar cumprimento às ordens. Minutos depois surgia uma jovem noviça, em trajes brancos, para conduzir o bispo a seu repouso.

Agnes, parada à porta de sua sala olhava o bispo se afastar.

..*

Nos porões do convento, deitada sobre uma rústica mesa, completamente nua, a duquesa submetia-se às mãos hábeis da abadessa em apalpar-lhe o corpo, pressionando-lhe o ventre e os seios, ferozmente, até arrancar-lhe gritos de dor e protestos que ecoavam pelas paredes e não encontravam quem os viesse aliviar. O bárbaro exame prosseguia. Nos olhos da abadessa, um brilho de prazer mórbido em deslizar as mãos pelo corpo de Clarissa, apertando-a como se desejasse espremê-la, extrair-lhe alguma seiva, a seiva da vida que crescia em seu ventre. A duquesa, coberta de suor e dolorida, clamava por alívio:

– Por favor, madre, vamos parar alguns minutos, já não suporto mais.

– Como não suporta? Fosse um homem que estivesse com a senhora suportaria muito mais – dizia zombeteira. – Aliás, vou lembrá-la que foi a senhora, duquesa, quem pediu nossa ajuda. Vamos prosseguir, sim. Se não arrancarmos essa criança de seu ventre dessa forma, teremos de dar-lhe poções mais pesadas.

Uma expressão de horror estampou-se no rosto de Clarissa. Ingerir venenos, ainda que em doses cuidadosas, lhe causava medo. Ricardo, que assistia à cena sentado em uma rústica cadeira, aproximou-se da mesa, observando as mãos da madre passarem rápidas e fortes sobre o ventre da prima.

– Então, abadessa, qual é sua opinião? – indagou o bispo.

– Está nos primeiros meses. O volume do ventre é pequeno, vamos tentar expulsá-lo dessa forma. Se não conseguirmos, precisarei de seus conhecimentos – respondeu Agnes, que suava pelo esforço físico que realizava.

– Ai, eu não agüento mais! – clamava a duquesa. – Minhas costas vão se partir, tudo em mim dói, parem, por favor...

– Cale a boca, Clarissa – ordenou Ricardo secamente. – Se pararmos será pior, em alguns meses terás um filho, esqueceste?

– Ai, como dói! – gemia a duquesa. – Não agüento mais, sinto minhas forças me abandonando.

– Cale a boca, mulher. Está me atrapalhando – determinou a abadessa. – É bom sinal que sangre. Agüente. Você pediu por isso.

A dantesca cena prosseguia em meio a gritos, gemidos e palavras iradas e descorteses. A abadessa e Ricardo agora se revezavam nos procedimentos abortivos, praticamente surrando o ventre da duquesa. Horas depois Clarissa estava à beira do delírio; as poções preparadas por Ricardo lhe haviam sido ministradas e pioravam em muito o horror do quadro.

– Nunca foi tão difícil – constava Ricardo. – O ventre dessa maldita nos escapa das mãos como se fosse governado por uma força inteligente.

– É, já vi coisas semelhantes acontecerem. É uma luta, bispo. Não sei com quem lutamos, mas estamos perdendo – constatou a abadessa. – Estou cansada e temo pela vida de sua prima. Creio que devemos parar e aguardar algum tempo.

– Mas como? Ainda não houve o abortamento e não sabemos se a criança vive ou não. Parar agora pode ser pior – contrapôs Ricardo.

A duquesa, alheia ao que se passava à sua volta, entrava num perigoso estado de inconsciência. Perturbada, não sabia explicar o que lhe acontecia, via a medonha e grotesca cena protagonizada pelos três, via as mãos da abadessa sujas com seu sangue paradas sobre seu ventre enquanto discutia com Ricardo. Estranhos seres à sua volta pareciam humanos, mas eram diferentes. Divisava sombras e vultos ao redor da mesa acompanhando o bispo e a abadessa, parecia que riam, enquanto a um canto da sala um casal amparava uma jovem, de constituição delicada que chorava exaurida e revoltada. Clarissa notou um fio que unia a jovem a seu corpo; perturbada, não entendeu o que se passava, cambaleante, aproximou-se do estranho trio desejando ouvir o que diziam:

– Tenha fé – pedia o homem estranho. – Nada aconteceu ainda. Compreenda os descalabros emocionais que afligem a torturada criatura que lhe abriga o corpo físico neste momento.

– Ela quer matar meu corpo. Não deseja que eu renasça. Esqueceu-se de mim – dizia choramingando a jovem. – Não a deixe matar! Eu preciso voltar...

– Acalme-se – falava agora a mulher. – O feto está bem, pude verificar isso. Logicamente sofrido e um tanto machucado, mas você foi valorosa na defesa pela sua oportunidade, resguardou o corpo físico que lhe servirá. Será possível preservar a saúde orgânica do corpo em formação.

– E se ela tentar de novo? – indagava a jovem.

– Vamos procurar interferir para que isso não aconteça. Não se torture agora pensando em males futuros. Isso não é bom. Preserve seu equilíbrio alimentando bons pensamentos, não cultivando temores antecipados. Descanse, agora. Eles estão com medo, irão parar essa operação infeliz – respondeu a mulher, enquanto trocava olhares de compreensão com o homem que a acompanhava, como se combinassem alguma atividade.

A jovem apoiou a cabeça no ombro da mulher e fechou os olhos, sussurros cansados saíam de seus lábios:

– Não a deixem matar. Eu quero renascer...

Sem entender o que se passava à sua volta, Clarissa olhava apavorada o trio. Algo em seu íntimo lhe advertia que conhecia aquela jovem e mesmo no estado perturbado em que estava compreendera que seria sua filha.

– "Mas como pode ser ela uma moça se nem ao menos nasceu ainda? Mas é ela, eu sinto que é. Ah! Enlouqueço, é esse meu castigo" – pensava Clarissa, enquanto contorcia-se atingida por dores atrozes.

Confusa, viu passar ante seus olhos uma mão branca, cercada de uma luminosidade azulada. Erguendo o olhar, Clarissa vislumbrou a seu lado o vulto masculino que vira acompanhando a jovem que identificava como sua filha.

– Venha, Clarissa, precisamos conversar – convidou o homem, estendendo-lhe a mão.

– Não posso, sinto-me fraca e dolorida. Estou confusa. Acho que enlouqueço – respondeu Clarissa assustada.

– Você não está louca. Está apenas emancipada de seu corpo físico. Isso foi provocado pelas drogas que Ricardo lhe ministrou e pelo seu desejo de fugir ao sofrimento que voluntariamente buscou nesse convento. Venha comigo, precisamos conversar – insistiu o homem.

– Não o entendo.

– Vou lhe explicar tudo, mas venha comigo, vamos nos afastar um pouco deste porão – prometeu o homem.

Clarissa capitulou ao ouvir o convite para afastar-se daquela sala – pois isso era tudo o que desejava naquele momento – e mesmo em seu estado de confusão mental compreendeu o convite.

Alheios ao que se passava espiritualmente ao seu redor, Ricardo e Agnes continuavam debatendo quanto ao melhor caminho a seguir:

– Devemos parar, bispo. A duquesa corre perigo de vida. Não quero nenhum escândalo envolvendo meu convento – falou decididamente a abadessa.

– Isso não irá acontecer abadessa. Temos experiência. Além do mais, quem lhe garante que a criança já não esteja morta? Se esperarmos a expulsão natural, ela pode não acontecer e Clarissa morrerá da mesma forma – insistiu o bispo. – As drogas foram ministradas, não se esqueça disso.

– Não esqueço, bispo. Mas não seguirei em frente. A duquesa pertence a uma família influente junto à Igreja, sua morte no meu convento não passaria como uma ocorrência qualquer. Haveria aqui uma investigação e o senhor, bispo, ainda não tem influência suficiente para nos livrar de tal problema – retrucou Agnes, irredutível em sua decisão de parar o procedimento abortivo. – Além do mais, pense comigo, ainda que a criança esteja morta, o que só saberemos daqui a alguns dias, ganharemos tempo para que a duquesa se recupere das lesões mais óbvias desse procedimento, as marcas que restarem em seu corpo passarão por suplícios penitenciais. Seu marido ficará feliz em constar a fé da esposa – arrematou irônica.

Ricardo começava a pensar sob o ponto de vista da abadessa. Realmente, a investigação da morte da duquesa coincidindo com uma visita sua ao convento poderia fazer estragos na sua reputação.

– Talvez tenha razão, madre – concordou o bispo. – É melhor que ela morra fora dos muros do convento.

– O senhor é um homem de bom senso. Tratemos de apagar o máximo possível as marcas do que aqui se passou. Existem antídotos às drogas que deu a ela?

– As doses foram pequenas; vamos fazê-la ingerir líquido e, se necessário, ministraremos o antídoto – respondeu o bispo.

– Melhor fazer isso agora. Será mais rápida sua recuperação – falou a abadessa, temerosa, olhando o estado em que estava a duquesa. – Ela não está nada bem.

Ricardo acercou-se da prima, constatou os batimentos acelerados do coração, a respiração irregular, o estado de inconsciência. Deu início aos procedimentos para reanimá-la e algum tempo depois concordou com a orientação da abadessa.

– Traga-me o líquido verde que está num frasco arredondado na caixa que coloquei ao lado da cadeira – pediu Ricardo, e vendo que a madre apressava-se em cumprir a ordem, seguiu dando as orientações. – Coloque o equivalente a 1/3 no copo que uso para medir e volte para me ajudar a fazê-la ingerir. Traga também a jarra com água.

Agnes seguiu todas as determinações recebidas e voltou para junto da duquesa. Iniciaram a tentativa de desintoxicá-la.

– As marcas têm de ser as mais leves possíveis, para que não se levantem suspeitas. Poderemos dizer que ela adoeceu repentinamente e como constatamos certa gravidade a reconduzimos ao lar – planejava Ricardo, com a concordância da madre.

A entidade feminina que confortava a jovem reencarnante, notando o estado de relativa tranqüilidade de sua protegida, aproximou-se dos encarnados, observando as tentativas de reversão do quadro que haviam provocado.

– Eles desistiram, querida – informou a entidade à jovem. – Vou auxiliar magneticamente a recuperação orgânica e transmitir calma ao organismo da criança que se desenvolve. Ajude-me, mantendo-se equilibrada e serena, está bem?

A jovem apenas balançou a cabeça em gesto de aquiescência e deixou-se ficar. Notava-se que ela respirava profundamente e erguia o rosto em direção ao céu, como se buscasse enfatizar que dirigia seu pensamento ao Criador.

Horas depois a duquesa dava sinais de melhora.

..*

Lentamente vimos a tela à nossa frente tomar contornos diferentes e à nossa visão surgiu o convento do Vêneto.

Os padres encaminhavam-se, em fila, cabeças baixas, à nave da igreja, o que não impedia que Rugiero cochichasse com o parceiro a seu lado, dizendo:

– Não sei onde nosso bispo estava com a razão quando reconduziu ao cargo o irmão Jacobino. Tenho dúvidas quanto à fidelidade dele a nossa Ordem. É prepotente, aquela aparência de humildade é fingida, no fundo acredita-se melhor que os outros. Devia ter ficado lá com as crianças. Faz bem o papel de uma mulher, lá ele estava bem.

– Tenha calma, padre Rugiero, não convém se indispor com o bispo – sussurrou padre Bento. – Pode ser contraproducente a seus interesses. Dê tempo ao tempo e logo o Reverendíssimo estará exausto da assistência do irmão Jacobino. Espere um pouco mais e verá o que digo ser realidade.

– Falta-me paciência. É difícil suportar o olhar superior de Jacobino. Enfurece-me. Tenho ganas de vê-lo longe daqui – desabafou Rugiero.

– Não conseguirá seu intento em uns poucos dias, sabes disso. Conforme-se e pense para agir com sabedoria na hora certa – advertiu padre Bento. – Quem sabe não poderemos trabalhar juntos nesse propósito?

– É uma aliança interessante. Não sabia que também o senhor não o apreciava.

– É uma história muito velha. Mas a figura de Jacobino não me é simpática e vê-lo com tamanha ascendência na Ordem incomoda-me profundamente – respondeu padre Bento. – Além do que ele é um ignorante, não sabe aproveitar os benefícios que o cargo lhe disponibiliza. É e continuará sendo pobre.

Silenciaram ao aproximarem-se da entrada da igreja, benzeram-se com água benta ofertada em um recipiente colocado junto à parede e tomaram seu assento próximo ao altar para ouvir a missa.

Irmão Jacobino, com os paramentos de oficiante e assessorado pelo jovem seminarista e mais alguns padres, iniciou o trabalho. Em sua homilia advertia os membros da congregação para os deveres do sacerdócio e da vida dedicada a Deus que, em sua opinião, encontrava sempre melhor caminho quando se dedicava ao próximo, combatendo os males da inveja, do orgulho e da maledicência nas almas. Enquanto Jacobino falava, inflamado com o fervor de suas crenças, os padres Rugiero e Bento trocavam olhares de cumplicidade.

Na sacristia, retirando os paramentos que usara, Jacobino nota um vergão vermelho próximo à nuca de seu assistente.

– Que é isso? – indagou Jacobino tocando levemente com o dedo no local machucado.

Envergonhado, o rapaz contrai-se e afasta-se alguns passos, permanecendo de costas para Jacobino, que insiste:

– Não confia em mim, rapaz? Não te pedi uma confissão, apenas uma explicação. Que houve contigo?

O som de um soluço brota do peito do seminarista, que diz a Jacobino ser sério o motivo daquele vergão.

– "É uma alma em sofrimento. Pobre querido" – pensa Jacobino que, notando a porta da sacristia aberta e a proximidade de alguns religiosos, resolve fechá-la para depois dar continuidade à conversa.

– Venha, meu caro – convida Jacobino colocando o braço sobre os ombros do rapaz e levando-o a sentar-se em um extenso banco de madeira escura. Olhando o rosto banhado de lágrimas do seminarista, diz: – As lágrimas aliviam nosso coração, mas é temporário. Se não colocarmos em palavras o que sentimos, voltamos a chorar. Conte-me o que se passa contigo – pediu Jacobino ternamente. – Prometo-lhe jamais contar a ninguém, será como se fosse sua confissão.

Ante o carinhoso convite de Jacobino, o rapaz rompeu em pranto e deixou-se abraçar fraternalmente. Somente depois de serenar o rompante emocional começou a falar em voz muito baixa:

– O senhor sabe o que é isso.

Jacobino ergueu um pouco o decote da batina do seminarista. Lançando um olhar percebeu que ele trazia as costas marcadas por vários vergões.

– "Que horror! Como essa criatura fez isso a si mesmo? Por Deus, será que ainda não compreendeu o mandamento de amar a si próprio?" – refletia Jacobino, escolhendo as palavras com que abordaria o jovem.

– Te supliciaste? Por quê?

– Ora, por quê? – repetiu um tanto amargo o jovem. – Porque peco constantemente, padre. É por isso que me ajoelhei ante Nosso Senhor Jesus Cristo e chicotei-me até apagar da memória meus pecados. Sei que deveria confessá-los ao bispo que por dever é meu confessor, entretanto não ouso e não desejo fazer isso.

– A confissão obrigatória é um tormento, sei disso. Mas aceite minha amizade e se desejar conte-me o que o atormenta.

– Eu peco, padre. Meus sonhos me torturam, me afligem. Fazem meu corpo arder de luxúria, quase enlouqueço, padre – desabafou o seminarista. – Acordo banhado em suor e por vezes deleito-me recordando as cenas do sonho. Ah! É o demônio que me tenta. Ele quer desviar-me de meu caminho, mas eu escolhi servir a Deus. Ele não me vencerá, irmão Jacobino, me ajoelharei diante do Senhor e me chicotearei quanto for necessário, jejuarei até perder as forças do corpo, mas não me entregarei ao demônio. A luxúria não acabará comigo.

Profundamente penalizado, irmão Jacobino ouvia as confidências pensando que em verdade o pobre rapaz era naquele convento uma alma pura. Como fazê-lo entender...

– Lucas, meu rapaz, acreditas que somente contigo esse fato aconteça? Desde que te preparas para a vida religiosa nunca olhaste à tua volta para ver como vivem os demais irmãos? – questionou Jacobino.

– Que dizes, irmão? Dás a entender que o demônio ronda nossa morada.

– Meu filho, deixe de culpar o demônio. Enxugue suas lágrimas e vamos dar um passeio fora do convento. Acompanhar-me-ás até a vila, preciso falar ao duque, recebi hoje uma missiva de nosso bispo, dando notícias da duquesa Clarissa. Enquanto caminhamos poderemos conversar melhor sobre esse assunto, longe dessas paredes com ouvidos.

Estranhando a atitude de Jacobino, o jovem seminarista o olha intrigado, obedece à ordem de secar suas lágrimas e, não se contendo, fala, com certa censura na voz:

– Estranho sua atitude, irmão Jacobino. Os outros padres me condenariam, me fariam jejuar e orar, me advertiriam para salvar minha alma por reconhecer em mim um pecado capital. Do senhor não recebo uma única reprimenda, ouviu a gravidade do que lhe disse como se o estivesse chamando para a refeição diária, como se isso não fosse nada. E depois me convida para passear? Não o entendo, será que o senhor não está fugindo aos ensinos do Senhor, irmão Jacobino?

O religioso olha o rapaz sentindo-se ainda mais penalizado por ver até que ponto haviam lhe incutido na mente tantas noções de medo, repressão e fuga das responsabilidades escondendo-se atrás de um severo código eclesiástico, que julgava muito pouco cristão. Jacobino ouviu todas as críticas que Lucas lhe dirigia e calmamente questionou:

– Vejamos então, seminarista, quem sabe mais. Responda-me qual foi a atitude de Jesus ao encontrar a mulher adúltera?

Chamado aos brios de estudante dedicado, Lucas respondeu repetindo as palavras decoradas, em latim:

– "Jesus, entretanto, foi para o monte das Oliveiras. De madrugada, voltou novamente para o templo, e todo o povo ia ter com ele; e, assentado, os ensinava. Os escribas e fariseus trouxeram à sua presença uma mulher surpreendida em adultério e, fazendo-a ficar de pé no meio de todos, disseram a Jesus: Mestre, esta mulher foi apanhada em flagrante adultério. E na lei nos mandou Moisés que tais mulheres sejam apedrejadas; tu, pois, que dizes? Isto diziam eles tentando-o, para terem de que o acusar. Mas Jesus, inclinando-se, escrevia na terra com o dedo. Como insistissem na pergunta, Jesus se levantou e lhes disse: Aquele que dentre vós estiver sem pecado seja o primeiro que lhe atire pedra. E, tornando a inclinar-se, continuou a escrever no chão. Mas, ouvindo eles esta resposta e acusados pela própria consciência, foram-se retirando um por um, a começar pelos mais velhos até aos últimos, ficando só Jesus e a mulher no meio, onde estava. Ergueu-se Jesus e não vendo ninguém mais além da mulher, perguntou-lhe: Mulher, onde estão aqueles teus acusadores? Ninguém te condenou? Respondeu ela: Ninguém, Senhor! Então lhe disse Jesus: Nem eu tampouco te condeno; vai e não peques mais." – Encerrando a recitação literal, o seminarista completou: – Contado somente no Evangelho de João, capítulo 8, versículos 1 a 11.

– Entendes bem o latim, Lucas?

– Sim, padre – respondeu o seminarista.

– Ótimo! Então vai à tua cela, ajoelha-te ante Nosso Senhor e pensa no que ele disse. Depois volta à minha presença para irmos até a vila.

Encabulado com a lição recebida, o jovem se retirou. Jacobino, vendo-o afastar-se, olhou a imagem de Jesus crucificado e desviou o olhar para a janela de onde se via um céu azul, sem nuvens, e pela luminosidade se deduzia que o astro rei brilhava em sua plenitude e beleza.

– Ah, Senhor! Prefiro falar contigo olhando o céu, contemplando a criação, do que com os olhos postos na figura de um cadáver que dizem ser o teu. Perdoa-me se erro, mas que posso eu, uma alma enclausurada neste mundo de ignorâncias, fazer de melhor? Anseio, Senhor, compreender a vida e tudo o que vejo em tua criação me fala de liberdade, crescimento e amor. Entretanto, aqui – e fazia um gesto apontado as paredes do convento – sufoco. Ajuda-me, Senhor, que senão enlouqueço diante do que presencio. Se eu cair, Senhor, estende-me tuas mãos compassivas e levanta-me. Ah! Como quisera ouvir a tua voz, falar contigo. Sei que é pretensão e até blasfêmia, mas é o que sinto, Senhor, e de nada adiantaria te mentir com palavras se lês em meu coração. Perdoa-me, te imploro, e não me negues tua ajuda. Preocupa-me Lucas, reconheço nele a vocação para te servir, ele é fiel e interessado sinceramente no próximo, mas descobri que sofre e muito, e ninguém, Senhor, será bom trabalhador em tua seara à custa do sofrimento e da repressão de si mesmo. Assim eu penso, mais uma vez perdoa-me se estou em erro. Ajuda-me, se possível, a libertá-lo de tantos grilhões que lhe impingiram ao pensamento.

Sentindo a alma em paz, irmão Jacobino sorriu e novamente olhou o céu, piscando um olho, brejeiro, continuou seu monólogo com Jesus:

– Diriam que sou louco se soubessem que converso contigo. Concordas? Não ouço a tua voz, mas sinto tua presença. Obrigado. Agora me vou, retorno ao mundo dos vivos e "sábios". – Depois de pronunciar a última palavra com um toque de deboche, desculpou-se: – Ei, Senhor, não leva a mal minha brincadeira, sei que eles são meus irmãos.

Horas depois, irmão Jacobino aguardava o seminarista para irem ao encontro do duque. Recostado em uma poltrona na sala de despacho do bispo ele meditava quando ouviu uma leve batida à porta.

– Entre – ordenou sem mover-se.

– Com licença, irmão Jacobino – disse o padre Rugiero. – Soube que o senhor irá até a vila, vim me oferecer para auxiliá-lo, estou a caminho das cocheiras, posso mandar preparar-lhe o coche.

– "Sempre um bajulador, pensa que por que voltei ao secretariado agora sou mais importante que antes quando estava só entre as crianças. Naquela época nem um copo d'água me oferecia" – pensava Jacobino.

– Agradeço-lhe, meu irmão, mas não será necessário – respondeu Jacobino, seco.

– Ora, como não será necessário? A vila é distante. Não custa nada organizar sua partida – insistiu o padre. Depois pensou um pouco mais e indagou: – A menos que o senhor tenha cancelado a visita ao duque.

– Nem uma coisa, nem outra, padre Rugiero.

Jacobino sabia que o bisbilhoteiro deveria estar fervendo de curiosidade e propositadamente deu-lhe a resposta nada esclarecedora.

Acercando-se um pouco mais, Rugiero insistiu:

– Então o duque mandará vir buscá-lo aqui no convento? Irei ficar a postos nos portões; tão logo chegue o veículo vindo do castelo mandarei lhe avisar.

– Padre Rugiero, não terá o senhor o que fazer? – perguntou diretamente irmão Jacobino ainda imóvel e inalterado em sua poltrona.

– Senhor, já lhe disse, não me custa servi-lo. Será um prazer.

– Pois não é necessário. Agradeço-lhe a dedicação a meu bem-estar, mas ela é desnecessária. Procure algum enfermo a quem atender se está disponível ou então vá orar – aconselhou Jacobino. – Não preciso de seu auxílio, pois irei a pé até o castelo.

Esta declaração causou indignação e horror no padre, que logo rechaçou levantando vários empecilhos:

– Impossível! O sol está quente. A vila é distante. Não fica bem à posição que o senhor ocupa na congregação chegar ao castelo andando. Pensarão que se trata de um miserável que não tem onde deitar a cabeça.

– Jesus também não tinha, padre – lembrou Jacobino. – Aliás, alertava a quem desejasse segui-lo: "As raposas têm seus covis, e as aves do céu, ninhos; mas o Filho do Homem não tem onde reclinar a cabeça" – citou em latim.

– Mas o senhor não é Jesus, irmão Jacobino. Os tempos são outros, a Igreja tem poder e o demonstra.

– Eu sei, padre. Antes de o senhor entrar para este convento eu já sabia do que me recorda. Conheço o poder da Igreja desde que me conheço por gente.

Neste ponto da discussão, ouve-se uma batida na porta e entra na sala o jovem Lucas, surpreendendo-se ao perceber que interrompia o diálogo dos religiosos.

– Desculpem. Não sabia que estavam reunidos. Posso aguardar lá fora até que terminem a conversa.

– Não é necessário, Lucas – respondeu Jacobino erguendo-se da poltrona. – Discutíamos um assunto absolutamente sem importância, e o padre Rugiero já estava de saída. Vamos acompanhá-lo.

– Insisto, irmão Jacobino, pense em sua saúde, o coche será melhor e mais rápido. Lembre sua posição.

Lucas ouviu espantado o comentário. Não entendia por que os religiosos discutiam com que veículo iriam até a vila. Decidiu permanecer calado, estava habituando-se à severidade de Jacobino.

– Serei claro com o senhor, padre Rugiero, e espero que não esqueça o que lhe direi. Só ocupo este cargo porque sou como sou. Portanto, pouco me importa o que pensará o duque. Se bem o conheço, é um bom homem e saberá compreender minha necessidade de andar.

– "Andar até a vila" – pensou Lucas. – "É longe". Mas lembrando a advertência recebida naquela manhã manteve-se calado. Melhor seria o corpo fatigado do que a vergonha de ser repreendido novamente.

Vendo que nada demoveria o secretário do bispo de seu intento escandaloso de ir ao encontro do duque a pé, padre Rugiero também silenciou e, cumprimentando-os, afastou-se.

Contemplando as verdes colinas que se estendiam ao redor do convento, para além dos portões de acesso ao edifício, Jacobino sorriu embevecido. As ondulações cobertas de verdes, o céu azul, sem nuvens, o brilho do sol e os sons da brisa e dos animais enchiam de alegria a paisagem.

– Nossa terra é linda! – exclamou Jacobino. – Aproveitemos para apreciá-la. São poucos os momentos em que podemos usufruir do prazer de contemplar a obra divina. Como é bela!

Lucas olhava a mesma paisagem, mas não conseguia compartilhar os mesmos sentimentos de seu superior. Seu pensamento fixava-se na distância a que via os primeiros telhados da vila. – "Como é longe!". Em silêncio, cabeça baixa, coberta pelo capuz, caminhava ao lado de Jacobino.

– Sinta o sol e o vento em seu rosto – falou Jacobino, passando a mão e descobrindo a cabeça do jovem e levantando-a. – Erga a cabeça, rapaz. Olhe o céu, onde deve estar Nosso Senhor e não fixe seu olhar no chão para onde descem os mortos.

– Belos pensamentos, padre – respondeu o jovem desanimado contemplando os telhados ao longe.

– Precisamos conversar, meu filho, e nenhum lugar é melhor do que o templo da natureza.

– Sobre "aquele" assunto, padre? – indagou o jovem envergonhado, baixando novamente o rosto.

– Exatamente, meu filho, vamos falar de sexo e dos seus sentimentos.

– Padre, por favor, não fale assim. É pecado – retrucou Lucas sussurrando.

– Posso lhe recitar todos os pecados capitais definidos pela Igreja, e os demais, juntamente com as formas de avaliarmos as penitências a serem aplicadas ao pecador, meu filho. Na escola que você está estudando já fiz meus votos. E na vida, meu querido, tenho bem mais anos que você, portanto, sem querer ser petulante, acredito que sei um pouco mais e quero ajudá-lo. Você aceita? – perguntou Jacobino. E esclareceu: – Porque se não quiser, tudo bem. Continue como achar melhor.

O rapaz pensou e, recordando a admiração verdadeira que sentia pelo religioso, disse:

– Desculpe se sou estouvado, irmão Jacobino. Reconheço que o senhor é mais experiente do que eu e, acredite, o senhor é o religioso que mais admiro no convento do Vêneto. Aceito sua ajuda.

Um sorriso sincero iluminou os lábios e o olhar de Jacobino, antes que ele iniciasse o diálogo, enquanto subiam e desciam as colinas da Itália.

– Obrigado. Lucas, eu quero que você converse comigo esquecendo um pouco que sou um padre. Sei que isso lhe parece estranho, mas insista um pouquinho que você conseguirá. No convento, vários religiosos, conhecedores de minha forma de pensar e agir, julgam que não mereço a confiança da Igreja, pois subverto seus princípios. E, para ser sincero, admito que vários deles eu ignoro completamente, o que é diferente de subvertê-los. Todos os anos que passei envolvido com a Igreja e seu serviço me renderam muita experiência e sou grato a isso. Aprendi a conhecer as pessoas. Nas longas horas que passamos em contemplação, meu pensamento vagava, confesso que meus lábios recitavam as preces em latim perfeito, mas minha mente investigava as ações dos homens livres, meus irmãos. Ouvia-lhes as confissões, confiavam-me suas emoções e pensamentos mais secretos, seus desejos, e eu, que estava impedido de experienciar muitas daquelas vivências, tinha de ouvi-los, orientá-los e absolvê-los. Foi um exercício que me rendeu a compreensão do não julgar a conduta de nosso semelhante. Não tinha como avaliar o que me contavam, então, sinceramente pensava: "como posso condená-los se não sei o que é isso?", reconhecia-me um ignorante nos assuntos que devia opinar. Por isso, abstinha-me de tecer comentários ou fazer sermões aos meus assistidos, deixava-os falar e procurava sempre a lembrança da conduta de Nosso Senhor. Você já percebeu que somente um registro há que ele tenha sido realmente duro e drástico ao advertir alguém?

Lucas sacudiu a cabeça em negativa, concentrado nas palavras que ouvia de Jacobino, e o religioso continuou:

– É na passagem em que ele expulsa os chamados vendilhões do templo, chamando-os de sepulcros caiados de branco por fora e cheios de podridão por dentro. Ele, sábio como é, via a hipocrisia do comportamento de alguns sacerdotes e fiéis, talvez devesse dizer de muitos. Isso me fez pensar que ele reprovava o comportamento hipócrita de quem prega uma coisa e faz outra, negando sua realidade, como se fosse possível esconder de seus olhos o que realmente somos. E aqueles que se colocam na posição de orientar outras almas têm mais responsabilidade em serem fiéis a si mesmo, em encontrar a sua verdade e saberem quem são, do que os outros, para não serem cegos conduzindo outros cegos e levando-os ao despenhadeiro. Desde que me convenci de que assim devia ser passei a ver a vida tal qual se apresenta a meus olhos e, principalmente, procurei olhar para mim mesmo. Sabedor que somos todos feitos do mesmo material, penso que se eu me conhecer, por certo terei um conhecimento melhor de meu próximo e poderei compreendê-lo. Busquei ler muito e investigar as coisas a meu redor. Apaixonei-me pelo pensamento de Sócrates e nunca esqueci seu ensinamento: "Homem, conhece-te a ti mesmo e conhecerás o universo de Deus". Carregamos e somos parte do universo de Deus, Lucas, então nada do que existe nele deixa de ser criação divina. O que existe no homem existe em toda parte, em todas as coisas, em manifestações diferentes, porém claramente visíveis e possíveis de serem entendidas e descobertas pela nossa inteligência. E o sexo, meu filho, os impulsos que o geram, os sentimentos que o envolvem, as reações e as conseqüências nas nossas vidas, e até mesmo as diversas formas de manifestação física podem ser lidos no amplo livro que Deus escreveu na natureza.

O jovem o ouvia encantado, porém a confusão se estampava em seu semblante.

– Irmão Jacobino, tudo o que me diz parece muito bonito e certo, mas não é a Bíblia o livro sagrado de Deus? E não é nela que estão escritas as leis que devemos seguir?

– Meu querido pequeno Lucas – respondeu Jacobino carinhosamente e depois propôs: – Responda-me, quem escreveu a Bíblia?

– Os profetas e os apóstolos, emissários de Deus sobre a Terra.

– Emissários de Deus todos somos, em diferentes graus. *Emissarius*, em latim, quer dizer "agente" e todos somos chamados a agir na obra da criação, no grande plano divino cada um de nós tem sua parte de ação, para a manutenção da harmonia e do equilíbrio, e, principalmente, todos somos agentes de progresso e renovação. Você compreende o que estou lhe dizendo?

– Creio que sim, padre. Continue, por favor, nunca tinha ouvido algo semelhante.

– Você entende então que a Bíblia foi escrita por agentes de Deus, homens iguais a nós. E, meu querido, lembre-se de que Jesus advertiu-nos que somos deuses, só não fazemos o mesmo que ele porque nossa vontade é fraca, não nos empenhamos ainda no exercício do amor incondicional da mesma forma que ele. Veja, como ela é um livro escrito por homens, ressente-se naturalmente de todas as falhas que aqueles que a escreveram ainda possuíam. Ela retrata a história, as crenças e os preconceitos de muitas épocas, compõe-se de uma mistura de leis humanas, destinadas a um povo em certo período, e ensinamentos de vida imortais, fruto da experiência daqueles emissários. Ela é essencialmente obra humana, filho. Mas olhe à nossa volta: vê aquele bando de pássaros no céu – conforme enunciava os exemplos, Jacobino apontava-os à volta deles – são lindos não é mesmo? Os homens sonham com a liberdade dos pássaros, os gamos faceiros correndo pelas colinas, as abelhas e sua maravilhosa organização, transformando a natureza das flores em alimento e remédio para o homem, as árvores, as plantas, a Terra, meu filho, nossa mãe Terra. – Jacobino abaixou-se e passou as mãos pelo chão, recolhendo um punhado de terra avermelhada, ergueu-se e mostrou-a ao seminarista: – Veja, disso extrai a natureza o que necessita para fazer germinar as sementes dos mais variados tipos, alimentam-se animais, esconde em seu interior pedras preciosas. É fantástica e olhe – Jacobino erguia a mão deixando escorrer por entre os dedos a porção de terra que carregava e que logo se esvaiu de suas mãos carregada pelo vento, misturando-se a todos os elementos que cercavam a paisagem – mistura-se a tudo em poucos minutos e já não sabemos mais quais foram as partículas que estavam em nossas mãos. É o exemplo máximo do que é material nessa vida, é transitória e sem dono, julgamos que nos pertence e aprisionamo-na, dizemo-nos seus donos, mas nós passamos e nosso jugo se esvai, mas ela permanece aí, firme e forte, atendendo aos que nos sucederão. Observe à sua volta, Lucas, tudo segue um plano traçado, do qual cada um de nós, integrantes da natureza, faz parte e cada um de nós compreende uma parte, alguns compreendem mais, outros menos. Os homens compreendem mais, somos seres racionais e pensantes, em grau mais desenvolvido que nossos outros irmãos naturais, e entre nós há variações de inteligência e compreensão desses fatos. É como se cada um enxergasse desse plano uma parte que lhe cabe executar. Lembra, somos agentes divinos nesse planeta.

– Sim, padre. O senhor tem razão, é lindo ver a vida com seus olhos.

– Não são meus olhos, filho – corrigiu Jacobino. – São as obras da criação que são lindas. Todas elas. Aprender a admirá-las nos faz ver a beleza e a grandiosidade da vida e louvar o que usufruímos. Responda-me: quem escreveu e executou este plano?

– Deus – respondeu simplesmente Lucas.

– Então qual é o livro divino, aquele onde Ele imprimiu suas leis e desejos?

– Compreendo o que me disse. Ler na natureza é conhecer Deus.

– Na natureza, Lucas, da Terra, das plantas, dos animais, dos homens e dos seres dos céus, gosto mais de dizer dos espíritos do Senhor – reafirmou Jacobino.

– Mas então, padre, como fica a questão das condenações que a Bíblia faz ao sexo, aos pecados, e a tantas advertências quanto aos males da luxúria?

– Nada existe fora da criação divina. Nem uma folha ou um fio de cabelo se movem sem que Deus o permita. Você acha então que algo tão importante quanto os sentimentos humanos ocorreriam fora da criação? – indagou Jacobino, e sem aguardar a resposta, prosseguiu: – São os homens que, temendo conhecer seus sentimentos ou admitir-lhes as causas, decidem reprimi-los simplesmente, e nada mais eficaz do que se colocar junto uma boa dose de medo, ameaçando-se com um terrível e desconhecido porvir nos quintos dos infernos.

– Ah, irmão! Por favor, não fale assim. Imagine se nos ouvem. O senhor é um religioso – pediu Lucas preocupado olhando ao redor.

Jacobino riu gostosamente da atitude do jovem e, acelerando o passo, fê-lo correr um pouco para alcançá-lo.

– Me espere, padre – pediu o jovem.

– Por que, Lucas, devo esperá-lo, se o preocupa ainda o que vão pensar os outros e não percebes que converso contigo ante o altar maior da criação, onde as verdades ouvidas não são corrompidas. Somente as mentes de alguns humanos depravados corrompem aquilo que vêem e ouvem, lançando sobre a verdade mantos de medo e recriminação. Como se esconder algo fosse a solução do problema – retrucou Jacobino estancando o passo e esperando o rapaz.

– Desculpe, irmão, mas o senhor fala de sexo, inferno, usa palavras que não se devem pronunciar.

– Por que não? Acaso não existem? Olhe, amigo, quando penso em Deus e na sua obra percebo que nossa linguagem é muito limitada para exprimir tudo o que ela contém em beleza e aprendizado, imagine se ainda vamos riscar palavras desse linguajar, o que irá sobrar? Além disso, não falar no quinto dos infernos ou sobre sexo ou no demônio, que diferença fará se é nisso que pensamos? O quinto dos infernos e o demônio não precisam aguardar a morte do pecador para recebê-lo, já vivem nele e com ele.

– O que, padre? Não me diga que também não crê na existência do inferno... O senhor não é cristão.

– Creio sim, Lucas, que o inferno exista. Mas não como nos é apresentado. Ouvindo confissões de homens e mulheres de diversas idades, aprendi que, em determinados momentos, o que sentem e pensam os conduz a tamanha sensação de agonia que não há penitência capaz de dar-lhe fim. Certa vez ouvi uma senhora em confissão. Ela narrou-me suas agruras – que obviamente não lhe contarei – e percebi que se torturava e passava mal, inclusive seu corpo adoecia, e a pobre não tinha alívio. Fui chamado para ouvir-lhe a confissão, ouvi-a pacientemente por horas, fiquei tão aturdido com tudo o que ela disse sentir e ter ânsias de realizar que não tive palavras para confortá-la. Era ainda muito jovem, desconhecia muitas coisas, apliquei-lhe severa penitência e recomendei-lhe o jejum por alguns dias. Para minha surpresa, poucos dias depois recebo novo pedido seu, ouvi-a novamente e constatei que nada daquilo dera resultado, ela permanecia torturada. E até hoje ainda ouço seus mesmos lamentos, o inferno da criatura dura longos anos de sofrimento, dores e privações. Agora não mais lhe prescrevo jejuns e penitência, simplesmente a escuto e ela diz-se melhor. Temos conversado sobre o que ela sente, suas mágoas e problemas e o resultado é mais proveitoso. Se um demônio existe, ele vivia nela e com ela, e a única fórmula de exorcismo que se mostrou eficaz foi a compreensão. E, assim como essa infeliz, tenho encontrado muitas outras almas, Lucas. E você também encontrará quando for um pai.

Lucas pensava no que ouvira e andaram em silêncio por um trecho. Cruzaram com um camponês que carregava sobre os ombros uma menina de aproximadamente três ou quatro anos de idade, linda, loura como um anjo, seus cabelos brilhavam ao sol e o riso cristalino fazia-se ouvir em meio aos sons da natureza. O homem que a carregava brincava com seus pezinhos descalços, fazendo-lhe cócegas e partilhando da alegria singela e prazerosa que despertava na pequena. Ao divisar os dois religiosos, abriu um amplo e fraterno sorriso, cumprimentando-os com simplicidade e espontaneidade.

– A bênção, padre. Tenha uma boa tarde.

– Deus os abençoe, meus filhos. Cuide da alegria desse anjo que Deus lhe emprestou – respondeu Jacobino alegremente.

– Com todo amor, meu padre. Meus filhos são minha fortuna – falou o camponês.

– Vão em paz – disse Jacobino.

Andaram mais alguns passos e quando já não se ouviam os alegres risos da criança, Jacobino retomou o assunto com Lucas, dizendo:

– Estes vivem no céu e estão com Deus. São simples e sinceros consigo e com os outros. Não tumultuam seus pensamentos e sentimentos com repressões e recriminações. Vivem a experiência do dia. Alegram-se e sentem prazer em viver. Fazer cócegas nos pés sujinhos daquele anjo e vê-la sorrir dá àquele homem a sensação de ser forte, necessário, útil e amado. Está cumprindo seu papel no plano da criação. Está em paz.

– Acho que o compreendo – falou Lucas, virando-se para trás a fim de olhar o camponês e sua menina. Depois se voltou e encarou Jacobino: – O céu ou o inferno são as emoções que as pessoas carregam e a forma de viver daí resultante.

– Excelente, Lucas! – elogiou Jacobino. – É isso mesmo. É assim que tenho descoberto ouvindo as pessoas, lendo no livro de Deus como digo.

– Então eu vivo no inferno, padre, pelo que sinto, e não resolverá me penitenciar nem massacrar meu corpo – constatou Lucas. – E se tudo que existe no mundo é obra de Deus, e eu sei que é, como sexo pode ser pecado?

– Os pecados são obra e determinação dos homens, decorrentes da forma como eles viram o mundo em uma determinada época. Vejamos com bons olhos o que fizeram: analisando o comportamento humano vigente, esses pensadores religiosos perceberam que existem condutas equivocadas que se repetem com freqüência entre as pessoas, independentemente de seu sexo, raça, condição econômica ou social. São condutas motivadas por sentimentos inerentes ao ser humano e, refletindo sobre eles, há algum tempo penso que todos estão vinculados a um sério apego à vida material e aos prazeres dos sentidos físicos.

Jacobino andava lentamente e sua palavra eloqüente e firme mantinha atento seu ouvinte: – Deus é sábio e generoso, dotou-nos da capacidade de sentir prazer a fim de preservarmos a própria vida e a espécie, valorizando a oportunidade de existir. Daí, se você analisar em todos os nossos sentidos, até aqui conhecidos, nós encontramos uma função vital, imprescindível para nosso desenvolvimento integral e, aliadas a esta função, as sensações de prazer ou desprazer. Observe: a visão nos permite apreender facilmente através das imagens, atua na defesa avaliando riscos e perigos, dá-nos o prazer de contemplar o belo e com isso desperta o desejo de tocar, usar o tato. É outro sentido, examinar, aprofundar o conhecimento, acariciar, sentir a troca de afeto com outro ser humano, demonstrar amor pelos gestos. Imagine só se o contato entre as pessoas fosse absolutamente desprovido do sentido do tato, seríamos ainda mais brutais. Tocando no objeto de nosso desejo queremos cheirar, sentir o gosto, isso nos desperta a vontade de provar, vem a necessidade de prover a alimentação do ser, fundamental para a sobrevivência. Esse é o universo físico de todos nós, a privação de um desses sentidos nos faz deficientes na capacidade de interagirmos com nosso semelhante, dificultando nosso aprendizado. E os pecados se ligam todos ao uso que fazemos dessas faculdades naturais e necessárias ao crescimento. Acredito que notando esse uso desequilibrado e não possuindo idéia melhor para orientar o homem no uso correto de seu aparelho físico, esses pensadores resolveram recorrer à velha fórmula de educar.

Ao pronunciar o verbo "educar" Jacobino pára e pensa, como que buscando palavras que exprimissem um outro conceito; não as encontrando, explica:

– Sim, creio que tivessem a intenção de educar, embora eu compreenda essa atividade de maneira muito diversa. Eles usaram o medo para reprimir, em vez de orientar o conhecimento e fazer despertar a consciência para guiar um uso correto e equilibrado. E agora, voltando ao tema dos pecados, observe se neles não está presente a exaltação de todos os sentidos, direta ou indiretamente. Está, não está? Pois bem, nos pecados da luxúria, ou nas relações sexuais, existe um forte instinto de reprodução da espécie, atrelado a uma necessidade afetiva, trabalhando com todos os sentidos, despertando uma satisfação múltipla dos sentidos físicos. Aqueles que não direcionam suas percepções sensoriais aos vôos maiores do conhecimento facilmente quedam-se escravizados pelas ilusões da matéria, jogam-se à busca desenfreada do prazer material. Vendo essas condutas, os pensadores que defendem os pecados capitais por certo pretenderam frear os exageros usando a velha técnica de despertar o medo.

– Suas palavras são lógicas. Ah, irmão Jacobino! Muito obrigado. Eu já me julgava um filho de Satanás. O senhor agora me fez ver que o que sinto é natural e normal.

– Natural e normal, sem qualquer dúvida. E como tudo o que desfrutamos na Terra não nos pertence, pois seja o que for ou quanto for nada da matéria levamos após a morte, permanece onde está na obra divina, isso me diz que pertence a Ele, que nos emprestou por algum tempo a fim de que possamos usufruir da melhor forma com vistas a nosso crescimento. O mesmo se aplica ao corpo físico, o recebemos com todos as maravilhas que ele contém para vivermos prazerosamente neste planeta. Cuidar dele é nosso dever, maltratá-lo, como você fez outro dia, é uma ingratidão para com Deus. Pense se eu lhe empresto minha batina nova e em determinada parte do caminho, julgando que lhe entrava os passos, você a faz em pedaços e me devolve totalmente estragada. Isso será certo?

– Não, irmão. Claro que não – respondeu Lucas passando a mão na nuca suada e sentindo o inchaço dos vergões. – No seminário me ensinaram que daquela forma eu domaria os pecados que me atormentassem.

– Sei disso. É ainda a idéia que reprimir educa. Uma deslavada mentira. Só a compreensão real da vida nos permite selecionar os impulsos aos quais vamos ceder e nos faz usá-los com sabedoria, tornando-nos senhores da vida material. Enquanto nos deixamos iludir pelos prazeres que os sentidos proporcionam andamos mal – respondeu Jacobino. – As dores que você gerou em si mesmo com os suplícios o fazem afastar o pensamento desse foco de interesse por alguns dias, mas passados estes, tudo volta a se repetir. Sexo é um tema natural, é parte da vida ativa e tudo o que o envolve é criação divina, portanto, nos cabe amar e respeitar essa manifestação, aprendendo a usá-la com proveito e sabedoria.

– E o voto de castidade, padre. O celibato, como fica?

– Casto é o homem que não pensa mal, que busca conhecer e não julgar sentimentos. O conhecimento verdadeiro traz sabedoria e desperta naturalmente uma conduta reta. Castidade não está na prática ou não de sexo físico. De que vale não fazer e trancar-se em um quarto imaginando um mundo de orgias e prazeres? E, meu filho, nunca se esqueça de que toda força represada tende a um dia romper seus diques de maneira descontrolada e até violenta ou então vive em constante revolta. Nenhuma das opções é sadia. Conheça essa força e canalize-a, seja senhor dos seus instintos e sentimentos. Não se deixe governar pela máquina física, que morrerá um dia.

– Padre, então o senhor é contra o celibato?

– Sou, ele afronta as leis naturais que leio no livro divino. Minha razão e meus sentimentos não o aceitam – respondeu seguramente Jacobino. – Fosse ele natural, você não teria as marcas que tem. Reconheço que existem pessoas que optam por viverem sozinhas e são felizes. Dedicam-se a si mesmas, ao próximo e a Deus, são plenas e pacificadas, acredito que tenham encontrado a compreensão dos sentimentos que impulsionam os instintos sexuais. Já outros se desequilibram profundamente e, se livres, encontrariam dificuldades em se descobrirem e se conscientizarem de suas forças. Proibidos, seus desejos ganham vida além dos limites da imaginação, multiplicam-se o sabor e a satisfação momentâneos com o risco de serem descobertos e das conseqüências.

São hipócritas que não traem a um juramento somente, traem a si mesmos quando o fazem.

Lucas ora contemplava o céu, ora a terra. Pensava em todas as coisas que ouvira, sobre as tentações demoníacas, as advertências da Bíblia e outros conceitos. Jacobino com duas ou três horas de conversa o fazia rever posturas aceitas sem reflexão e agora ele sentia ruir as bases de suas construções intelectuais. Lançou um olhar ao homem a seu lado. Ele parecia calmo, seu olhar era de uma firmeza e uma serenidade que tranqüilizavam naturalmente quem estivesse próximo.

– Que faço então, meu pai?

Jacobino sorriu ao ouvir a expressão carinhosa do jovem seminarista, que demonstrava haver conquistado-lhe a confiança. Ser "pai" era um sonho de Jacobino; na impossibilidade de ter seus filhos e devotar-lhes amor, desenvolvera na vida monástica uma outra forma de paternidade – tinha os filhos de seu conhecimento, como o apóstolo Paulo os havia tido.

– "Homem, conhece-te a ti mesmo e conhecerás o universo de Deus" – citou novamente Jacobino. – Pensa, meu filho, encontra o teu caminho. Ele existe dentro de ti, desvenda-o. Posso dizer-te apenas o que está traçado em mim, mas não sei se ele servirá para ti. Os "planos" da criação para você, Lucas, podem ser outros. E conte comigo sempre, mas não para dizer-lhe o que deve ou não fazer. Você conhece os ensinamentos daqueles que viveram antes de nós e, principalmente, conhece os ensinos de Jesus, nada mais precisa para saber o que é certo ou errado. Use-os para você, na sua vida e não como objeto de elaboração de sermões e para ser contado aos outros. Só lhe peço que não massacre seu corpo, ele é apenas instrumento do espírito. Use a razão. Fale com Deus, não lhe cause horror, destruindo o corpo que Ele criou e emprestou-lhe para sua felicidade.

– Mas que fazer então? Agora o senhor me deixa sem rumos, não sei como me orientar.

– Tua consciência te guia, não eu – disse Jacobino despreocupado. Depois lembrou: – Quando te disseram o que fazer, correste à tua cela e dilaceraste teu corpo, para depois descobrir que aquele conselho de nada valia. Não faço o mesmo, ajudei-te a ver algumas coisas relativas ao desejo sexual que sentes; o que fazer, é contigo. Pensa, rapaz.

Andaram mais algum tempo em silêncio. Lucas, pensativo e atento ao diálogo com Jacobino, não mais olhava os telhados da vila, agora bem próximos. Logo os ruídos dos habitantes invadiam os sentidos dos andantes.

– Chegamos à vila, Lucas – anunciou Jacobino olhando ao redor, com alegria e disposição.

– Já! – exclamou surpreso o seminarista.

– Para você ver que o sacrifício não foi tão grande. Vamos nos sentar sob aquela árvore onde há um tronco caído – apontou Jacobino. – E bebermos um pouco da água deste cantil.

Sentado alguns minutos, Lucas tornou-se consciente do desgaste de energia que a caminhada impusera, sentia-se bem, em paz, porém cansado. Sem pensar, declarou:

– Hoje dormirei o sono dos justos e dos anjos. Creio que nada me afligirá.

Jacobino sorriu e pensou: "Permita, Senhor, que ele entenda a dupla causa de sua noite bem dormida. Paz interior e energias extravasadas. A vida de inutilidade nos monastérios também produz corpos cheios de energias. O trabalho sempre pacifica e ajuda a equilibrar as forças orgânicas. Que Lucas aprenda a dar paz ao corpo e à mente".

– E o senhor, meu pai, não está cansado?

– Estou, meu filho – respondeu Jacobino. – Mas o cansaço do corpo também é prazeroso se provém de um trabalho útil que conforta nosso coração. Aliás, nem é cansaço, é desgaste apenas. Levantando-se, estendeu a mão a Lucas, convidando: – Vamos, falta pouco para chegarmos ao castelo.

Em silêncio o jovem aceitou o oferecimento e ergueu-se prosseguindo a caminhada, cada qual envolto nos próprios pensamentos.

A chegada ao castelo foi festiva, o duque era legítimo apreciador da companhia do irmão Jacobino. Ao ser avisado pelo criado que ele se apresentara às portas do castelo trazendo pessoalmente uma missiva proveniente do convento Carmelita, alegrou-se, dando ordem ao criado:

– Providencie nosso melhor vinho e mande servi-lo aos religiosos. Diga-lhes que me concedam somente mais alguns minutos e logo estarei com eles, reservando o restante do dia para conversarmos. Não se esqueça de mandar que venham tratar dos animais do irmão Jacobino.

– Mas que animais, senhor duque? – indagou o criado. – Eles vieram a pé.

O duque riu ante a informação, rejuvenescendo suas feições.

– Ah! Esse padre é impossível. Veio a passo então desde o convento. Deve estar cansado. Como não há animais para serem tratados, veja se ele e seu acompanhante não gostariam de lavar-se para retirar o pó da estrada.

– Isso sim – concordou o criado. – Os coitados parecem pedintes. Será que a igreja empobreceu? Não é comum se ver isto.

– Por certo que não. Acredito que em toda Itália são bem poucos Jacobinos capazes de tal façanha. – O duque ria, divertindo-se com a atitude inusitada do religioso. – Mas irás ter ainda outras surpresas. O padre Jacobino é antes de tudo um ser humano que se orgulha de ser igual aos outros. Vá e trate de providenciar-lhes conforto enquanto me aguardam e não se esqueça do vinho.

O criado baixou a cabeça em sinal de obediência e retirou-se dos aposentos do duque. Ao pé da longa escadaria os visitantes, ainda de pé, aguardavam. O criado reparou que o mais velho, que se apresentara como irmão Jacobino, aparentava estar muito bem, apesar de suado e empoeirado, porém o rapaz dava sinais claros de desconforto nos pés e nas pernas, sua expressão de fadiga era indisfarçável, debruçava-se sobre os braços apoiados ao corrimão da escada.

– Está cansado, Lucas? – perguntou Jacobino.

– Sim, irmão. Muito. Desde que saí do convento sabia que a distância era longa. Só desejo poder deitar-me, por certo dormirei até mesmo sobre uma pedra – respondeu Lucas.

Jacobino sorriu, era a segunda vez que o rapaz revelava seu desejo de descansar. "Deve estar exausto o pequeno Lucas. Perturbado como estava, por certo, não dormia direito há algumas noites" – pensava o religioso, ampliando o sorriso que fazia brilhar seus olhos escuros com certo jeito matreiro.

– Padre – chamou o criado aproximando-se dos religiosos. – O duque pede-lhe desculpas por não vir atendê-lo imediatamente, disse que terminará em alguns minutos seus afazeres e depois deseja passar o restante do dia em vossa companhia.

– Não temos pressa, meu filho – respondeu Jacobino ao criado.

– Por favor, será que nos consegue alguma tina com água? Preciso refrescar meus pés – pediu Lucas ao criado com uma expressão sofrida estampada no rosto, fazendo Jacobino rir. – Não ria, irmão, isso é falta de caridade – alertou Lucas em tom de brincadeira.

– Aquele que desperta a alegria nos outros também faz caridade – retrucou Jacobino. – É você quem foi caridoso comigo, aliás, conosco – corrigiu-se, apontando para o rosto do criado que trincava os maxilares para não rir do jovem seminarista. – Solte seu riso, meu filho – disse ao criado, e vendo logo se abrir um largo sorriso em seu rosto. – Acho mais belo assim.

– Por favor, padre, não me encabule – pediu o criado. – Não devia estar tomando estas intimidades. Os senhores são visitantes do duque. – Voltando a postura empertigada de antes, convida-os: – Venham, vou levá-los a um dos aposentos onde poderão refrescar-se. – Dando meia volta, tornou a subir os degraus.

Depois de limpos e um pouco mais descansados, os visitantes foram instalados em uma ampla sala do castelo, onde lhes serviram vinho, para a deleite de Jacobino.

– Delicioso! – exclamou Jacobino aprovando a bebida. – Pode deixar a jarra que nos serviremos.

– Como quiser, padre – respondeu a criada que trouxera o vinho.

A moça se retirava da sala quando ouviram passos firmes ecoando sobre o piso dos corredores e em seguida a figura alta e imponente do duque, elegantemente vestido, entrava na sala cumprimentando os religiosos conforme o costume.

– Então, irmão Jacobino, o senhor volta ao secretariado do bispado? – comentou o duque. – Isto me deixa muito feliz.

– Folgo em saber, duque, que tal mudança seja do seu agrado. A mim, sou sincero, não agradou, mas vejo uma oportunidade de melhorar o trabalho ao qual tenho me dedicado nos últimos anos, por isso aceitei – respondeu Jacobino.

– O senhor é o homem ideal para dirigir o convento do Vêneto. Por que não pleiteou substituir o falecido bispo Giordano?

Lucas ouvia surpreendido o diálogo. Nunca imaginara que Jacobino tivesse influência a ponto de pretender o bispado, como dava a entender o duque.

– Não me agradam as funções políticas da Igreja, e o senhor é sabedor disso. Prefiro trabalhar diretamente com as pessoas e, como o senhor sabe, desde que retornei definitivamente a viver no convento, tenho me dedicado à educação dos órfãos. Nosso sábio bispo Giordano era um homem de visão, ajudou-me, e muito, a descobrir meus caminhos – respondeu Jacobino.

– Ele lia nas almas. É um ser humano que fará falta nesse mundo – lamentou o duque. – Mas que notícias me trazem?

– Uma carta, duque, vinda do convento da ordem Carmelita, onde está sua esposa em retiro espiritual – informou Jacobino, alcançando a carta ao duque, que a abriu e leu as curtas sentenças que lhe davam ciência do que ocorria com a duquesa.

– É da abadessa Agnes – disse o duque. – Dá-me a conhecer que minha mulher foi tomada de um mal súbito e está enferma. Por sorte, o bispo Ricardo visitava a instituição e a está medicando. Tranqüiliza-me dizendo que a situação está sob controle e logo me enviará novas informações sobre a saúde de Clarissa.

O duque enrugou a testa pensativo, caminhou até uma das janelas e contemplou a natureza caprichosa que se desenhava à sua frente, depois voltou-se aos visitantes e disse:

– Clarissa tem uma saúde delicada, não é a primeira vez que fica enferma em um retiro. Não sei se é prudente essa prática devocional, considerando que lhe custa a saúde. O que pensa disso, irmão Jacobino?

– Não sou o confessor de vossa esposa, duque. Por isso, não devo opinar quanto à necessidade ou não de ela fazer este retiro – declarou diplomaticamente Jacobino. – Eu, particularmente, não recomendo isolamento absoluto. Julgo por mim, detestaria ficar calado, dias e dias, sem ver a luz do sol ou respirar o ar puro. Isso me revoltaria. E uma alma revoltada é ingrata para com seu criador. Além disso, somos gregários, não é mesmo? Quando preciso meditar, e reconheço que isso é algo que todos precisamos, procuro sentar-me sob uma árvore e fico horas pensando na vida e em oração.

Lucas arregalou os olhos ante a confissão de Jacobino, depois recordou os momentos em que caminhavam e o conforto que lhe trouxera, muito maior que todas as vezes em que agredira seu corpo ajoelhado ante a imagem de Jesus crucificado. "Irmão Jacobino tem uma forma mais amena e saborosa de viver a religião" – concluiu o seminarista.

– Além disso, meu caro duque, o senhor sabe que eu não passaria bem fazendo jejum. Em retiro, definitivamente minha alma seria condenada ao fogo eterno. Pois eu não faria outra coisa em minhas preces senão clamar ao Senhor por liberdade e comida. Creio que foi por reconhecer essa minha rebeldia, desde a infância, que o bispo Giordano nunca me obrigou a retiros e me deu os votos sacerdotais ainda que sabedor de minhas opiniões.

Jacobino enchia novamente as taças de vinho entregando-as aos demais e, notando a surpresa de Lucas, falou:

– Aprecie, Lucas, as coisas boas que a matéria lhe oferece, mas nunca esqueça que o espírito deve ser o soberano e não o escravo em tudo quanto a criação o cerca.

– Sabias palavras, irmão – aplaudiu o duque. – Ficam no castelo esta noite. Vou mandar preparar-lhes acomodações.

Lucas sorriu aliviado, porém seu semblante foi perdendo o brilho conforme ouvia a resposta de Jacobino.

– Agradeço-lhe, duque Alberto, porém não devo me ausentar do convento por tanto tempo, especialmente na ausência do bispo. Retornaremos ainda hoje.

– Permita, então, que mande preparar-lhes uma carruagem. Assim teremos mais tempo para conversarmos e poderemos apreciar o jantar juntos. Que me diz? – perguntou o duque.

Jacobino lançou um olhar a Lucas, que lhe implorava silenciosamente que aceitasse a oferta. O religioso sorriu e disse:

– Caro duque, a misericórdia precisa ser exercitada em nossas vidas, não concorda? Veja meu pobre seminarista, está exausto. Por misericórdia a esse jovem aceitarei sua oferta.

O duque riu da justificativa dada por Jacobino, depois, contemplando o rosto cansado do rapaz, bateu-lhe no ombro e falou:

– Aprenda com esse amigo meu de muitos anos. Ele é estranho, mas muito sábio. – Tocou uma sineta chamando o criado e assim que este se apresentou à sala o nobre transmitiu-lhe as decisões quanto aos visitantes.

Altas horas da noite, sob um céu estrelado, desciam da carruagem do duque, Jacobino e Lucas, à frente do convento. O seminarista já não se agüentava de pé, andava apoiado no braço do superior até a porta de seu quarto.

– Obrigado – agradeceu Lucas. – O dia de hoje foi muito proveitoso para mim. Apesar do estado em que estou.

– Durma bem, meu filho. Deus o abençoe! – respondeu Jacobino, afastando-se.

..*

Notei que Ricardo se tornara pensativo ao ser surpreendido pela interferência de Georges, que projetara para nossa apreciação o diálogo entre Lucas e Jacobino. Ele ouvira com muita atenção e dera sinais de tranqüilidade, diferentemente de quando assistia às cenas em que ele próprio fora o protagonista. Foi interessante ver o choque estampar-se em seu rosto quando reviu a tentativa de provocar o aborto em Clarissa.

Georges, vez por outra, olhava-me e brilhava nos olhos escuros do meu amigo a luz de um sorriso compreensivo. Não sei se por ver que minhas mãos corriam para anotar as cenas e freqüentemente se paralisavam, pois me detinha a analisar as emoções que via desfilar no rosto do antigo bispo do Vêneto. Ele remexeu-se um pouco agitado, lançou um olhar a mim e a Georges, que lhe fez um gesto amistoso, e indicando a tela voltamos a ver as imagens do convento Carmelita.

Ah! Se paredes e muros seculares falassem, quantos horrores não ouviríamos, e haveria de ter quem dissesse, hipocritamente, que essas testemunhas caladas dos atos humanos mentiam. Sou obrigado a pensar na enormidade do amor de Deus que contempla a todos e a tudo que fizemos e, ainda assim, por sua infinita bondade, nos compreende e nos ama, oferecendo-nos a oportunidade de novas experiências de aprendizado.

Nos corredores escuros do convento, iluminados espaçadamente por tochas, a luz do fogo bruxuleava, lançada sobre as paredes e o piso, e a fumaça criava uma espécie de véu, formando um cenário misterioso. No silêncio da noite ouvia-se apenas, e se prestássemos muita atenção, o ruído suave de passos leves. Ricardo e Agnes carregavam o corpo da condessa, agora trajado com uma vestimenta rústica, oferecida às senhoras que faziam retiro e semelhante aos hábitos das noviças. Cada qual segurava uma das pontas do lençol, sobre o qual a duquesa estava deitada, vitimada de febre, jazia ainda inconsciente.

– Bispo, tome a última tocha e a leve consigo. As escadas não são iluminadas – alertou Agnes.

Ricardo aquiesceu e parou em frente à tocha, firmou as pontas do lençol em uma das mãos, enrolando-as até o pulso, e com a outra elevou a tocha iluminando os degraus à sua frente.

– Vamos subir, abadessa – avisou Ricardo. – A senhora enxerga bem?

– Não se preocupe comigo, senhor bispo. Faço esse caminho com mais freqüência do que Vossa Reverendíssima possa imaginar.

Ricardo abafou o riso ante a confissão da companheira e disse:

– Se a freqüência for a mesma com que prescrevo penitências e recebo doações por arrependimento de atos praticados, a senhora por certo tem capacidade de subir esses degraus até de olhos vendados.

Agnes riu baixinho, reclamando:

– Não faça graça, bispo Ricardo, que perco as forças, e a duquesa não é mulher que se possa dizer frágil. Ela é pesada.

– Estamos chegando – informou Ricardo, esbaforido. – Por onde devo seguir?

– Dobre à direita. A duquesa ficará ao lado de meus aposentos, assim será mais fácil vigiar o quarto e não levantará suspeitas entre as irmãs – falou Agnes, e cinicamente completou: –Tenho algumas muito piedosas, querem encontrar o caminho da santidade, e enquanto não o conseguem ficam me atrapalhando com suas beatices. Melhor que nada vejam.

– Também tenho alguns assim entre os padres, mas eles me são úteis. É só saber lidar, são inofensivos, abadessa.

– Prefiro manter cautela – reafirmou Agnes quando pararam em frente ao quarto. – Deite-a sobre o catre, vou cobri-la e providenciar algumas compressas frias para aliviar a febre.

– Com as drogas que lhe ministrei, essa febre deve ceder até a madrugada. Se isso não ocorrer, já teremos um indício de que a criança está morta, e, então, teremos de aguardar pouco tempo até mandá-la de volta ao castelo.

– É, mas não sei dizer a razão, acredito que ela traz no ventre o fruto de seus pecados.

– Neste caso, ela acabará por se recuperar e então teremos de conversar com Clarissa e decidirmos o que fazer.

Agnes lançou um olhar de concordância ao bispo, dirigiu-se até uma cômoda apanhando uma bacia de louça que encheu com a água da jarra que compunha o conjunto de higiene do aposento e retornou ao lado da cabeceira da duquesa, sentando-se e aplicando-lhe compressas. Assim ficaram o bispo e a abadessa, velando Clarissa até verem os primeiros sinais da claridade do dia iluminarem a janela.

Agnes levantou-se esfregando a região lombar, endireitou-se e, descobrindo a duquesa, iniciou um gentil exame do corpo severamente machucado, extraindo gemidos.

– Ela é muito forte e saudável. A hemorragia cedeu. A duquesa está inchada, nada posso afirmar quanto à gestação, são apenas suspeitas.

– Entendo – disse Ricardo, e com expressão cansada e de pouca importância ao que se sucedia voltou a sentar-se.

Três dias depois, nos aposentos da enferma, Agnes e o bispo comunicaram-lhe que a tentativa de abortamento fora mal-sucedida, e dado o estado de sua saúde, não julgavam prudente nova investida.

– Mas então, que devo fazer? Matar-me? – indagou a duquesa.

– Nem pense nisso – advertiu Ricardo. – Uma mulher como você dizer tal coisa não faz sentido. Afinal não há razões para desespero, você é uma mulher casada, e com certeza não será a primeira nobre a dar um filho bastardo ao marido.

– Mas como fazê-lo aceitar? Alberto não é nenhum idiota, saberá obviamente que esse filho não é dele – retrucou a duquesa, aflita.

– Ora, duquesa, creio que não preciso ensiná-la a seduzir um homem – falou a abadessa. – Tenha alguns encontros íntimos com seu marido e algum tempo depois diga-lhe que está esperando um filho. Sua gravidez está nos primeiros meses, faça jejuns durante a gestação e o bebê, com um pouco de sorte, nascerá pequeno e passará como prematuro aos olhos dos demais. Com essa desculpa, evite que vejam a criança até que se tenham passado alguns meses, então todos já terão esquecido do ocorrido.

– Não é tão simples, abadessa – tornou Clarissa.

– Como não? – indagou Ricardo. – O plano da abadessa Agnes é muito viável e comum, todos sabemos disso. Uma expressão debochada estampou-se no rosto de Ricardo como se um pensamento divertido lhe atravessasse o pensamento. – A menos que... isso seja impossível. E o duque não aceite pacificamente a prova da traição.

– Sempre inteligente, Ricardo – concordou a duquesa comungando da expressão de deboche do bispo. – Não posso afirmar que seja impossível, mas com certeza muito difíceis e bastante raros foram meus "encontros íntimos" com o duque.

– Hã? – surpreendeu-se a abadessa incrédula ao que ouvia. – Está certo que o duque não é homem jovem, mas também não é assim tão velho. Até é atraente para a idade que tem. Conheço outros piores que estão em melhor condição.

– Às vezes penso que ambos não nos agradamos um ao outro. E assim como é uma bênção para mim vê-lo afastado de meu quarto, o mesmo ele deve sentir por eu não procurá-lo. Mas sei o quanto preza a própria honra, não me perdoaria, faria da minha vida um suplício e a dessa infeliz criança também – falou a condessa, preocupada, tentando erguer-se no leito e quedando-se sobre os travesseiros, sem forças. – O que disseram a ele? O duque sabe alguma coisa do que se passa aqui no convento?

– Acalme-se, prima. Mandamos informar a seu marido que um mal súbito a havia acometido aqui e que estava sob tratamento. Recebemos uma generosa quantia vinda do castelo para providenciarmos seu restabelecimento – tranqüilizou Ricardo.

Agnes andava até a janela e contemplava um pequeno jardim interno para o qual tinha vista. Assim ficou vários minutos, depois se virou e dirigindo-se a Ricardo falou:

– Se a tentativa de atribuir a paternidade da criança ao duque for inexitosa, ainda há saídas. A duquesa apenas precisará se ausentar do castelo e do convívio social nos meses em que forem inegáveis as mostras de sua situação. Poderíamos então voltar a recebê-la para um retiro maior até o nascimento da criança. Então deliberaríamos sobre o que fazer.

– Serei eternamente grata a vocês se me ajudarem até o fim. Saberei recompensá-los, tenham certeza – afiançou a duquesa, demonstrando que concordava com a sugestão.

O sofrimento a que se submetera deixara-lhe marcas de medo. Pouco se afligira por matar, mas morrer era diferente. Não desejava mais realizar nova tentativa de abortamento ainda que fosse recomendável. Algo em seu interior havia mudado e ela não sabia atribuir a causa. Não poderia ficar com a criança, nem desejava ser mãe, mas havia se firmado que suportaria a gravidez e daria luz àquele ser, depois Ricardo e Agnes se encarregariam do futuro dele.

– Está decidido – declarou Clarissa. – Esconderei esta gravidez, o que para mim será mais fácil do que atribuí-la ao duque. Voltarei ao convento quando o bebê estiver para nascer.

Ricardo e Agnes trocaram olhares de cumplicidade e concordaram com a decisão da duquesa.

– A senhora deverá ficar pouco tempo mais no convento. Talvez três ou quatro dias e então deve voltar ao seu lar. Enviarei hoje mesmo nova carta ao duque, informando-o de suas melhoras e de sua breve partida, para que mande vir buscá-la – disse a abadessa com a costumeira frieza.

– Eu levarei pessoalmente sua carta ao duque, madre. Prepare-a o quanto antes. Com esse assunto resolvido nada mais me prende a este convento. Visitei-o por tempo mais do que suficiente para elaborar meu parecer sobre o excelente trabalho da abadessa e encaminhá-lo a Roma – informou Ricardo.

– Por certo que me apressarei – respondeu Agnes, e constatando que a duquesa de fato convalescia, resolveu: – Aliás, a farei imediatamente. Com sua licença, Reverendíssimo.

– Tem toda, madre. Aguardo a missiva na carruagem – disse o bispo.

Agnes retirou-se do quarto e Clarissa estendeu as mãos ao bispo, que as tomou entre as suas e disse:

– Que seria de mim sem sua amizade, Ricardo? Obrigada por sua ajuda.

O bispo apenas sorriu e apertou levemente as mãos da duquesa, depois as pousou sobre o lençol que encobria o corpo da doente e, acenando, retirou-se dos aposentos. Apressadamente deu ordem para que arrumassem sua bagagem e, acomodado na carruagem, olhava, pela pequena janela, bastante interessado nos membros de sua guarda.

Em seu retorno ao bispado, Ricardo foi logo procurado por Rugiero. Ao vê-lo solicitar uma entrevista, uma expressão desdenhosa se insinuou no rosto do bispo. "Uma ausência de vários dias não passaria sem uma fofoca. Ele não perde tempo" – pensava Ricardo.

Jacobino, a seu lado, nenhuma importância atribuía ao pedido, não ignorava o móvel, conhecendo-o de alguns anos, via seu caráter ainda manchado por procederes de pouca integridade.

– Bispo, para quando devo marcar essa entrevista? – indagou Jacobino. Sua voz não expressava qualquer sentimento.

Ricardo pensou alguns minutos, olhou seu secretário e comentou:

– Infelizmente esse irmão ainda não sabe fazer uso proveitoso da língua. Mais se atrapalha com ela do que lhe é de alguma ajuda. Imagino que venha queixar-se de algo ou de alguém. Tenho pensado em remetê-lo para servir em um vilarejo distante do convento. Que você acha da idéia, irmão Jacobino?

– Vossa Reverendíssima tem poder para decidir esse assunto sem minha opinião, mas já que a solicitou, acredito que seja proveitoso ao irmão dar-lhe atividade que exija maior dispêndio de energia. Aqui ele se mantem ocioso e sua mente é oficina do mal. Dê-lhe local onde tenha bastante trabalho e ocupe-se em servir ao próximo. Será uma medida salutar para a melhoria do comportamento de padre Rugiero.

– Ele, por certo, não gostará nada desse plano. Mas desde que cheguei, isso há alguns anos, noto que esse padre está sempre envolvido em desavenças e disputas. Vou afastá-lo daqui. Será bom para ele, e melhor ainda para nós – decidiu Ricardo. – Marque a conversa para uns trinta minutos antes da missa do ângelus e mande o seminarista informá-lo que o ouvirei em confissão, portanto, que faça os preparativos necessários.

Jacobino franziu o cenho ao ouvir a ordem do bispo, o que não passou despercebido ao olhar atento de Ricardo, que esclareceu:

– Irmão, ouvi-lo em confissão é a melhor forma para fazê-lo calar, seja sobre o que for que venha me falar. Nada poderá me cobrar quanto ao que relatar e ainda terei algum prazer em vê-lo ajoelhado ante a congregação.

Jacobino recebeu a explicação, que não havia solicitado, com o mesmo silêncio inexpressivo que caracterizava suas demais atitudes no desempenho das funções do secretariado. Percebera que embora com objetivos bastante diferenciados, ele e o bispo tinham algo em comum – uma forma própria de ver e viver o sacerdócio.

– Prepare a documentação necessária para remetê-lo a uma paróquia distante. Há aquela vila que tem um asilo de velhos e doentes, lá terá bastante trabalho. Há três meses faleceu o padre que a servia, segundo carta que recebemos, envie-o para lá com urgência. Assinarei os documentos antes da missa e deverão ser encaminhados a ele amanhã pela manhã – orientou o bispo.

– Sim, Reverendíssimo. Faremos conforme sua ordem – respondeu Jacobino. – Com sua permissão, vou retirar-me para informar Lucas que procure padre Rugiero e lhe comunique a vossa decisão. Depois irei para o orfanato. Como sabe, tenho dedicado as primeiras horas da tarde para atender às minhas tarefas como diretor do lar de meninos.

Com um aceno de mão, o bispo autorizou o pedido de Jacobino e ele prontamente afastou-se.

Reuniram-se, novamente, poucos minutos antes do horário aprazado para a confissão de Rugiero. Jacobino assistia à função de Lucas em auxiliar o bispo a paramentar-se. Era visível que o jovem realizava a função a contragosto e que seu trabalho deixava algo a desejar, motivando reprimendas e reclamações de Ricardo.

Mirando-se no espelho, Ricardo deu-se por satisfeito quanto à sua aparência, correu a mão sobre a corrente de ouro que lhe adornava os ombros, por sobre os paramentos, até atingir o grande pingente em forma de cruz cravejado de pedras preciosas, tomando-o nas mãos e examinando-o, embevecido.

– Linda jóia. O ourives que a elaborou é um verdadeiro artista. Era um desperdício ficar sem uso junto ao tesouro do bispado – comentou Ricardo e, lançando um olhar à figura de seu secretário, que trajava a batina mais simples e um par de sandálias de couro, prosseguiu: – Nunca te vi usando jóias, Jacobino, sempre estás com batinas severas, como essa que carregas sobre o corpo. Ficarias bem melhor usando algo mais alegre. Apesar das limitações nossas vestes podem variar.

– Não vejo razão para isso, Reverendíssimo. Adoto este modelo porque o julgo mais confortável – respondeu Jacobino.

Lucas, parado atrás do bispo, disfarçava muito mal sua antipatia por ele e por sua forma de pensar.

– Que foi que te acometeu agora, jovem? Parece que estás doente! Por que franzir a boca desse jeito? Estás enjoado? – perguntou o bispo, e, lançando um olhar de avaliação ao corpo do rapaz, disse: – Esse italianinho é muito magro, Jacobino. Será que ele passou fome no seminário ou tem jejuado demais?

– Não creio, bispo – respondeu Jacobino. – Ele deve pertencer a uma família de compleição física delicada. Que nos diz de seus familiares, Lucas, como são?

– Somos todos magros, o senhor meu pai é muito alto – respondeu Lucas a Jacobino. Depois, envolvendo o bispo, completou: – Mas não se preocupem, sou muito saudável.

– Tenho minhas dúvidas – respondeu Ricardo. – Tem jejuado por algum motivo?

– Não, senhor. Estou muito bem – respondeu Lucas.

– Tanto melhor. Isso demonstra que tens te mantido afastado do pecado – disse o bispo mecanicamente, encaminhando-se para a porta. – Vamos, está no horário. Irmão Jacobino, e quanto à documentação para a designação da paróquia para onde enviarei o padre Rugiero?

– Está pronta. Deseja assiná-la agora ou depois da missa? – indagou Jacobino.

– Já – falou Ricardo parando à porta e ordenando a Lucas: – Busque a documentação e o tinteiro. Deixaremos tudo pronto. Amanhã antes das primeiras orações deverás entregar essa ordem ao padre Rugiero.

Lucas baixou a cabeça e rumou para a sala de trabalho onde estavam os documentos. Minutos depois voltava, apresentando-os ao bispo, que os leu, assinou e, dobrando-os, selou com o anel que trazia na mão esquerda. Ao entregá-los a Jacobino, o bispo sorriu aliviado.

– É o descanso! Espero que ele permaneça lá muito tempo – falou

Ricardo, sem esconder a satisfação que sentia. – Vamos.

Enquanto Lucas e Jacobino verificavam se tudo estava em ordem para a realização da missa, o bispo recebia no confessionário o padre Rugiero, muito contrariado com a direção dada a seu pedido. Entretanto, astutamente disfarçava sob um manto de falsa humildade e aceitação. Adentrou o recinto e dirigiu-se ao local utilizado para o sacramento sabendo que atrás da treliça de madeira o bispo o espionava, por isso vinha com passos curtos e cabeça baixa coberta pelo capuz. Aproximou-se do confessionário, fez o sinal da cruz, ajoelhou-se e saudou o bispo.

– O que o traz aqui, meu filho? – indagou o bispo serenamente recostado na cadeira atrás da treliça, secando o suor com um lenço impecavelmente branco. – Pode falar que o escuto sob os sagrados votos da confissão, em nome de Deus. Nada do que for dito aqui entre nós poderá ser comentado lá fora.

– Eu sei, Reverendíssimo. E confesso-lhe que estranhei sua determinação, mas acato-a reconhecendo sua sabedoria. Desejava apenas falar-lhe, colocá-lo a par de alguns acontecimentos que sucederam aqui em sua ausência e que julgo relevantes para o bom nome de nossa congregação.

– São fatos graves? Lesaram algum interesse da Igreja?

– Não, senhor bispo. Ainda não.

– Há então uma conspiração que desejas revelar?

– Não.

Rugiero confundia-se e via cada vez mais distante seu intento; as indagações do bispo falavam de problemas sérios e ele, em verdade, desejava lançar cizânia na relação de Ricardo com Jacobino.

– Folgo em saber que não se trata disso.

– Bispo, o que me aflige é o comportamento do secretário do bispado. Ele teve condutas muito estranhas em sua ausência.

– Hum! Irmão Jacobino! – exclamou o bispo, em cujo rosto se desenhava um sorriso de escárnio enquanto pensava: "Desgraçado! Então realmente não me enganei contigo. És um invejoso e cobiças o cargo que dei a Jacobino. Vens a mim plantar a discórdia. Cobra venenosa. Bem fiz em livrar-me de ti."

Tomando as expressões do bispo como sendo de interesse no que pretendia revelar, sentiu-se incentivado e prosseguiu, exagerando e distorcendo os fatos:

– Ele ausentou-se um dia inteiro aqui do convento, sem deixar qualquer outro como responsável por suas atribuições. Simplesmente abandonou as funções que lhe cabiam como superior da ordem no momento. Não bastasse isso levou consigo o seminarista Lucas. Disse que foram até o castelo para uma entrevista com o duque, mas não sei se podemos crer piamente nisto, pois ele dispensou todo aparato para sair do convento, até mesmo a carruagem. Pediu somente um cantil com água e foi a pé. Veja, Reverendíssimo, que menosprezo para com a imagem da Igreja.

Ricardo, enxugando a testa, a custo continha o riso: "Que me importa se Jacobino deseja passear com o jovem seminarista? Que vá!".

– Voltaram altas horas da noite e vi quando Jacobino conduziu o rapaz até os aposentos, amparado em seu braço. Muito estranho. E o rapaz é inseparável de Jacobino. O senhor já notou? – continuou o confidente.

Cansado de ouvir Rugiero, o bispo resolve dar por encerrada a confissão.

– Padre Rugiero, o senhor não consultou sua consciência como deveria antes de ter vindo à minha presença. Pois se o tivesse feito, não haveria de ter pronunciado as palavras que disse. O senhor, padre, está em pecado. Pensa mal de seu irmão e julga o que não conhece. Irmão Jacobino, ao visitar o duque e abandonar por algumas horas o convento, cumpria ordem minha que, mesmo afastado, sou o superior deste convento. A maledicência já levou à perdição muitas almas. Ore e vigie. Infelizmente, também, não percebi nem sombra de arrependimento em sua confissão. Aliás, desconfio que o senhor pecou também contra um sacramento.

– Mas, Reverendíssimo...

– Sem "mas Reverendíssimo". Sei o que estou fazendo. É para o bem de sua alma. Devo zelar pelo meu rebanho e você, meu caro padre, está em perigo. O senhor se manterá ajoelhado, em oração, aos pés da cruz, desde agora até amanhã pela manhã. Tome o seu terço e ore. Jejuará até o final de sua penitência.

Dando por encerrada a confissão, Ricardo ouviu padre Rugiero murmurar irritado, por entre os dentes, a *mea culpa* em latim, ao fim da qual fez o sinal da cruz e recitou as palavras de absolvição dos pecados em nome de Deus, liberando-o. Prazerosamente, ao subir ao altar, contemplou a figura de Rugiero ajoelhado ante a imagem do Cristo Crucificado, cabeça baixa, murmurando orações. "Deve estar furioso" – pensou o bispo, e sorriu iniciando a missa.

Na manhã seguinte Lucas dirigia-se à igreja à procura de padre Rugiero para entregar-lhe as determinações do bispo de transferi-lo para a paróquia de Belluno.

Parado ao lado do padre ajoelhado, Lucas aguardava que ele se erguesse, limpando a batina e movimentando as pernas.

– Bom dia, padre Rugiero. Venho entregar-lhe esta carta do Reverendíssimo bispo.

– Uma carta? Deixe-me ver.

Rugiero recebeu a carta e leu-a rapidamente. Tomando ciência das ordens superiores, seu rosto cobriu-se de intenso rubor e nos olhos uma chama de raiva era indisfarçável.

– Seminarista, diga ao bispo que estou ciente e partirei ainda esta manhã, conforme determinado.

– Deseja que mande preparar alguma coisa para sua viagem?

– Não – respondeu secamente Rugiero.

– O bispo mandou-me às estrebarias logo cedo determinar que preparassem um cavalo para o senhor. O cavalariço o deixou pronto, amarrado ao lado do portão principal – informou Lucas. – Faça uma boa viagem, padre. Deus o acompanhe.

Padre Rugiero baixou a cabeça e nada respondeu. Somente quando o rapaz se afastava, foi que disse para si mesmo:

– Maldito Jacobino! Isso não ficará assim. Mandar-me para Belluno, aquele fim de mundo, para cuidar de velhos e doentes. Ah! Um dia, um dia eu voltarei e então acertaremos as contas. Aquele maldito foi mais esperto do que pensei, conquistou o bispo com seu jeito de idiota. Mas juro que voltarei e ele pagar-me-á por essa. Ah! Se pagará!

Sem que Rugiero percebesse, tamanha era sua fúria, padre Bento entrou por uma porta lateral às suas costas e ouviu suas palavras. Aproximou-se, colocou a mão sobre seu ombro e falou mansinho:

– Que é isso, meu irmão? Acalme-se. Por que tanta revolta?

– Tome cuidado, padre Bento. "Aquele nosso amigo" é mais influente do que pensei. Ontem conversei com o bispo sobre a ocorrência que houve em sua ausência, conforme havíamos combinado, lembra?

– Sim, padre Rugiero. Lembro que o senhor me disse que daria início ao trabalho – falou padre Bento em voz baixa e olhando cuidadoso à sua volta para verificar se não havia ninguém. – Vamos nos ajoelhar, padre, então o senhor poderá me contar o que se passa. Assim ninguém suspeitará de nada.

Ajoelhados lado a lado, Rugiero, enfurecido, dava ciência ao companheiro de sua transferência para a distante paróquia para a qual fora designado naquela manhã logo após concluir a vexatória penitência imposta pelo bispo após a confissão.

– Foi ele, tenho certeza – acusava Rugiero. – Tome cuidado, padre Bento. Veja o que estão fazendo comigo.

Padre Bento apenas balançava quase imperceptivelmente a cabeça, sem nada dizer. Calar era o melhor que tinha a fazer.

Tomado de revolta, Rugiero levantou e se despediu apressadamente, dirigindo-se até seus aposentos, onde arrumou rapidamente seus pertences pessoais e, sem dizer mais nada, foi ao portão do convento, montou no cavalo e partiu a galope.

Da janela de sua sala, Ricardo observou a certa distância a partida de Rugiero e comentou:

– Ele se vai, Jacobino. Está afoito. Deus o acompanhe!

Jacobino parou o trabalho que realizava e aproximou-se da janela, contemplando ao lado do bispo a partida do padre.

– Que siga em paz! – disse Jacobino. – Tomara que use bem a oportunidade de trabalho que Vossa Reverendíssima lhe confiou.

..*

Meses de calma transcorreram no convento do Vêneto. O bispo autorizara todas as melhorias que Jacobino desejava fazer no orfanato, o que mantinha o secretário ocupado às tardes, horário em que Ricardo utilizava para acrescer suas posses sempre que possível, tornando a congregação beneficiária do testamento de algum nobre, nem sempre utilizando somente os meios da persuasão.

As vidas corriam em relativa tranqüilidade quando Ricardo recebeu uma carta da duquesa Clarissa e outra da abadessa Agnes solicitando sua presença no convento Carmelita. Imediatamente deu ordens para prepararem a carruagem e sua bagagem, transferiu ao secretário as funções de supervisão da ordem em sua ausência e poucas horas após a leitura das cartas partia rapidamente ao encontro das duas mulheres.

Ao cair da tarde chegava para nova visita ao convento Carmelita. Apresentando-se à porta, foi recebido e encaminhado imediatamente ao encontro da abadessa em sua sala de trabalho.

– Reverenda madre – cumprimentou a monja que acompanhava Ricardo. – O senhor bispo chegou e deseja vê-la.

– Faça-o entrar imediatamente, irmã. Não desejo ser perturbada nesta entrevista por nada nem ninguém – respondeu Agnes, sem levantar a cabeça das contas que analisava.

– Sim, senhora – respondeu humildemente a monja e, afastando-se da porta, fez entrar o bispo no recinto, retirando-se silenciosamente.

– Abadessa Agnes, como tem passado? – cumprimentou Ricardo, estendendo a mão para que Agnes beijasse seu anel.

– Muito bem, Reverendíssimo. Nossa congregação cresce a olhos vistos, o que me deixa muito satisfeita.

– Excelente. É preciso que o serviço do Senhor prospere. Mas vamos logo ao assunto, como está a duquesa?

– Iniciou o trabalho de parto há algumas horas. Fui vê-la não faz muito, e como deduzi que o nascimento ainda deve demorar algumas horas, resolvi trabalhar enquanto lhe esperava – respondeu Agnes friamente.

– Que me diz de seu estado geral?

– A gestação foi difícil, a recuperação foi lenta e deixou seqüelas. Acredito que devemos nos preparar para dar à luz uma criança deformada. Ao longo dos anos tenho visto pequenas monstruosidades nascerem nestas circunstâncias.

– Se isso ocorrer, eliminaremos no nascimento. É melhor que Clarissa nem ao menos veja – decidiu o bispo.

– Como combinamos, ela passou os últimos três meses aqui no convento, parece-me mais sensibilizada com a maternidade do que no início. Demonstrou preocupação com o destino que daremos à criança.

– Ora, ora, que notícia surpreendente. Não esperava por essas fraquezas em minha querida parenta – comentou Ricardo. – Porém, não me iludem. Sei que tão logo esteja recuperada do parto não conseguirá resistir aos prazeres que lhe oferecem até mesmo os serviçais do duque. Pobre Alberto!

Agnes ouviu os comentários de Ricardo e um sorriso malicioso desenhou-se em seu rosto, enquanto com gestos concordava com o pensamento exposto.

– Deixemos de lado a vida privada da duquesa, que afora os rendimentos que possa nos trazer em nada mais nos interessa. Suponhamos, madre, que a criança seja viável, me compreende? Novo gesto de aquiescência sucedeu o comentário do bispo. Acredito que tudo já esteja preparado para dar execução ao plano inicial.

– Certamente, bispo – respondeu Agnes, dirigindo-se a um cofre de ferro muito pesado, que abriu sem maiores dificuldades apresentando a Ricardo uma bolsa com jóias e moedas de ouro. – Tanto a duquesa sensibilizou-se com a maternidade e está preocupada com o destino da criança que me entregou um verdadeiro tesouro para garantir a vida da criança e seu futuro.

– Quanta generosidade! Será mais do que o suficiente para a criança. Aliás, acredito que a gravidez acresceu esta característica à duquesa; é sem dúvida a mulher mais generosa que tenho o prazer de conhecer – disse zombeteiramente Ricardo.

– Eu também, Reverendíssimo. E creio que concorda conosco o cavalariço da duquesa, por quem ela também se diz apaixonada. O que faz uma gravidez!

– Clarissa apaixonada! Ora, reverenda madre, será que ela lhe confiou o que foi feito do marquês?

– Romperam. Obviamente ela não era louca de expor-se a relações com o marquês estando grávida, isso seria facilmente percebido. Sem outra opção, entregou-se ao relacionamento com o cavalariço e diz-se apaixonada.

– O que é esta vida, meu Deus? A nobre duquesa do Vêneto amando um serviçal de seu castelo. É por isso que a luxúria é um pecado mortal, madre; desfacela, subverte as mentes e a sociedade.

– O senhor bispo me dizendo tais coisas! Ora, não me faça rir, pregue isso a quem não o conhece como eu – advertiu Agnes em tom de mofa.

– É, a senhora tem razão, de mais a mais, vamos lembrar que não nos cabe julgar os atos da duquesa.

– Ela está nas celas do porão desde cedo. Temi que fosse muito escandalosa com as dores do parto e a transferi para lá. Aquelas pedras são grossas e seculares, ela poderá gritar à vontade.

– Vamos até lá, então – resolveu Ricardo. – Quem sabe a natureza já não fez a sua parte...

Na mesma sala onde alguns meses atrás realizaram a malsucedida tentativa de abortamento, a duquesa se encontrava novamente deitada sobre a mesa rústica, coberta de suor, tapada com um lençol. Apertava as mãos nas bordas com força e ouviam-se seus gritos e gemidos. O ventre dilatado sobressaía nos contornos do corpo de Clarissa, que se vislumbravam sob o lençol. Ricardo aproximou-se do improvisado e desconfortável leito e perguntou:

– Clarissa, como estás?

– Cansada, muito cansada. Desde cedo estou com dores horríveis e esta criança não nasce.

– Vou examiná-la novamente, é provável que agora esteja mais próximo – avisou a abadessa.

Uma expressão de medo estampou-se na fisionomia de Clarissa e seus grandes olhos cinzentos se apertaram quando pediu:

– Seja delicada, madre. Não sou uma vaca.

– Ora duquesa, a natureza realiza o mesmo trabalho em mulheres ou em vacas. Não há outra forma – retrucou a madre sem dar qualquer importância ao pedido da parturiente.

– Ah! – gritou a duquesa ao sentir as mãos da madre remexendo em seu corpo. – Ricardo, por favor, me ajude.

– Tenha calma, estamos habituados a esse trabalho. Agnes é muito competente como parteira – tranqüilizou Ricardo. – Como está, madre?

– Não deve demorar. Vou subir nela e empurrar a criança para fora. O senhor ajude-a puxando por dentro. – respondeu Agnes enquanto subia sobre a mesa, calçando um pé de cada lado do corpo de Clarissa e posiciona-se de cócoras e empurrou com ambas as mãos o ventre da duquesa. – E a senhora duquesa, quando sentir as dores, empurre, faça força, não desperdice energia gritando ou me mordendo como fez antes. Morda os lençóis, como lhe disse. Vamos lá. Empurre, força.

Tempos depois ouvia-se o forte vagido de um recém-nascido e escorregava para as mãos de Ricardo o corpo perfeito de uma menina, forte e aparentemente saudável, com a cabeça coberta de cabelos negros semelhantes aos da mãe.

– É uma menina, perfeita – anunciou Ricardo exibindo aos olhos da madre a pequena que segurava pelos pés e com a cabeça para baixo.

– Ponha-a na mesa e vamos terminar logo com isso – disse Agnes descendo de sobre a mesa. – Finalmente, estou exausta.

Agnes aproximou-se da cabeceira e notou lágrimas correndo no rosto da duquesa.

– A senhora está bem, duquesa?

– Sim, madre. Creio que por vários dias não poderei andar, nem me mexer muito bem, estou cansada – respondeu Clarissa.

Ricardo atendia a recém-nascida, cortando o cordão umbilical e finalizando os trabalhos do parto. Enxugou e enrolou a menina em um lençol e dirigia-se à porta, quando foi chamado pela duquesa.

– Traga-a até mim, Ricardo. Desejo vê-la.

– Tem certeza, Clarissa? – indagou Ricardo surpreendido. – Poderá ser pior para você. É melhor esquecer tudo isso.

Agnes olhava o bispo como quem diz: "eu lhe avisei que ela mudou".

– Traga-a, Ricardo. Sou eu quem decide o que fazer com a minha filha. Deixe-me vê-la.

Ricardo atendeu ao pedido e colocou a menina nos braços da mãe, que lhe acariciou o rosto miúdo, admirando-lhe os traços.

– A pequena se parece comigo – constatou a duquesa, orgulhosa. – Coisinha mais linda.

Ricardo e Agnes trocavam olhares preocupados.

– Isso passa. Logo ela cairá em si – sussurrou o bispo ao ouvido da abadessa.

– Assim espero. De qualquer maneira não poderá levar a criança ao castelo – respondeu Agnes.

– Abadessa – chamou Clarissa sem afastar os olhos da filha. –

Quantas crianças são deixadas nas irmandades católicas ao longo de um ano?

– Perde-se a conta, duquesa – respondeu Agnes.

– E o que fazem com elas?

– São encaminhadas aos orfanatos, senhora.

– Prima Clarissa – interveio Ricardo –, nada disso é novidade. São fatos de conhecimento público.

– E aqui no convento é freqüente surgirem crianças abandonadas? – insistiu a duquesa.

– Em nosso convento são raras, duquesa. É mais freqüente na roda dos enjeitados, nos hospitais e asilos – esclareceu Agnes preocupada.

– Responda-me apenas sim ou não, abadessa. Há crianças que são deixadas aqui? – perguntou a duquesa.

– Sim.

– Não entendo, Clarissa, por que essas perguntas? – questionou o bispo.

– São poucas as alegrias que tenho em meu casamento, caro bispo. E ao longo desses meses pensei muito. O meu Bruno pediu-me para rever algumas coisas, ele gostaria de ter a criança por perto. Ofereceu-se para criá-la. Ele me ama de verdade, Ricardo. Por ele, quero ficar com a menina. Além do mais ela é linda e perfeita, temi que por causa daquilo, ela nascesse doente, mas creio que fui perdoada e ela está bem – declarou Clarissa para assombro dos religiosos, que viam sua fonte de renda secar repentinamente.

– E seu marido, sua posição social, sua família? Não aceitarão jamais que você viva com um camponês. Recobre seu juízo, Clarissa – advertia Ricardo. – Vamos seguir nosso plano original. Será o melhor.

– Se eu decidir adotar uma criança deixada em um convento, enquanto fazia um retiro, ninguém terá nada a dizer. Meu marido ficará contente por este meu ato de altruísmo e Bruno me será grato e dedicado para sempre por dar-lhe uma filha e deixá-lo vê-la crescer – disse Clarissa e, depois, dirigindo o olhar aos religiosos, prosseguiu: – Logicamente, não serei egoísta desejando a felicidade apenas para mim, o silêncio de vocês será regiamente recompensado. Como tem sido até agora, não é mesmo?

– Seja como quiser, Clarissa – concordou Ricardo após uma troca de olhares com a abadessa.

A duquesa sorriu feliz e pediu auxílio para sentar-se abraçada à filha.

– Ótimo. A importância que lhe entreguei, Reverenda madre, peço que seja dividida entre este convento e a Ordem dirigida por meu primo, como doação que faço, pelo nascimento de Lúcia.

Os olhos de Ricardo brilharam ao lembrar da fortuna que vira no cofre da abadessa.

– Reverenda madre, desejo que me tragam papel e tinta, preciso escrever a meu marido, solicitando seu consentimento para este meu gesto de amor. Direi a ele que pretendo ficar com a menina até a idade de entregá-la a uma boa escola e providenciar-lhe o futuro. Envie com urgência essa carta, por favor – pediu Clarissa.

– Assim que estiver acomodada novamente em seus aposentos, duquesa – respondeu Agnes. – Para dar maior credibilidade ao seu plano devemos fazer com que a menina seja encontrada às portas do convento. Ainda bem que é noite e isso não será difícil.

– Eu providencio. Há aquela saída pelos porões, não é mesmo, madre? – Ante a concordância de Agnes, Ricardo continuou: – Levo a menina comigo e alegando estar passeando pelos arredores do prédio encontro a criança e trago-a para dentro. Amanhã pela manhã, depois de conhecer a criança, a duquesa pede à abadessa a graça de levá-la consigo quando terminar seu retiro.

– Perfeito – elogiou Clarissa. – Eu e Lúcia agradecemos. Leve-a, mas traga-a de volta o quanto antes.

O plano para introduzir o bebê no convento não poderia ter sido mais bem-sucedido. O duque não opôs qualquer barreira ao desejo da esposa, ao contrário, estimulou-a à prática da caridade e declarou que receberia a menina como uma afilhada. Um mês depois do nascimento, plenamente recuperada, a duquesa e sua afilhada partiam em direção ao castelo. Dias depois, a pedido do duque, irmão Jacobino oficiava o batismo da pequena Lúcia.

Capítulo 4

Marcas da infância

"Se és sábio, para ti o és; se és escarnecedor, tu só o suportarás."[1]

Ricardo agitava-se. Visivelmente incomodado, estava sendo para ele muito difícil apreciar as cenas de sua existência. Georges, notando que ele sufocava em emoções conflituosas, tocou-lhe gentilmente o braço e indagou:

– Queres conversar um pouco? Não temos pressa.

– Por favor. Será um alívio, temia as dificuldades dessa proposta, mas nunca imaginei que me sentiria assim – respondeu Ricardo, sentando-se no divã.

Eu não conseguia ver seu rosto, mas sua voz estava carregada de emoções e em suas expressões notava-se o dilema, a falta de hábito de expressar o que transitava em seu mundo íntimo. Algo até certo ponto muito comum, pois somos poucos os que se desvendam, na matéria dizem que isso é coisa de mulher, mas a esfera emocional vive longe das vestes físicas e nela a natureza não faz distinções. São os preconceitos que impedem o homem, e falo do sexo masculino, de admitir e trabalhar

---

[1]*Provérbios 9:12.* Bíblia Sagrada. *Trad. João Ferreira de Almeida. Barueri, Sociedade Bíblica do Brasil.*

sua emotividade. Digam os psiquiatras, psicólogos e orientadores de trabalhos espirituais se minto, não são os que estão sob a forma feminina aqueles que mais abrem seu campo emocional ao diálogo?

– Como assim? – perguntou Georges.

– Não sei explicar e isso também me aflige, me angustia a falta de palavras, sinto-me sufocar e sei que elas é que seriam as válvulas de escape, entretanto, justo elas me faltam aos lábios. Foram anos e anos de silêncio, acredito que se algum dia soube falar, com o tempo desaprendi.

Georges sorriu compreensivo e comentou:

– Dizes grandes verdades, Ricardo. A primeira: compreendeste, sentindo, que expressar os sentimentos é o meio de limpar e harmonizar nossas emoções. Torna-se uma necessidade. Segundo: Quando sufocamos algo, impondo silêncio a nossas emoções, acabamos por criar um empecilho a nossa libertação, são as algemas com as quais nos aprisionamos por vontade própria, e elas sufocam, apertam e incomodam, pois tudo quanto existe no universo nasceu para ser livre e circular. Emoções são energias, são forças do espírito. Represá-las acarreta concentrações que, com o tempo, geram incômodos e até mesmo doenças. A sufocação que você sente tem essa origem. Colocaste sobre ti mesmo o tampão do silêncio, preferiste ignorar a conhecer esse universo interior. Terceiro: Descobres atrofiado o dom da comunicação. Conseqüência natural de teu proceder. – Georges fez uma pausa avaliando seu paciente. – Para isso serve a vida, para aprendermos.

– Como faço para quebrar essas algemas, Georges? Ajude-me, elas são horríveis. Sinto meu peito rebentar-se, estraçalhar-se e isso não tem fim, nem alívio.

Ah! Dor moral, dor emocional, como aflige! São tantos os que julgam e condenam as multidões que se deslocam e correm de um lado a outro em busca do alívio desse mal e dão-lhe nomes e pechas de todas as espécies. Se por um minuto só trocassem de lugar com estes que eles em geral chamam de fracos e covardes, veriam que a luta que suportam exige uma têmpera de aço para não sucumbir. Teriam mais paciência ao vê-los caminhar às vezes ainda trôpegos quando se recuperam.

– Fale, Ricardo. Continue o que começou, despeje essa represa, confie em mim, sou seu amigo, quero lhe ouvir...

Ricardo irrompeu em prantos, levantou-se e andou pela sala como um animal enjaulado. Por vezes fixava as paredes da sala e dava-me a impressão que ante seus olhos deveriam descortinar-se cenas dolorosas e atrozes, pois repentinamente o choro recrudescia. Georges mantinha-se calmo e sereno, acompanhando com o olhar o desabafo do paciente. Nos olhos dele eu lia a mensagem: "Ninguém impõe diques à natureza impunemente. As forças precisam ser conhecidas e bem administradas pelo ser, a fim de que encontrem vazantes úteis e criativas na obra divina".

– Chore, Ricardo, o quanto desejar. Alivie sua alma, depois encontrará as palavras que precisa – confortou Georges.

– Ai, Georges, que miserável eu sou! – exclamava Ricardo. Em meio às lágrimas, encostado a uma parede, deixava-se escorregar lentamente até ficar de cócoras com o rosto escondido entre as mãos, pelos seus dedos eu via escorrerem as gotas salgadas de seu arrependimento.

Aproximando-se do antigo bispo do Vêneto, Georges mais uma vez lhe tomava as mãos molhadas e o forçava a erguer-se, com infinita paciência reconduzia-o ao divã e o auxiliava a recobrar a serenidade.

– Não digas mais isso, meu amigo – pedia o médico. – Todos somos filhos de Deus, e por mais equivocados que tenham sido nossos caminhos, merecemos sempre uma nova chance. Você não é um miserável, é um ser equivocado, que se extraviou de sua natureza divina por algum tempo, mas não a perdeu. Será que agora és capaz de falar o que tanto te afligia?

– Eu era um revoltado. Neguei tudo quanto me ensinaram e que eu mesmo ensinava aos outros. Não, não ensinei nada, refaço o que disse. Como eu poderia ensinar aquilo em que não acreditava? Não, definitivamente, não ensinei nada de proveitoso. As missas inúmeras que oficiei eram frias, mecânicas, além de fazê-las em uma língua que poucos entendiam, ainda não transmitia nenhum sentimento. Nos diálogos, muito menos, eu era um sacerdote de palavras decoradas, conhecia todos os livros sagrados, o pensamento dos principais teólogos da Igreja, com isso queria impressionar os que conviviam comigo e acho que também me servia como auto-afirmação. Sentia-me importante. Era um conhecimento como outro qualquer, não divisava para ele um alcance maior. Quando vi a atitude de Jacobino agora há pouco, questionei meus propósitos como sacerdote e reconheço que sempre fui movido pela ambição. A bem da verdade, que a mim mesmo confesso, eu buscava liberdade e poder na Igreja.

Ricardo fez uma pausa, reclinou-se espontaneamente no divã, seus olhos ergueram-se buscando recordações passadas e depois prosseguiu:

– Desde muito cedo, contava pouco mais de dez anos, comecei a perceber que eu era diferente dos outros meninos. Não me atraía o treinamento para a guerra, os esportes, mas me fascinava ver os homens lutando, observar-lhes o porte, o físico. Eu não desejava participar, nem ser um deles, mas admirava-os muito. E passava horas vendo os treinos da guarda de meu pai. Apreciava a arte. Como gostava de pintar! Sabe, Georges, fiz vários esboços, alguns bem razoáveis, mas quando meu pai os descobriu, horrorizou-se, condenou-me, fez com que eu sentisse uma vergonha imensa do que havia feito e que antes eu admirava orgulhoso. Reduziu-me a nada. Foi a minha primeira lição de calar o que sentia. Amarguei a vergonha que me causaram suas palavras por muitos dias, andava cabisbaixo, não entendia, sinceramente, eu não entendia por que ele havia me falado daquela forma, mas compreendi que ele tinha nojo e vergonha do que eu havia feito, concluí que o que me havia levado a produzir aqueles esboços e a permanecer horas e horas admirando os homens da guarda era nojento e vergonhoso. Fui proibido de fazer o que gostava e mandado a um colégio interno. Foi para mim um grande castigo, pois amava a liberdade de galopar nos campos, amava o meu lar, meus irmãos e irmãs. De todos fui afastado sem qualquer explicação e entregue às mãos dos freis capuchinhos, que se tornaram responsáveis por minha educação. Fiquei seis anos entre eles, tempo suficiente para ter aprendido tudo o que precisava e ter dado os primeiros passos na compreensão de quem ou do que eu era. Voltei ao meu lar, meu pai era membro de uma família influente, muito rica, e eu, seu primogênito, deveria ser o sucessor. Contava então dezessete anos...

Um súbito silêncio se fez no ambiente. Ricardo interrompeu suas lembranças e notei que ele examinava detida e minuciosamente tanto as expressões da minha face quanto as da de Georges, como se buscasse que emoções suas confidências desencadeavam. Como viu que permanecíamos atentos e tranqüilos, ele respirou profundamente e continuou:

– Meu casamento com Clarissa estava acertado. Fui informado disso no mesmo dia de meu retorno. Papai temia que jovem eu ficasse um dia sequer livre, disse-me que o casamento poria juízo à minha cabeça e me livraria do fogo do inferno. Lembro quando ele falou:

– "Meu filho, desde cedo me preocupo com você, por isso fostes para o colégio interno dos freis. Aqui entre os meus soldados não seria bom lugar para tua juventude. Deves ter aprendido as abominações e o que espera àqueles que deitam com homens. Não quero isso para ti. Te casarás em breve e encontrarás nos braços de tua prima a paz para tua alma."

– Naquele dia pensei: "Ele tem vergonha de mim, odeia-me porque admirava os soldados, não me dá ao menos a oportunidade de falar". Ah! Que dor, Georges, se uma espada tivesse me atravessado naquele momento não teria sentido a mesma dor, fria e cruel, a cortar-me o peito. As atitudes dele não me feriram o corpo, mas arrasaram-me por dentro e talvez as feridas nunca tenham cicatrizado. Senti-me humilhado, menosprezado, um ser abjeto, vil, que causava horror a quem me havia dado a vida. Ouvi tudo o que ele tinha a dizer calado, quando terminou, me retirei e lembro que fiquei jogado sobre a cama até o dia seguinte, aflito, me sentia preso. Impunham-me uma vida que antecipadamente sabia não me traria felicidade. No dia seguinte chegaram meus tios e primos, com Clarissa, obviamente para o noivado. Era uma jovem linda, a beleza de Clarissa foi sua perdição. Porém, em mim não despertava nada além de simpatia. Seu riso fácil, sua companhia inteligente e faceira eram-me agradáveis, mas não suportava seu toque, tinha medo do fogo que via em seus olhos e das promessas silenciosas que me fazia. Seu jogo de sedução era para mim um tormento e delicadamente a fazia recuar. Fui ficando a cada dia mais triste e aflito, até a visita de um dos meus antigos professores, com quem havia descoberto muitas coisas, inclusive minhas preferências sexuais. Foram dias em que recuperei um pouco da vontade de viver e em nossos encontros secretos confiei-lhe meus temores de não suportar viver com Clarissa e o medo de que com o tempo as pessoas todas descobrissem o que somente meu pai desconfiava a meu respeito e me tratassem da mesma forma, disse-lhe que eu não suportaria tal vida. Tomando-me em seus braços ele me acariciou e disse ao meu ouvido: "Declare a todos que você deseja servir à Igreja. Então estará livre de todos eles, será livre e terá o poder de um sacerdote. Sua família é influente, logo conseguirás ascender na hierarquia religiosa. Farás carreira brilhante, serás o orgulho de tua família. Ninguém saberá da tua vida privada e descobrirás que os conventos escondem muitos segredos sob o manto da respeitabilidade". Aquelas palavras soaram como música aos meus ouvidos, ele também me prometeu ajuda na tarefa de convencer minha família. E depois de pensar alguns dias, na manhã em que era aguardado o anúncio do noivado falei a meus pais da descoberta de minha vocação religiosa e declarei meu desejo de contrair votos sacerdotais. Após um certo choque, pois não era isso o esperado, meus pais acabaram cedendo e informando meus tios da decisão tomada. Todos, muito religiosos, ficaram surpreendidos, mas imediatamente passaram a me olhar de forma diferente, com respeito e devoção, acreditavam-me um eleito. Naquele momento senti pela primeira vez o gosto do poder de dominar outras pessoas e passei a exercê-lo. Como sacerdote de brilhante carreira, encontrei na Santa Madre Igreja a liberdade e o poder, pelo qual não recuava diante de nada. Matei, roubei, pois também o dinheiro e as propriedades das mais ricas famílias me vinham às mãos juntamente com seus mais escabrosos segredos, na absolvição de seus pecados eu enriquecia, com isso aumentava meu poder e maior era minha liberdade. E fiz tudo premeditado, calculado e friamente. Mas ninguém poderia saber, o silêncio, a conspiração, as palavras dúbias, a fachada exterior do digno representante do Senhor e o interior em chamas ardendo em silêncio, marcado pela revolta, pois se fui para a Igreja em busca de liberdade e poder, também é verdade que foi por falta de que me tivessem aceitado entre os que eu amava e com quem queria viver.

As palavras de Ricardo eram passadas de amargura, compreendi que a vida religiosa foi para ele uma espécie de exílio, sentira-se banido do meio a que naturalmente pertencia. Georges ouvia compenetrado a história narrada, deixou que Ricardo silenciasse alguns minutos e, como se prolongasse, julgou ser oportuno interferir:

– Como te sentes agora? A aflição diminuiu?

– Sim, sinto como se houvera criado um espaço dentro de mim. É uma sensação estranha, parece que há uma zona onde posso me mexer. Coisa estranha! – respondeu Ricardo, desenhando-se em seu rosto pela primeira vez a sombra de um sorriso genuíno.

– É o resultado natural de haver desabafado o que sentia. Reconhecer a sua realidade é o primeiro passo para aceitar-se e daí então ingressar em um processo de autoconhecimento. Enquanto você lutar consigo mesmo nada conseguirá, estará dispersando suas forças e não as usando a favor de seu bem-estar. Notei, Ricardo, que você deu maior ênfase no fato de haver buscado na Igreja a liberdade para viver a sua sexualidade. Se foi a proteção de uma batina para encobrir sua condição sexual que buscava, por que se envolveu em tantos atos infelizes?

Ricardo pensou um bom tempo antes de responder à indagação de Georges, várias vezes passou a mão na testa e seus olhos fitavam o teto, por fim respondeu:

– Me senti enredado em fios para responder-lhe diretamente essa pergunta. Quando fiz todas as coisas que você sabe, simplesmente agia, via a oportunidade e não a perdia, não parava para pensar qual era o móvel que me impulsionava àquelas atitudes. Simplesmente fazia, vislumbrando sempre mais e mais poder, com ele eu cresceria e seria livre. Agora, pensando, sobre todo esse passado, reconheço que vivi sempre à sombra do medo. O medo de repetir-se a vergonha que senti quando menino, no momento em que meu pai descobriu minhas tendências ao convívio sexual com outros homens, o medo de novamente ser expulso de um local onde tinha, bem ou mal, criado raízes, o medo de perder a minha "respeitabilidade". O dinheiro, o ouro e as conspirações me garantiriam o apoio necessário para abafar qualquer escândalo.

– Ricardo, você me fala do medo da rejeição, da humilhação, de não ser aceito e por isso ser banido, que o teria conduzido todo seu comportamento. Mas revendo contigo essa história, percebi que seus olhos brilhavam de prazer em muitos desses momentos. A sensação de prazer é embriagadora e, quando não sabemos usufruí-la com moderação, ela vicia. E o sexo não é o único veículo que conduz ao prazer. É apenas mais um. Todos os nossos sentimentos e atos são fontes de prazer ou desprazer para nossa alma, que é quem em verdade sente e vibra. Pergunte-se: onde estavam as suas fontes de prazer no que fizeste? – pediu Georges atento aos progressos do antigo bispo.

– Prazer?! – repetiu Ricardo com uma inflexão na voz que me deixava na dúvida se ele deliciava-se com a proposta ou se tinha dúvidas quanto ao que significava o prazer.

– É – incentivou Georges. – Fale-me do prazer, da sensação de realização, de satisfação, de estar integrado a alguém ou a alguma coisa. No que ou onde você a encontrava?

– É difícil, não havia pensado nisso antes. Na revolta, no medo, na sensação de insegurança, até mesmo na vergonha várias vezes eu pensei quando ainda era o bispo. Mas, no prazer...

– Simplesmente sentia, sem pensar. Pois agora pense, Ricardo, analise, não temos pressa.

E ele voltou novamente ao passado gravado em seu íntimo, buscando em suas atitudes as fontes de prazer que o viciaram e por quê.

Rapidamente vimos suceder-se na tela as imagens por nós anteriormente vistas em uma velocidade alucinante, depois novas cenas desfilaram aos nossos olhos muito lentamente.

Capítulo 5

Pessoas que falam e ouvem com o coração

"(...) Ele quer que cada um se torne útil, segundo suas faculdades."[1]

Ricardo e Jacobino despachavam normalmente no gabinete do convento, quando Lucas irrompeu na sala, apressado, olhar agitado, todo ele transmitia nervosismo. Vendo o estado do jovem, Jacobino parou a tarefa que realizava e indagou:

– O que houve, Lucas?

– Preciso lhe falar com urgência, irmão.

– O que há? – indagou o bispo interferindo na conversa. – Diga o que o trouxe até aqui.

– Não se preocupe, Reverendíssimo. Não é nada com o convento. Sou eu que preciso dos serviços espirituais do irmão Jacobino – explicou Lucas. – Sei que é o senhor meu confessor e tenho cumprido todas as suas ordenações e seguido as recomendações que me faz. Entretanto, hoje preciso falar com irmão Jacobino.

Estranhando a atitude do rapaz, Ricardo ficou a contemplá-lo, era uma figura triste, franzino, nervoso. Lembrou-se das insinuações feitas

[1] *Allan Kardec.* O Livro dos Espíritos, *questão 680. Trad. Salvador Gentile. Araras, IDE.*

pelo padre Rugiero, dirigiu seu olhar a Jacobino que, impassível, mantinha sua atenção no rapaz, porém um detalhe no olhar do secretário fê-lo recuar no rumo de seus pensamentos. "Os olhos dele brilham como que iluminados por uma chama, são complacentes e bondosos, eles falam de piedade. Sim, Jacobino apieda-se desse jovem" – refletiu Ricardo.

– De minha parte nada tenho a opor que recebas orientações do irmão Jacobino. Depende dele poder atender a teu pedido – concedeu Ricardo, envolvido em uma aura de curiosidade pelas atitudes de Jacobino.

Pensava Ricardo: "Por que o rapaz desejava falar com Jacobino e não com ele? Que orientações poderia dar Jacobino que ele não soubesse melhor? Afinal, Jacobino passara praticamente toda sua vida naquele convento, seu conhecimento de teologia era menor, assim como todos os outros. Por que aquele seminarista pedia então orientação a um irmão menor e não a ele, o bispo?". Embora possa parecer que a inveja se insinuasse no interior de Ricardo, isso não acontecia; era realmente pura curiosidade, bisbilhotice.

Jacobino concluiu a tarefa que realizava e estava a termo quando da interrupção do jovem. Levantou-se, dizendo:

– Meu trabalho está terminado, bispo. Com sua permissão, irei atender nosso jovem seminarista.

– Vá, Jacobino – respondeu o bispo acompanhando com o olhar a saída dos dois. Movido pelo desejo de conhecer o que se passaria entre o seminarista e seu secretário, Ricardo levantou-se depois de alguns minutos e, como seus passos eram extremamente leves, seguiu-os a alguma distância sem ser notado. Viu-os ingressarem na igreja e se dirigirem à sacristia, rapidamente postou-se rente à porta de acesso ao local, que ficara entreaberta e que lhe possibilitava, apurando a audição, tomar ciência da conversa.

Lucas prontamente ajoelhou-se no confessionário, porém, para sua surpresa, sentiu a mão de Jacobino puxar-lhe o braço fazendo-o erguer-se.

– Não deseja ouvir minha confissão, irmão Jacobino? Mas eu lhe pedi isso, não pode me negar o sacramento – choramingou Lucas. – Eu preciso.

– Você pediu para conversar comigo. Sou seu amigo, não precisamos dos rituais da confissão para conversarmos. Estou ouvindo-o.

– Mas, irmão, eu preciso do perdão do Senhor. Por favor...

– Lucas, meu filho, nada o impede de obter o perdão do Senhor que diz precisar. Está vendo aquela janela ali à sua frente?

– Sim, irmão, claro que a vejo.

– Pois então fixe seu olhar no céu, na beleza e na luminosidade do dia e ore, diga a ele por que sente que precisa do seu perdão, fale com as suas palavras – ensinou Jacobino. – Traga Deus para perto de você, sinta-o como seu maior amigo. Desenvolva com ele o relacionamento de Pai e filho que os une, assim como a todos nós. Ele pode muito mais do que eu, meu filho. Não o tema, você não precisa de intermediários para falar de seus problemas. Ele conhece a todos nós, sabe o que nos aflige e o que nos faz felizes, conhece as nossas dores e necessidades, não o tema, o ame. Fale com Ele, Lucas. Ele pode muito mais do que eu.

Vendo a indecisão e a resistência de Lucas, insistiu:

– Vou orar com você. Ele escuta a milhões de almas ao mesmo tempo, não se perturbe, fale com calma. Eu ficarei a seu lado e em silêncio também falarei com Ele. Depois conversaremos, está bem?

– O senhor é estranho, irmão Jacobino. Nenhum outro padre me recomendou isso quando lhe pedi uma confissão, todos tomaram os paramentos e me concederam o sacramento – falou Lucas sem esconder a decepção que sentia. – Por que o senhor age assim comigo?

– Olhe, meu filho, o caminho mais fácil para mim seria realmente tomar os paramentos e cumprir os rituais da confissão. Entretanto, para você serviria de pouco. Talvez apaziguasse momentaneamente sua consciência, mas não contribuiria para você desenvolver paz interior. Se eu o ouvisse em confissão quando alguma outra situação o afligisse, você correria à minha procura e se tornaria um dependente do meu serviço espiritual, como o chamou. Não desejo isso, quero ensiná-lo a ser livre e encontrar o caminho para a sua paz interior. Aprenda a falar com Deus e a ser Ele o confessor da sua consciência. Assim, onde estiver e a qualquer hora, se alguma coisa o afligir, você conhecerá o caminho para a calma e a tranqüilidade, terá forças para enfrentar a vida por si mesmo, amparado Nele que tudo pode. Experimente, considere como se fosse um outro sacramento que ainda não lhe havia sido ensinado. Tente, Lucas, depois conversaremos.

Dominado pela expressão firme e serena do olhar de Jacobino, o jovem ajoelhou-se novamente, agora sobre a pedra do piso da sacristia, e ergueu a cabeça ao alto contemplando a janela, fixou o céu e o brilho do sol, lentamente seus olhos foram se fechando e ele mergulhou em seu mundo interior conversando com Deus. O religioso, parado de pé, com os braços relaxados ao longo do corpo e as mãos unidas, igualmente contemplava o firmamento, orou por breves minutos e depois baixou o olhar ao rapaz ajoelhado, sorriu candidamente e pensou: "Um dia ele se erguerá para falar Contigo e terá prazer em olhá-Lo contemplando a sua obra."

O silêncio se instalou no ambiente da sacristia e uma leve brisa refrescava as frontes e passeava por sobre os cabelos. Uma paz deliciosa envolvia o local. Ricardo ouvira atento o diálogo, fora aos poucos sendo conquistado pelas palavras de Jacobino, porém, quando a silenciosa prece envolveu os outros, ele apenas sentiu um rápido refrigério, o mergulhar a consciência na busca das fontes sagradas da vida era algo ainda além de suas forças. Compreendia a prece como declamação de palavras, não como um encontro consigo mesmo e com Deus, uma integração pessoal com o universo. Mas o bem-estar que o envolvera, aliado à curiosidade, o fizeram prosseguir na escuta.

Vendo o jovem abrir os olhos, agora com uma expressão serena e com renovada energia, Jacobino sorriu e estendeu-lhe a mão, convidando:

– Venha, sente-se aqui a meu lado. Vamos conversar.

– Irmão Jacobino, que experiência boa o senhor me ensinou. Obrigado. Sinto-me aliviado, parece que respiro melhor, estou calmo e meus pensamentos não me atormentam. Sei que meu problema continua, mas me sinto melhor – confessou Lucas, enlevado. – Foi maravilhoso orar com o senhor, do seu jeito, quero dizer.

– Eu o compreendo, Lucas. Realmente a prece não traz soluções milagrosas aos nossos problemas, mas nos dá paz, serenidade, fortalece-nos e então somos capazes de encontrar os melhores caminhos. Se Deus resolvesse nossos problemas, que mérito teríamos e o que aprenderíamos com eles? Nada. E tudo quanto a vida nos apresenta vem para nos ensinar a sermos melhores, Lucas. Aprender é a grande palavra da vida. Agora, fale, por que foi me procurar?

– Carrego dúvidas no meu coração e elas têm sido o meu tormento.

Quando visitamos o duque Alberto, o senhor me explicou muitas coisas quanto aos desejos que eu sinto. Desde então não me flagelo mais, mas ainda assim eles me atormentam e compreendi que será sempre assim, estou errado?

– Não, Lucas, estás certo. Compreendeste muito bem o que te expliquei. O desejo sexual é lei natural. Enquanto viveres estarás sujeito a ele. Poderás encontrar caminhos de sublimá-lo, caso desejes viver o celibato, entretanto, ele andará passo a passo contigo – concordou Jacobino.

– Irmão, nós não estamos em confissão, por isso me atrevo a lhe fazer uma pergunta: como o senhor faz para manter-se calmo e sereno todos os dias? Parece que nada lhe aflige. Como o senhor venceu o desejo?

Jacobino olhou o jovem à sua frente. Uma expressão benigna estampou-se em seu semblante, como se julgasse ingênua a pergunta de Lucas, um leve sorriso se desenhou antes de responder, mas quem prestasse atenção veria em seus olhos profunda tristeza.

– E de onde tirou a idéia de que eu o venci?

O seminarista, que esperava ouvir uma longa explicação sobre os caminhos a percorrer na luta que travava, sentiu-se roubado ante a pergunta de Jacobino e, julgando que o religioso brincava, implorou:

– Tenha piedade, irmão, não brinque comigo. Eu sofro. Minha esperança é aprender com o senhor a encontrar o caminho de superar isso. Várias madrugadas acordo aflito e não torno a adormecer, minha mente é um turbilhão e meu corpo arde em ânsias. Então olho o futuro e o que vejo é uma infinidade de outras longas madrugadas iguais a que tenho passado. Eu choro, meu pai. Sei que não devia, mas eu choro, depois sinto vergonha de mim mesmo, da minha fraqueza, me questiono como posso ser assim tão dividido: quero servir ao Senhor, eu o amo, desejo dedicar minha vida ao bem, mas me falta força e o caminho que tenho diante de meus olhos me desespera. Como fazer?

Jacobino o ouvia em silêncio, refletindo, recordando seu próprio passado. Lucas, vendo que o religioso que tanto admirava permanecia calado, prosseguiu:

– Diga alguma coisa, meu pai, por favor.

Jacobino tomou a mão de Lucas entre as suas e fê-lo encarar seu olhar frente a frente.

– Meu filho, se não lhe digo nada é porque não posso e não devo influir em sua decisão. Você está num momento crucial. Usando suas palavras: dividido entre ser ou não ser um sacerdote. É essa sua maior dúvida, não é mesmo? Não sabe se terá forças para as exigências que a vida monástica impõe?

– É, meu pai. É isso mesmo.

– Lucas, você está entre nós há tempo suficiente para descobrir que nem tudo é como parece ser ou como deveria ser dentro dos muros de um convento. Portanto, sabe que nem todos os que se abrigam sob o manto dos votos sacerdotais os cumprem com fidelidade.

Um pouco receoso de admitir a verdade que Jacobino insinuava, Lucas desviou o olhar, observando as coisas tão conhecidas a seu redor, depois baixou a cabeça e falou:

– Do que o senhor fala?

– Eu falo, Lucas, do que se passa nas celas, à noite. Nas estrebarias e com os membros da guarda, nas horas mortas do dia. – Como o jovem não levantasse a cabeça, Jacobino soltou-lhe as mãos e tocando seu queixo fez com que voltasse a contemplar seu rosto. – Estou falando das relações sexuais que nossos companheiros mantêm entre si e com os membros da comunidade. Estou falando que o voto de castidade é cumprido por poucos.

– Sim, eu sei disso tudo. Não há como não saber morando aqui dia e noite. Eu sei do que acontece e me horrorizo. Por isso, minha fé vacila.

– Você os condena?

Confuso, Lucas pensou um pouco antes de responder:

– Inicialmente, sim. Foi um choque descobrir isso, uma decepção. Achei que deviam ser banidos da casa do Senhor. Creio que eu sonhava muito e a verdade me arrancou os véus de sobre os olhos, me mostrando que santos não andam sobre a terra. E eu queria ser um homem santo, achava que os outros também o eram. Condenei-os sim, pensava em bani-los para bem longe daqui. Então me dei conta do que acontecia comigo e, a ti confesso, meu pai, que uma vez pensei em ceder ao assédio de um outro companheiro. Acho que ele reconheceu em mim os sinais do desespero. Por isso me flagelei impiedosamente aquela última vez, muito mais do que nas outras, tanto que o senhor viu e depois de nossa conversa aceitei o que sentia.

Lucas fez uma pausa e registrando a pergunta silenciosa no olhar de Jacobino prosseguiu:

– Agora não os condeno mais. Entretanto, não é o que desejo para o meu futuro. Não cedi aos apelos do companheiro, pois embora eu reconheça a necessidade que sinto, não creio que encontraria alívio. No meu coração sei que seria pior, para mim seria; para eles, como lhe disse, hoje não os julgo mais, não sei, talvez sejam... Ah! Sei lá, meu pai...

– Também senti isso, meu filho. Como sabe, eu cresci neste convento. Não sei quem são meus pais, não tenho família. Minhas opções foram poucas, quase inexistentes. Mas nem por isso a vida me fez diferente de meus outros irmãos. O falecido bispo Giordano era o abade desse convento na minha juventude e creio que por ter me visto crescer aquela alma santa tinha por mim um carinho que vejo nos olhos de alguns pais. Depois que fiz meus votos, ele mandou-me servir fora daqui, tinha sob minha responsabilidade a capela e o serviço religioso da vila, foi assim que me tornei amigo do duque Alberto. Foram anos inesquecíveis da minha vida. Aprendi muito. Depois fui levado a trabalhar num lugarejo distante e, por fim, na cidade de Vicenza. Lá coordenei atividades com órfãos e doentes, sentia-me feliz e nunca, meu filho, me senti tão realizado como naqueles dias. Era tanto trabalho que muitas vezes ao deitar meu corpo jovem e cansado, esquecia de rezar, esquecia de quase todas as obrigações com os rituais da igreja, envolvido que estava com as pessoas. Quando regularmente voltava ao convento e confessava isso ao meu bispo, ele, em vez de aplicar-me uma penitência e advertir-me, ria por detrás da treliça do confessionário. Várias vezes levantou-se e veio ao meu lado abraçar-me, dizendo o quanto era feliz por me ouvir, que desejava que todos os seus tutelados viessem lhe confessar o mesmo drama e ele seria o mais feliz dos abades. Rezávamos juntos e ele me mandava embora sem penitência, dizendo que quem ama ao próximo dá regozijo ao Senhor e não merece castigo, nem motivos havia para perdoar-me a falta com as leis da Igreja, pois maiores que estas eram as leis de Deus, e o amor as resumia todas, que trabalhando pelos outros eu desenvolvia amor por eles, pois se não os amasse ainda que de forma inconsciente eu nada faria de bom.

Jacobino repentinamente interrompeu suas memórias e ficou calado. Lucas a seu lado preocupou-se, e desejoso de ouvir mais, pediu:

– Continue, meu pai.

– Em Vicenza houve uma peste e não titubeei em acolher todos os doentes que me buscavam. A carga de trabalho tornou-se muito pesada, não recebi ajuda de ninguém ligado à Igreja. Mas, para horror de meu superior na cidade, aceitei a ajuda que me ofereceram as prostitutas mais conhecidas da localidade. Aquelas mulheres foram incansáveis a meu lado. Como trabalhamos! Foi um convívio muito diferente do que eu estava acostumado. Elas não eram nada discretas, usavam roupas decotadas e riam muito, mas também conversávamos e elas me abriam seus corações, me contavam suas vidas, eu lhes falava de Deus, do amor e da forma como via a existência humana. Trocamos muitas experiências e saí enriquecido. Afeiçoei-me a uma especialmente, seu nome era Giuliana, ela era alegre e doce, apesar de todos os sofrimentos que a vida lhe apresentava. Certa vez, quando velávamos os doentes à noite, só nós dois, pois as outras, cansadas, dormiam verdadeiramente amontoadas em um canto da sala, ela contou-me sua vida e me falou dos sonhos que tinha de ser mãe e esposa, de entregar-se ao amor de um homem e viver a seu lado, criando os filhos que Deus lhe confiasse. Eram desejos tão simples de amor, havia tanta carência em sua voz e tocou-me tão fundo o que ela me dizia... Pois naquele momento compreendi que meu coração sonhava a mesma coisa, eu queria conhecer também todo aquele mundo de ventura tão simples que poderia haver entre um homem e uma mulher e eu queria muito ser pai. Enquanto ela falava, eu via crianças correndo em meio aos vinhedos, eu era um pequeno agricultor e eles, meninos e meninas, de cabeças louras e morenas, eram meus filhos, que brincavam à minha volta e seu riso enchia meus ouvidos, tão cansados das confissões e dos problemas humanos. Deixei-me levar naquele estado de sonho e vi no rosto das crianças da minha mente uma expressão alegre e brilhante que eu via no rosto de Giuliana; no meu sonho era ela a mãe dos meus filhos. Sem me dar conta, abracei-a, estreitando-a em meus braços, senti seu calor e suas mãos, seu coração pulsava ao meu toque e a venerei como se fosse uma santa, seu carinho encheu-me de alegria e sob o manto daquela madrugada fria, em meio à dor e ao cansaço, nos tornamos amantes. É, meu jovem, não fique chocado. Vivemos dias maravilhosos, a peste se foi, enterramos muitos mortos, salvamos alguns. Entre minhas auxiliares, muitas morreram e fiz com que acreditassem que encontrariam o caminho do céu. Elas não eram católicas, nem aceitas pela igreja, mas eram cristãs, verdadeiras Madalenas que viveram comigo. Passados aqueles meses de exceção, voltei à minha rotina normal e Giuliana estava comigo, o casal que me servia era idoso e não havia sobrevivido à peste. Creio que muitos desconfiavam do que se passava entre nós, mas ninguém falava nada, pois as obrigações eram cumpridas religiosamente. Ah! Como fui feliz, meu filho. Não via por que para servir a Deus eu não podia casar-me e ter minha família. Eu sentia que o amor de Giuliana havia curado as feridas da alma geradas pela orfandade. E ela era a minha Madalena, e eu a chamava assim e ela ria. Auxiliava-me em tudo. Não havia ferida, por mais repugnante que fosse, que ela não tratasse, nem mendigo fedorento que não acolhesse. Bêbados e desolados encontravam nela sempre o apoio e a compreensão. Dizia-me que vivera em meio aos vícios e sabia o quanto aqueles infelizes necessitavam de carinho para reerguer-se. Minha Giuliana sempre acreditou que no homem existe um bem que não se apaga nunca. Era uma mulher sábia. Minha consciência, algumas vezes, exigia que eu confessasse a situação que vivia ao bispo Giordano, superior da nossa Ordem, mas ao mesmo tempo pensava: onde estava o pecado de amar? Não encontrava resposta e calava-me. Giuliana nunca me exigiu nada e assim acomodei-me. Mas algumas senhoras, muito religiosas, escandalizaram-se ao reconhecer na minha sacristia uma antiga prostituta e, mais ainda, ao saberem que ela trabalhava na casa paroquial. Por vias avessas, a informação chegou ao meu bispo. Ele decidiu visitar-me e certa tarde surpreendeu-me: ficou em minha casa vários dias, o suficiente para conhecer a Giuliana e encantar-se com ela. Chamou-me para uma conversa em particular e, francamente, como era seu feitio, disse-me que tinha conhecimento dos fatos que se passavam. Não neguei e aguardei minha excomunhão. Ao lado de Giuliana não temia nada, era até um alívio. Sabia que sentiria falta da vida sacerdotal, mas isso seria superado. Ele, porém, decidiu afastar-me da congregação temporariamente e indicou-me que fosse viver em uma aldeia bem distante, eu manteria os vínculos com a Igreja, mas não poderia oficiar e deveria regularmente visitar o convento e me confessar. Partimos e por três anos vivi longe da vida sacerdotal.

– Por que voltou, meu pai?

– Porque meu coração é viúvo, meu filho – respondeu Jacobino, e colocando a mão sob a batina, à altura do pescoço, puxou um cordão de veludo negro onde trazia dependurado ao lado de uma cruz de madeira um pequeno camafeu com o rosto de uma mulher. – Minha Madalena morreu subitamente. Nunca esquecerei aquele dia, foi o maior teste de confiança e amor a Deus que já enfrentei. Ela, sentindo que ia morrer, pediu-me um beijo de despedida e disse que voltava para junto do Criador, que eu a ensinara a amar, e que da outra vida me acompanharia sempre. Chorando, lhe implorei que lutasse contra aquela febre, mas sorrindo ela disse que não havia mais forças. Desesperado, lembrei-lhe dos filhos que queríamos ter, e ela me disse: "cuide dos órfãos, seja o pai deles e de onde estiver eu serei a mãe". Dizendo isso, morreu, apagou-se em meus braços como uma vela soprada pelo vento. Depois de algum tempo, voltei ao convento. O bispo Giordano acolheu-me e, entendendo minha dor, fez-me responsável pelos órfãos. Esse é o segredo da minha paz, Lucas.

Ricardo, ouvindo atrás da porta, sentiu-se emocionado com a história de Jacobino, a qual ele nem ao menos imaginava, julgando-o um rigoroso e honesto sacerdote. Viu o homem e admirou-o pela coragem de afrontar os preconceitos para viver seus sentimentos. Uma pequena ponta de remorso insinuou-se em seu interior ao ouvir falar com tanta admiração do bispo Giordano, mas calou-a imediatamente justificando que suas necessidades eram diferentes. Apenas um pensamento se demorou em sua mente:

– "Jacobino pensava de maneira diferente de meu pai".

Lucas ficou silencioso, meditando sobre o que ouvira, depois falou:

– O senhor trocou o sacerdócio por uma vida simples ao lado de uma mulher, não teria voltado caso Giuliana ainda vivesse. Não sentiu falta da religião, da vida religiosa?

– Não, meu filho, não senti falta alguma. Descobri naqueles anos que poderia desenvolver minha relação com Deus, amar ao próximo, com muito mais alegria e satisfação se eu amasse a mim mesmo. Ao lado de Giuliana eu fui feliz, ela curou-me as carências de amor e, veja, não estou mais falando de sexo pura e simplesmente, falo de amor. Para servir a Deus não é preciso uma batina, uma vida monástica, é preciso simplesmente amar. Desse sentimento nasce todo o restante: o desejo de fazer o bem, a honestidade, os hábitos de vida salutares, tudo que você possa imaginar seja necessário saber para servir ao Senhor se resume a amar. E, meu pequeno, saiba que existem inúmeras maneiras de amar. Conforme as descobrimos, elas se multiplicam. Giuliana me deu um amor sem condições, isso me fartou, satisfez minha sede, ela jamais me pediu qualquer coisa ou fez imposições ao meu modo de ser, aceitou-me tal qual eu era. Aquela que muitos chamavam de pecadora ensinou-me mais da vida que os livros de teologia que li. Ela era simples, não tinha cultura nenhuma, mas havia todo um universo de compreensão em seu coração. Minhas missas eram meu trabalho, isso já antes de conhecê-la, mas era junto aos que sofrem que eu me sentia útil; minhas hóstias sagradas eram e são o sorriso das crianças que busco educar; e o altar que eu mais venero é a natureza, vivendo em contato com ela tive a graça de apreciar a inteligência de nosso Criador. Enquanto tantos andavam, para cima e para baixo, de um lado a outro, me deixava ficar horas e horas contemplando a natureza, observando e pensando na sabedoria que nada de inútil colocou nela, ficava assim até que Giuliana vinha me buscar e então conversávamos horas e horas. Nos últimos tempos que compartilhamos nossas vidas, muitos vizinhos vinham à nossa casa e falávamos de Jesus e da vida com tal liberdade que nos enriquecíamos todos. Eles eram de pouca cultura e, despreocupado de observar os rituais litúrgicos, eu lhes falava de Jesus no dialeto que eles entendiam, era gratificante, imensamente gratificante. A religiosidade não deve ser confinada a dias e horários estabelecidos na vida de alguém, isso não é religiosidade, é compromisso social; a religiosidade é um modo de viver integrado a Deus em todos os momentos da vida, não importa onde, nem quando.

– Entendo.

– E permanece em dúvida, não é mesmo? Esse foi o meu caminho. Eu lhe disse que não tinha a resposta que procurava, apenas sei lhe dizer que flagelar seu corpo não secará as necessidades que a vida imprimiu nele. Trabalhar pelo próximo é um caminho que muito tem me auxiliado na construção da minha paz, mas especificamente o domínio dos desejos físicos, eu o encontrei no amor, na realização ao lado do ser amado e se hoje vivo, só é porque foi tão forte o que senti e sinto, que outra pessoa não me satisfaria. Dedico-me alegremente ao cuidado dos meus filhos e várias vezes, quando sento-me sob a árvore do jardim, parece que sinto a minha Madalena a meu lado sorrindo ao ver nossas crianças. Meu trabalho produz frutos e me sinto outra vez realizado. Tenho sonhos; quero um dia que esses órfãos sejam livres e preparados para viver na sociedade, que não sejam mais forçosamente padres, que tenham opção.

– Não sei o que fazer. Tenho que pensar também em meus pais, será para eles uma terrível decepção se eu desertar da vida religiosa. Minha mãe fez promessa de entregar um filho a Deus, o escolhido fui eu.

– Diga a sua mãe que todos estamos e sempre estivemos sob a proteção divina. Ninguém precisa ser entregue a Deus, todos precisamos, isso sim, nos integrarmos a Ele. Não há uma só planta, um animal sequer pelo qual não vele o olhar do Pai, quanto mais a nós, humanos. Não há necessidade de entregar nada a Ele, pois Ele nada perdeu. A confiança se expressa na aceitação ativa de seus desígnios, lutando, meu pequeno Lucas, construindo e fazendo tudo quanto nossa razão nos diga necessário, mas aceitando quando nossa força, impotente perante a vontade de Deus, é outra. Então nos cabe aguardar para que, com o passar do tempo, contemplemos a sabedoria da decisão.

O jovem ficou silencioso, ergueu-se e contemplou o céu pela janela. Há algumas horas conversavam e nitidamente a claridade diminuía lá fora, dando lugar a um azul mais escuro e profundo no céu, como se a noite guardasse mistérios.

– Está escurecendo.

Ricardo, ao ouvir a informação dita por Lucas a Jacobino, deu-se conta que passara as horas da tarde a ouvir seu secretário atrás de uma porta. Sentiu-se um tanto ridículo, mas ao mesmo tempo nascia em seu interior um sentimento novo – admirava um homem pelo que ele era, sem qualquer outro interesse. Decidiu afastar-se, afinal a hora do ângelus se aproximava e tinha suas obrigações a cumprir, os outros dois por certo encerrariam a conversa logo, pois Lucas sabia de seus deveres.

– Está quase na hora da missa – disse Jacobino. – Mas ainda temos alguns minutos e desejo lhe dizer mais algumas palavras. Você conhece a história das antigas religiões, dos cultos gregos e romanos, não é mesmo?

– Os cultos pagãos?! Conheço muito pouco.

– Deveria estudá-los mais. Neles muitos teólogos buscaram inspiração para criar ou inserir crenças na doutrina cristã.

Lucas, silencioso, ouvia as palavras de Jacobino.

– É, Lucas, várias coisas que são ensinadas aos fiéis têm sua origem nas imagens projetadas pelos cultos pagãos greco-romanos. Um deles, talvez o mais difundido, é o inferno, tal qual o pintam os teólogos. Encontramo-lo também nos mitos da Antigüidade, porém com uso bem diferente. Quando estudamos esses mitos, suas personalidades, vemos que eles traziam toda uma concepção de mundo que serviu ao pensamento de uma época. Havia o lugar destinado aos deuses – o Olimpo – e o inferno, destinado aos que contrariavam os deuses. É interessante notar que o inferno mitológico também tinha um governante – Hades. Note as semelhanças. E Tánato, ou a morte, era sua mensageira. Os inúmeros personagens da mitologia encarnam tipos humanos, personalidades, e cada um nos traz uma interessante lição de vida.

– O senhor aprendeu estas coisas na Igreja, meu pai?

– Sim, nossa biblioteca é rica e como pouco havia a fazer na minha juventude, estudei muito. E sou grato porque também tive bons professores. Mas voltando ao que queria lhe falar, um dos personagens mitológicos que mais me fascinam é o rei Sísifo. Já ouviu falar dele?

– Não.

– Sísifo é um dos personagens mais astutos da mitologia e há sobre ele muitas versões. Ele reinava na cidade de Corinto, na Grécia, a qual havia fundado com o nome de Éfira. Como era um homem muito inteligente, contam-se muitas coisas sobre ele, porém, diz-se que também era um rei sem ética e, por isso, muitas vezes foi chamado de ladrão e malfeitor. Na verdade, ele não media esforços para ter o que desejava, menos ainda julgava se sua atitude era justa ou se seria benéfica a outras pessoas. Certa vez, Zeus (o deus supremo do Olimpo) raptou a bela Egina, filha de Asopo (deus com poderes de fazer brotar a água). Asopo, procurando a filha, passou por Corinto e pediu que Sísifo o ajudasse a encontrá-la ou que lhe informasse ao menos uma pista. Sísifo, que havia visto Zeus escapar com Egina, disse a Asopo que lhe diria o nome do raptor de sua filha se em troca ele fizesse nascer uma fonte em seu reino, e assim foi. Revoltado com a ação de Sísifo, Zeus o condenou à morte, enviando-lhe Tánato. Mas Sísifo logrou enganar a própria morte, prendendo-a. Isto enfureceu ainda mais Zeus, pois nem Sísifo morria, nem qualquer outro mortal, e Zeus voltou a ação para libertar Tánato e sentenciar à morte Sísifo. Mas o danado do rei de Corinto era tão esperto que orientou sua mulher que, ocorrendo a sua morte, o deixasse insepulto. Sua esposa obedeceu. Então, quando Sísifo chegou ao inferno, se queixou a Hades do procedimento de sua família e implorou que o deixasse voltar à Terra para ensinar a seus familiares sobre como realizar suas exéquias. Hades concedeu tal desejo desde que ele, uma vez sepultado, voltasse rapidamente. Sísifo retornou à Terra e divertindo-se com a inocência de Hades gabou-se de suas proezas, ficando bom tempo sobre a Terra até que Hermes, ou Teseu segundo alguns, o devolveu ao inferno onde ele foi condenado a um castigo cruel: devia subir um enorme penhasco carregando uma pesada pedra, a qual deveria colocar no topo do penhasco, porém quando ele quase alcançava a tarefa, a pedra caía e ele era obrigado a recomeçar. Assim ficou pela eternidade. – Jacobino, enquanto narrava o mito, acompanhava as expressões de Lucas e lia em seu rosto que ele não entendera o recado, então perguntou: – O que achou do mito de Sísifo?

– Interessante, muito interessante – respondeu Lucas, sério. – Mas não entendo o que tenha a ver comigo e com o que falamos antes.

– Meu filho, preste atenção. As atitudes, as escolhas de Sísifo o condenaram a uma vida de trabalho infrutífero, onde ele não tinha paz ou satisfação, e que acima de tudo seria impossível de realizar, pois está além das forças de qualquer mortal contrariar uma lei natural. Ninguém, por mais astuto que seja, burla as leis naturais que regem a vida. A pedra rolava penhasco abaixo, pois era impossível empurrá-la e colocá-la tão alto, naturalmente não se sustentava e caía. Vejo, no mito de Sísifo, justamente o exemplo de quem luta com as leis naturais da vida: será um fracassado. Então, meu filho, analise se o sacerdócio não será para você a pedra de Sísifo. Aprenda com o rei de Corinto que não há inteligência humana capaz de burlar uma lei divina. Pense, Lucas.

Jacobino levantou-se da cadeira, olhou o céu pela janela e intimamente agradeceu a Deus a oportunidade que lhe dera de auxiliar no crescimento do jovem seminarista e, tomando-lhe o braço, encaminharam-se aos aposentos do bispo.

No dia seguinte, Ricardo, agastado pela curiosidade de conhecer o pensamento de Jacobino e fazendo-se ignorante do que se passara na sacristia, comenta o quanto havia estranhado a atitude do seminarista.

– Por que, Reverendíssimo? – indagou Jacobino. – Falar de nossos problemas e conflitos íntimos é uma necessidade.

– Para isso há a confissão. Qual a razão da preferência do jovem por ser você a ouvi-lo?

Jacobino sorriu, pois encarando seu superior, notou que nele, naquele momento, não havia maldade, nem inveja. Era movido por alguma razão que escapava à sua observação, mas que era isenta de propósitos escusos. Por isso, andou até a mesa onde o bispo despachava e, fingindo arrumar alguns papéis, respondeu-lhe:

– Ouvir é uma arte que bem poucas pessoas sabem realizar. Talvez eu me inclua entre elas.

– Ora, Jacobino, desde que não sejamos surdos, todos ouvimos – comentou o bispo em tom jocoso.

– Concordo, porém a maioria das pessoas não se satisfaz em ouvir, quer logo interferir na vida alheia. E acaba mais falando do que ouvindo. Enchem as pessoas de conselhos, querendo ser sábios, apontam caminhos e nunca falta quem diga "fosse eu no seu lugar, faria isso ou aquilo, mas nunca aceitaria tal coisa". Quer dizer, recriminam aquele que se propuseram a ouvir. Não faz sentido. Lucas pediu-me para ouvi-lo, e não o fiz em confissão, mas ainda assim meu senso de ética não me permitiria revelar o teor de nossa conversa.

– Irmão Jacobino, se você não acha correto recriminar alguém, como aplica penitências aos seus confidentes?

– Não aplico, bispo. Recomendo a oração, sempre. Mas não acredito que seja bom aos olhos de Deus que seus fiéis sejam obrigados a adorá-lo – respondeu Jacobino sinceramente, mesmo sabendo que andava em terreno perigoso. Jacobino conhecia pouco do pensamento religioso do bispo, pois desde que trabalhavam juntos o serviço de secretário se resumia a aspectos administrativos.

– É um pensamento pouco comum, você poderia ser acusado de infiel aos mandamentos da Igreja e perder sua posição de sacerdote – advertiu Ricardo.

– Tenho conhecimento disso, Reverendíssimo, entretanto não posso andar contrário ao que me dita a consciência. Quem sou eu para recriminar o proceder de alguém? Será essa batina, quente e desconfortável, que envergo todo dia, que me faz diferente de meus irmãos? Não creio, bem sei o quanto nossa natureza é igual.

– Realmente pensas assim? Que uma batina não nos diferencia dos demais?

– Se não pensasse, não teria dito – respondeu Jacobino, sentando-se lentamente em frente ao bispo. Chegava o momento de conhecer mais de perto o novo superior. – Vivo aqui, como o senhor sabe, há muitos anos e esse convento tem poucos segredos para mim. Portanto, quando afirmo que uma batina não nos faz diferente dos outros, falo por experiência pessoal, não por teorias.

– Mas não vais negar o poder da Igreja. Esse exerce uma influência capital, tem poder inclusive de vida e morte, e nós somos seus legítimos detentores. Isso não faz diferença?

– Isso eu concordo, faz diferença naquelas mentes que ainda não aprenderam a pensar e a se conduzir por si próprias, que precisam que lhes seja dito faça isso, não faça aquilo, venha aqui, vá lá. Sobre essas pessoas se exerce esse tipo de poder que o senhor refere. Sobre aquelas que já viveram um pouco mais, que têm olhos de ver e não se iludem com o cenário deste mundo, isto nada significa.

– Mas podem ser mortas.

– E o são, não é verdade, meu bispo? Algumas deixam-se matar por possuírem a convicção de que agem certo, outras porque não têm bolsas suficientemente aquinhoadas para comprar a indulgência da Igreja a seus pecados e transgressões. E aí volto a pensar: de que nos valem fiéis que são temerosos? Não precisa me dizer o que respondem os teólogos, bispo, eu sei todas as virtudes que eles vêem no temor a Deus, na prática, acredito que estes fiéis temerosos sejam os grandes responsáveis por algumas maravilhas arquitetônicas que conheci, pelos tesouros que engrandecem a Igreja. Mas em algumas vezes que vi tais procedimentos ocorrerem reparei muito nos olhos desses doadores, em seus rostos e mãos. E apesar das palavras generosas e passadas de devoção, seus olhos, seus rostos e suas mãos me demonstravam que eles sentiam ódio, que não davam de boa vontade. Naquele momento agradeci a Deus ser tão somente um simples sacerdote, que na ocasião servia em um lugarejo distante e pobre e de jamais ter recebido tais doações. Tenho um grande respeito ao sentimento de ódio nas criaturas, já vi grandes devastações em vidas aparentemente organizadas e equilibradas por conta desse sentimento. Não o quero nunca voltado à minha pessoa.

Ricardo riu com gosto das palavras de Jacobino e disse:

– É um pensamento digno de um pobre. Devias ter sido franciscano. A igreja não tem o que temer de olhares incendiados de ódio de alguns pecadores.

– A vida me fez naturalmente pobre, Reverendíssimo. Não vi necessidade de fazer votos e o tempo se encarregou de me orientar a manter-me assim. Sei que as igrejas, enquanto templos, permanecerão incólumes aos olhares rancorosos e de ódio que lhe são desfechados, mas e as pessoas contra as quais eles são lançados? Elas não têm a mesma natureza das paredes, dispa-as da batina e serão iguais.

– Nunca me detive a pensar sobre isso, não há razão. Existe uma estrutura social organizada, e nós, mesmo os mais pobres, somos privilegiados – retrucou o bispo, sem dar qualquer sinal de haver se afetado com as palavras de Jacobino.

– Ainda assim, bispo, meu pensamento focaliza-se nas pessoas. Muitas estruturas sociais já se sucumbiram na história da humanidade. As posições de liderança e subalternidade alteram-se com impressionante rapidez. Mais seguro é confiar no amor. Esse é perene.

– Amor? – indagou Ricardo esquecido de quem era e de onde estavam. O estranho mistério que fazia de Jacobino alguém hábil para tocar os corações se realizava também com o bispo – Que será o amor?

– O senhor nunca amou ninguém? Creio que definir com palavras seja muito difícil, mas todos somos capazes de amar.

– Não sei se amei. Você já amou, Jacobino?

– Eu amo, bispo.

– Fale-me como você vê o amor – pediu Ricardo, e Jacobino, perfeitamente acomodado na cadeira à frente da mesa do bispo, ajeitou a batina, pensou um pouco e iniciou suas considerações.

– Amar é uma forma de viver. Podemos escolher sofrer ou amar. Sem amor em nossos corações a vida se parece com uma árvore seca, que não produz frutos, simplesmente extraímos da vida os prazeres que a ilusão nos oferece, mas nosso interior é pobre e ressequido. Quem não ama vive em solidão, e isso é triste, mas aquele que ama se regozija até na companhia de um animal. Muitos vivem cercados de pessoas, em festas e folguedos variados, entretanto, são tristes e solitários, porque não descobriram a capacidade que têm de amar. Regalam-se com o que a vida oferece, saciam todos os sentidos ilusórios e amanhecem vazios e doentes no dia seguinte, pois seus espíritos ainda não despertaram para uma vida mais além – falou Jacobino, inspirado. Seu rosto parecia envolvido por uma luminosidade que encanta e não ofusca, seus olhos fulguravam e irradiavam tamanha felicidade que Ricardo sentiu-se diminuído e questionava-se intimamente quem era aquele homem que crescia assim a seus olhos, sem ouro ou poder, mas usando tão só dos recursos que carregava no coração, e alheio ao que pensava Ricardo e até momentaneamente esquecido de sua presença, Jacobino prosseguiu: – "O amor é paciente, é benigno; o amor não arde em ciúmes, não se ufana, não se ensoberbece, não se conduz inconvenientemente, não procura os interesses, não se exaspera, não se ressente do mal; não se alegra com a injustiça, mas regozija-se com a verdade; tudo sofre, tudo crê, tudo espera, tudo suporta. O amor jamais acaba...". Assim ensinava São Paulo aos Coríntios. Nada existe acima do amor, poder algum. Ele é uma fonte inesgotável que sacia todas as almas sem fazer distinções de qualquer espécie; quanto mais bebemos dessa fonte, maior é nosso desejo que a ela cheguem todos e se fartem.

Jacobino calou-se. Piscando os olhos rapidamente, olhou para o bispo e ante o espanto que via claramente em sua face, sorriu docemente e disse: – É assim que eu, um padre pobre um tanto diferente, entendo o amor, Reverendíssimo.

Ricardo dispensou Jacobino com poucas palavras e sem nenhum

comentário. Após aquela conversa, ficou silencioso por muitos dias, parecia pensar. Cumpria seus deveres regularmente, recebia seus confidentes e despachava com Jacobino, mas percebia-se a ausência de seu pensamento.

Por vários dias foi visto durante as tardes caminhando pelos corredores do convento cabisbaixo, as obras de embelezamento do interior do prédio não mais o atraíam. Ninguém se atreveu a questionar os motivos de seu estranho estado de espírito.

Sentado sob a árvore, cercado pelos meninos, Jacobino o viu várias vezes caminhando entre os arcos que separavam os corredores externos do convento e o jardim onde lecionava aos pequenos. Em dias menos ensolarados o bispo chegou mesmo a aproximar-se dos meninos e duas ou três vezes também se sentou nas raízes da grande árvore ao lado de Jacobino, ouvindo-o ensinar o Evangelho de Jesus aos pequenos e responder pacientemente às perguntas, interferir nas desavenças, sendo doce e severo ao mesmo tempo com os órfãos. Parecia encontrar paz naqueles momentos.

Os comentários se multiplicavam no convento e padre Bento, sempre choroso da ausência de seu companheiro Rugiero e lastimando um plano que fora abortado involuntariamente, acompanhava com olhos de inveja o que julgava ser uma crescente aproximação entre o bispo e seu secretário. E em longas missivas, tudo reportava ao exilado amigo, que na distante Belluno fervia de ódio e reiterava seus votos de vingança contra Jacobino.

Caía a tarde, quando passados vários dias, Ricardo deu sinais de sair do estado de introspecção a que se voltara e chamou Lucas, que descansava em uma cadeira em frente à janela onde corria uma brisa fresca. Ao ouvir as ordens do bispo, o seminarista logo levantou e correu a atendê-las, partindo em busca de Jacobino. Encontrou-o no refeitório dos órfãos fazendo suas contas e tomando o caldo que apreciava.

– Irmão, o bispo está chamando-o e pede que vá o mais rápido possível.

– Sente-se, Lucas – convidou Jacobino calmamente. – Eu irei, mas depois de concluir o que estou fazendo. Como está nosso superior?

– Como nos últimos dias, esteve quieto a tarde toda, mas não saiu a vagar pelo convento. Eu descansava, pois não tem me dado nada para fazer, a não ser acompanhá-lo nas missas, então de repente ele levantou-se e me mandou vir chamá-lo. Foi até engraçado, acho que estava cochilando e assustei-me com a expressão determinada que vi no rosto do bispo – comentou Lucas descontraído na presença do amigo, ao ponto de compartilhar do caldo de Jacobino, sem pedir-lhe permissão, fazendo com que o religioso risse de seus modos e lhe corresse a mão pelos cabelos, como um pai a um filho predileto.

– Agora você acabou o meu caldo, mas não terminei minhas contas. Vá buscar mais e traga duas canecas, por favor – falou Jacobino fingindo ralhar com Lucas. – Vejo que está com fome de uma comida de verdade.

– É, nem isso o bispo tem feito, não se alimenta muito bem. Será que adoeceu?

– Não, acredito que ele esteja bem, apenas pensativo. E pensar faz um homem crescer. É bom.

Os dois amigos, sentados lado a lado, tomavam o caldo e Lucas esperava pacientemente que Jacobino terminasse seu trabalho para irem ter com o bispo.

Algum tempo depois se encontravam na presença do bispo. Após as saudações de praxe, Ricardo surpreendeu-os, pedindo:

– Lucas, por hoje você está dispensado. Minha conversa com Jacobino é particular – e estendeu a mão ao seminarista que, reverente, beijou-lhe o anel. – Deus o abençoe, durma em paz.

Jacobino permanecia parado, de pé, ao lado da grande mesa de madeira, ricamente entalhada, usada pelo bispo. Em seu rosto, a calma e a serenidade de sempre, um leve brilho no olhar dava mostras de que algo o surpreendera na atitude do bispo. Apenas acenou levemente com a cabeça às despedidas de Lucas e aguardou que o superior iniciasse a conversa solicitada.

– Sente-se – pediu Ricardo. – Nossa conversa será longa.

Vendo a pronta obediência do secretário a seu convite, observou que a fisionomia de Jacobino permanecia inalterada e, curioso, indagou:

– Irmão Jacobino, és para mim uma figura singular. Nunca notei qualquer abalo em teu rosto, nada parece te agastar nem modificar teu estado de espírito. És realmente assim, tão frio?

– Muito longe disso, bispo. Não me julgo um homem frio, sou perfeitamente normal, mas não vi nenhum motivo pelo qual eu devesse me agastar ou me tornar eufórico.

– Mas sempre o vejo assim. Acredito que algumas vezes, quando advertes os meninos, sua atitude de severidade é fingida.

– Severidade não se finge, bispo. Para mim, severidade é dar a conhecer os limites da minha tolerância com os meninos. Julgo que ela seja benéfica, assim eles compreendem exatamente o que podem ou não fazer e não vivem a testar-me para saber quais serão minhas reações se fizerem isto ou aquilo, já sabem e não me temem por isso, ao contrário, são meus amigos, desenvolvemos um relacionamento muito afetuoso. Eles sentem que eu os amo e se sou severo é porque ali está o limite que lhes aponto. Não, não fingiria jamais diante de uma criança, elas são extremamente sensíveis e muito perspicazes. Se eu fingisse, usariam truques para me fazerem mudar de opinião e se eu cedesse, todo meu trabalho de orientá-las estaria perdido. Assemelhar-me-ia aos dizeres do Cristo me tornando um cego conduzindo outros. Na infância eles precisam da minha experiência para se desenvolverem. É isso que lhes dou. E eles sentem que sou tão verdadeiro quando os repreendo, quanto quando os abraço, e confiam em mim.

– Nunca me envolvi com a educação de crianças, parece que você se delicia com isto.

– Como lhe disse outro dia, só compreendo a vida agindo por amor. Quando retornei a esta casa, vim um tanto desorientado, mas com bastante experiência para ter aprendido a me conhecer melhor e serei para sempre grato à sensibilidade do falecido bispo Giordano, que me encaminhou para a tarefa junto aos órfãos. Entre eles, sou um homem realizado. Mesmo após minha morte, minhas idéias viverão na mente das crianças, que serão adultas e as transmitirão às gerações futuras. Espero contribuir para que todos eles sejam melhores e, por conseqüência, construam um mundo melhor e mais livre. Se possível, até que renovem muitas coisas.

– És um grande sonhador, Jacobino, mas aprecio ouvir tuas palavras. Confio em ti e são muito poucas as pessoas em quem confio.

– Agradeço-lhe a demonstração de estima, Reverendíssimo, e desejo ser digno dela.

Ricardo recebeu as palavras de Jacobino em silêncio, apenas sustentando o olhar do secretário. Sentia-se muito bem na presença dele, isto era visível na expressão relaxada do rosto e do corpo.

– Mas o chamei aqui por outra razão, também ligada à questão dos órfãos.

A declaração do bispo imediatamente produziu efeito em Jacobino, que inclinou o tronco do corpo em direção à mesa como que desejoso de ouvir mais de perto um assunto que muito o interessava. Atento, permaneceu silencioso aguardando que Ricardo prosseguisse.

– Nestes dias pensei muito e decidi fazer várias modificações nesse setor do convento. Outro dia analisei os livros e notei que poucos recursos eram destinados ao orfanato. Obviamente, você é o responsável pela atividade e é meu desejo que continue sendo. A carga de trabalho do secretariado e da administração da ala me parece bastante grande, mas tens garantido eficientemente o bom andamento de ambas, não havendo razões para mudanças.

– Folgo em saber – comentou Jacobino, voltando a reclinar o corpo no encosto da cadeira. – Vossa Reverendíssima já sabe quais modificações deseja fazer?

– Decidi reformas na estrutura material da ala. Acredito que uma ampliação será benéfica. Há alguns meses entrei no alojamento dos meninos e vi o quanto ele é pobre.

– Nossa Ordem era muito pobre sob o comando do bispo Giordano. Éramos relativamente poucos padres sob o regime conventual, a maioria estava designada para servir nas aldeias. Nestes anos em que o senhor assumiu o bispado recebemos novos integrantes e realmente nossas finanças tiveram um progresso significativo – avaliou Jacobino. – Alegra-me muito saber que esses recursos também beneficiarão os órfãos.

Ricardo expôs minuciosamente os planos de reforma do setor que abrigava as crianças, falava com ardor e empolgação e Jacobino ouviu com verdadeiro regozijo interior as propostas de ampliação e melhoria das acomodações do orfanato. A conversa estendia-se por algumas horas quando finalmente o bispo lançou sua última idéia:

– Irmão Jacobino, como é de seu conhecimento nossa Ordem tem realmente recursos mais do que suficientes para fazer as obras. Elas iniciarão tão logo o senhor me apresente o complemento do que seja necessário à criação de uma escola.

Jacobino levantou-se, tomado de surpresa. Seu rosto estampou uma alegria genuína, seus olhos brilhavam de prazer e não acreditando no que havia ouvido, perguntou:

– O senhor liberará recursos para a criação de uma escola vinculada ao convento?

– Sim, Jacobino. E será uma escola que atenderá também as crianças da aldeia. Obviamente, para estas o ensino será restringido, como convém. Nossos meninos serão instruídos juntamente com outras crianças.

– Maravilhoso! Deus o abençoe, bispo. Que sua mente seja sempre iluminada! – Jacobino exultava, e instintivamente seu olhar voltou-se à janela, cuja parte superior se encontrava aberta e via-se o brilho das estrelas. Contemplando a luz dos astros noturnos, o coração de Jacobino elevou-se em prece silenciosa de gratidão ao Criador, por colocar em suas mãos a realização de um sonho tão almejado e, de felicidade, sentiu rolar pelas faces lágrimas que eram qual orvalho embelezando as flores. Lágrimas sempre comovem, mas quando são fruto da alegria embelezam, pois falam da sinceridade e da profundidade dos sentimentos de quem as verte.

Ricardo, olhando as lágrimas silenciosas do religioso à sua frente, experimentava um estranho prazer. Desejava abraçar Jacobino, mas era isento de qualquer marca de sensualidade e há muito tempo não sentia isso, desde que recebera os últimos afagos de sua mãe, na infância.

Jacobino enxugou as lágrimas com as costas das mãos. Sentindo-se cheio de alegria e motivação, ao olhar o superior flagrou a carência afetiva refletida em seu olhar e, sem pensar outra vez, aproximou-se e abraçou-o, apertando-o fortemente de encontro a seu peito, desejoso de transmitir-lhe os sentimentos que o invadiam. Naquele momento queria abraçar o mundo. Inicialmente o bispo retraiu-se mas, aos poucos, cedeu ao abraço de Jacobino e deixou-se envolver e banhar-se nas vibrações serenas e alegres daquele padre tão estranho, a quem aprendia a admirar.

Foi o único homem que Ricardo tocou com admiração e reverência e também o único que permitia que o tocasse, pois seu contato era isento de qualquer paixão carnal, não o afligia, envolvia-o em segurança tal qual o colo de um pai.

Os meses que se seguiram foram de intensa atividade. As obras receberam um grande afluxo de trabalhadores e a notícia espalhou contentamento geral entre os moradores, que passaram a lotar todas as cerimônias religiosas do convento. Os fiéis pobres ofereciam a mão-de-obra para a construção e os nobres sentiam-se compelidos a colaborar financeiramente com o projeto.

Ricardo, pela primeira vez desde que decidira ascender na carreira eclesiástica, não planejara lucrar com o fato, entretanto, ao ver-se assediado por um grande número de colaboradores, que vinham depositar em suas mãos generosas quantias para as obras do bem, começou a sentir a cobiça corroer-lhe as entranhas e cedeu ao velho vício de amealhar para si próprio. Ao receber jóias e moedas de ouro, seu olhar fulgurava, dizia expressões triviais de agradecimento e que a boa alma que ofertasse ao Senhor seria recompensada no paraíso, após a morte do corpo.

Fato é que a campanha feita por Jacobino em favor das crianças órfãs e carentes rendeu muitos louros ao bispo, que por fim viu nisso mais um motivo para ter próximo de si o secretário.

Eles se revezavam nas atividades religiosas do convento, mas um fato chamava a atenção de Ricardo: ao fim das missas, o povo se aglomerava à porta da igreja aguardando irmão Jacobino para uma palavrinha, que a todos atendia com imensa brandura. Era freqüente, nos domingos, ausentar-se, convidado pelos aldeões para piqueniques e festividades. O seminarista Lucas tornara-se, dia a dia, a sombra de Jacobino e notava-se que o jovem se fazia estimar pela comunidade. Nas procissões o bispo caminhava à frente, mas quem conduzia as orações e os cânticos era seu secretário.

Os meninos do orfanato formavam um lindo coral, afinadíssimo, e alegravam os eventos do convento graças ao apurado ouvido de frei Paulo, que tomara a si a incumbência de assessorar Jacobino na educação dos meninos contribuindo com a parte artística, que era sua paixão.

Estabelecera-se uma integração entre o convento e a comunidade e respirava-se um clima de alegria e bem-estar. O trabalho oferecia a quem a ele se entregasse o prazer de servir e sentir-se útil. Apenas padre Bento isolava-se da grande mudança que se operava lentamente nas relações dos religiosos; permanecia quieto e rabugento, maquinando em pensamentos o quanto era desprezado pelos outros, que em nada o consultavam. Cego pela vaidade, julgava que deveria ser consultado para opinar sobre algo de que não participava, esquecido que o bom trabalhador oferece as mãos à atividade e não aguarda, transformar-se em oráculo de consultas. Sisudo, resmungava pelos cantos do convento do Vêneto buscando encontrar eco para sua insatisfação na alma de seus companheiros, porém, andava só naqueles dias, pois os ventos do trabalho haviam varrido a depressão que tomara conta de todos após a longa doença do bispo Giordano e os primeiros anos do novo bispo.

Jacobino via com alegria as mudanças no convento. Suas noites eram povoadas de sonhos felizes onde reencontrava o grande amigo Giordano, com quem conversava longamente sobre os destinos da congregação. Várias vezes o amigo vinha acompanhado de sua amada Madalena e então ele acordava refeito e disposto para o trabalho que lhe cumpria realizar.

Ao longo do período em que se edificavam as novas dependências, apenas um fato trouxe preocupação a Jacobino – o pequeno Enzo. O menino emagrecia a olhos vistos e seu rosto, marcado por fundas olheiras, contava sobre noites maldormidas, ele não tinha disposição para as aulas e pouco se alimentava.

Preocupado, Jacobino falou ao bispo sobre o estado de Enzo, pois era sabido dos amplos conhecimentos do bispo na área da medicina.

– Traga-o, irei examiná-lo – disse o bispo, e vendo que Jacobino se afastava, tornou a falar: – Espere, é melhor que o seminarista busque o menino e que continuemos o trabalho, senão iremos nos atrasar.

Jacobino aquiesceu e pediu a Lucas que trouxesse o pequeno. Pouco depois batia à porta, acompanhado da criança.

O bispo parou o que estava fazendo e dirigiu um demorado olhar investigador sobre o menino. Apesar de abatido, chamou a atenção de Ricardo a promissora beleza do órfão, o cabelo loiro, os olhos castanhos, os traços clássicos dos italianos da região; o menino passaria facilmente como filho de um nobre e não de aldeões.

– Venha, Enzo, não tenha medo. Lembra-se de mim, não é mesmo? – falou o bispo, cordial e atencioso.

O menino, de cabeça baixa e andar vacilante, aproximou-se e tomou a bênção do superior, como era conveniente. Ricardo acariciou-lhe os cabelos encantando-se com a suavidade dos fios e notando que estavam um tanto opacos, apesar dos rigorosos hábitos de higiene ministrados por Jacobino. Ergueu-lhe o rosto, correndo o dedo pela pele, da testa até o queixo, e fixou os grandes olhos castanhos do menino: havia tristeza e dor. Ricardo lembrou-se imediatamente do dia em que o havia acolhido quando a mãe o abandonara. Perspicaz como era, travou um diálogo com Enzo e ao fim de poucos minutos estava convencido de que o mal do menino era que perdia as forças para lutar contra a orfandade e rendia-se à tristeza. Mas independentemente de haver formado o juízo do problema, examinou-lhe demoradamente o corpo, constatando que nada de mais havia, afora uma natural fraqueza em razão das noites maldormidas e da má alimentação. Não precisou usar muito de sua habilidade para convencer Enzo a lhe confiar seus problemas. Assim, descobriu os pesadelos que atormentavam o menino, fazendo-o recordar sempre o abandono materno. Noite após noite ele acordava sentindo-se novamente caído sobre as pedras do piso da igreja, fraco e sem forças para correr em busca da mãe.

O bispo sabia o que era ser rejeitado por alguém que se amava e que, durante a infância, era o porto seguro. Também fora mandado para longe, para viver em um convento. Sabia dimensionar o estado de espírito de Enzo, por isso, tomando-lhe as mãos, indagou:

– Enzo, lembro que um dia me disseste que desejas ser um bispo. Se ficares doente e sem comer, não terás condições de realizar esse desejo. O mundo é dos fortes e você será um forte. Jacobino, como está o desempenho do menino nas lições escolares?

– É um de meus melhores alunos, senhor bispo. Muito atento, aprende com facilidade, se expressa muito bem para sua idade – elogiou Jacobino observando o procedimento de Ricardo. Parecia haver notado uma inflexão carinhosa na voz dele nunca antes ouvida.

– Muito bom – aprovou o bispo. – Continue se esforçando e brevemente entrarás a meu serviço. Apenas é preciso que cresças um pouco mais.

Em meio à dor e à tristeza que se estampavam no olhar de Enzo, um rasgo de esperança se fez notar e ele sorriu, admirando pela primeira vez o ambiente luxuoso e confortável em que estava.

Conversaram mais alguns minutos e o bispo o dispensou, dando instruções a Jacobino para ministra-lhe soporíferos por alguns dias e acompanhar com atenção os resultados. Vendo que Lucas conduzia o menino novamente à ala do orfanato, Ricardo comentou:

– O mal desse menino é que tem ainda sentimentos frágeis. Sofre de tristeza, se não melhorar em alguns dias, pensarei em outra forma de tratá-lo.

Jacobino ouviu calado e pensativo. Tinha uma sincera amizade pelo menino e nada do que o bispo apurara em seu exame era novidade para o secretário, há muito que quando olhava Enzo parecia vislumbrar alguém que se afoga nas águas de um rio, vez ou outra lançava a cabeça para fora das águas e lutava, para depois submergir, tão alternado eram seus estados de ânimo.

Os dias transcorreram e Enzo não teve melhoras, ao contrário, caiu em prostração com os remédios administrados por ordem do bispo que, informado do fato, mandou que transferissem o menino para seus aposentos, onde poderia acompanhar seu estado mais de perto. Jacobino não escondeu a surpresa com a orientação do bispo, que se divertiu com o espanto de seu secretário.

– Tenho grande prazer em cuidar do corpo humano, em manuseá-lo. Lutar e vencer a morte me fascina – disse ele, e em pensamento, completou "da mesma forma que vencer a vida".

As ordens do bispo foram cumpridas e Enzo, a contar dos onze anos, passou a residir na ala reservada ao bispo e a ser seu protegido. Cumulou-o de atenções. Tão logo deu sinais de recuperar-se, passou a acompanhar o bispo em suas visitas aos nobres e às aldeias. O menino sentiu-se valorizado e seguia cegamente tudo quanto o bispo lhe ordenasse fazer; dessa forma saiu da tutela e da orientação direta de Jacobino para ser o protegido do bispo do Vêneto, seu aprendiz.

Com todos esses fatos, a fama da benevolência de Ricardo, sua capacidade administrativa e de congregar fiéis tomaram corpo e chamaram a atenção de seus superiores. Passou a ser ainda mais prestigiado e poderoso entre os chefes da Igreja. Beneficiando-se da fama, mais e mais delegava poderes a seu secretário, que, interessado unicamente na boa realização de seu trabalho, pouco se importava com os louros colhidos pelo bispo.

A escola mostrou-se um sucesso. Em seguida, outras atividades foram implantadas: um asilo ergueu-se na aldeia, ao lado de uma pequena capela reformada e reativada, na qual Jacobino era o oficiante do povo.

Lucas, apesar de suas constantes dúvidas e torturas, insistiu e recebeu os votos. Jacobino assistiu à cerimônia de sagração dos novos sacerdotes e vendo Lucas tremer ao receber os paramentos não pode se furtar a um pensamento: "Nesta vida não há caminho sem volta. O que parece tão definitivo e assustador hoje, amanhã é coberto pelo pó do tempo e andamos sempre mais firmes quanto mais experientes nos tornarmos". E quando Lucas, ainda sobre o altar, buscou com o olhar o amigo Jacobino, este lhe sorriu, certo de que o amanhã não era tão definitivo quanto havia sido dito na homilia.

..*

Eu via as cenas do cotidiano de Ricardo sucederem-se ante meus olhos. Concentrado, ele nos relatava suas memórias e as emoções fluíam juntamente com as lembranças. Ora sorria deleitado ao recordar uma passagem e seus olhos brilhavam amorosos, ora diante de sua ambição seu rosto se fechava e ante os desejos que o bispo julgava inconfessáveis ainda notávamos as marcas da vergonha.

Era nítido que alguma coisa se transformava em monsenhor Ricardo. Ao passar aqueles anos, vi que lentamente ele abandonava seus amantes, um a um. Parecia que o furor sexual se acalmava em nosso amigo. Seus olhares não demoravam mais que o necessário nos homens da guarda. Tratava-os gentil, mas friamente, sem que se desse conta, erguera entre eles, antes tão seus íntimos, uma muralha. Parecia entediado dos prazeres, ressequido, árido, e em seu íntimo ele clamava por algo maior.

O vazio de uma vida destinada a um trabalho que absolutamente não o satisfazia cobrava o preço por ele haver abrigado uma ilusão; nem mesmo a busca desenfreada pelo poder e a liberdade de viver sua sexualidade lhe pareciam recompensas suficientes. Era rico, riquíssimo, mas e daí? Não havia com quem compartilhar todo aquele ouro, não havia com quem dividir pequenas alegrias, não havia com quem conversar em uma madrugada insone, enfim, não havia ninguém. O poderoso bispo do Vêneto, religioso de grande influência entre os chefes da Igreja, era alguém solitário, carente, que carregava consigo o pesado fardo da rejeição.

Muitas vezes maldisse a si mesmo naqueles anos e perguntou ao nada, pois com Deus ele não falava, por que era assim? Por que era diferente dos outros homens, que se satisfaziam com uma mulher e viviam livres? Por que tivera de encarcerar-se entre os muros de um convento, por que fora afastado da família, por que as pessoas haviam agido assim com ele? Afinal, sabia que não era o único na face da terra a ter uma preferência sexual diferente.

Muitas noites andou insone pelos corredores do convento e ouviu lamentos em algumas celas, o som de açoites em outras, e gemidos de prazer. "Todos somos humanos" – pensava –, "por que às vezes agimos como se fôssemos animais irracionais e travamos lutas sem armas que ferem profundamente e deixam vidas mortas habitando corpos insepultos que vagam nas ruas, em sofrimento?"

Abrigando pensamentos amargos e remoendo antigas mágoas, o bispo tornou-se realmente um celibatário, os prazeres que o haviam atraído para a vida religiosa apagaram-se. E isso tornou ainda mais vazia a sua existência, por verdadeira compulsão, seguiu amealhando ouro e influência.

Ao convento Carmelita voltava muito esporadicamente, apenas para atender a compromissos de fato vinculados à sua função como bispo ou então para "aliviar" alguma dama ou freira de uma gravidez indesejada. Mas aquilo passou a lhe causar repugnância e acabou por ensinar à abadessa Agnes tudo quanto precisava saber sobre a aplicação das drogas e também disso se afastou.

Recebia ocasionalmente cartas de sua prima Clarissa, que lhe dava a conhecer o mundo de venturas que a maternidade lhe trouxera. Lúcia era a luz de sua vida e, para maior graça, encantava ao duque Alberto. Um tempo de paz se instalara na existência conturbada da duquesa e uma das frases de sua última carta martelava na mente de Ricardo sem tréguas, dizia:

Caro bispo, primo Ricardo. Não estranhes minha ausência em teu confessionário, a maternidade me transformou, encontrei uma razão para minha vida e sinto-me feliz. Continuo a mesma mulher de antes, mas agora somente os braços de meu Bruno me dão prazer. No amor encontrei a satisfação que buscava. Estou plena e feliz. Segue a doação costumeira para suas obras.

A frase ia e voltava em sua mente: "No amor encontrei a satisfação que buscava". Lembrava-se da conversa que ouvira entre Jacobino e Lucas há anos passados e a devoção com que seu secretário falava da mulher, que fora o amor de sua vida, e lembrava-se do que Jacobino dissera a Lucas sobre o segredo de sua serenidade: "Meu coração é viúvo, meu filho".

Várias noites chegara a sentir-se febril de tanto pensar e vagava pelos corredores e pela ampla igreja, até que, exausto, se recolhia a seus aposentos. Antes de deitar-se, olhava Enzo adormecido, agora quase um rapaz, ele era sua única alegria.

Desde que viera para seus aposentos, nunca mais ele caíra nas malhas da tristeza de forma tão acirrada quanto antes. No máximo, ficava um dia ou dois mais acabrunhado, mas logo voltava ao normal. Era um aprendiz dedicado e a admiração por sua pessoa, que via nos olhos do adolescente, o animava. Lentamente um intercâmbio de energias se estabeleceu entre eles, compensavam-se um ao outro e isso os fez ainda mais unidos.

Uma chama de amor passou a aquecer o coração do bispo, embora nos pareça que ele somente tenha admitido isso bem mais tarde.

O bispo do Vêneto apaixonava-se pela primeira vez em sua existência.

"Há alguma coisa que se possa dizer: Vê, isso é novo? Não! Já foi nos séculos que foram antes de nós".[2]

Eu sabia que ele seguia vendo desfilar suas ações passadas em busca da resposta à pergunta de Georges: no que ou onde ele encontrava prazer?

E ele seguiu sua busca... até que suas lembranças se tornaram mais lentas e ele fixou a atenção em outra etapa de sua vida.

A azáfama de atividades múltiplas em que se desdobrara o convento

---

[2] *Eclesiastes 1:10.* Bíblia Sagrada. *Trad. João Ferreira de Almeida. Barueri, Sociedade Bíblica do Brasil.*

não mais possibilitava a ociosidade. Padre Bento era o único que se mantinha arraigado às atividades que realizava anteriormente.

– Eu cumpro os meus deveres, não há do que me cobrarem – dizia ele. – Não aceito as mudanças, as novidades que querem implantar estão desvirtuando a nossa Ordem. Aqueles que detêm o poder – falava ele referindo-se especialmente a Jacobino – são perigosos. Não titubeiam em perseguir e maltratar quem se opõe a eles. Lembrem de nosso irmão, padre Rugiero, que destino lhe deram. A última notícia que me deu dizia que se sentia envelhecer dez anos a cada dia que fica naquele fim de mundo, diz que tudo é difícil e o povo indócil, que a igreja vive na miséria e que conta apenas com uma senhora idosa que cuida de sua casa. Não, eu estou firme no meu posto, guardarei nossos princípios contra essa ventania de inovações, permanecerei fiel a meus votos e quero ver o que eles poderão fazer. Quando se meterem comigo, tenham certeza, não titubearei em levar o caso adiante, até ao papa irei se necessário for.

Esse discurso, ele fazia sempre que encontrava algum companheiro desocupado; sussurrava nos cantos, cultivando a inveja e a insatisfação. Em inúmeras ocasiões, Jacobino presenciou esse procedimento, conhecia as idéias de padre Bento e sua ligação com padre Rugiero. Lamentava a conduta de ambos.

– São crianças ranzinzas reclamando da merecida advertência. É pena que não aproveitem o tempo que passa, pois há tempo para tudo na vida, tempo de plantar e tempo de arrancar o que se plantou, por isso devemos cuidar da semente que lançamos ao solo. Os frutos dela nós mesmos iremos arrancar. – Eram as palavras de conforto que os membros da congregação recebiam quando o buscavam, preocupados com a cizânia que Bento buscava lançar.

– Mas, irmão Jacobino, algo precisa ser feito... – insistiam alguns.

– Nada, meu filho, precisa ser feito. Ele planta, ele colhe. Não se envolva em sua plantação e tudo estará certo. Prossiga seu trabalho e guarde seu coração em paz, assim morre uma má semente lançada em solo bom. Lembre do provérbio que diz: "Sem lenha, o fogo se apaga; e, não havendo maldizente, cessa a contenda".

Por fim, devidamente advertidos para cuidarem de seu próprio comportamento, os religiosos se iam e a contenda não se instalava, o que deixava Bento com a sensação de impotência e enraivecido contra o bispo e seu secretário, ou "os poderosos", como ele os designava.

As atividades dos religiosos no vilarejo cresciam, pois uma grande seca se abatera sobre a região e os vinhedos secaram. A colheita foi mirrada e ruim, os animais, magros, penavam pelos campos em busca de alimentos e a miséria assolava impiedosamente os moradores. Sem recursos, de nada adiantava a produção dos artesãos, pois sem riquezas circulando não havia compradores para seus produtos e todos acorriam à Igreja em busca de amparo.

– Que faremos? – indagava padre Lucas em uma reunião nas dependências do bispo.

– Precisamos fazer algo com urgência, esse povo está à míngua e assim não há fé que resista – completava padre Felipe. – Nem mesmo o coral que sempre os animava tem sido aplaudido. É uma tristeza. Todos vivem olhando o céu à espera de nuvens que tragam chuva, mas parece que nossas preces ainda não serão ouvidas, não há nem sinal que alguma água venha banhar nossas lavouras.

– Os velhos estão morrendo desidratados, para maior flagelo, a pouca água que temos nos poços parece contaminada com alguma doença – relatava o padre responsável pelo asilo.

– Não só os velhos, senhor bispo, estão sofrendo dessa estranha doença, também as crianças, que não são mais alimentadas pelo leite materno, têm adoecido, muitas jovens mães têm procurado a igreja para enterrar seus bebês. É triste, muito triste – informava Lucas. – Senhor bispo, irmão Jacobino têm alguma idéia? Precisamos fazer alguma coisa.

As discussões se prolongavam e várias idéias eram sugeridas e descartadas por serem inviáveis. Enzo assistia à discussão, agora na qualidade de seminarista a serviço do bispo, cargo antes ocupado por Lucas, e, a certa altura da reunião, comentou:

– O que faltam são recursos, que escassearam com a seca. Temos de pedir ajuda às regiões vizinhas.

O bispo olhou longamente seu aprendiz, meditou sobre suas palavras e um silêncio caiu sobre a reunião. Ricardo então indagou:

– É uma idéia interessante, Enzo. Realmente todo problema passa pela falta de recursos, mas como pedir ajuda aos vizinhos?

Enzo ficou pensativo. Jacobino, a seu lado, considerava a idéia e cochichou com ele:

– Sua idéia, meu filho, por acaso seria a de vender os produtos dos artesãos em outras localidades ou trocá-los por comida e vinho?

– Não havia pensado tanto, a idéia era pedir mesmo. Mas sua sugestão parece bem mais viável, poderemos promover uma feira – respondeu Enzo, também cochichando.

– Creio que será muito bom – concordou Jacobino. – Ajudará a afastar a tristeza do local, até que a situação se restabeleça. Sugira ao bispo Ricardo a idéia.

Enzo pigarreou para limpar a garganta e ergueu a mão. Pedindo a palavra, dirigiu-se ao bispo, que presidia a reunião:

– Meu caro bispo, temos uma sugestão a fazer. Já que concordamos que o problema é a falta de recursos gerados pela seca, propomos incentivar o comércio ou a troca de outros produtos que temos em estoque por alimentos e vinho. A idéia é a realização de uma feira em outra localidade levando os produtos que temos.

Ricardo considerou a proposta e vendo que a idéia era recebida com geral contentamento disse:

– Excelente idéia, Enzo. Deus abençoou você. Encarregue-se de formar um grupo que coordene essa atividade e vá discuti-la com os artesãos da vila. Quanto à questão da saúde levantada há pouco, eu e Jacobino nos encarregaremos de visitar o local e ver o que é possível fazer. Iremos amanhã, logo cedo. Enzo, prepare o necessário para a viagem. Enquanto estivermos inspecionando os poços e vendo o estado de saúde dos doentes, tu te encarregarás de dar início à tua atividade. Depois iremos ter com o duque Alberto para que ele também auxilie nestas atividades.

Discutiram mais algum tempo enquanto Enzo selecionava os padres que o iriam auxiliar. Fato que não passou despercebido era a inversão hierárquica promovida pelo bispo. Mas era do conhecimento geral que Enzo era o protegido de Ricardo, assim, os comentários foram silenciados. Incentivados por Jacobino, preocuparam-se primeiro com o bem-estar da população, deixando para trás rusgas decorrentes de vaidades. A idéia era boa e merecia ser colocada em prática.

Na manhã seguinte partiam em direção à vila duas carruagens levando os religiosos.

A constatação das precárias condições do vilarejo chocou o bispo, pouco afeito a confrontar a miséria. Enquanto Enzo liderava o grupo que organizaria a feira, ele e Jacobino visitaram os doentes.

O asilo, apesar de confortável, era simples, não havia ostentação; muitos doentes estavam acomodados nas camas, velhos e enfraquecidos, malcheirosos, em sua maioria, gemiam e suspiravam.

Ao parar sob o umbral da porta de acesso Ricardo estremeceu; nunca presenciara coisa igual. A visão da velhice e da decrepitude do corpo causou-lhe mal-estar emocional, nunca se detivera a pensar no amanhã com os olhos da realidade. Quando lançava o olhar ao futuro, via-se rico e prestigiado, e nunca, absolutamente nunca, se enxergava velho: via-se nos moldes do que era no presente. Entretanto, tinha conhecimento bastante para saber que todos os corpos envelhecem, por mais cuidados que sejam, e que o tempo imprime em todos as marcas de sua ação.

– "Um dia serei assim" – pensava Ricardo, chocado, lançando um olhar sobre os braços emagrecidos e flácidos, as peles enrugadas e grossas dos rostos, os cabelos brancos, ralos em alguns, e sobre os desdentados e cegos, mas vivos e lúcidos. – "Que triste fim tem a vida humana. De que vale passar pela vida na terra? E o pior é que vejo que, mesmo nesse estado, há medo nesses olhos cegos ou semicegos. Será que temem a morte?"

Sua memória involuntariamente voltou aos últimos instantes de vida do bispo Giordano, a expressão dos olhos azuis do velho sacerdote por vezes surgia ante seus olhos. Agora, olhando aqueles idosos alquebrados e doentes, constatava a fibra moral de sua vítima – nunca percebera em Giordano o medo da morte. O antigo bispo o temia, mas não temia a morte.

Imerso em seus pensamentos, precisou que Jacobino sutilmente lhe tocasse o braço, arrancando-o de seu estado de introspecção.

– Vamos examiná-los – convidou Jacobino com um gesto de mão apontando os doentes.

Ricardo suspirou profundamente e disse:

– Claro, para isso viemos. O senhor tem experiência no trato com doentes, irmão Jacobino?

– Alguma, Reverendíssimo. Quando estive servindo fora do convento, atendi vários doentes, meus conhecimentos são elementares e nascidos da necessidade prática. Fiz poucas leituras nessa área.

– Eu, ao contrário, leio muito sobre doenças e remédios, mas exerço pouco o que busco conhecer. Não há um médico em toda essa região?

– Havia um, mas fui informado de que morreu há duas semanas vitimado por fortes males do baixo ventre – respondeu Jacobino. – Em razão da penúria da aldeia, com tantos doentes, ninguém providenciou a substituição.

– Lembre-me disso quando estivermos conversando com o duque. Precisamos mandar um médico com urgência.

Andando alguns passos, Ricardo, vencendo seus temores, aproximou-se do primeiro doente que, ao vê-lo ao lado de seu leito, o recebeu com um sorriso desdentado e o cumprimentou no dialeto local. A partir daí Jacobino e o bispo lançaram-se ao trabalho pelos enfermos e a manhã correu célere.

Jacobino surpeendeu-se com os conhecimentos do bispo na área da saúde e quando deram por encerrada à tarefa teceu elogios à atuação do superior.

– Bispo Ricardo, caso o senhor não houvesse abraçado os votos religiosos teria sido um excelente médico. É fácil perceber sua habilidade em lidar com os doentes e o quanto lhes cativa a confiança com facilidade.

Ricardo piscou várias vezes ao ouvir as palavras do companheiro. Entregara-se de tal modo ao trabalho que esquecera tudo, até mesmo seu alto posto clerical, voltou o olhar a Jacobino e viu a sinceridade costumeira na expressão do religioso.

– É, nunca havia pensado nisso antes – concordou o bispo, lembrando-se da forma como fizera sua opção vocacional. – Realmente, talvez eu tivesse sido um bom médico. Confesso, Jacobino, que me causou horror a visão destes velhos, mas não era a doença que temia e sim a velhice. Você já pensou em ficar velho?

– Não considero que seja necessário pensar em ficar velho. É um fato natural. Penso muitas vezes como seja chegar a uma idade tão avançada e observo muito as outras pessoas, tenho notado que para algumas, a velhice é prazerosa, mesmo com todos os incovenientes de um corpo desgastado, para outras, nem tanto.

– A que o irmão atribui essas diferenças? – indagou o bispo lavando as mãos em uma bacia de louça colocada sobre uma mesa próxima à porta.

– A forma como viveram. Uma pessoa me ensinou, quando estive fora do convento, que devemos manter nossos olhos e desejos muito atentos ao momento presente, pois é a nossa oportunidade de corrigir o passado, se necessário, e de construir um futuro melhor para nós mesmos. Ela tinha sonhos de envelhecer cercada de netos, numa vida simples, e me dizia que viver com amor e sinceridade a realidade de cada dia garantia não só a saúde do corpo, mas também a alegria e a paz na velhice e essas duas tornavam mais fácil carregar o peso de um corpo alquebrado.

– Nunca pensei na velhice e causou-me horror ver o estado desses corpos, me pareciam mortos-vivos, sem condições de existir. O corpo é um fardo abjeto.

– Não pense assim, bispo. – advertiu Jacobino com familiaridade. Ambos sabiam as diferenças de cada um em relação à religiosidade e se respeitavam. O bispo encobria o pensamento pouco ortodoxo de seu secretário e este, por sua vez, não comentava a clara falta de fé de seu superior. – Devemos ser gratos ao veículo que nos serviu por toda uma existência. O mesmo corpo que nos deu força, alegria, beleza e prazer é o que na velhice estará extenuado. Fomos nós que o exaurimos, justo é que suportemos as conseqüências naturais.

O bispo resmungou mais algumas palavras e secando as mãos em uma rústica toalha deu o trabalho por encerrado e apressou o passo em direção à porta, dizendo:

– Os poços nos esperam e o sol está inclemente. Venha, Jacobino, quanto antes terminarmos a tarefa, melhor.

A claridade ofuscante da rua cegou-os por alguns momentos. A terra ressecada, coberta de vegetação amarelada, queimada e estéril, estalava sob os pés determinados dos religiosos, que vistoriavam os poços artesianos d'água existentes na vila.

– Veja isso! – exclamava o bispo, recebendo das mãos de um morador um balde com água recém-extraído. – Há vermes e lodo, o fundo deve estar sujo e infecto. Mande lacrar este poço, Jacobino. Que ninguém mais retire água dele até que venhamos a liberá-lo novamente. Está podre! – declarava Ricardo com indisfarçável nojo.

Jacobino apontava as determinações e ficava junto aos aldeões fornecendo explicações acerca dos males que a água dos poços fechados poderia causar.

Enxugando o suor com a manga da batina, Ricardo prosseguia sua tarefa de inspeção. Encontrou apenas dois poços em condições aceitáveis e ordenou:

– Jacobino, reúna jovens fortes e mande-os aprofundar a escavação deste poço. Quanto mais aprofundarem, mais limpa será a água e verterá em maior quantidade. Que não se demorem a iniciar a tarefa, pois é urgente.

Obediente, Jacobino acolhia as determinações do superior reconhecendo a competência de Ricardo nas funções de saúde pública, e logo os jovens da aldeia se revezavam nos poços indicados pelo bispo escavando em busca de melhorar as vertentes.

– As doenças provêm dessa água estagnada que estavam bebendo. Como são estúpidos! – disse Ricardo a Jacobino em voz baixa. – Como não viram antes que estes poços estavam infestados de vermes? É ocorrência lógica em tempo de seca.

– Não se agaste com nosso povo, bispo – pedia Jacobino apoiado ao tronco da árvore sob a qual se abrigavam. – São ignorantes, é verdade. Mas considere o que lhes foi ofertado até hoje para melhorarem suas condições de vida. Quase nada! Aprendem uma profissão que passa de pai para filho, são incultos e suas vidas se resumem a uma simplicidade tocante. Sabe, Reverendíssimo, vivi bons anos em uma aldeia muito semelhante a esta e pude meditar sobre o quanto seria bom se ao povo fosse dado mais conhecimento e esclarecimento. Muitas vezes pensei que se exercesse alguma função de mando em nossa sociedade teria como prioridade esclarecer o povo.

– Como sonhas, meu caro irmão Jacobino! Bem disseste que não passavam de meditações. Olha bem, eles não foram capazes de reconhecer que a água que bebiam estava podre – retrucou o bispo. – Como podes achar que tenham condições de serem esclarecidos?

– Mas têm, bispo. Eles têm todas as condições de serem esclarecidos, o que lhes faltou foi oportunidade. A mesma que eu e Vossa Reverendíssima recebemos e que a eles foi negada.

– Não delires, irmão Jacobino. São camponeses e artesãos, falta-lhes inteligência para algo maior que isto.

– Discordo, bispo. Acredito que temos todos a mesma capacidade intelectual, o que não temos são as mesmas oportunidades. Eu sou um exemplo perfeito disso, possivelmente meus pais tenham essa origem camponesa, pobre, entretanto, no convento, tive as mesmas condições que os demais e desenvolvi conhecimentos que a eles – Jacobino fez um gesto com o queixo apontando os trabalhadores – não são possíveis sequer em sonho.

– Se eu fosse você, irmão Jacobino, não teria tamanha convicção em afirmar sua origem pobre. Ao que sei, foste um órfão deixado na roda dos enjeitados e depois encaminhado ao convento. Há muitas mulheres nobres que entregam filhos bastardos à igreja em busca do perdão de seus pecados carnais – refutou Ricardo. – Como vê, ainda considero muito difícil ensinar esta gente.

– Nunca disse que a tarefa fosse fácil, mas sim que é necessária – retrucou Jacobino não se dando por achado ante a argumentação do bispo. – Naqueles dias tive a oportunidade de ensinar algumas coisas àquelas pessoas e foi gratificante ver como os olhos delas brilhavam ante os menores avanços. Tal qual agora, o senhor talvez não tenha notado, mas enquanto examinava os poços e dava orientações de procedimento estava ensinando esse povo. Veja os rapazes: seus olhos brilham enquanto cavam e se realmente encontrarem veios d´água fortes sob aquelas vertentes lhe aclamarão como a um santo e em outras ocasiões idênticas saberão como agir.

Como se as palavras de Jacobino fossem proféticas, naquele momento ouviu-se o grito de alegria do jovem que cavava amarrado a uma corda no fundo do poço e todos correram à borda para ver o que causava a euforia e mais gritos se ouviam a cada novo morador que lançava um olhar ao fundo. A cada balde cheio com a areia extraída do fundo do poço que era puxado pela roldana, a água em torno do jovem subia mostrando a força com que brotava das profundezas da terra.

– Muito bem – elogiou Ricardo falando ao rapaz no fundo do poço.

– Encha um balde com a água e faça-a subir.

O rapaz imediatamente encheu o balde, que descia amarrado à corda, com água cristalina.

Na borda do poço o bispo analisava a água e dava autorização para seu uso.

– Ótimo trabalho, meu jovem. Por enquanto basta, pode subir – disse Ricardo, e voltando-se aos homens à sua volta, ordenou: – Puxem-no.

Abraços e alegria não faltaram para recepcionar o jovem escavador que, ao ver-se erguido à condição de herói, sorriu mas humildemente respondeu:

– O verdadeiro herói aqui é o senhor, bispo. Ele é quem disse o que devíamos fazer.

Um súbito silêncio seguiu as palavras do jovem para depois irromperem os aplausos e vivas em outra direção. Os aldeões cercavam o bispo e com o entusiasmo natural dos moradores do Vêneto rendiam homenagens ao religioso.

Ricardo recebeu as manifestações de apreço com surpresa, não estava habituado ao calor do povo, à exuberância das manifestações emotivas. O regime conventual o fizera comedido e como desde cedo aprendera a reprimir as emoções, escondendo-as, não pôde deixar de se sentir um pouco agredido pela liberdade de expressão que via nos rostos à sua volta.

As providências para minorar os efeitos da seca mostraram-se corretas e, mais uma vez, Ricardo viu seu nome alçado a maior destaque entre o clero, com ares de benemerente, justo, correto e verdadeiramente caridoso para com o povo. Ele caminhava para tornar-se um mito...

Capítulo 6

Um trabalho difícil

"Colocai, pois, questões claras e precisas e não temais de as multiplicar: podem-se dar alguns minutos para conquistar uma felicidade eterna."[1]

Subitamente as memórias de Ricardo cessaram. Voltei meu olhar a ele e notei que se sentava, em seu rosto, uma expressão de perplexidade e confusão.

Georges, sempre muito calmo, aguardou que Ricardo retomasse a conversa. Eu podia fazer somente o mesmo, embora esperar me custasse sofrear a própria curiosidade. Estivera a tal ponto envolvido em acompanhar as memórias do antigo bispo do Vêneto que esquecera completamente onde estava e o que fazíamos; ali meu trabalho era de ordem secundária, cumpria auxiliar em uma atividade essencial ao progresso de Ricardo – seu trabalho de autoconhecimento.

Ele viajava no tempo, e nos levava junto, não em busca apenas de mais uma história e de um outro alerta à humanidade encarnada, mas viajava em busca de si mesmo. Em nome dessa nobre empreitada feita por ele, me cabia esperar e tanto quanto possível relatar seus sentimentos e conflitos, na esperança de que a compreensão desse processo seja

[1] *Allan Kardec.* O Livro dos Espíritos, *questão 919. Trad. Salvador Gentile. Araras, IDE.*

útil a quem me acompanha nessa jornada.

– Estou confuso, Georges – confessou Ricardo depois de um prolongado silêncio. – Não consigo definir o que me dá prazer e por quê. Talvez sua pergunta não tenha resposta, ou melhor, eu não tenha a resposta para ela. Simplesmente não consegui separar as coisas. Quando pensava que sabia por que estava sentindo prazer em alguma de minhas atitudes, logo se imiscuíam outros interesses e confesso: não encontrei a resposta.

– Que é isso, Ricardo? Um homem com a sua perseverança em atingir seus objetivos não pode dar-se por vencido – incentivou Georges. – Vamos pensar mais um pouco.

Ricardo sorriu. Era uma das poucas vezes que o via sorrir. Um brilho de amizade iluminou os olhos negros do antigo bispo e espontaneamente ele estendeu a mão para Georges e disse:

– Me ajude, amigo.

Vi que as palavras sinceras de Ricardo comoveram Georges e ele imediatamente estendeu as mãos para tomar a de Ricardo entre as suas, e suavemente a acariciou, procurando transmitir-lhe segurança e conforto.

– É claro, amigo – respondeu Georges. – É para isso que estou aqui. Tanto quanto me permitam minhas forças e meus conhecimentos, conte comigo.

Ricardo olhou as mãos entrelaçadas e assim ficou vários minutos, o semblante sério, analisando profundamente as recordações que há pouco repassara de sua última existência física, depois ergueu os olhos e encontrou o olhar calmo e confiante de Georges.

– Seu contato me transmite paz. É bom poder tocar alguém livre de outros pensamentos e, principalmente, é bom saber que você aceita meu contato sem medo ou vergonha e acredita que também sou capaz de ser apenas um amigo – falou Ricardo.

– Pois saiba, Ricardo, que amigos para mim são os bens mais preciosos que possuo. E vou me permitir corrigir seu pensamento: você não é capaz de ser apenas um amigo. Você é meu amigo. Isso é algo muito importante.

– Revendo os fatos passados com os olhos da experiência que adquiri ao longo de todos esses anos, eu vi que somente uma pessoa despertou em mim o desejo de ser amigo, de respeito e admiração.

– Bem, vejamos a coisa pelo lado bom: antes um que nenhum não é mesmo? – disse Georges tentando descontrair um pouco. – Não leve a mal minhas palavras. Por favor, continue.

– Irmão Jacobino foi a única pessoa que sinceramente eu admirei naquela época. Confiava nele incondicionalmente e jamais tive motivos para arrepender-me da confiança que lhe dei, era um homem digno, acima de quaisquer segundas intenções, leal a si mesmo. Creio que disso eu tinha uma certa inveja. – Ricardo novamente fez uma pausa, vi seu olhar buscar o teto, depois prosseguiu: – É nisso, nessa confusão de sentimentos que se encontra minha dificuldade em responder à sua pergunta. Veja bem, Georges, reconheço o prazer de conviver com Jacobino, mas ao mesmo tempo reconheço que fui capaz de beneficiar-me politicamente das ações humanitárias que ele implantou na Ordem, tirando a caridade do papel, das normas instituídas e fazendo-a ativa no convento. Isso me rendeu reconhecimento social, poder político no clero e junto à nobreza. Mesmo admirando-o, não fui capaz de isentar-me de tirar proveito da situação, não fui capaz de dar a quem de direito o reconhecimento, usurpei o lugar de Jacobino. Mas ao mesmo tempo, sou sincero em dizer que o admiro muito. Mas que criatura infeliz eu sou, Georges, como pude proceder assim? Era tudo inveja, ambição, vaidade das vaidades, era isso, correr atrás do vento, no fim, não é nada. É uma confusão...

– Tenha calma – pediu Georges e sorriu. – Nosso mundo emocional é muito dinâmico e nossas emoções são filhas umas das outras, poderíamos compará-las com os infindáveis casamentos e nascimentos da mitologia, onde deuses perfeitos se unem a falíveis mortais, é por essa razão que você reconhece em uma mesma atitude sua a admiração e a inveja lado a lado. A amizade é filha da admiração que você sente por Jacobino, e a inveja é filha da ambição que carregas.

– Mas, Georges, Jacobino não tinha nada, você mesmo viu há pouco junto comigo quando ele dizia que não precisava de votos de pobreza, pois era pobre por natureza.

– Mas não ambicionamos apenas coisas materiais. Será que você não tinha motivos para invejar a conduta de Jacobino, a forma como ele vivia? – propôs Georges.

Ricardo baixou a cabeça e um profundo suspiro saiu de seu peito.

– Tinha, e muitas razões para invejá-lo. Ele fez tudo que eu não tive coragem de fazer. Acho que nos encontramos naquele convento porque vivíamos em direções opostas. Nos cruzamos no corredor do convento do Vêneto por alguns anos, mas cada um seguia em direção contrária à do outro. Jacobino vivia para si mesmo, buscava as suas verdades e harmonizar-se com a vida, eu escondia-me de todos, vivia para os outros verem, buscava uma conformidade com a opinião alheia e me divorciava da vida. Ele vivia em paz, com seu coração de viúvo, construía nos espíritos com os quais convivia; eu vivia em litígio comigo mesmo, meu coração ardeu por muitos anos na luxúria e das minhas obras, compostas de pedra, nem sei o que ainda hoje possa existir, mas de nada me valeram depois da morte. É, eu ambicionava no íntimo ter a mesma fibra moral de Jacobino, ser capaz de viver a minha verdade e não me atormentar com o que os outros diriam a meu respeito. Jacobino quebrou um dos votos e ainda isso lhe foi tolerado e perdoado, embora ele não divulgasse aos quatro ventos sua vida particular, mais tarde descobri entre os registros do convento todo procedimento realizado em torno do episódio de seu afastamento e de seu retorno. E eu ainda tenho dificuldades para admitir sentimentos.

– Apesar de você haver admitido que invejava Jacobino, notei que houve mudanças no seu procedimento, por exemplo: afastou-se da prática de abortos e assassinatos – lembrou Georges.

– A convivência estreita com Jacobino me ofereceu elementos de melhora. Eu o invejava e o admirava, queria ter sua força e dentro de minhas possibilidades reconheci que ele era muito mais feliz do que eu, o poderoso superior. Por isso, me aproximei das obras assistenciais, do orfanato e das pessoas em geral, isso me fez ver que apesar de toda a liberdade sexual que dispunha, em verdade sentia uma solidão terrível. O prazer com os membros da guarda, que sucederam meu primeiro amante, deixava-me extenuado, saciava-me o corpo, mas abria chagas na alma, eu queria mais. Não me bastava simplesmente uma relação física com alguém, tinha ânsias de afeto, de união, de comunhão. E isso a Igreja não me havia oferecido até então. No contato com as dores alheias, de certa forma me senti integrado à comunidade, diminuiu aquela sensação de rejeição que me acompanhou desde a primeira juventude, porém eu também temia qual seria a reação daquele povo se soubessem que seu venerado bispo entregava-se a prazeres sodomitas. Veja, Georges, tive prazer no trabalho, mas recrudesceu o medo de ser rejeitado, a imposição de silêncio foi mais premente. Eu precisava esconder ainda mais uma parte de mim. Imagine se soubessem que eu era um pecador, segundo seus conceitos que eu mesmo disseminava, e, além disso, um covarde, sem fé alguma. Não teriam me aceito.

– Ricardo, responda-me apenas algumas questões de forma objetiva – pediu Georges, e indagou: – Você considerou alguma vez exercer outra profissão?

– Não. Minha escolha foi ditada e orientada em função da minha realidade.

– Você foi feliz como religioso?

– Não. Tudo quanto fiz foi mecânico, um conhecimento decorado, utilizado para subir na hierarquia sacerdotal e amealhar fortuna. Entediava-me profundamente a tarefa religiosa, porém, era uma necessidade e me submeti a cumpri-la. Nunca encontrei qualquer prazer no que fazia. O único prazer que a igreja me ofereceu foi a liberdade para exercer minha sexualidade e meu poder. – Ricardo levantou-se e andando de costas para mim foi até a janela, não pude ver seu rosto, apenas sua voz, levemente alterada, me fazia crer em uma nota de arrependimento ao dizer: – Foi naquela estiagem prolongada que descobri o prazer de curar e auxiliar a vida. A literatura médica sempre exerceu certo fascínio sobre mim, entretanto eu usava tudo o que conhecia em prol do prazer de fazer-me senhor da vida, ou assim pensava. Exterminar um corpo fazendo-o degenerar antes do tempo, extrair uma vida de um útero, dominar a natureza e impor-lhe a minha vontade davam-me uma sensação de poder embriagadora. E nisso eu também tinha prazer. Mas temia o curso natural da existência, temia a doença e a velhice, pois me faziam pensar o que seria de mim. A vida de um religioso termina sempre em solidão, em algum asilo de uma Ordem qualquer onde lhe dão o que comer e os mínimos cuidados de saúde e higiene, sem carinho ou atenção, não haveria quem segurasse a minha mão e me alentasse quando a morte rondasse meu leito, e eu tinha verdadeiro horror a pensar na morte. Ela era o fim, triste fim, diga-se de passagem, e me perguntava de que valia a vida, que tipo de jogo era aquele e o que eu fazia nele, pois nem ao menos me encaixava entre as "peças" ditas normais. Pensei sobre isso muitas vezes nas minhas caminhadas noturnas pelo convento e não encontrava sentido para a existência. Atender os doentes ao lado de Jacobino mostrou-me que era possível encarar com serenidade aqueles fatos. Não adianta mentir e dizer que acatei o pensamento dele, não fiz isso, mas deixei-me envolver na segurança que ele me transmitia e calei meus temores, então descobri que ludibriar a morte e auxiliar a vida também dava prazer. Um prazer suave e duradouro, que se renovava todas as vezes que, e depois ao longo dos anos, eu visitava a aldeia e revia algum daqueles doentes. Diferente do outro, que se esvaía no ato consumado e depois gerava incômodo.

– Ótimo! – exclamou Georges. – Percebeu que você distinguiu duas formas diferentes de sentir prazer?

Apenas um som gutural se fez ouvir vindo de Ricardo, que interpretei como uma resposta afirmativa à pergunta de Georges.

– Distinguir o tipo de prazer que sentimos com uma atitude é fundamental para bem orientarmos nossas escolhas. O prazer existe em tudo na vida. Extraímos prazer do trabalho, dos relacionamentos sociais, das atividades físicas, dos nossos sentidos e das necessidades orgânicas e emocionais. Mas é fundamental distinguir entre o prazer que edifica e o que simplesmente embriaga; o primeiro é aquele duradouro, que se renova ao contato de suas fontes, o segundo desgasta, vicia e acarreta incômodos – disse Georges.

– Estou vendo isso agora. Acho que fiz da minha vida uma grande confusão. Desesperei-me quando entendi que era diferente dos outros e que não era aceito. Senti-me um pária, entre os que eu amava. Será que dei à minha sexualidade um papel maior do que lhe cabia? – indagou Ricardo, apoiado no batente da janela. Remexia um pouco nervoso a cortina, creio eu, lançando olhares cegos para as cenas exteriores, pois era muito claro que ele mergulhara profundamente nas questões e começava a tocar as verdades de si mesmo.

– Quem sabe trabalhamos essa pergunta?

Ricardo permaneceu alguns segundos quieto e absolutamente calado ante a proposta de Georges, depois se voltou resoluto e retornou ao divã, nesse caminho, olhou-me, e quando se sentava, esboçou um ar de sorriso e me disse:

– Não se esqueça de dizer que isso está sendo difícil. Sempre justifiquei todos os meus atos porque era diferente dos outros, por não me aceitarem, transferia-lhes parte da responsabilidade por minhas ações.

Olhei-o surpreso e também sorri, fiz uma rápida anotação e mostrei-lhe, ele leu e gesticulou, concordando.

Georges, assistindo à cena, olhou-me entre severo e risonho, com nossa travessura ou transgressão às normas que havíamos formulado. Tudo corria bem com nosso amigo, não existiam motivos para rigorismo.

Ricardo deitou-se, notava-se que descontraía mais e mais, deixando aflorar espontaneamente suas lembranças. Voltamos a ouvir-lhe a narrativa e a acompanhar seu mergulho no passado.

Capítulo 7

Desejo de amar

"E conhecereis a verdade, e a verdade vos libertará."[1]

Pelos corredores do convento corria uma grande agitação, as atividades com a comunidade cresciam em velocidade vertiginosa, à frente, irmão Jacobino comandava seus auxiliares com serenidade e equilíbrio. Nada faltava à realização dos labores a que ele se dedicava. Se havia pessoas a quem o bispo nada negava, elas eram o irmão Jacobino, pela forte ascendência moral que exercia sobre o superior, e o diácono Enzo.

O menino de outros tempos tornara-se um rapaz de beleza singular, seus olhos castanhos, rajados de dourado e os fartos e encaracolados cabelos loiros despertavam a atenção para sua figura, onde imperava uma harmonia nas feições clássicas e regulares do rosto e no corpo forte e atraente. Afora seus dotes físicos, Enzo desenvolvera muita perspicácia, era inteligente e adorava o conhecimento, dedicava-se devotadamente à busca do saber e granjeara por isso a simpatia de Jacobino – apesar de haver perdido muito da ascendência que normalmente exercia

---

[1] *Jesus.* Bíblia Sagrada, *João 8:32. Trad. João Ferreira de Almeida. Barueri, Sociedade Bíblica do Brasil.*

sobre os órfãos quando o bispo o passara à condição de seu protegido.

Ricardo fora seu mentor intelectual, ensinara-lhe tudo quanto sabia e com o decorrer do tempo a relação entre discípulo e mestre cresceu em afetividade e confiança. Sem que percebesse, o bispo descobrira na companhia do rapaz sua capacidade de amar. Apaixonara-se perdidamente por Enzo, e enquanto acompanhava as atividades de ser auxiliado a paramentar-se para as cerimônias religiosas que dirigia, as quais o rapaz fazia questão de cumprir, descobriu-se sentindo prazer sensual ao toque das mãos do jovem em sua pele, próximo ao pescoço, ao colocar-lhe o manto. Admirava-lhe os músculos bem desenvolvidos e delineados dos braços, quando eventualmente as longas mangas de sua batina subiam um pouco permitindo-lhe a visão dos membros superiores, e rendia-se ao prazer que os cuidados do jovem lhe ofertavam. Naturalmente a proximidade em que conviviam e as necessidades naturais de afeto e realização sexual foram tornando-se prementes e imiscuindo-se na relação de amizade e dependência que haviam construído em função das múltiplas carências que cada um suportava.

A troca de carícias surgiu espontaneamente, fruto da intimidade, e daí à descoberta da excitação e do prazer foi um passo muito rápido, considerando-se a longa experiência de Ricardo e a profunda necessidade de amar que o envolvia nos últimos anos, aliadas à exuberância da força da natureza que se manifestava na saudável juventude de Enzo e à curiosidade de descobrir as funções do próprio corpo. Tão natural e espontânea quanto o é para a criança a descoberta do uso das mãos, da capacidade de locomoção que experimenta de diversas formas até aprender a andar. O domínio do corpo nasce da busca de conhecê-lo, de desvendar seus segredos. Eram necessidades que se atraíam. E a transformação da protetora amizade do bispo em relacionamento apaixonado foi de fato um passo muito curto e rápido.

O conhecimento dos prazeres sexuais fascinou o jovem Enzo, mostrando sua forte inclinação à luxúria e à tendência a um comportamento devasso. Falando claramente, diria que do que acompanhava das memórias do bispo era nítido o insaciável apetite sexual do rapaz.

Era também muito claro que os sentimentos de um diferiam profundamente dos do outro, o ponto em comum era a paixão sensual. Enquanto o bispo buscava e encontrava nesse sentimento o preenchimento de um vazio existencial que descobrira com a maturidade, o rapaz fascinava-se pelo prazer físico e deslumbrava-se ao descobrir a enorme fonte de poder que esse novo prisma de seu relacionamento com o superior lhe oferecia.

A vida religiosa dava a proteção adequada àquela união. Ricardo vivia feliz e tornava-se alguém que se abria com maior facilidade à percepção das pequenas belezas da vida, algo que apenas o surgimento do amor faz por alguém.

Essa acentuação da sensibilidade emocional não passou despercebida ao irmão Jacobino, que há muito tempo vislumbrara na personalidade do superior os conflitos que carregava, inclusive os de ordem sexual. Ao notar que após o período de envolvimentos furtivos e de sensualidade pura e simples o bispo agora se voltava à construção de um relacionamento afetivo e digno, o secretário intimamente regozijou-se: considerava esse um caminho para a libertação dos prazeres que viciam e nada constroem.

– "O amor" – pensava ele – "é a ponte para o crescimento. Uma vida sexual e afetiva digna – pois não causava prejuízo a ninguém – são os materiais elementares dessa construção. Melhor viver com dignidade e desenvolver saudavelmente os diversos potenciais da personalidade humana do que se amargurar, reprimir-se e viver em torno de uma ferida mal curada, nada mais percebendo, nem interagindo na construção do bem, por estar consumido intimamente em chagas de fogo, ardendo calado num inferno pessoal. Sim, o bispo do Vêneto, encontrando o amor, caminharia em direção ao progresso. E todo aquele que sinta amor por algo ou por alguém merece respeito, independentemente da forma como esse amor se manifeste".

Em meio à intensa atividade que agora consumia os dias dos religiosos, levando de roldão até mesmo padre Bento que muito a contragosto acabara por assumir uma cadeira na escola do vilarejo, Jacobino era a personificação da felicidade, sentado sob a frondosa árvore do pátio, olhava a azafama dos irmãos de congregação e agradecia ao Criador com os olhos fixos no céu. Profundamente concentrado na prece, repentinamente visualizou à sua frente a figura do falecido bispo Giordano, envolto em um halo de luminosidade suave. Habituado às aparições dos desencarnados, Jacobino aceitava-as alegre e calado, ao longo dos anos aprendera a dialogar com os amigos e a convicção na continuidade da vida após a morte fortalecia sua fé e amenizava a saudade dos afetos que haviam partido. Nada no universo é rigoroso e estanque, as mudanças são gradativas e lentas, havendo zonas de difícil conceituação – pontes entre mundos e reinos – com a morte, acontece a mesma coisa, ela não é uma separação absoluta e existem várias pontes ligando a vida física à espiritual. Jacobino sorriu, ciente de que o amigo espiritual o enxergava e mentalmente o saudou, dizendo:

– Sê bem vindo, meu pai.

A amorosa entidade devolveu-lhe o gesto, transparecendo em sua fisionomia a satisfação de estar com o antigo discípulo.

– A paz esteja contigo, meu filho. Acompanhava teus pensamentos e venho regozijar-me contigo. Temi por algum tempo os destinos que seguiriam este lar que me serviu na última peregrinação terrena, porém a sabedoria divina em muito supera nossa limitada compreensão. Vê-lo reconduzindo as funções de direção desta instituição tranqüilizou-me na vida espiritual. Sabia que teu coração era sábio o bastante para dirigir com moderação e amor as almas que aqui se abrigam.

– Relutei muito, o senhor bem sabe. Mas agora realmente me sinto feliz. Meus meninos – filhos de meu amor a Giuliana – crescem física e espiritualmente, um dia espero dar-lhes ainda a oportunidade de serem livres.

– Serão, meu filho. Confie no futuro, ele é feito com a matéria-prima do progresso. As consciências hão de renovar-se e encontrar o caminho da compreensão e da concórdia entre os homens. Essas mentalidades arraigadas que geram as dissensões e impõem condutas cessarão, vencidas pelos ventos da verdade. Lembra-te das frases de Jesus, meu filho: “E conhecereis a verdade, e ela vos libertará”. Um dia os homens reconhecerão de público a verdade e ela os fará livres. Liberdade e verdade são conceitos inseparáveis. Somente pode se dizer livre aquele que vive plenamente a sua verdade. A liberdade é uma grande alavanca do progresso, portanto, quando usufruímos a liberdade de sermos e vivermos nossas verdades, caminhamos para a realização dos propósitos do grande filósofo de Atenas, conquistando o conhecimento de nós mesmos. Quando mentimos para nós mesmos, querendo enganar os outros, somos hipócritas – túmulos caiados de branco por fora e cheios de podridão por dentro, dizia Jesus – aparentamos uma realidade e escondemos nossas vontades e desejos – nossas verdades – represados em conceitos repressores e falsos. Vivemos presos a uma roda que gira sempre sob si mesma. Não anda, não progride, porque ocupa todo seu tempo em ocultar, em silenciar, a mente fixa-se na preocupação de manter-se caiado por fora, vive o exterior, enquanto o interior se deteriora, rui e apodrece. E, filho meu, a verdade é o oposto, ela não agride ninguém, senão aqueles que desejam criar dependentes à sua volta. Quando vivemos a verdade, a nossa verdade, de forma responsável e digna perante Deus, somos livres e estamos progredindo, mesmo quando essa verdade é recheada de problemas e conflitos. O fato de aceitá-los é o primeiro passo para a transformação. Eu só educo um mau hábito quando o reconheço, quando não o compreendo como minha verdade, ele permanece agindo inconscientemente determinando condutas, e então não somos livres, somos condicionados a uma força desconhecida porque nós mesmos a queremos omitir, quase sempre a fim de manter apenas o aspecto de bem caiados.

– Por que me diz isso, meu pai?

– Para que sempre incentives as pessoas a viverem plenamente a sua verdade. Assumiste a tarefa de ser um educador, eu pressentia isso em tua alma como uma nascente que vem das profundezas da terra irrompendo caminhos até brotar cristalina sobre o solo. Agora auxilia sempre a que cada um encontre seu caminho e não desconheças que eles são muitos nessa vida, mas somente a verdade plenamente aceita e trabalhada é o roteiro seguro de construção interior. Às vezes, ou até muitas vezes, este trajeto é espinhoso, basta lembrar as advertências de Jesus ao comportamento da humanidade expressas ao longo de sua estada entre os homens quando os chamava de hipócritas, homens de pouca fé, em cujas condutas se expressava o comportamento de censores da vida alheia sempre prontos ao rápido julgamento e à condenação do semelhante e, por fim, como coroação, vê-se que são péssimos juízes condenando a verdade e o amor para ficarem com o atendimento imediato de seus interesses materiais e seus cômodos e falsos conceitos. Só a verdade liberta os espíritos da imperfeição moral, todos estamos aprendendo, é esse o sentido da vida, nunca se esqueça disso. Portanto, quando ensinares, ensina a verdade, não te importa o que digam os outros, lembra que é melhor ser feio por fora e incompreendido por muitos, porém limpo por dentro. O interior – pensamentos e sentimentos – nos acompanha na grande jornada além da morte, as aparências todas cessam e jazem sepultas sob os túmulos caiados. Trabalha para que aqui não te aguardem sofrimentos, vive pacífica e dignamente a tua verdade e seguirás em paz, no corpo ou fora dele. Não te preocupes com elas, as aparências, lança teu olhar à vida verdadeira e segue. Recorda o que te disse e ensina a verdade para que Jesus aplique a ti as palavras: "Qualquer, pois, que violar um destes mais pequenos mandamentos, e assim ensinar aos homens, será chamado o menor no reino dos céus; aquele, porém, que os cumprir e ensinar será chamado grande no reino dos céus."[2]

A afável entidade contemplou carinhosamente o antigo discípulo e traçando no ar o sinal da cruz, como que o abençoando, apagou-se a visão do religioso que, envolvido pela candura do amigo desencarnado, deixou-se ficar meditando, absolutamente enlevado.

Entregar-se à meditação é o primeiro passo para abrir os canais mentais à inspiração do além. No silêncio interior, na paz conquistada intimamente nasce o diálogo com as forças superiores da vida e a integração do ser humano às energias do cosmos. Essa arte Jacobino desenvolveu, desde muito cedo, nas longas horas vazias que o mosteiro lhe oferecia na juventude e dela nunca se apartou, ao contrário, era um hábito zelosamente cultivado, tornando-se uma necessidade vital.

Tão envolto estava que não percebeu a mudança do vento, as nuvens mais densas e escuras que obscureceram o brilho do sol e somente após ouvir gritos e vivas ressoarem no pátio do convento registrou conscientemente os suaves pingos de chuva que lhe molhavam o rosto.

– Chuva! Chuva! É água! Venham, corram – gritava Enzo, rodopiando no meio do pátio com os braços erguidos e o rosto levantado ao firmamento enquanto chamava os demais religiosos e anunciava a esperança

---

[2] *Jesus.* Bíblia Sagrada, *Mateus, 5:19. Trad. João Ferreira de Almeida. Barueri, Sociedade Bíblica do Brasil.*

de ver o fim da longa estiagem. – Acabou a seca!

Logo os padres aproximaram-se e compartilharam a alegria do jovem diácono. Ricardo, da janela de seus aposentos, no segundo piso, sorriu da euforia de Enzo. Ao ver que o rapaz olhava em sua direção, esperando que ele descesse para compartilhar da alegria, apenas ergueu a mão autorizando as comemorações e deixou-se ficar contemplando a cena.

– Irmão Jacobino, venha. O senhor também está molhado – insistia Enzo, com um largo sorriso estampado no rosto, aproximando-se da raiz da árvore sobre a qual Jacobino estava sentado. – Vamos comemorar o fim da miséria na aldeia. A fertilidade voltará à nossa terra.

O jovem diácono estendeu a mão ao mestre de sua infância e este prontamente acolheu o convite. Erguendo-se e abraçando-o, caminharam felizes para o centro do pátio reunindo-se aos demais, em uma improvisada festa na chuva. Pareciam crianças alegres e barulhentas, todos falavam ao mesmo tempo, agradecendo a Deus o fim da longa estiagem e projetando o retorno do progresso e da saúde à vida dos aldeões.

Em meio ao vozerio dos padres, Lucas de repente convida:

– Vamos até a aldeia compartilhar a alegria com o povo. Eles também devem estar felizes. Poderemos nos unir e fazer uma cerimônia de agradecimento ao Criador.

– Excelente idéia! – apoiou Jacobino. – Vamos a cavalo que é mais rápido.

Enzo novamente ergueu o olhar em busca de monsenhor Ricardo, que permanecia no parapeito da janela assistindo à improvisada comemoração, e gritou:

– Monsenhor, estamos partindo para visitar a aldeia. Venha conosco, o povo adorará recebê-lo neste momento.

Ricardo apenas fez um movimento com a cabeça expressando sua negativa à oferta, depois completou:

– Irei outro dia, quando os ânimos estejam serenados. Vão os senhores e levem ao povo minha bênção. Digam que o bispo do Vêneto está orando agradecendo a Deus, pelo atendimento de nossas preces.

– Mas, monsenhor, se fizer isso junto deles terá maior efeito na alma popular – insistiu Enzo, que não compreendia o universo emocional extremamente reprimido do bispo.

– Vá, Enzo, se este é o seu desejo. Eu permanecerei aqui – determinou Ricardo, vendo que os religiosos se afastavam apressados e risonhos em direção à estrebaria. – Espero-o de volta à noite, providenciarei para que façam um jantar especial. Vá, meu menino. Gosto de vê-lo alegre. Ficarei muito bem aqui e o povo nem notará minha ausência, aliás, nem ao menos me esperam, portanto, vá tranqüilo.

Vencido pela lógica do bispo, Enzo afastou-se correndo para encontrar os demais, que se aproximavam da estrebaria. Pouco depois, Ricardo os via sair a galope em meio à chuva forte, que fazia recender o cheiro da terra e das matas no sopro de uma aragem fresca. Ele sorriu feliz e orgulhoso contemplando a elegância do jovem cavaleiro louro que se destacava entre os religiosos. "Enzo está feliz e eu também, agora compreendo a mudança de Clarissa. Conviver com meu menino me enche de paz e felicidade" – pensava, enquanto com o olhar já perdia de vista o grupo, em meio às colinas suaves recobertas de uma vegetação ressequida que bebia sedenta a água da chuva. Tão sedenta quanto as carências emocionais de seu bispo.

Muito se pode falar sobre o amor e, por certo, não esgotaremos o assunto. Entretanto, existem grafados para nossa análise pensamentos que, com poucas palavras, definem e ampliam universos conceituais, que nos enriquecem de compreensão, e nesse pormenor confesso-me profundo admirador das idéias do espírito Lázaro, publicadas em *O Evangelho Segundo o Espiritismo*, quando abordando a lei de amor, diz:

"O amor resume inteiramente a doutrina de Jesus, porque é o sentimento por excelência, e os sentimentos são os instintos elevados à altura do progresso realizado. (...) Feliz aquele que ama, porque não conhece nem a angústia da alma, nem a miséria do corpo; seus pés são leves e vive como que transportado para fora de si mesmo. (...) no seu início o homem não tem senão instintos e aquele, pois, em quem os instintos dominam, está mais próximo do ponto de partida que do objetivo. Para avançar em direção ao objetivo, é preciso vencer os instintos em proveito dos sentimentos, quer dizer, aperfeiçoar estes, sufocando os germens latentes da matéria. Os instintos são a germinação e os embriões do sentimento; eles carregam consigo o progresso, como a bolota encerra o carvalho, e os seres menos avançados são aqueles que, não se despojando senão pouco a pouco de sua crisálida, permanecem escravizados aos instintos."[3]

Apenas em outra existência Jacobino veria impressos os pensamentos que intimamente descobria nas longas horas de meditação e na longa existência de uma vida dedicada a ouvir e analisar os companheiros de escola terrestre.

Ninguém merece ser objeto de escárnio ou repúdio, diversos são os níveis de compreensão da vida, porém todos somos aprendizes sujeitos a falhas e acertos. Mesmo aqueles que ainda estagiam nas faixas do mero instinto e que, ainda inconscientes de sua verdadeira identidade, muitas vezes descambam para a promiscuidade e a prostituição exercidas em qualquer forma na qual se manifeste a sexualidade do ser encarnado. Tudo na vida é e fala de progresso, a forma de utilização e desempenho da sexualidade não é exceção. Onde exista o sentimento do amor aí está o progresso, onde ele se ausenta ainda assim vive o ser em evolução mesmo na faixa dos instintos. Os conceitos de pureza ou impureza estão costumeiramente ligados ao corpo material – quando em verdade ante o nobre ensino dos mestres espirituais puro ou impuro não existem –, assim como o normal e o anormal; o que existe é o natural em processo de evolução, e muito embora biologicamente a espécie humana evolua, o que de fato interessa é o aperfeiçoamento moral, que se dá pela conquista de sentimentos, entre os quais o amor é o sentimento por excelência.

O bispo do Vêneto, enfim, após uma longa e triste existência marcada pela incompreensão e pela rejeição, geradoras de inúmeros complexos na sua personalidade, estava amando, ou seja, estava dando largos passos na evolução, no caminho dos sentimentos. Quem somos nós para julgar as deliberações da lei divina? Se tudo quanto existe cumpre uma função no universo, não há de ser os intrincados mecanismos da sexualidade humana que estejam fora dela.

Enquanto pensava na existência que passava ante meu olhar, os religiosos chegavam a seu destino, molhados, com cabelos escorridos, as batinas pesadas, encharcadas d´água que descia do céu.

---

[3] *Allan Kardec.* O Evangelho Segundo o Espiritismo, *cap. XI, item 8. Trad. Salvador Gentile. Araras, IDE.*

A população da aldeia comemorava nos campos cobertos de vegetação ressequida, onde agora se via formar uma fina camada de lodo rente ao solo. Entretanto, tão felizes estavam que não percebiam a barra suja de suas vestes, as tranças e os coques desfeitos, os rostos molhados, os cabelos escorridos e os lenços mal atados; olhavam uns aos outros e riam sozinhos, em suas mentes nunca haviam vivido dia tão belo e muito menos haviam-se sentido melhor física e emocionalmente.

Na superação da dor, na sobrevivência ao inesperado da seca, ouviam-se murmúrios de lábios em prece e divisava-se algo semelhante ao acender de muitas luzes. Não demorou muito e ouviu-se o alegre som do acordeão e em meio à chuva torrencial, cortada por raios e trovoadas, o povo tomava o espaço público e comemorava o fim da catástrofe.

Enzo e Lucas juntavam-se à multidão e compartilhavam das alegrias ofertadas pelos aldeões.

A confraternização na aldeia prosseguiu, ainda sob forte chuva, até o fim da tarde, que caia rapidamente na região do Vêneto, ao norte da Itália, quando os religiosos, liderados por Jacobino, retiraram-se da aldeia, retornando ao convento.

Em todos os rostos o brilho da satisfação, a felicidade de haver compartilhado momentos simples e preciosos junto dos camponeses. Enzo e Lucas cavalgavam lado a lado, um pouco afastados dos demais, e conversavam com a intimidade de velhos conhecidos.

– Padre Lucas, o senhor está diferente – constatou Enzo com um sorriso maroto. – Que aconteceu? Há um brilho iluminado em seus olhos. Vá logo, ande, conte para o diácono o milagre que se operou consigo.

– Não ocorreu milagre algum. Estou feliz, é só isso. Com a chuva, a água para consumo da aldeia voltará ao normal e as lavouras serão férteis novamente. Agradecia ao Criador por essa dádiva, era só – comentou Lucas com o olhar baixo e sentindo a consciência pesada.

– Qual dádiva? – indagou zombeteiramente Enzo.

Lucas, apesar de ainda cheio de conflitos, estava agora mais sereno, embora a tristeza e a falta de algo desconhecido enchessem de nuvens seu universo emocional. Ah! Solidão! É estranho como ela é doce e amarga. Por vezes, momentos de solidão fazem enorme diferença na conquista do equilíbrio, por outras, é amarga e pesada de suportar. É quando nos sentimos sozinhos, de certa forma vazios, perdidos. Olhamos ao redor e não há com quem dividir as angústias ou as alegrias. Faltam amigos e falta também alguém especial que nos compreenda, nos aceite e nos ame como somos. Lucas sofria dessa solidão, essa amargura de suportar o exílio de uma existência sem nunca ter amado e de querer desesperadamente ter vivido ou viver essa experiência. Seus olhos falavam eloqüentemente dessa necessidade de compartilhar a vida e o próprio corpo com alguém.

– Ora, não te faças de bobo – advertiu zombeteiramente Enzo. – Nem penses que eu o seja. Vi como olhavas as danças das camponesas. Belas moças!

– Nem diga uma coisa dessas, diácono Enzo. As moças merecem todo meu respeito. Se as admirei, foi por ver como estavam alegres e felizes.

– Pois sim, eu creio – disse ironicamente Enzo. – Por acaso sorriam mais com qual parte do corpo?

– Ora, diácono, você está passando dos limites – alertou Lucas sentindo-se enfurecer e ao mesmo tempo envergonhando-se por perceber que fora quase transparente ao olhar de Enzo. – Ainda que seja o favorito do bispo no convento isso não lhe dá o direito de quebrar as barreiras da hierarquia sacerdotal. Eu sou seu superior e exijo respeito.

– E por acaso lhe ofendi? – perguntou Enzo fazendo-se de ingênuo. – Não tive qualquer intenção, me desculpe.

– Deixe de falsidades e ironias, diácono – pediu Lucas. – Bem sabe que todos fazemos votos de castidade ao entrar para o serviço da Santa Madre Igreja. Aliás, você mesmo já os fez.

Enzo riu gostosamente, como se as palavras de Lucas fossem uma piada recheada de humor e malícia.

– Não vejo razão para o riso – reclamou Lucas, ressentido.

– É hilário falar desse tema, por isso eu ri. Não foi nada pessoal, "padre" – respondeu Enzo com fingida humildade, grifando de submissão a entonação da última palavra.

– Como lhe fazem falta as lições de irmão Jacobino, diácono. Por certo não agirias assim caso tivesse sido ele a lhe ministrar os ensinamentos.

– Gosto do irmão Jacobino, mas não participo do séquito de seus discípulos. Aprecio muitíssimo a forma de ensinar de monsenhor Ricardo. Ele é um homem culto, influente, poderoso e sabe exatamente a função e os limites da religião – retrucou Enzo prontamente, proferindo uma frase de inegável duplo sentido, revestida e transpassada de malícia. – Além disso, a forma como ele ensina é prazerosa, como desconfio que você nunca tenha experimentado.

Irritado por estar sendo alvo de ironias e deboches do diácono, Lucas falou:

– Menospreza-me por agir com seriedade ante os votos que professei? É isso que condenas em minha atitude, a luta por ser fiel a meus votos?

– Acalme-se, padre, por favor – solicitou Enzo notando a fúria velada na expressão de Lucas. – Não tive qualquer outra intenção senão de aproveitarmos as últimas horas que passamos longe do mosteiro. Lá é muito difícil falar com liberdade. As paredes têm ouvidos, porém não repetem em viva voz o inteiro teor do que ouviram. São paredes covardes...

– Pois tens aí uma grande missão: varrer nosso convento da presença infecta desses companheiros hipócritas.

Notando que sua linha de diálogo não estava auxiliando em nada o petulante diácono, menos ainda servia ao seu crescimento pessoal, Lucas resolveu dar a conversa por encerrada, e com o pretexto de verificar como viajavam os demais, afastou-se de Enzo, deixando-o matreiro. A bem da verdade deve-se dizer que Enzo fizera uma justíssima avaliação do interesse de Lucas, que insistia em se torturar.

E cavalgando, agora ao lado de Jacobino, o jovem padre não conseguia esquecer as palavras do diácono e tampouco as belas mulheres que vira dançando. A alegria e a espontaneidade delas, numa sensualidade inconsciente, o haviam perturbado profundamente, reacendendo pensamentos e desejos que julgava extintos em seu ser. A agitação íntima revelava-se numa postura irrequieta sobre a sela, na falta de concentração e no olhar vago e brilhante voltado às lembranças.

Jacobino, que de canto de olho observava o rapaz, logo percebeu as alterações em seu querido discípulo. Nada falou, apenas ficou observando e meditando sobre a incrível força que possui a lei natural que rege a vida.

Lucas continuava remando contra a correnteza, despendia um grande esforço e o avanço era por demais lento.

Aparentemente a fase de calmaria interior dele chegou ao fim, isso demonstra que ainda tinha elementos que o torturavam. "Ah, Senhor!" – pensava Jacobino, olhos postos na natureza molhada à sua frente –, "por que insistir na dor? Ajuda-me a compreender essa irracionalidade humana, se assim a posso chamar. Com tantos caminhos de paz e renovação abertos a seu crescimento, por que se torturar? É difícil, meu Senhor, compreender. Tudo me parece tão simples, viver o sexo com dignidade e respeito, sem causar dores e mágoas nem a si nem a ninguém, me parece mais produtivo do que essa tortura moral e aflitiva que presencio nesse meu filho teimoso. Ah, Senhor! Se estou errado, me corrija, mas os homens criam ou não criam jaulas para si próprios com seus conceitos e ardis sociais, filosóficos e teológicos? Talvez realmente eu seja muito estranho, talvez essa minha vida tão diferente do comum das outras pessoas – esse mundo de aparências e rígidos conceitos que são simplesmente letra morta na vida da maioria dos meus companheiros – tenha transtornado um pouco meu raciocínio, mas a vida me parece tão simples e tão bela quando aprendemos a ler teus ensinos em teu livro sagrado, do qual somos parte ativa e integrante. Eu te descubro em mim. Será que é errado pensar assim, meu Senhor? Acredito que não, e penso que a cada dia, quanto mais eu me conheço e descubro as leis que regem meu organismo e me apontam caminhos, mais próximo de Ti me sinto e, perdoa-me se é pretensão dizer, que Te entendo um pouco mais. Mas não, não pode ser considerada pretensiosa a tarefa de um filho em aproximar-se, conhecer e amar seu Pai. Por tudo que vivi, me sinto feliz e realizado, e tenho convicção de que se não houvesse sido assim, muita coisa eu ainda hoje não compreenderia, talvez ainda condenasse muitos irmãos de humanidade, julgando-os, sem me sensibilizar com suas carências e buscas pessoais, e provavelmente permanecesse na superficialidade, sem mergulhar no ser maior que todos somos, sem compreender a existência de uma vida interior como sendo infinitamente mais importante que uma vida exterior. Ah, Senhor! Quisera semear a paz que a compreensão e a vivência de tuas leis me trazem, porém, quanto ainda é reduzida a compreensão de meus irmãos! Nem vou pedir, pois bem sei, que vendo o que se passa dentro de minha mente, sabes que isso apenas me causa certo desconforto e piedade e não vai nenhum rasgo de vaidade ou fingida modéstia nisso. É apenas um sincero anseio de ver chegar um futuro melhor ao coração dos homens, de ver cessar as trivialidades e besteiras que disseminam o sofrimento entre nós. Ah, Senhor! Ajuda-me, para que eu não esmoreça e aguarde confiante esse tempo novo, onde os homens serão capazes de compreender-se e os julgamentos cessarão, quando cada um buscará viver de acordo com as tuas santas leis e o amor presida todas as relações. Eu sonho, meu Senhor? Creio que não, pois a natureza à minha volta agora me fala da capacidade de renovação do presente e de abundância para o futuro. Eu também sou terra sedenta aguardando a chuva da renovação à minha volta...".

– Irmão Jacobino, desperte! – chamava Lucas insistentemente. – Faça seu cavalo ceder o passo, estamos às portas do convento.

– Hum? O que foi? – perguntou Jacobino com ar distante. Envolvido pelo mundo interior, não percebera que haviam vencido a distância de retorno.

– Hei, o senhor estava dormindo de olhos abertos, meu pai? Não viu que já chegamos? – perguntou Lucas, divertindo-se com a atordoação do religioso.

– Ah! Claro! Chegamos – exclamou Jacobino agora fitando as altas portas do prédio. – Desculpe, vinha tão distraído em minha conversa com Ele que nem ao menos prestei atenção onde estávamos.

– Um dia quero ser igual ao senhor. Ter tamanha capacidade de entregar-me a Deus a ponto de perder completamente o senso de onde e quando, desligando-me da matéria – disse Lucas ao seu lado, rosto fechado e olhar marcado por íntima reprovação à própria conduta emocional.

– É simples. Cultive o hábito de conversar com Ele, sinta-o próximo de você e desenvolva uma relação de amor e confiança com o Criador. Seja grato a Ele. Ore, tenha a humildade de orar e nessa oração falar o que sente, o que pensa e o que deseja, honestamente – respondeu Jacobino. Depois sorriu e estendeu a mão, tocando o braço do jovem padre. – Logo, logo, descobrirás que não há melhor companhia que Ele, em qualquer momento.

– O senhor realmente diz tudo que sente e pensa a Deus?

– Digo. Preciso ser honesto e viver a honestidade comigo mesmo. Dele nada adianta esconder, pois Ele tudo sabe e calmamente espera que cresçamos e descubramos. E, meu querido filho, lhe digo sinceramente que muitas vezes descobri minhas imperfeições agindo assim. Conversando com Deus, exploro meus sentimentos e pensamentos mais profundos, vejo passado, presente e futuro, isso me aponta o rumo das melhorias que devo fazer em mim em primeiro lugar, daí para a busca de caminhos e soluções é um passo.

Lucas baixou a cabeça e ficou pensativo, meditando sobre as palavras de Jacobino e relembrando outros tantos fatos importantes de sua existência desde que se incorporara ao serviço clerical. Não pôde expressar as dúvidas que acudiam ao pensamento, pois logo ouviu-se o rangido das grossas dobradiças de ferro e o soar de cornetas anunciando a chegada do grupo de religiosos.

No céu, a noite chuvosa, com pesadas nuvens, encobria as estrelas e fazia soar na escuridão o ritmo compassado da chuva regando a terra.

Na manhã seguinte Jacobino caminhava pelos corredores do convento em direção às dependências em que costumeiramente despachava com o bispo. Era ainda muito cedo, o silêncio imperava soberano, apenas uma branda claridade prenunciava que o raiar do dia se faria em breve. A noite chuvosa cedera a uma madrugada cinzenta, ainda envolta por um céu carregado, a atmosfera limpa e o cheiro de terra molhada fizeram com que o religioso respirasse a longos haustos, desejoso de encharcar-se com o ar da manhã. Porém, ao alcançar o longo corredor que cruzava paralelo às dependências da igreja e do confessionário, deparou-se com a porta entreaberta e, a certa distância, pareceu-lhe divisar os pés de alguém prostrado ao piso de pedra. Aguçando o ouvindo, percebeu leves gemidos, doloridos, sofridos, arrancados do fundo do peito.

– "Não é possível!" – pensou Jacobino. – "Será Lucas?".

Sem dar-se tempo a outra cogitações, com passos firmes aproximou-se do confessionário e encontrou o jovem padre, jogado ao chão, o rosto inchado, os olhos vermelhos, os cabelos revoltos. – Hum! que jaula maldita é essa, meu Pai? – questionava Jacobino a Deus – que encarcera assim uma consciência e a impede de ser feliz? Mais uma vez, ajuda-me, te peço.

Calmamente aproximou-se do rapaz, que não se dera conta da presença do amigo a seu lado. Abaixou-se e, sentando-se sobre o piso, estendeu a mão e carinhosamente acariciou os cabelos de Lucas.

– Que há contigo, meu filho?

Lucas permaneceu silencioso, aceitou o carinho de Jacobino, mas não erguia o rosto para encará-lo e nem a voz para dizer o que sentia.

– Não confias mais em teu pai?

Um gesto com a cabeça foi a resposta de Lucas, dando a entender que não se tratava de perda da confiança.

– Pelos anos que tenho neste convento, creio então que teu velho problema voltou a afligir-te. Estou certo?

Novamente o rapaz respondeu com um aceno, confirmando a suspeita de Jacobino.

– Levanta-te, meu filho. Ninguém pode viver a existência jogado ao chão. Ergue-te. Olha para cima e caminha. Deus anda rasteiro ao solo, meu querido, mas habita nas alturas. Conduz para lá o teu espírito.

– Não consigo, meu pai, e me envergonho disso. Puno-me severamente por minha covardia e decadência. Preciso me punir.

– Pequeno Lucas, quantas vezes te lembrarei que não é preciso isso. Perdoa-te e avança. Enquanto ficas te punindo, isolado nesse confessionário, a vida prossegue sua marcha, vai com ela. Se o Pai não nos pune, por que iremos nós fazer tal coisa? Não há lógica, meu filho.

– Mas eu sou fraco, caio em tentação com freqüência. Não sou digno de ser um eleito do Senhor, preciso me redimir.

– "Jaula maldita! Cultura infeliz! Ó homens, que semeiam tais idéias! Será que vêem os resultados do que fazem? Palavras tão fáceis de serem ditas, de serem escritas, mas as conseqüências nas mentes que as ouvem nem sempre são fáceis. Por que não aceitar simplesmente a vida e suas leis e caminhar em paz consigo, com Deus e com o próximo? Para que criar conceitos tão rígidos?" – dizia Jacobino para si mesmo. Ante o quadro de dor e sofrimento inúteis que via aquele jovem atravessar, tinha ganas de saltar ao pescoço de teólogos e bispos, que se reuniam em concílios e vaticinavam severamente as condutas que deviam ser tomadas, escreviam tratados e papas assinavam bulas, que deviam reger as vidas alheias, onde em momento algum se consideravam os bens maiores – a paz na mente e na existência da criatura, o respeito à sua liberdade e à sua verdade pessoal. De que vale um corpo santo se o espírito é um torturado e a mente é devassa? Transformam tudo isso que carregam represados em si em conceitos que infestam a vida dos outros, como pestes que lançadas ao vento são capazes de gerar epidemias.

– Lucas, o Pai não tem eleitos. Tem filhos e os ama tais quais são. Nós que por vaidade desejamos ser melhores do que os outros e nos dizemos então os eleitos. É uma ilusão, fruto da vaidade, de querer estar acima de onde estão os demais. Isso não existe, meu filho. Se estás aqui junto de teus irmãos, é porque este é teu melhor lugar, é onde precisas estar e viver. Conheces a vida dos santos, os que mais admiro viveram lado a lado com os homens, tal qual vivem os homens, cada um a seu tempo. Jesus nos mostrou isso, querido filho, pensa, medita sobre o que conheces, não te deixes conduzir por palavras duras proferidas por corações às vezes revoltados. Deus não é tão mau quanto eles querem fazer crer, ao contrário, ele é amor, inteligência e bondade.

– Mas sou fraco. Sou um fraco, um derrotado que não apaga de si a luxúria. Como posso aspirar a olhar a Deus, ansiar pelo céu...

– Será mesmo a luxúria que te consome? Não creio. Sei que ainda não provaste do sexo. Quando não conhecemos algo, não podemos medir nossas reações. Somente sei que sou um viciado em alguma coisa se experimento dela e se reconheço que essa coisa carrega em si o potencial de dominar-me, então sim, preciso conscientizar-me da necessidade de fortalecer-me e de dominar essa necessidade. Se a convivência com o objeto de meu vício me é prejudicial, é melhor que mantenha-me afastado dele até que seja senhor da minha vontade e do domínio. Porém, enquanto não tenho tal experiência, não posso dizer: sou da luxúria, sou da gula, sou dos vícios. Não te ocorre que o que sentes seja carência afetiva e sexual, normal a qualquer ser vivente, em todos os reinos da natureza?

– Já falamos sobre isso e sinto vergonha em ainda não ter aprendido a lição – disse Lucas baixinho ainda jogado ao chão.

Jacobino cessou de acariciar os cabelos do jovem discípulo e, deixando cair os braços ao longo do corpo, acomodou as pernas em forma de lótus, os olhos erguidos ao alto, buscando na lembrança os ensinamentos que desejava compartilhar.

– Meu querido, lembra-te daquela passagem do Evangelho, quando o Mestre aceitou os cuidados da mulher no episódio do jantar em Betânia, que lhe ungiu os cabelos com óleos raros, perfumados e muito caros.[4] Ele deixou-se cuidar porque também precisava sentir-se acarinhado, isso fortalece-nos. Uma existência árida, sem o carinho sequer de um amigo é muito triste e enfraquece a alma. Um momento só, um curto período que trocamos amor com alguém é capaz de nos alegrar por toda existência e ser a fonte de nossa tranqüilidade. Mas a escassez dos sentimentos aflige, tal qual a seca que nos consumia há poucos dias as reservas da natureza.

– O que faço, meu pai? – perguntou Lucas erguendo-se lentamente, ainda sem coragem de encarar Jacobino.

– Responda-me simplesmente uma pergunta: És feliz aqui? Agora és um padre, cumpriste o prometido a tua família. Como te sentes?

– Gosto de servir a meus irmãos. Gosto de conhecer, pensar e falar nas coisas divinas, mas sinceramente me sinto dividido, e pior, me sinto ruir, não consigo conciliar meus desejos e minhas obrigações. É uma tortura. Deixei de flagelar meu corpo entendendo suas advertências, meu pai, mas minha mente é um caos e meu peito parece querer estourar, há dias que não tenho sossego e isso já está se tornando tão óbvio que até mesmo o diácono Enzo descobriu. Respondendo claramente à sua pergunta: não sou feliz.

– "Como é ingênuo este meu filho se pensa que somente o diácono viu suas carências. Elas se estampam malgrado a sua vontade em cada um de seus gestos" – pensava Jacobino.

– E por que ficar aqui? Vá em busca da sua felicidade, não perca tempo.

– O senhor está me dizendo para abandonar a Igreja?

---

[4] *Nota do autor espiritual: Passagem narrada em Mateus, cap. 26:6-13, onde salientamos a advertência do Mestre a seus discípulos: "Por que afligis esta mulher? Pois praticou uma boa ação para comigo. Porquanto sempre tendes aos pobres, mas a mim não me haveis de ter sempre.(...) em verdade vos digo que, onde quer que este Evangelho for pregado, em todo mundo, também será referido o que ela fez para memória sua".*

– Estou, pois se ela não o faz feliz, de nada lhe serve.

Chocado com a clareza e a coragem das palavras de Jacobino, que em momento algum tentou fazer com que ele permanecesse ou reforçou os postulados culturais e religiosos vigentes, Lucas o olhava meio aparvalhado, porém sentindo como se uma grande porta se abrisse à sua frente e atrás dela houvesse um dia claro e iluminado.

Vendo as alterações nas expressões de Lucas, Jacobino levantou-se, estendeu-lhe a mão e o puxou até o corredor, andaram até as portas do convento quando então o experiente religioso parou e perguntou:

– Queres partir e encontrar tua felicidade?

Lucas encarou os altos, pesados e escuros portões, volveu a cabeça para trás e contemplou o prédio silencioso e lúgubre do convento, sentiu lhe faltar o ar, olhou novamente os portões, engoliu em seco e sentindo a mão de Jacobino em seu braço fixou nele a visão.

– Quero – respondeu o jovem, decidido.

– Ótimo, meu filho. Vá e seja um homem feliz, um trabalhador honesto, se amar alguém verdadeiramente construa um lar alegre e me dê netos. Deus o abençoe, meu pequeno Lucas – falou Jacobino, sorrindo satisfeito e envolvendo o rapaz em um abraço apertado, o qual lhe infundiu novas energias e ânimo.

– E quanto à minha saída do convento?

– Não se preocupe, redigirei um documento informando oficialmente seu pedido de afastamento. Tenho liberdade com o bispo para tanto, não se preocupe. Vá até a aldeia e procure o duque Alberto, peça-lhe trabalho e moradia, diga-lhe que faz isso a meu pedido. Hoje mesmo enviarei uma carta a ele confirmando suas palavras. Em breve irei até o castelo e conversaremos – disse Jacobino, e vendo que nenhum dos sentinelas estava a postos, ele próprio fez correr os ferrolhos que trancavam os portões e abriu-os. – Vá, meu filho, e construa sua felicidade e seu crescimento. É isso que Deus espera de todos os seus filhos.

Com lágrimas nos olhos e um incrível brilho de alívio, Lucas atirou-se mais uma vez nos braços do amigo e, emocionado, disse:

– Obrigado, meu pai. O senhor terá sempre um lugar no meu coração e em tudo que for meu. Obrigado!

– Eu sei, meu pequeno Lucas. Você também tem seu lugar no meu coração. Agora vá. Nós nos veremos freqüentemente.

Com os pés ligeiros, Lucas ganhou a liberdade dos campos que levavam à aldeia. Parecia um pássaro que fugiu da gaiola. Corria e dançava em meio ao terreno molhado e escorregadio, o amanhecer pesado e cinzento para ele parecia radioso de luminosidade.

Vendo-o partir, Jacobino sorriu e, balançando a cabeça serenamente, fechou os portões e retomou sua caminhada ao local de trabalho matinal.

Em sua mesa, ainda sozinho, Jacobino redigiu os documentos necessários ao afastamento de Lucas e depois a carta ao duque Alberto, enviada através de um mensageiro, com pedido de urgência.

A manhã ia a meio quando monsenhor Ricardo entrou no gabinete para as atividades rotineiras. Em longa conversa, o secretário inteirou o bispo da ocorrência das primeiras horas da madrugada envolvendo o padre Lucas.

– Ele precisa seguir seu caminho, servindo a Deus em uma das outras tantas formas de trabalho que a vida oferece. Aqui não era feliz, vivendo dividido e atormentado. Eu mesmo o aconselhei a afastar-se e buscar sua realização pessoal, espero que não considere isso um desrespeito à sua posição como diretor espiritual do jovem padre, Reverendíssimo – disse Jacobino calmamente encerrando sua exposição ao superior.

Ricardo sorriu e jogou-se contra o assento da cadeira contemplando a fisionomia serena de seu secretário. – "Ele é uma personalidade realmente diferente. Como condená-lo se não vivo o celibato para o qual fiz votos? Não, Jacobino agiu acertadamente, muito melhor do que eu, que por certo recitaria todas as deliberações dos concílios eclesiásticos e poria o rapaz em acerba penitência, cumprindo meus conhecimentos teóricos, que eu mesmo não executo" – refletia o bispo, ensimesmando.

– É contra as normas religiosas de nossa congregação esse procedimento – advertiu Ricardo.

– Estou ciente disto, porém, também sinto que está plenamente conforme ao ordenamento divino – retrucou Jacobino sem agastar-se.

– "Ele não teme nada. Se o mandasse agora a um julgamento eclesiástico, acredito que ele iria e manteria a mesma posição" – analisava o superior.

– Dê-me os papéis, obviamente concordo com sua atitude e a referendo. Que a posteridade não saiba do que fizemos – comentou Ricardo.

– Penso o oposto, Reverendíssimo, adoraria que o futuro tivesse conhecimento dos dramas do presente, creio que muita coisa seria modificada.

– Quem sabe? Pode ser que ocorressem mudanças. Mas vamos ao trabalho.

A notícia do afastamento de Lucas repercutiu entre os habitantes do convento e também entre os fiéis, mas passado algum tempo era fato esquecido.

..*

Era visível que observávamos um período de tranqüila felicidade na existência de monsenhor Ricardo, bispo do Vêneto. As cenas passavam naturalmente e deixei-me deter na observação das expressões fisionômicas do atual amigo, elas me falavam da intensidade e da repercussão emocional das vivências que marcaram aqueles dias.

Ele estava relaxado e parecia absolutamente alheio a tudo que existia à sua volta, voltara-se intensamente na recordação do passado e deleitava-se com o reviver dos dias de amor e paz que marcaram para ele aquele período. Surpreendeu-me em dado momento ouvir o som de seu riso, não sei se você que me acompanha percebeu, mas Ricardo foi alguém que sorriu muito pouco em sua última existência, ele era pesado, escondido, um verdadeiro poço no qual não divisamos o fundo. Seu olhar brilhava com inteligência e astúcia, era destemido e ardiloso, carregava um culto mórbido aos prazeres que viciam a alma, porém, desde o início daquele processo de autoconhecimento, somente nestes últimos relatos notei que trazia um novo brilho no olhar, mais suave, mais humano, sua expressão relaxara, diria que toda sua expressão corporal refletia "um baixar a guarda", o poderoso bispo do Vêneto, a meu ver, começava a depor as armas que carregara consigo por décadas desde menino. Era agradável contemplar essa transformação, ver a ansiedade ceder à paz interior, ele vivia cada hora com entrega total sem preocupar-se com passado ou com futuro. Ricardo saboreava o gosto do amor, e estava deliciado, pacificado em muitos aspectos. Seu lado feroz que conhecemos jazia adormecido e se abria um espaço à construção de outros valores em sua personalidade.

Georges igualmente o observava, seu semblante calmo demonstrava a atenção com que acompanhava as emoções de seu tutelado, o olhar fixo em Ricardo era carregado de interesse e compreensão. Em um momento, como que pressentindo que eu fazia o mesmo, desviou o olhar de Ricardo para encarar-me e sorriu, como se me dissesse que mais uma vez ele comprovava a soberania do amor no espírito humano.

Enquanto nos perdíamos em cogitações, Ricardo prosseguia sua viagem interior e chamou-me a atenção o brilho de uma lágrima no canto de seus olhos. Eu presenciara suas crises de pranto desesperado, mas esta era a primeira lágrima brotando de sentimentos profundos, tranqüila e consciente, em muitos séculos. Sabedor dessa circunstância, confesso que profunda emoção repercutiu em meu ser, e agradeci ao Pai a porta sempre aberta de um dia futuro que nos possibilita trabalhar para libertar-nos das próprias imperfeições. Lágrimas desciam pelo rosto de Ricardo e senti que gotas molhavam minhas mãos, então me dei conta que de meus olhos também desciam grossas lágrimas por presenciar o processo de recuperação de um mundo interior arruinado sobre o qual desciam as gotas de água salgada capazes de o fazer renascer.

Não sei precisar quanto tempo permanecemos envoltos naquela emoção. O certo é que dela despertamos somente quando vimos as cores da tela à nossa frente sofrerem brusca alteração.

Era noite escura, iluminada por uma fraca lua minguante e estrelas distantes, o pio das aves noturnas cortava o silêncio e depois dele ouvia-se o agitar da natureza com o corre-corre de pequenos animais. Reconhecia que se tratava da região que circundava os prédios do convento, a tortuosa estrada que conduzia às portas da igreja, e nela uma carruagem vinha célere, com o cocheiro praticamente em pé sobre a boléia.

Falas rápidas e nervosas diziam que naquele veículo viajavam apenas homens, porém a ansiedade e o desespero deles davam conta de um estado emocional alterado.

De chofre, o veículo estancou em frente aos portões do convento e o cocheiro saltou ágil ao solo. Apressadamente, se dirigiu à entrada da edificação, agitando pesada corrente que pendia ao lado e ao longo da abertura, imediatamente ouviu-se o badalo do sino e surgiu um sentinela com ar sonolento no alto do muro esfregando os olhos e indagando com voz rouca:

– Quem vem aí, a tão altas horas da noite?

– O duque Alberto, sentinela. Viemos em paz, por favor, mande abrir os portões e avise o Reverendíssimo bispo e seu secretário que meu amo tem urgência em lhes falar. É caso de vida ou morte. A senhora duquesa passa mal e chama por seu confessor.

– Ah! Jesus! – exclamou o sentinela, assustado. – Abram os portões, seus dorminhocas! – ralhou repreendendo seus colegas que, preguiçosos, lentamente se erguiam dos improvisados leitos feitos com rústicos tecidos jogados sobre as grossas pedras do piso interno das torres. – Apressem-se. É o duque quem aguarda.

O sentinela voltou novamente a encarar o cocheiro, porém, vendo que seu pedido fora atendido, sem perda de tempo retornou à carruagem e subiu os degraus para assentar-se na boléia, obrigando-o a manter-se silente. Tão logo os portões se abriram, o veículo entrou veloz no pátio interno somente cessando o movimento em frente à residência do bispo. Quase que ato contínuo, mal o duque descia da carruagem, Ricardo surgia à porta perguntando:

– Que se passa, senhor duque?

– Boa noite, monsenhor Ricardo, desculpe-me o impróprio da hora, mas sua prima passa muito mal desde a manhã de ontem e seu estado ao longo da noite agravou-se fazendo o médico suspeitar que ela não compartilhe mais um dia entre nós. E ela chama desesperadamente por Vossa Reverendíssima, seu confessor. Por isso vim buscá-lo.

Ricardo empalideceu, visivelmente abalado, odiava acompanhar moribundos, temia a morte. Ver sua ação ceifando vidas o perturbava, mas esse pedido tinha o especial agravante de colher uma existência jovem, de alguém que fora até algum tempo muito próxima. Passou a mão no rosto, lançou um olhar ao alto, na tentativa de recompor-se emocionalmente do choque causado pela notícia, depois se afastou, convidando com um gesto o duque a entrar no recinto onde se encontrava.

– É claro, senhor duque, o acompanharei. É meu dever estar ao lado de sua esposa e ofertar-lhe a unção dos enfermos. Por certo, ela deseja confessar-se, quiçá pela última vez, antes de partir – falou Ricardo, esforçando-se por dar à voz um tom natural e neutro. – Aguarde alguns instantes, preciso apanhar meus paramentos e as hóstias consagradas e logo após partiremos.

– Eu o espero. Tomei a liberdade de pedir a companhia de seu secretário. É um favor pessoal. Irmão Jacobino e eu nos conhecemos há muitos anos quando ele servia em Vicenza, na ocasião do falecimento de minha primeira esposa. Será para mim um conforto ter a companhia dele.

– Entendo – disse Ricardo. – Alguém foi chamá-lo? Ele é teimoso, prefere residir com os órfãos a residir nas dependências reservadas ao secretário do bispado.

O duque esboçou um rápido e pequeno sorriso e respondeu:

– Sim, um dos sentinelas foi chamá-lo.

Ouvindo a resposta, Ricardo afastou-se pelo corredor que conduzia a seus aposentos. Tomou seus paramentos que repousavam sobre um cabide de madeira e depressa trocou as vestes. Sem fazer ruído, aproximou-se da porta de comunicação que ligava seu dormitório ao de Enzo. O rapaz dormia profundamente, cabelos louros encaracolados esbanjavam-se sobre a fronha de linho imaculadamente branca, tinha o rosto corado e sereno. O bispo parou um instante ao pé da cama e sorriu ternamente, aproximou-se e afagou-lhe os cabelos, chamando baixinho:

– Enzo, meu menino, acorde. Preciso falar com você.

O rapaz mexeu-se e o bispo insistiu no chamado, sorrindo novamente ao vê-lo abrir os olhos.

– Hum... – falou Enzo espreguiçando-se. – O que aconteceu, Ricardo? Por que você está vestido assim?

– Vim avisá-lo que estou indo até o castelo do duque Alberto. Minha prima não está nada bem e pede minha presença. Não sei quanto tempo ficarei ausente.

Enzo sorriu, tomou-lhe a mão e esfregou suavemente o rosto barbado nela, depositando um beijo e provocando em resposta uma expressão carinhosa em Ricardo.

– Está bem. Precisa que eu o acompanhe?

– Não. O duque solicitou a presença do irmão Jacobino e não haveria justificativa para sua companhia. Fique no convento. Pelo que fui informado, são poucas as horas de vida de Clarissa. Deverei acompanhar os funerais, mas creio que tudo isso não demore mais do que quatro ou cinco dias.

– Vou sentir sua falta. E, por favor, não se torture. Sei o quanto detesta situações desse tipo. Que se há de fazer? É assim a vida. Pense que estarei esperando por você.

– Pensarei, meu menino. Não se preocupe comigo. Não gosto disto, mas enfrento essas ocorrências faz muitos anos. Estarei bem. Adeus.

– Adeus – respondeu Enzo, afundando a cabeça no travesseiro ao ver Ricardo fechar a porta.

Enquanto caminhava pelo longo corredor, coberto de pinturas dos patriarcas hebreus e imagens de anjos, Ricardo ouvia as vozes de Jacobino e do duque Alberto na sala. Tão logo chegou ao recinto, trocaram algumas palavras e seguiram para a carruagem estacionada em frente ao prédio. Acomodaram-se no interior luxuoso e confortável do veículo, ouvindo-se a voz do duque ordenar ao cocheiro, que segurava a porta do veículo:

– Depressa, Bruno, não poupe os cavalos.

Os olhos do cocheiro, marejados de lágrimas, estavam encobertos pela escuridão da noite, somente sua postura revelava a aflição que tomava a alma do homem naquele momento. O duque de nada desconfiou, acreditando que a ação diligente do servo se devesse unicamente ao estrito cumprimento de suas ordens. Bruno sacudiu a cabeça aquiescendo e tomou seu assento na boléia, extraindo dos cavalos o máximo de velocidade. Literalmente, a carruagem voou sobre a poeirenta estrada de terra; o homem que conduzia as rédeas parecia perseguido por mil demônios, tal sua ansiedade. Breve se divisava o contorno da sólida construção do castelo em meio aos extensos vinhedos.

Na chegada, o duque e o irmão Jacobino desembarcaram rapidamente e caminhavam pelo jardim em direção à porta principal, sem perceberem que o bispo fora retido metros atrás.

– Por favor, Reverendíssimo – pedia – Eu sou Bruno, acredito que o senhor saiba o que isso significa. Me dê, por caridade, alguns minutos. Preciso lhe falar. O senhor é a única pessoa em quem posso confiar. Por favor, tenha piedade do meu sofrimento. Eu amo a duquesa mais que minha própria vida, não poder estar com ela, nem ao menos vê-la e saber que está morrendo, sinceramente, monsenhor Ricardo, tem sido um suplício.

Ricardo parou o passo e olhou surpreso o homem à sua frente, pensando: – "Então este é o tal Bruno. O amante da duquesa". – E avaliou mentalmente: – "Mas é um tipo bem comum, nenhuma beleza especial. Ela conheceu homens mais atraentes e apaixonou-se logo por este, e ainda um criado de seu marido. Que coisa louca!"

– Fale, meu filho. Embora devesse adverti-lo dos pecados que cometeu, porém considerando esse momento de dor, vou esquecer essa mácula das vossas almas – respondeu Ricardo solenemente. – Mas seja breve, caso contrário, chamaremos a atenção do duque.

– Preciso ver Clarissa e preciso de sua ajuda para isso – Bruno pediu, decidido.

– Como? – indagou surpreso Ricardo, que não esperava tamanha ousadia.

– Eu sinto que ela não morrerá em paz se não for nos meus braços, bispo. Nós nos amamos, e não precisa dizer que é pecado, eu sei. Mas pouco me importa isso, não pude lutar comigo mesmo e nem ela. O senhor sabe que Lúcia é nossa filha e aflijo-me também pela menina. Por Deus, lhe imploro, me ajude a entrar no quarto de Clarissa. Trago comigo uma corda, suficientemente comprida para, se for jogada da sacada, alcançar o solo. O senhor a joga pelo lado do jardim, há plantas altas que a esconderão. Ninguém verá, nunca viram antes. É só o que lhe peço.

Vendo a legítima ansiedade, quase beirando ao desespero, refletida no olhar do cocheiro, Ricardo, mais uma vez, foi chamado a considerar como poderia culpar ou incriminar alguém se ele próprio não era nenhum modelo de virtude. Por isso, colocou a mão sobre o ombro de Bruno e respondeu:

– Dê-me a corda.

O homem não se fez de rogado e logo passou às mãos do bispo um pacote envolto em tecido negro, como se fossem vestes eclesiásticas.

– O que é isso? – indagou Ricardo tomando o pacote.

– O hábito rústico que Clarissa usava em seus retiros com as religiosas. Não levantará suspeitas. Eu estarei aguardando no jardim. Assim que vir Vossa Reverendíssima na sacada, saberei que a corda está colocada – respondeu Bruno tomando a mão do bispo e beijando-a agradecido. – Sei que sou um pecador e talvez Deus não me conceda a graça de atender às minhas preces, mas ainda assim, sempre pedirei que o abençoe pelo que está me fazendo hoje.

Sem saber o que dizer ao cocheiro, Ricardo abaixou a cabeça e retomou o andar apressado em direção ao castelo, carregando o precioso fardo de Bruno.

Na agitação que envolvia o interior do castelo, o embrulho carregado por Ricardo passou absolutamente despercebido. Tão logo ele apresentou-se na sala, a criada particular da duquesa o esperava ao pé da escadaria e falou:

– A bênção, senhor bispo. – Após um murmúrio de Ricardo à guisa de resposta, ela prosseguiu: – Por favor, me acompanhe. Minha senhora agoniza e só terá paz na sua presença. É o que esperamos.

Silencioso, o bispo acompanhou a criada, deixando irmão Jacobino e o duque acomodados na sala em aflitiva espera.

No quarto da duquesa Ricardo foi surpreendido pela agradável arrumação do aposento, nada de velas, imagens de santos ou o ar abafado com janelas fechadas. Arranjos de flores do campo e rosas adornavam o aposento, em absoluta normalidade, como se ali a morte não se hospedasse. Por todos os cantos havia vida e organização, o ar era leve e sentia-se suavemente a brisa da madrugada com aroma da vegetação orvalhada.

Sentada ao lado do leito, em confortável poltrona, estava uma encantadora jovem, no frescor dos 15 anos, cabelos negros, levemente ondulados, a pele muito clara e o porte elegante lembravam a própria duquesa, em sua juventude. Não bastasse a semelhança, a solicitude da jovem para com a enferma teria dito a Ricardo que aquela moça era o mesmo bebê que vira nascer. Enquanto a criada se aproximava da jovem e cochichava a seu ouvido avisando a chegada do confessor, Ricardo a observava com interesse. Vestida nos rigores da moda, ela trajava um finíssimo vestido em tons de rosa, que lhe assentava muito bem, tinha gestos calmos e, pelo que via, notava que dedicava grande carinho a Clarissa, que, apesar das dificuldades do momento, estava tranqüila. Viu quando a jovem ergueu-se e acariciou suavemente a mão da duquesa, que tinha entre as suas, e depositou-as no leito. Depois se debruçou sobre a enferma, beijando-lhe a fronte e sussurrando algo que o bispo não logrou ouvir. Por fim, afastou-se do leito, e temerosa em deixar a duquesa, a todo instante entre o trajeto do leito até onde estava o religioso, voltava a cabeça para contemplar a doente. Ao aproximar-se de Ricardo, cumprimentou-o como convinha a uma jovem bem-nascida, de esmerada educação, e com voz pausada e baixa, pediu-lhe:

– Reverendíssimo, ajude minha madrinha nesse momento difícil. Ela está temerosa e sofre horrivelmente, mas sinto que seu sofrimento maior não é físico. As crises hemorrágicas a consomem há anos. Eu era menina e me lembro da pobre duquesa prostrada ao leito dias a fio, por causa dessas hemorragias e das dores do ventre. Ela está muito fraca, parece a sombra da mulher vibrante que conhecemos. Ajude-a, dê-lhe um pouco de paz e conforto. Ela é para mim uma santa, com o perdão da comparação. Não entendo por que a cercam tantas aflições e tristezas, tem chorado ininterruptamente desde ontem, e diz que vê e conversa com pessoas que já morreram. Não sabemos mais o que fazer.

Ricardo admirou o rosto da jovem e viu nele muitos traços de sua família, apenas os olhos escuros e a boca um tanto grande destoavam do rosto da mãe. – "A natureza não mente nunca" – pensou o bispo ouvindo, com pouca atenção, as palavras da moça. Repentinamente deu-se conta do silêncio no ambiente, a jovem aguardava uma resposta, e ele, buscando-a, disse rapidamente:

– A senhorita é a jovem Lúcia, por certo?

– Sim, desculpe não haver me apresentado. Mas a madrinha fala tanto no senhor que sinto como se já o conhecesse.

– Realmente, nos conhecemos, quando a senhorita era um bebê, depois não mais a encontrei. Nas oportunidades que vim ao castelo, a senhorita era uma menina e não participava das refeições na sala. E em nossa igreja também não tivemos o prazer de sua visita.

– Oh! Por favor, Reverendíssimo, não pense que eu seja descrente – desculpou-se Lúcia, que sentira nas palavras do bispo uma velada censura a seu comportamento. – O fato é que sempre me senti muito bem em nossa capela e o frei que serve aqui, embora idoso, é um amigo valioso desde minha infância.

– Não se preocupe, sei que é uma alma bem conduzida, a duquesa sempre a elogiou muito. Agora, deixe-me a sós com ela.

– É claro – respondeu Lúcia retirando-se do aposento e chamando a criada. – Se precisar de nós, estaremos na saleta da madrinha.

O bispo aquiesceu e fechou a porta, depois caminhou lentamente em direção ao leito da doente.

A imagem com que se deparou causou-lhe um certo mal-estar. Clarissa vestia luxuosa e alvíssima camisola, com rendas e babados nos punhos e decote, seu cabelo negro mantinha o viço de seus melhores dias, porém a extrema magreza e a palidez do rosto assustavam, grandes olheiras roxas circundavam os olhos fechados e as largas pestanas estavam ainda úmidas de lágrimas confirmando as palavras de Lúcia.

Aproveitando a poltrona posta ao lado da cama, o bispo sentou-se ajeitando a batina, dispôs-se a esperar que a duquesa acordasse do sono recente, da madorna que a envolvia, o que não se fez demorar. Poucos minutos ele aguardava quando a doente lentamente abriu os olhos e um brilho de reconhecimento iluminou as pupilas da duquesa.

– Ricardo, até que enfim chegaste. Pensava que não teria forças para esperá-lo. Mas consegui.

– Aqui estou, Clarissa. Que desejas de mim?

– Preciso me despedir de Bruno e tenho que conversar com Lúcia, encaminhar seu futuro. Desejava vê-la casada antes de morrer, porém a vida deu-me outro destino e nestes dias de aflição e medo tenho pensado muito. Ela é jovem e indefesa, ama-me com devoção, não poderei morrer sem contar-lhe a verdade que o próprio espelho lhe diz. – Um sorriso se desenhou no rosto da duquesa lembrando toda beleza que aquela mulher um dia havia experimentado. Ah! Como é vã a vaidade física, pois não existe beleza que não se renda à doença. Depois de uma pausa para respirar, a duquesa prosseguiu:

– Quando ela era criança, sentava-se em meu colo e comparava seu rosto ao meu, ficava sempre muito triste porque a cor de nossos olhos não era a mesma, e por mais que eu elogiasse os meigos olhos negros da minha criança, ela ficava emburrada e dizia que nunca seria tão bonita quanto eu. Ricardo, Lúcia é a luz da minha vida, ela retirou-me da vida de aventura em que vivia, mostrou-me o amor e deu sentido à minha existência. Fui a mãe mais feliz do mundo e não quero morrer sem ouvir minha filha me chamar de mãe e saber que nunca foi órfã. E quero que ela também conheça quem é seu pai e saiba que nós a amamos muito. A última coisa que lhe peço, Ricardo, é que encaminhe minha filha ao convento. Como não pude casá-la com alguém que lhe desse boa vida, como está acostumada, vou comprar-lhe um título eclesiástico e prover-lhe generoso dote, para que ela seja bem recebida na Igreja.

A voz da duquesa traía a fraqueza que lhe consumia o corpo e suas últimas palavras eram apenas um sussurro.

– Eu sempre a ajudei, Clarissa. O que deseja seja feito primeiro? Conheci Bruno à chegada do castelo e ele deu-me uma corda para facilitar seu acesso a este aposento. – Ricardo levantou-se e andou até a janela que dava para a sacada e, aumentando a abertura, divisou a figura do homem parado nos jardins com olhar fixo na janela do quarto. – Ele está no jardim. Devo fazê-lo entrar?

Reunindo forças, a duquesa ergueu-se no leito recostando-se nos travesseiros e pediu:

– Antes de fazê-lo subir, me alcance o espelho e a escova; se puder, ajude-me a ajeitar os cabelos. Não quero que ele guarde como última imagem a figura de uma moribunda descabelada.

Sem discutir o pedido, Ricardo providenciou-lhe os objetos solicitados e gentilmente penteou-lhe os longos cabelos, trançando-os e prendendo-os em um coque sobre a cabeça com a jóia preferida da duquesa. Depois deu-lhe o espelho e disse:

– Fiz o melhor que pude. Eis o espelho.

A duquesa tomou o espelho de prata com o brasão da família do marido, examinou-se, beliscou rapidamente as faces emagrecidas, tentando inutilmente torná-las rosadas, porém uma incrível luminosidade devolveu ao olhar de Clarissa todo o encanto do passado, pareciam os olhos de uma jovem à espera do namorado e não os de uma mulher à beira da morte. Era a força do espírito imortal expressando-se pelas janelas do corpo.

– Pronto! – disse a duquesa suavemente. – Faça-o entrar, como combinaram.

Conforme havia sido acertado, Ricardo lançou a corda rente aos altos arbustos que a encobriam totalmente, amarrou-a firmemente na balaustrada da sacada e acenou para o homem que ansiosamente aguardava nos jardins. Ao vê-lo na sacada, dirigiu-se com a pressa de um raio para próximo da parede, testou a corda e com agilidade escalou a construção, levando o bispo a pensar que aquela era uma atividade que praticava regularmente.

Atingiu a sacada e com um salto se pôs diante de Ricardo. Sem palavras, avançou pelo quarto até o leito da duquesa e tomou-a nos braços, beijando-a apaixonadamente, mas notando as parcas forças da mulher amada, interrompeu o beijo e a abraçou fortemente como se quisesse ou pudesse transmitir-lhe a própria seiva da vida que do corpo doente se esvaía com rapidez. Ele parecia não conseguir falar, mas todos os seus gestos eram repassados de paixão e desespero. Por fim, ela afastou-o e respirando sofregamente falou:

– Bruno, como sentirei sua falta! Se realmente for verdade que depois da morte outra vida nos espera, cada dia longe de ti será para mim uma eternidade.

– Clara, para mim também será um suplício a saudade. Não sei como viverei, por favor, não me deixe.

– Psiu! – falou a duquesa baixinho colocando o dedo sobre os lábios do amante. – Não torne amarga nossa última hora juntos. Todos sabemos que não há condições de eu continuar vivendo. Sinto a morte tomando os membros, meus pés já não se mexem mais faz algumas horas e um frio lento sobe por minhas pernas. Ela veio buscar-me, mas eu resisti, meu amor, até te ver uma última vez. Precisamos contar a Lúcia.

– Mas, Clara, por quê? – indagou Bruno. Contudo, vendo a palidez mortal da duquesa, apressou-se a corrigir-se e acatar o último desejo de sua amada. – Como você quiser, minha amada. Nunca fui capaz de negar-lhe nada.

– Ricardo – chamou a duquesa. – Peça a Lúcia que venha até mim.

O bispo, que permanecia junto à janela observando à pequena distância o encontro dos amantes, encaminhou-se silenciosamente à porta e, sem fazer ruído, retirou-se. Voltou minutos depois seguido pela jovem. A porta do quarto da moribunda voltou-se e, decidido, falou à jovem, tentando preparar-lhe o espírito:

– Senhorita Lúcia, a hora da morte é um dos mais solenes momentos da vida de alguém. Tenho acompanhado esses momentos há muitos anos e com as mais variadas pessoas. Surgem, freqüentemente, revelações e pedidos inimagináveis. Segredos guardados por anos e décadas raramente baixam ao túmulo sem serem confessados. Às vezes, minha jovem, nós, os religiosos, ouvimos coisas que provocariam guerras e abalariam as mais distintas personalidades. O coração humano é um mundo estranho e um tanto difícil de ser explicado, não tenho a pretensão de dizer que o compreendo, mas em momentos como o que estamos vivendo aceitar esse mundo ignorado que as pessoas carregam no peito é mais importante do que entendê-lo.

Lúcia o olhou surpresa, era inteligente e percebeu a intenção de Ricardo de prepará-la para algo.

– Entendo o que Vossa Reverendíssima diz, esteja certo de que saberei aceitar quaisquer revelações ou pedidos que minha madrinha tenha a fazer. Devo-lhe minha vida e obediência, sem ela, não passaria de uma órfã na roda dos enjeitados.

Ricardo perscrutou com o olhar o semblante da jovem e tudo que encontrou foi tristeza e resignação mescladas com grandes doses de coragem.

– Muito bem, então vamos.

Mansamente entraram nos aposentos da enferma. Se Lúcia surpreendeu-se com a presença de Bruno ao lado do leito, abraçado à duquesa, nada disse, tampouco seu rosto mostrou alterações, seguiu firme para o lado da madrinha e, contornando a cama, sentou-se no outro lado. Clarissa voltou a cabeça para contemplar a jovem e, reunindo suas forças, sorriu e estendeu-lhe uma das mãos, deixando a outra entre as de Bruno.

– Lúcia, dei-lhe esse nome porque você me trouxe a luz.

– Eu sei, madrinha, desde menina a senhora me diz isso e sou feliz por saber que a faço feliz.

– Venha, aproxime-se mais de mim, deixe-me abraçá-la. Pensei não viver o bastante para ter as duas pessoas que mais amo juntas em meus braços. A vida foi injusta conosco, nos uniu, aproximou-nos, nos fez amarmos uns aos outros e não permitiu que gozássemos livremente esse sentimento. Mas a vida cede à morte e esta haverá de esperar, se realmente me quer a seu lado, para que antes eu os tenha junto ao meu peito e te conte, Lúcia, todos os segredos da minha vida, sem esquecer nenhum. Minha vida prosseguirá em ti, por isso, preciso que saibas tudo...

Corajosamente, talvez com a coragem que só a hora da morte concede, Clarissa relatou tudo quanto guardava na consciência, falou de seus inúmeros amantes, do casamento infeliz com o duque, que reconhecia ser um homem bom e digno, porém não o companheiro certo para sua juventude. Emocionada, recordou o início do relacionamento com Bruno, a gravidez inesperada, a primeira idéia de abortar, o sofrimento com a tentativa malograda, o estranho sonho com o ser de luz, naquele estado febril e, por fim, o surgimento do amor materno e a decisão de criar a criança ainda que se utilizando de estratagemas sociais. Omitiu somente a participação de Ricardo e o local onde se sucederam os fatos.

Compreendendo que enfim conhecia as próprias origens, Lúcia chorava com a cabeça encostada aos seios da duquesa e chamava ininterruptamente.

– Mãe, minha mãezinha, por que só agora, mãe...

– Não me condene, minha amada filhinha, eu lhe peço. Essa vida é dura para as mulheres, mesmo as mais bem-nascidas. Sei que errei muito, mas eu procurava o amor e só com seu pai o encontrei. Lembre-se sempre, Lúcia, você é filha do amor, não de uma relação espúria qualquer. Acredito que um ser de luz interferiu em seu nascimento e veio alertar-me dos descaminhos que praticava, por isso, principalmente por isso, você se chama Lúcia – a que vem da luz. – Tomando as mãos de Bruno e as da jovem, uniu-as entre as suas, dizendo: – Nós somos seus pais e a amamos muito, não esqueça disso, minha filha.

A jovem irrompeu em soluços e agarrou-se desesperada ao corpo da doente, beijando-lhe as mãos, a face e por último o ventre, falando:

– Mãe, minha mãe, eu a amo hoje mais do que em qualquer outro dia. A senhora viverá em mim até o dia em que for encontrá-la no reino dos mortos. Eu não a condeno por nada, só tenho a amá-la e bendizer o seu nome.

– Obrigada, minha filha. Não imaginas o quanto sou feliz nesse momento, quantas vezes, quando eras uma criança e ficavas comparando nossos rostos no espelho, quis dizer-te: "Sou tua mãe". Mas não podia. Abraça-me, filha, que eu morra no calor dos braços dos meus amores.

– Não, mãe! Fica mais um pouco – pedia a jovem. – Deixa que pelo menos por uma hora eu te chame minha mãe.

– Calma, minha criança – pediu a duquesa beijando os cabelos de Lúcia. – A vida é cheia dessas estranhas ironias, que nos fazem sofrer. Preserva-te delas.

A jovem lentamente acalmou-se. Sentindo uma mão grande e calejada afagar-lhe os cabelos, ergueu o olhar e contemplou os olhos negros de seu pai. Recordou os cuidados que ele tivera quando ela aprendera a cavalgar, o carinho, a solicitude com que sempre a cercara e a alegria inegável que iluminava o olhar do cocheiro quando conduzia a duquesa e a afilhada a algum lugar. – "Deus" – pensava Lúcia – "será que realmente ninguém nunca soube do que se passava entre estas paredes?". Tudo lhe parecia tão claro, o amor e o sofrimento que via estampados no olhar daquele homem – um amor que raiava à devoção – a silenciou. Não tinha palavras. Era jovem demais, desconhecia os segredos da vida, do amor e do sexo, mas naquele momento de verdade e de dor estava diante dos seres que lhe concederam a existência. Tomou as mãos de ambos e, juntas, as beijou, dizendo:

– Minha mãe, meu pai. – Não era necessário falar mais nada.

Passadas as emoções mais intensas, a duquesa recostou-se novamente nos travesseiros e pediu a Bruno que a abanasse com o leque que se encontrava sobre o criado-mudo, ao que ele acorreu pressuroso. Depois se voltou para a filha e disse:

– Minha filha, por favor, traga minhas jóias.

– Todas? – indagou Lúcia, recompondo-se das turbulentas emoções.

– Sim, todas.

A jovem ergueu-se do leito e rapidamente se dirigiu aos armários onde a duquesa guardava seus objetos pessoais.

– Aqui estão, mãe – falou Lúcia sentando-se no mesmo lugar que ocupava antes e depositando o pequeno baú de jóias ao lado da duquesa.

– Ricardo – chamou Clarissa. – Aproxime-se. Você sabe de toda a verdade acerca da minha vida. Eu confio irrestritamente em você e neste momento lhe entrego o bem mais precioso que tenho – Lúcia. É minha vontade que ela parta contigo assim que eu estiver sepultada e que seja a sua educação confiada à Igreja. Também é meu desejo que ela siga a vida religiosa, já que veio nascida com luz, para isso deixo-lhe todas as minhas jóias e a importância em ouro que integrava meu dote. Quero para ela um título eclesiástico tão logo seja possível. Até esse dia, Ricardo, você será o tutor dela e de sua herança. Tome-as – a enferma apontou as jóias. – Na gaveta de minha cômoda há uma carta minha endereçada ao duque expondo meus últimos desejos, entre eles, esse pedido. Não encontrarás qualquer problema.

– Farei como deseja, Clarissa – respondeu o bispo, que buscava acompanhar à distância o encontro dos três, embora um brilho de emotividade tenha marcado indelevelmente seu olhar enquanto observava.

A duquesa olhou para a filha como em busca de uma confirmação. A jovem, um tanto atordoada, mas educada a obedecer e sob profunda emoção, respondeu:

– Cumprirei seu desejo, mãe.

Um suspiro se ouviu no quarto, parecia saído de um ser dilacerado, chamando a atenção da duquesa, que lançou um olhar ao eleito de seu coração.

– Para ti deixarei esta jóia – disse, retirando a presilha de que mais gostava e que, naquele momento, lhe prendia os cabelos. – Para lembrares as inúmeras tardes em que a retiravas dos meus cabelos.

Bruno recebeu o legado entre as mãos e a apertou. Notava-se que trazia a garganta opressa por emoção muito forte, engolindo seco e respirando profundamente, respondeu:

– Para sempre, minha amada, eu me lembrarei de ti. E declaro-te neste instante, quando entregas nossa filha ao bispo, que também eu buscarei um mosteiro e passarei os dias rezando por ti. Nada mais me resta aqui. Somente teu amor me prendia a essa propriedade e a essa vida.

– Seja feliz, meu amor – respondeu a duquesa num sopro de voz. – Abracem-me, sinto que a morte se aproxima.

Pai e filha abraçaram a duquesa e olharam o bispo aguardando que ele ministrasse a unção à enferma. Maquinalmente, Ricardo pronunciou as palavras latinas que davam por perdoados os pecados da moribunda, abençoou-lhe e deu-lhe a eucaristia. Ainda com a hóstia entre os lábios, a duquesa deu seu último suspiro e como se fosse algo premeditado, Lúcia e Bruno levaram as mãos para cerrar os olhos de Clarissa, e em tácito acordo as uniram e cada um fechou-lhe um dos olhos. Ambos a beijaram. Por fim, Bruno a abraçou dominado pelo desespero que lutara por conter e chorou copiosamente agarrado ao corpo da duquesa. Lúcia afastou-se e ajoelhou-se ao lado do leito, fazendo o sinal da cruz pôs-se a rezar, iniciando, segundo acreditava naquele momento, o cumprimento do último desejo da mãe.

Ricardo aproximou-se de Bruno e usando toda sua força conseguiu afastá-lo do corpo da prima, puxando-o fortemente para fora dos aposentos. Próximo à sacada, sacudiu-o com energia na tentativa de fazer cessar-lhe o pranto. Vendo-o mais lúcido, disse, asperamente:

– Vai-te daqui.

– Não posso senhor, me faltam forças. Deixe-me ficar um pouco mais, ninguém sabe do ocorrido.

– Que me importa se sabem ou não – respondeu Ricardo. – Fato é que ela está morta e de nada adiantarão tuas lágrimas. Vai-te depressa e segue tua vida.

O pobre homem custou a crer na frieza que se estampava no rosto do bispo, porém ao sentir-lhe a força apertando-lhe o braço, não duvidou que ele tinha pressa em afastá-lo daquele aposento. Recalcitrante, lançou um olhar à jovem ajoelhada e pediu:

– Posso abraçar minha filha?

– Não. Você ouviu, ela deseja entregar-se à Igreja. Vá embora. Nada mais lhe prende aqui, foi o que disseste.

Sem alternativa e humilhado pelo tratamento do bispo, Bruno dirigiu-se à sacada e descendo pela escada retornou ao jardim, ali pegou os poucos pertences que reunira em um saco e pondo-o nas costas ganhou a estrada.

O administrador do duque sabia da deliberação do cocheiro de buscar um mosteiro, embora desconhecesse as razões, portanto nada mais havia a fazer.

Da sacada, o bispo observou a triste partida do amante da duquesa e pensou: "Que vida irônica! Se alguém me houvesse contado que assim terminaria a orgulhosa Clarissa, eu jamais daria crédito a tal informação.

Mas sou testemunha de mais esse fato". Olhou a jovem que ainda rezava e apiedou-se dela, como de todos que via ingressar nas ordens religiosas. Voltou ao interior do quarto, aproximou-se de Lúcia e tomando-lhe gentilmente um dos braços, fê-la erguer-se.

– Senhorita Lúcia, haverá muitas horas para rezarmos pela alma da duquesa. Agora precisamos pensar nas coisas práticas.

Um tanto aturdida, Lúcia custou alguns minutos para compreender as palavras do religioso, e respondeu:

– O senhor tem razão. Mandarei chamar a criada particular da minha mãe, ela me auxiliará a prepará-la dignamente para o funeral. O senhor dará a notícia ao duque?

– Por certo que darei. Mas não é sobre isso que eu falei. Você recebeu muitas revelações e está sob forte emoção, entretanto, creio que compreende o que pode e o que não deve ser de conhecimento de outras pessoas.

– Ah! – exclamou surpresa a jovem, e logo uma nuvem de preocupação somou-se à tristeza de seu olhar. – Nada direi do que presenciei. Entendo que tudo quanto se passou nesse aposento sob a sua vista não deveria ter acontecido. Nada direi, senão da vontade de minha mã...madrinha, para que eu siga vida religiosa.

– Uma jovem inteligente e sensata – disse o bispo, avaliando Lúcia. – Vamos então aos preparativos para o funeral. Deixo-a cuidando do corpo e falarei ao duque para que tome as demais medidas.

Em silêncio, Lúcia retornou para o lado do leito mortuário e, secando as lágrimas que lhe desciam pelo rosto, pôs-se a cumprir a tarefa solicitada.

Na sala, o duque e irmão Jacobino aguardavam pacientemente. Ao ver o bispo descendo as escadas com o rvosto velado e cabisbaixo, Alberto compreendeu que estava outra vez viúvo.

– Prezado duque, sinto expressar-lhe minhas condolências – disse o bispo formalmente. – Sua esposa faleceu há alguns minutos, tão logo acabou sua confissão e recebeu o último sacramento. Não houve tempo para chamá-lo.

– Entendo – respondeu o duque com certa tristeza. – Irmão Jacobino, o senhor me ensinou que de nada adianta mentir. Eu não era um marido apaixonado, confesso que tentei no início de nosso casamento, mas tínhamos temperamentos muito diferentes. Foram anos muito difíceis. Depois veio a pequena Lúcia e essa criança transformou Clarissa, desenvolvemos desde então uma relação de amizade. Sinto a partida de uma amiga. Deus a receba em seu reino de paz!

– Assim seja! – murmurou Jacobino, que no local em que estava pouco ouvira das palavras do duque, concentrado que estava em uma prece pela morta.

– Sua afilhada está cuidando da preparação do corpo – informou o bispo. – E também sou depositário das últimas vontades da duquesa. Ela entregou-me esta carta pedindo que a passasse às suas mãos, bem como expressou o desejo de que a afilhada seja encaminhada a um convento, doando suas próprias jóias como dote da jovem, nomeando-me seu tutor até que tome os votos. Depois deverei entregar-lhe um título eclesiástico em cumprimento de suas últimas vontades.

– Senhor Jesus! Por quê? – indagou o duque, surpreso.

– Não sei responder, caro duque. Esse motivo a duquesa levou consigo para a outra vida.

– Lúcia é quase uma criança. É doce, inteligente e muito bonita, não há motivos para uma vida de clausura. Não posso aceitar isso – rebelou-se o duque. – Ela é também minha afilhada. Clarissa há de me perdoar, mas não consentirei em cumprir esse desejo, ainda que feito no leito de morte.

Jacobino, que assistia à cena, congratulou-se com a disposição do duque, sorriu incentivando-o e disse:

– Esse pedido deve ter sido feito em um momento dramático, talvez a pobre enferma nem estivesse no pleno uso de sua razão, quem sabe em estado de delírio.

– Ela estava lúcida – interrompeu o bispo abruptamente. – Tanto que manifestou sua vontade por escrito. Eu devo zelar que seus últimos desejos sejam cumpridos a fim de que a duquesa descanse em paz.

Não desejando criar polêmica com o bispo e sabedor de que muitos e diferentes caminhos existiam até a consciência dos deveres do religioso, o duque disse:

– Não discutiremos esse assunto delicado agora, não é o momento.

Após os funerais trataremos devidamente desta questão. Até lá peço-lhes nada comentarem com Lúcia. A menina sempre foi muito apegada à minha falecida esposa, obedecia à madrinha em tudo. Deixem que eu fale em particular com ela.

– Como desejar, senhor duque – concordou Ricardo.

E assim realizaram-se os funerais da duquesa. O castelo, coberto por véus de luto, foi visitado pelos amigos e parentes da família do duque. O viúvo, auxiliado pela afilhada, recebia os votos de pesar. Após o sepultamento, de volta à residência, o duque pediu uma entrevista a sós com a afilhada e discutiu o desejo da falecida. Conforme esperava, a jovem imediatamente concordou em cumprir a última vontade da madrinha e foram em vão todos os argumentos que o duque lançou mão para dissuadi-la da idéia. Pediu a irmão Jacobino que conversasse com a moça, mas também aos argumentos do experiente religioso ela mostrou-se refratária, embora tenha ponderado e sentido sua decisão fraquejar por alguns momentos e, sem outra razão, disse que fazia isso por amor à madrinha e que, como órfã que era, simplesmente retornava a seu destino. Agradeceu comovida a vida que havia desfrutado no castelo reiterando profunda estima ao padrinho, mas nada a fez reconsiderar a decisão.

Numa manhã que prenunciava um dia quente e abafado, Lúcia partiu do castelo acompanhada pelos religiosos rumo a seu novo lar – o convento da Ordem Carmelita.

Mais uma série de segredos, frustrações e sentimentos reprimidos pretendiam ser sepultados entre as paredes seculares da Igreja. Mas seriam realmente enterrados?

Lúcia ingressou solitária, sua companhia era uma carta do bispo do Vêneto apresentando-a à abadessa da Ordem. Ninguém presenciou seus passos vacilantes, nem o medo que se estampava em seu olhar enquanto encarava os longos, escuros, sóbrios e frios corredores da abadia. Via mulheres trabalhando e todas lhe pareceram iguais, tristes e silenciosas. Em sua mente uma pergunta se formou e perduraria por muitos meses:

– "Será isso uma vida de virtude?"

Foi recebida secamente pela superiora e encaminhada para o noviciado. Informaram-na de seus deveres e direitos, aliás, restritos apenas ao direito de obedecer. Apresentaram-lhe sua nova morada: uma cela pobre onde a um canto se via um catre, coberto com alguns lençóis, travesseiro e cobertor, um criado-mudo, um castiçal de argila, uma cômoda rústica, decorada com um nicho dedicado a Virgem Maria e, na parede, sobre o catre, pendia um grande crucifixo com a imagem de Jesus exangue. O piso gelado de pedra e as paredes escuras pareciam sufocá-la, apenas uma janela servia ao ambiente para entrada de ar e luz, mas ficava tão alta que era impossível olhar o lado de fora.

– Que solidão! Que frio! Ah, minha mãe! É isso o melhor para mim? – questionava Lúcia, e apenas o silêncio respondia com o eco de suas palavras.

Ouviu uma batida na porta e logo uma jovem, vestindo um hábito cinza e branco, estava à sua frente. No olhar da noviça, Lúcia viu o brilho da admiração, que despertou sua curiosidade.

– Você é a nova noviça? – indagou à recém-chegada. – Trouxe seus hábitos – falou erguendo levemente as mãos onde carregava as vestes dobradas.

– Sou. Chamo-me Lúcia. Qual o seu nome?

– Por enquanto, até eu fazer os votos, quero dizer, pode me chamar de Mônica, meu nome de batismo – esclareceu a jovem depositando os trajes sobre o catre. – Posso tocar seu vestido? Parece tão lindo esse tecido, é como se fosse as nuvens do céu.

Lúcia sorriu e estendeu a mão com a doçura natural que marcava o caráter, simpatizara com Mônica.

A noviça aproximou-se receosa e tocou-lhe o vestido. Sem se conter, exclamou:

– Nossa Senhora! Como é macio, deve ser delicioso vestir algo assim tão macio e bonito.

– Mônica, você nunca usou um vestido de seda?

A outra, embevecida no toque e na contemplação do vestido azul e branco que Lúcia trajava, apenas fez um gesto dando a entender que nunca usara tais trajes. Depois, como se isso explicasse tudo, disse simplesmente:

– Sou órfã. Minhas roupas sempre foram uniformes exatamente iguais aos das outras pessoas com quem convivi.

– Você gostaria de usar esse vestido? – indagou Lúcia. – Eu lhe empresto. Tiro-o e você o veste. Que acha?

– Não podemos. Se alguma das madres nos pegar, seremos castigadas com certeza. Serei acusada de vaidade.

– Mas você gostaria de vesti-lo, vejo nos seus olhos.

– Claro, sua roupa é linda. Às vezes, sonho que vivo fora daqui e freqüento festas, bailes e passeio pelas ruas com roupas bonitas e coloridas.

– Realize ao menos uma parte de seu sonho – insistiu Lúcia tomada de piedade pela moça à sua frente, que provavelmente tivesse a sua idade ou menos. – Ninguém nos verá, a porta está fechada e a janela é tão alta que só os pássaros a alcançam.

Mônica não mais resistiu. Despiu o grosso e pesado hábito, sendo imitada por Lúcia. Ao ver as roupas íntimas da afilhada da duquesa, Mônica encheu-se de nova admiração ante a delicadeza das rendas, fitas e babados das camisolas e calçolas. Lúcia, por sua vez, viu panos de algodão rústicos, sem qualquer graça, pareciam sacos.

– É isso que irei vestir? – perguntou para Mônica.

A noviça a olhou cheia de compaixão e disse:

– É. Mas são práticos para o trabalho que fazemos.

Lúcia não mais escondeu a tristeza que sentia desde que atravessara os portões do convento. Parecia que um frio se apoderava de sua alma e entorpecia-lhe os sentimentos.

A inocente brincadeira de vestir a noviça com suas roupas de repente lhe pareceu cruel, mas era tarde, pois os olhos de Mônica falavam da ansiedade que sentia por vestir algo diferente.

– "Isso era tão comum na minha vida. Meus armários cheios de lindos vestidos de seda, brocado, veludo. Mantos e casacos de pele. Cetins, fitas, rendas, perfumes, adornos, algumas jóias. Tantos quantos quisesse usar. Agora nada mais... Alegrias tão simples e pequenas a que não terei mais direito. Tudo ficou para trás" – pensava Lúcia enquanto seu olhar recaía sobre os trajes que Mônica havia trazido e que seriam aqueles que usaria dali em diante. – "Cinza. Cor significativa, tudo que resta da minha vida são cinzas de velhas lembranças".

Lúcia, sentada sobre o catre, em trajes inferiores, amargava pensamentos depressivos, absolutamente esquecida de sua companheira que rodopiava alegre e deliciada, como uma criança travessa. Vestida com o belo traje de seda, não cansava de alisar com as mãos calejadas, de unhas maltratadas, o fino tecido do vestido.

Os dias que se seguiram na vida da jovem Lúcia poderiam muito bem ser descritos como dias cinzentos, somente uma amiga sentiu que possuía naquele local fechado – Mônica. E só lhe restava obedecer...

..*

Por um momento lancei meu olhar ao rosto de Ricardo desejoso de acompanhar-lhe as emoções ao conhecer as vivências alheias propositalmente intercaladas em suas memórias por Georges. Alegre, constatei que ele permanecia muito concentrado, e lágrimas tranqüilas continuavam rolando de seu rosto. Não senti nele o desespero e o temor que presenciara freqüentemente antes daquele trabalho. Havia nele uma calma aceitação de si mesmo e, me atreveria a dizer, um toque de arrependimento de muitos de seus atos. Isso era um ótimo sinal, prenunciava uma tomada de consciência como ser imortal diante das leis supremas que regem a vida. Ele começava a se encontrar nos próprios desenganos anteriormente praticados. Naquele momento não pude me furtar à lembrança dos ensinos de nosso orientador:

– José, preste atenção, do mal forçosamente nascerá sempre o bem. É preciso dar tempo ao tempo para avaliar-se uma atitude pelas conseqüências que ela trará. Por isso, não julgar torna-se sempre uma medida de grande sabedoria. O maior malfeitor de tempos atrás pode ser hoje ou no futuro um grande idealista, obstinado por construir o bem. Provando que o mal é transitório, como ensinaram os grandes irmãos da espiritualidade: O mal é apenas a ausência do bem.

Acompanhando as emoções de Ricardo ao rever sua existência, quase que poderia apostar estar presenciando o nascimento do bem. Mas a tanto, só o futuro me responderá. Espero, sinceramente, que seja assim. Que as lágrimas que vejo sejam o degelo de seus sentimentos.

..*

Retornaram as imagens ao convento do Vêneto e sorri ao ver a alegria de Jacobino ao ser recebido por seus órfãos. Parecia que todos os meninos tinham algo a contar ao paizinho, pois o cercavam de tal forma que ele mais de uma vez tropeçou na própria batina ou nas pernas das crianças, mas o meigo sorriso parecia cristalizado em seu rosto quando por fim deu-se por vencido e, sem cerimônias, sentou-se no chão poeirento do jardim e deixou-se abraçar pelos pequenos, rindo com eles.

Ricardo, ao ouvir as gargalhadas infantis, voltou-se e contemplou apenas um amontoado de crianças e entre pernas e braços divisava algumas partes do tecido das vestes de seu secretário.

– "Como pode um homem com toda essa idade, Jacobino deve ser quase dez anos mais velho que eu, jogar-se ao chão e rir como criança?" – pensava o bispo. – "Será que os anos não lhe pesam? Nada lhe verga o ânimo ou o caráter? Que figura, esse meu secretário. Por certo não seria bem-visto entre os cardeais, muitos outros bispos já me expressaram opinião contrária a ele, mas que me importa, nesse antro somente ele e Enzo têm minha confiança. Que role e brinque como um louco ou como um bobo. Talvez só ele aqui saiba o que realmente é ser feliz".

Nessas cogitações e na contemplação da festa de Jacobino, o bispo não despendeu mais do que um minuto e prosseguiu em direção à sua própria residência, esperando encontrar seu protegido.

Após as saudações costumeiras do criado que lhe servia, indagou:

– Onde está o diácono Enzo?

– Saiu logo cedo, Vossa Reverendíssima.

– Ele não recebeu a correspondência que lhe enviei durante a semana informando a data de minha chegada?

– Recebeu, Reverendíssimo. Eu mesmo a entreguei e o vi ler – respondeu, humilde, o criado. Mas algo estranho havia no seu olhar, sempre baixo ao responder ao bispo, como que temeroso de alguma revelação indevida, fato de pronto registrado pela perspicácia de Ricardo.

– "Há algo estranho acontecendo aqui ou aconteceu enquanto estive ausente"– pensava o bispo, encarando o criado.

– O diácono disse onde foi, deixou-me alguma mensagem?

– Não, Reverendíssimo. O diácono Enzo simplesmente saiu, não disse aonde ia.

– Sabe quando ele pretende retornar?

– Não, Reverendíssimo.

– Houve alguma coisa anormal aqui enquanto estive ausente?

O criado olhou o bispo desconfiado e o medo estampou-se de vez em seu rosto, fazendo-o empalidecer e verter gotas de suor geladas na fronte. Notando essas reações, Ricardo recrudesceu o interrogatório.

– Por sua reação vejo que minha desconfiança procede. Vamos, Cristóvão, conte logo o que se passou aqui na minha ausência.

Tremendo, o criado olhava apavorado para Ricardo, que ante a demora se enfurecia e esbravejava:

– Fale de uma vez, criatura imprestável. Não disponho do dia todo para esperar. Fale.

Gaguejando, Cristóvão respondeu:

– Jan... jantares, senhor. Qua... quase todos os dias. Bebiam muito, ouvi muito riso. Faziam desordens por todos os aposentos. – Ao término da resposta, a voz do criado era um sussurro.

– Quem participava disso? – inquiriu duramente o bispo.

– Alguns homens da guarda, e ma... mais dois padres, senhor. Eram ao todo oito homens, Reverendíssimo, incluído o diácono.

– Você conhece os nomes, Cristóvão? – indagou Ricardo aparentemente mais brando.

– Apenas dos padres, bispo. Não tomo contato com os homens da guarda, sei que eram soldados pelos uniformes que usavam.

– Diga-me, quem são os padres?

– Padre Bento e um outro visitante que chegou um dia após a sua partida. Pelo que soube, já residiu aqui no monastério, chama-se Rugiero. Passaram todos esses dias junto do diácono.

– "Víboras" – pensou Ricardo ao receber a informação. – "Eles não perdem por esperar minha resposta".

– Pode ir, Cristóvão, e não diga nada ao diácono sobre minha chegada.

O criado aquiesceu e em silêncio afastou-se, pálido e tremendo. Há vários anos servia ao monsenhor, portanto o conhecia bastante bem para saber que ele compreendera o que se passara em sua residência durante aqueles dias. Caminhando pelo corredor em direção à cozinha, Cristóvão falava baixinho:

– Isso vai dar uma encrenca dos diabos. Ao dar-se conta do próprio vocabulário, persignou-se ante as imagens dos santos e disse-lhes: – Não considerem mal minhas palavras, foram somente algumas palavras blasfemas. Pior foi o que vi fazerem com vocês – persignou-se novamente. – Deus me livre! Nunca pensei ver tal coisa – falou recordando as orgias que presenciara em que nem mesmo os objetos tidos por sagrados e as imagens de santos haviam sido poupados ao erotismo dos participantes.

A tarde chegou e caiu, surgiam as primeiras estrelas quando a espera do bispo chegou ao final. Do alto das muralhas, que fingia inspecionar acompanhado de Jacobino, viu a poeira do galope de três cavalos. Seu coração lhe disse quem eram os cavalheiros antes que seus olhos os enxergassem com clareza. Parou sua caminhada e indagou do secretário:

– Já lhe informaram da visita de padre Rugiero?

– Sim, Reverendíssimo. Padre Felipe comunicou-me logo cedo. Ao que me consta, ele se disse portador de um importante comunicado ao nosso bispado. – Vendo a surpresa e a curiosidade na expressão do superior, perguntou: – O senhor não sabia? Porventura, ele ainda não se apresentou a Vossa Reverendíssima?

– Não – respondeu Ricardo secamente. – Esse padre é muito estranho. Não confio nele. Seu procedimento é irregular e será advertido como deve. Desconheço qualquer comunicado que o autorize a abandonar os fiéis que lhe confiei sem minha ordem.

– Igualmente desconheço tal procedimento. Não sei o que padre Rugiero pensou para apresentar-se aqui sem ser chamado.

– E, ao que vejo, foi tempo suficiente para conduzir consigo outros membros da Ordem à indisciplina. Padre Bento não está no convento, abandonou suas tarefas, sem ordem alguma para isso.

Jacobino considerou as informações escandalosas que recebera através de padre Felipe. Em tom de intimidade respeitosa, questionou cautelosamente o superior:

– O senhor soube dos fatos lamentáveis ocorridos nas dependências da igreja e da sacristia?

Ricardo franziu o cenho com ar preocupado ao responder:

– Não, conte-me quais são.

– Padre Felipe foi quem me contou, dizendo ser testemunha dos fatos pois sofre de insônia. Numa dessas noites vagava pelo convento quando foi atraído por ruídos no interior da igreja e lá chegando presenciou cenas vulgares e libidinosas envolvendo os padres Bento e Rugiero e o diácono Enzo. Sinto ter que lhe informar sobre tais eventos, principalmente porque sei de seu afeto pelo diácono, porém não podia omitir tais dados. Padre Felipe pediu providências e, como sabemos, ele é de inteira confiança e não comentará o que viu com outras pessoas.

O bispo silenciosamente concordou, mas seu rosto transformou-se numa máscara de pedra e o olhar transmitia um brilho duro e frio.

– Tomarei as devidas medidas contra todos os envolvidos. Fatos dessa gravidade não podem ficar impunes. – respondeu o bispo frisando a palavra "todos".

– "Enzo ultrapassou todos os limites. Quem esse rapazola pensa que é? Ou o quanto acha que pode? Ele enganou-se muito se pensa exercer poder sobre mim a ponto de pôr em risco minha reputação como superior da Ordem. Ele aprenderá que para tudo e para todos existem limites. Ainda que ao impô-lo eu também sofra" – pensava Ricardo quando ouviu soar o sinal de abertura dos portões. Olhou para baixo no mesmo instante que Jacobino e ambos constataram que o trio de indisciplinados retornava e que estavam visivelmente embriagados e totalmente descompostos, pela direção de onde procediam era fácil deduzir que vinham de uma taberna muito mal freqüentada distante algumas léguas.

– Guardas – chamou o bispo. – Conduzam os recém-chegados à masmorra do convento. Eles permanecerão lá, incomunicáveis, pelos próximos sete dias. Depois darei novas ordens com relação ao destino deles.

Os guardas prontamente cumpriram a determinação. O trio não ofereceu qualquer resistência à detenção, tal era o estado de embriaguez. Observando-os, Jacobino comentou consternado:

– Que estado deplorável! Os cavalos que retornaram trazendo-os como fardos, pois nenhum deles parece lúcido o bastante para conduzir um animal.

– Horrível! – exclamou o bispo com contida fúria. – Sete dias de isolamento talvez auxilie a recuperação do juízo. Irmão Jacobino, lavre o edital contendo minhas determinações quanto aos três, afixe-o em todos os locais de reunião do convento dando ciência de que este é o início do processo disciplinar que instauro contra os faltosos.

– Ainda hoje darei cumprimento a seu pedido.

– Ótimo. Vou me recolher. Creio que afora este supremo inconveniente, o restante está em ordem.

– Realmente, do que supervisionei tudo correu perfeitamente em nossa ausência.

Jacobino, parado sobre a muralha, acompanhou com o olhar a descida solitária do bispo. Era fácil para ele ver o ódio e a mágoa que o superior sentia, mas como Ricardo não desse sinais de desejar falar sobre o assunto, ele não insistiu, limitando o diálogo ao cumprimento dos deveres administrativos.

Enquanto o bispo caminhava em direção à sua residência, os guardas alcançavam o prédio em cujo porão se localizavam as celas solitárias, usadas como masmorra.

Ricardo, no pátio, olhou a cena de ingresso dos ébrios na prisão e balançou a cabeça. Jacobino, ainda observando do alto da muralha, pensava: "Ele sofre, pobre bispo. Deve ter sido uma grande decepção".

Sete longos dias se passaram...

– Traga à minha presença o diácono – ordenou friamente o bispo ao guarda que mandara vir a seu gabinete.

O oficial reverenciou o bispo e silenciosamente encaminhou-se às masmorras para trazer o jovem encarcerado.

Jacobino, sentado em sua mesa, tomava os apontamentos necessários ao andamento do processo disciplinar. Havia visitado os padres, naquela manhã, informando-os dos procedimentos determinados pelo bispo, bem como as acusações que pesavam sobre eles. Ao longo daquela semana haviam sido ouvidos o criado Cristóvão, que fizera a identificação pessoal dos membros da guarda e os próprios guardas envolvidos no escândalo, os quais, no intuito de se mostrarem arrependidos, confessaram-no a fim de abrandar a ira do bispo e obterem clemência, mas Ricardo foi irredutível e expulsou-os sumariamente. Padre Felipe relatou os fatos presenciados no interior do convento formulando oficialmente a acusação, confirmada plenamente com a confissão dos membros da guarda.

– "A decepção abalou profundamente monsenhor Ricardo" – constatava Jacobino em pensamento. – "Ele emagreceu, parece não estar dormindo bem, tem a expressão cansada e sempre sombria. Seu olhar lembra os tempos de sua chegada aqui, frio e duro, parece cortar. Em algum lugar, muito profundamente, ele sepultou a mágoa junto com o afeto que eu havia visto surgir nos últimos anos."

Enzo surgiu à porta, sua figura suja e mal trajada causava piedade. Também estava magro, barba por fazer, cabelos em desalinho e bastante abatido, envergonhado. Ao ver o jovem, Jacobino indagou do superior:

– Iniciaremos agora os procedimentos regulamentares ou Vossa Reverendíssima deseja conversar em particular com o diácono?

– Irmão Jacobino, eu nunca falo em particular com meus subordinados, recebo-os apenas em confissão, não devo e não posso comprometer meu papel de diretor espiritual dessas almas – advertiu ríspido o bispo dando o tom do diálogo com o antigo protegido. – Estamos agindo conforme os preceitos canônicos, cumpra sua tarefa.

Jacobino calou-se, penalizado por ver a forma como teria solução aquele conflito que encerrava, como sabia, sentimentos e situações de ordem pessoal. Com voz branda, falou ao diácono:

– Aproxime-se, meu filho. Preciso lembrar-lhe dos detalhes sobre esse procedimento. – E calmamente explicou ao jovem o necessário à compreensão da gravidade do que se passava.

Enzo ouviu-lhe as recomendações e explicações em silêncio, olhar baixo, murmurando algumas poucas palavras em concordância. O secretário deu-lhe ciência formal da acusação e das confissões dos demais envolvidos. Dando por encerrada sua tarefa, o encaminhou à frente do bispo e formalmente disse:

– Eis o diácono Enzo, acusado de estar envolvido em atos de grave falta disciplinar e incorrer em prática de luxúria. Ele está ciente das penalidades que pode receber.

– O que tem a dizer, diácono? – perguntou o bispo secamente.

– Digo que as acusações são verdadeiras, que faltei como homem, como servo do Senhor e como membro desta congregação. Recorro à sua bondade e peço-lhe clemência para minhas faltas. Como meu confessor, peço-lhe perdão para meus pecados e coloco minha vida e carreira em suas mãos. Cumprirei sem reclamar quaisquer castigos e penitências a mim impostos, por reconhecer merecida e sábia vossa decisão, Reverendíssimo. Assumo minha culpa, minha máxima culpa e peço perdão. – O diácono falava com voz embargada, mantendo o rosto e o olhar voltados ao solo, as costas encurvadas demonstravam o quanto ele se humilhava.

O bispo permaneceu em silêncio alguns minutos, o olhar frio repousava impiedoso sobre o jovem, quando disse:

– Seu caso é diferente dos demais, ainda não proferiste todos os votos para sua ordenação como padre, o que deveria ocorrer daqui a aproximadamente dois meses. Porém, com suas atitudes demonstraste que ainda não estás preparado para servir ao Senhor como convém. Deixaste te arrastar pela voz do demônio, pior, o fizeste entrar na casa de Deus. Considerarei tua confissão e pedido de clemência. Permanecerás na masmorra até minha decisão final, sob jejum, somente a pão e água. Isso purificará teu corpo e teu espírito. Aproveita o tempo e dedica-te a examinar tua consciência e te arrependeres dos atos impensados que praticaste – falou o bispo friamente. Depois chamou: – Guarda, leve o diácono de volta à masmorra e traga-me os padres.

Repetiu-se o procedimento feito com Enzo. Quando Ricardo questionou-os, ambos silenciaram.

– Covardes – acusou-os Ricardo. – Nem ao menos abriram a boca para ter a decência de admitir seus erros e pecados. Infames! Indignos de serem filhos de Deus, quanto mais estar entre seus eleitos. Serão sumariamente espancados no pátio diante da congregação, para abominação geral. Ficarão presos até terminarmos os relatos desse inquérito, depois serão encaminhados a julgamento pelo Tribunal Eclesiástico. Sobre padre Rugiero recairá o agravante de haver abandonado sua paróquia sem autorização. – Vendo que os dois permaneciam calados, o bispo irritou-se profundamente. – Guardas, levem esses biltres da minha presença o quanto antes. Deverão surrá-los, sem piedade, ao meio-dia de amanhã no centro do pátio diante da congregação reunida.

Ao centro do pátio, vendados, unidos e amarrados, sob o sol do meio-dia, os padres faltosos ouviam pálidos o rugir dos tambores da guarda e o som do clarinete anunciarem o início da cerimônia de execução das deliberações do bispo. Um rápido pronunciamento de monsenhor Ricardo informou a todos os motivos determinantes daquela incomum reunião, bem como os fundamentos canônicos que autorizavam os procedimentos do superior. Pouco depois se ouviu a voz firme e serena do irmão Jacobino lendo as laudas de acusação e confissões que envolviam o caso.

De imediato, os acusados foram cercados pelos guardas, ouviram os chicotes estalarem no solo a seu redor e logo sentiam as grossas tiras lhes baterem sobre o corpo, acompanhadas de pedras lançadas pelos membros da congregação. Foi um ritual de rápida duração, não excedeu uma hora, entretanto foi suficientemente selvagem para provocar grande quantidade de ferimentos. Concluída a aplicação da penalidade, o bispo acercou-se dos padres lançando-lhes olhares do mais puro desprezo e ódio e ergueu a voz se fazendo ouvir por todos os habitantes do convento reunidos no local:

– Que sirva de lição a todos. Lembrem-se de que a pena aqui imposta foi branda, se comparada ao que os aguarda perante o Tribunal Eclesiástico, em Roma, e mais do que isso, que purifiquem as vossas almas destes pecados que os conduzirão ao inferno. Dores acerbas se assentam no caminho dos invejosos, dos cobiçosos e dos que se entregam à luxúria. Esses infelizes deixaram-se dominar pela voz do demônio. Têm a carne fraca. Que seus corpos paguem e expiem as faltas de vossas almas, purificando-as. Nesse convento não mais serão aceitos, partem daqui hoje conduzidos por homens da guarda de minha irrestrita confiança e por meu secretário, que os apresentará diante do tribunal dando ciência a nossos superiores das graves faltas por vós praticadas. São sabedores que os fatos protagonizados nesse convento são da mais grave importância e poderão determinar a expulsão e a excomunhão dos senhores, revogando-se todas as prerrogativas da autoridade eclesiástica de que fostes investidos quando ordenados. Adianto-lhes que é isso o que solicito seja aplicado ao caso. Que fique registrado que não tolerarei condutas perniciosas e pecaminosas nesse convento. Desde que assumi o bispado esta é a primeira ocorrência grave que enfrentamos. Saibam que o tratamento dado a casos similares será sempre esse. Não tolerarei biltres, covardes e pecadores abrigados sob o manto de nossa congregação. Está encerrada essa cerimônia. Guardas, retirem deste prédio esses pecadores conduzindo-os imediatamente a Roma. A viagem deverá seguir a mesma disciplina dos últimos dias. Jejum, somente pão e água, aos punidos, seguirão amarrados como estão e deverão pernoitar nas estrebarias severamente vigiados, a qualquer desobediência estão autorizados a usar a força.

O bispo pronunciou mais algumas palavras de advertência geral e declamou as expressões latinas que encerravam o rito. A congregação dispersou.

Os faltosos, irmão Jacobino e os membros da guarda designados iniciaram a longa viagem a Roma.

Enquanto isso, Enzo, recolhido ao claustro, amargava profundo arrependimento. Sua reabilitação ante os olhos de Ricardo foi lenta e penosa, em nada o superior poupou-lhe de sentir o peso de sua mágoa e o rancor que a traição deixara em seu peito. Os serviços mais humilhantes do convento passaram a ser executados pelo diácono, todas as suas regalias foram retiradas. Era forçado a uma jornada de mais de dezessete horas de trabalho extenuante, e a fim de aprender a domar as fraquezas da carne, era submetido a uma dieta alimentar rigorosa, a ração recebida era apenas a necessária à sua sobrevivência.

Ricardo por seis meses nem ao menos lhe dirigiu o olhar, quanto mais a palavra. Recusou todos os seus pedidos de entrevista, adiou indefinidamente sua ordenação como sacerdote, deixando-o suportar a dúvida se ao final seria ou não beneficiário de clemência e oportunidade de reabilitação. Somente quando Jacobino retornou de Roma, informando o início do processo eclesiástico contra Bento e Rugiero, foi que a insistentes pedidos do secretário o bispo amenizou a punição do jovem.

– Entendo, Reverendíssimo, vossa intenção em recuperá-lo e mesmo a mágoa, a decepção natural que experimentais intimamente, mas com o devido acatamento à sua autoridade, não creio seja este o melhor método para educar o caráter arrebatado do diácono – alertou certa feita Jacobino, notando que a atitude austera e rígida também fazia o próprio bispo sofrer e que a continuidade daquele clima desfavorável no convento acabaria por trazer prejuízos a todos os trabalhos realizados, atingindo a população leiga fora dos muros da instituição.

– Eu sou o diretor espiritual do diácono, conheço-lhe o caráter e a consciência bem melhor do que o senhor, irmão Jacobino. E apesar de ter-lhe em grande consideração, nesse caso, em especial, sou irredutível.

Vezes sem conta Jacobino recebeu a dura e intransigente resposta do bispo, mas não desanimou. Ao lado de Enzo, exortava-lhe a humildade, a consciência do erro praticado, não para culpar-se e sim para corrigir-se, praticando o autoconhecimento. Conversavam longamente na sacristia e o religioso procurava transmitir ao jovem diácono um pouco de sua longa experiência de vida. Questionou incansavelmente Enzo sobre a certeza de sua vocação e recebeu como resposta um firme:

– Sim, é isso que desejo. Um dia, depois de reabilitado, serei um bispo, o senhor verá, irmão Jacobino.

Essa frase ingênua trazia um largo sorriso ao rosto de Jacobino, que invariavelmente lhe respondia:

– Creio que não, meu filho. Estou velho, aliás, mais velho a cada ano. Não, não verei tua eleição como bispo. Mas se chegares a tanto, te lembra de um conselho meu ao receberes o dominus bispal: bispos vão e vêm. Não são eternos, nem infalíveis, mas a vida o é, valoriza cada dia e cada pessoa que te procure. Age como um irmão, não como um senhor de domínio. Pensa em Jesus e age usando-o como modelo.

Enzo baixava a cabeça. Em sua expressão se registrava um ar atônito, parecia não entender a mensagem humana e carinhosa transmitida por Jacobino. Os olhos do religioso recaíam sobre a cabeça loura do rapaz e ele compreendia que semeava em terreno hostil.

Certa manhã, enquanto despachava ao lado do bispo, voltou a insistir no assunto relativo ao diácono, informando:

– Hoje registrei minhas impressões sobre a reabilitação do diácono Enzo, no livro dos processos.

O bispo interrompeu a assinatura de alguns papéis e encarou seu secretário, aguardando em silêncio que ele prosseguisse.

– Diria que ele hoje não mais agiria da forma impensada como fez meses atrás. Está mais maduro e consciente de seus enganos. Comentou comigo, logo cedo, quando se dirigia às cocheiras, que acredita que seus atos foram motivados pela curiosidade natural do uso do corpo, que ao longo desses meses sente-se bem e em paz, conforme lhe permita a própria consciência. Afirma convicto sua intenção de permanecer ligado à Igreja e diz sentir sua falta. É visível que o jovem lhe tem grande estima, senhor bispo. Não seria o momento de revermos a situação do diácono?

Ricardo ficou pensativo, em inúmeras ocasiões lhe ocorrera o pensamento de que as atitudes de Enzo poderiam ter sido motivadas mais por curiosidade, pelo desejo de buscar novas experiências, do que ato consciente e deliberado de traição à relação que mantinham. – "Já tive vinte anos" – pensava ele –, "toda a energia insaciável de um corpo saudável, a curiosidade e a paixão pelo prazer. É perfeitamente compreensível a atitude infeliz desse menino".

O bispo permaneceu introspectivo ao longo de bons momentos, talvez algumas horas, para ao final delas anunciar:

– Amanhã, irmão Jacobino, procederemos à reavaliação dos fatos graves aqui sucedidos.

Jacobino exultou, mas conteve a manifestação de sua euforia, demonstrando sua felicidade com um largo sorriso desenhado no rosto severo e um ar de grande benevolência.

– Deus o abençoe, monsenhor Ricardo. Começarei agora a ver o que se fará necessário.

– Obrigado, irmão Jacobino – respondeu polidamente o bispo.

Nas primeiras horas da manhã, Jacobino aguardava o bispo para a reavaliação da situação, os documentos do caso à vista, esmeradamente organizados sobre a mesa de despacho do superior.

Ricardo compareceu ao gabinete no horário costumeiro. Seu rosto trazia uma mal disfarçada expressão de cansaço, como se a noite não houvesse sido propícia ao sono. Solidão e fadiga eram o preço que pagava por seu orgulho ferido, por não perdoar.

Ele meditara muito nos últimos dias, constatara a própria infelicidade. Questionara o que ganhava com o rancor pela traição de Enzo. Nada, foi a resposta fria e crua da própria razão. Alimentar a raiva, a revolta, o ciúme, não o fazia feliz, ao contrário, amargurava-lhe os dias, lhe dava noites de insônia e solidão, sentia-se triste, desassossegado.

Perdia para si mesmo, sofria. Até o prazer de punir Enzo era amargo, reconhecia que não desejava vê-lo humilhado, maltratado, não era isso que desejava. Fora apenas uma forma de satisfazer o ego, mostrar-lhe seu poder e humilhá-lo, da mesma forma como se sentira humilhado e enganado no dia em que retornara ao convento após os funerais da duquesa.

Mas passados tantos meses, percebia claramente que perdia com aquele estado de coisas e que não poderia sustentá-lo por muito tempo. Seu estado interior era plenamente favorável a fazer o que Jacobino determinasse, e ele sabia o quanto o secretário preocupava-se com aquela guerra silenciosa que se processava em seu íntimo, sem palavras diretas fora fácil entender a solidariedade nos atos dele.

Sentou-se em sua cadeira, permaneceu alguns minutos em silêncio, brincando com a pena, que rolava entre os dedos.

– Irmão Jacobino – perguntou o bispo – se estivesse no meu lugar, o que o senhor faria com o diácono Enzo?

Jacobino sustentou o olhar do bispo e, mais do que isso, investigou o que os olhos de Ricardo falavam a respeito dos sentimentos que lhe passavam na alma. Calmamente analisou as respostas que encontrava, entendeu que o bispo transferia-lhe a responsabilidade da decisão. Naquele momento o que dissesse seria feito. Constatando a fragilidade emocional do superior e compadecido do sofrimento que divisava em sua expressão, Jacobino fez mentalmente um exercício de tentar pôr-se no lugar do outro, ver e sentir a situação sob seu ângulo de visão. Rememorou o que sabia sobre Ricardo e apiedou-se dele, naturalmente seu pensamento dirigiu-se ao Mestre:

– "Como deve ser triste viver assim, sufocando a si mesmo, escondendo-se, amando e sofrendo em silêncio. Por que, Senhor, as pessoas ainda não compreenderam tuas lições, tão simples e roteiros tão seguros para nossa felicidade? Por que ainda vivem julgando umas as outras e impondo-se cadeias e gaiolas de conceitos vazios onde sofrem e até enlouquecem? Por que não se aceitam, vivem e deixam os outros viverem conforme sua necessidade e capacidade naquele momento? Não, ainda são rígidas, orgulhosas e sei eu mais quanta coisa. Olha só, Senhor, o que no fim ganham com isso. Mas que bobagem estou te dizendo, Tu sabes disso muito melhor do que eu. Perdoa-me, mas és meu confessor, teus ouvidos jamais ensurdecem. Quando lembro como fui feliz ao lado da minha Madalena, e como ainda sou feliz por amá-la, como adorava andar de mãos dadas pelas campinas, abraçá-la e dizer a quem perguntasse que ela era a razão da minha alegria, sinto o quanto deve ser triste um amor clandestino, escondido, julgado ofensivo à sociedade. Quem somos nós, Senhor, para querermos impor condutas aos outros. Tomara nos conduzirmos bem, e quando digo isso Tu sabes que para mim boa conduta é ser feliz, deitar à noite, examinar a minha consciência e verificar que ela não grita nem me acusa de haver descumprido alguma das leis naturais da vida, que são as tuas reais vontades, é poder deixar-me contagiar pelo riso das crianças, é alegrar-me com o canto dos pássaros, encantar-me com as flores. É viver, Senhor, só isso. Algo que, acredito, Tu criaste tão simples e que nós, crentes que somos muito sábios, enchemos de dificuldades e conceitos ilógicos e irreais. Ele sofre, eu vejo isso no olhar apagado, no rosto cansado, na expressão dura de seus lábios, nos gestos nervosos, na falta de entusiasmo, ajuda-o, Te peço. Que ele tenha coragem e força para buscar as próprias verdades e vivê-las dignamente. Ajuda-me a fazê-lo compreender por que Tu não condenavas, nem fazias discursos particulares determinando como cada um devia viver, mas ensinavas lições de vida e comportamento possíveis de serem utilizados por qualquer um de nós. Ajuda-me a fazê-lo entender que o maior beneficiado com o perdão não é o ofensor, mas a vítima, que se liberta de um cativeiro de emoções destrutivas."

Jacobino calmamente sentou-se. Ainda envolvido na conversa mental com o Senhor da Vida, iniciou o diálogo com Ricardo, falou-lhe com total liberdade, absolutamente esquecido dos papéis de cada um naquela sala, desaparecia o superior e o subalterno segundo a hierarquia humana, dando lugar à noção de igualdade. Expôs-lhe seu pensamento, evitou ferir os sentimentos magoados e respeitou o silêncio auto-imposto do bispo, não forçando uma confissão do amor dele pelo diácono e muito menos da relação que sabia existir entre ambos. Concluiu dizendo:

– O diácono é humano, como todos nós. Tem curiosidades, desejos, sentimentos, carências, enfim, não é uma batina que envergamos diariamente que nos faz diferentes dos outros. Muitos podem até dizer tal insanidade, mas duvido que acreditem nas próprias palavras. Não, Deus não nos fez de matéria especial. Ele é jovem, é natural que tenha anseios, e se o Criador nos fez assim é porque assim deve ser, não acredito que o sexo seja pecado. Claro, entenda bem, não estou dizendo que promover orgias e viver como um libertino seja o correto, mas que precisamos compreender uns aos outros, e não condenar. Enzo precisa de orientação, não de excomunhão. Ele carrega um forte sentimento por haver sido abandonado pela mãe, sente-se rejeitado, vi isso desde os primeiros dias, aliás, só não vi esse sentimento nascer, mas acompanho todo seu desenrolar. Cresceu entre as paredes desse convento, o que ocorreu, no meu modo de ver, foi muito mais inexperiência, curiosidade, necessidade de ser aceito e querido, e provavelmente solidão, foi a primeira vez que o senhor ficou tanto tempo longe dele e desde menino ele tem uma dependência emocional muito grande da sua pessoa. O senhor é o esteio da personalidade de Enzo.

– Tens razão – disse Ricardo com uma pequena luminosidade se acendendo em seu olhar. – Foi a primeira vez desde que Enzo tinha onze anos, quando foi morar em minha residência, que me afasto dele. Pode realmente ter se sentido abandonado. Não havia pensado nisso.

– Nós, os órfãos, somos muito carentes e nos apegamos facilmente às pessoas que nos ofertam amor.

– E o que faria neste caso, se fosse o bispo do Vêneto? – inquiriu Ricardo novamente.

– Daria a ele a clemência que pediu. Perguntei-lhe várias vezes se desejava realmente prosseguir na carreira religiosa, ele afirmou categoricamente que sim. Antes desse lamentável episódio, nada tínhamos de desabonador na conduta de Enzo, ao contrário. Eu desculparia os atos impensados que ele praticou. Se fosse seu confessor, dialogaria muito com ele para ver até onde tomou consciência de seus atos, do que o levou a agir, como viu os acontecimentos e as conseqüências deles, procuraria ajudá-lo a educar-se, a conhecer seus pontos fracos e fortalecê-los. E, como ele morava com o senhor, se estivesse em seu lugar teria com ele uma conversa muito franca e a partir disso estabeleceria as bases do relacionamento – respondeu Jacobino seguro e sereno. – Afinal ninguém é obrigado a amar, isso é uma escolha pessoal. Uma sábia escolha, eu diria.

Ricardo nada disse, ergueu o olhar ao alto e ficou contemplativo por um bom tempo. Jacobino levantou-se e retomou seu trabalho interrompido e ele nem ao menos se deu conta do afastamento do secretário. A manhã chegava ao fim quando o bispo, tomando a pena, molhou-a no tinteiro e pessoalmente redigiu a página final do processo disciplinar do diácono, reabilitando-o e fixando sua ordenação como sacerdote dentro de três meses a contar daquela data. Terminou de redigir o documento, assinou-o apondo também o brasão de seu anel, levantou-se e, despedindo-se do secretário, retirou-se. Jacobino, ao reorganizar os documentos do caso Enzo, lançou um olhar à página que jazia aberta sobre a mesa, leu-a e sorriu.

– Ele perdoou. Foi difícil, mas ele conseguiu. Que bom! Obrigado, Senhor.

..*

Subitamente as imagens se apagaram da tela. Imediatamente voltei minha atenção para Ricardo que, para minha surpresa, tinha os olhos arregalados e uma expressão surpresa no rosto marcado pelas lágrimas.

– O que aconteceu, Georges? – indagou ele.

– Apenas uma inserção necessária em suas lembranças. Volte a deitar-se e relaxe, agora quem comanda sou eu. Vamos aproveitar para conhecer mais detalhadamente alguns lances que ocorreram com outros envolvidos nessa história.

– Mas, por que se nem ao menos consegui estabelecer uma resposta satisfatória para meu questionamento pessoal?

– Não se atormente, Ricardo, sempre há tempo para encontrarmos nossas respostas e você está no caminho. É muito bom quando encontramos essas respostas rapidamente, mas não é esse nosso caso. Na existência que estamos revendo tudo já aconteceu, você não pode mudar os fatos, pode, sim, mudar os conceitos que o levaram a ter as atitudes daquela época. Esse é o propósito do nosso trabalho: autoconhecimento, auto-aceitação e reformulação da própria existência onde for necessário, e firmeza nos propósitos alicerçados corretamente. É um trabalho inadiável, mas não necessita ser apressado, que façamos um pouco a cada dia conforme nossas forças é o bastante – explicou Georges aproximando-se de seu paciente. – Alguma coisa chamou sua atenção nos últimos lances que recordamos?

– Bem, tem sido uma experiência interessante conhecer o pensamento das pessoas que me cercaram. A relação do irmão Jacobino com Deus me chama a atenção. Sinto-me em paz cada vez que percebo os pensamentos ou as conversas dele com Deus. É uma sensação nova para mim, melhor dizendo, é uma sensação que há muito estava esquecida.

– Os benefícios da fé são fundamentais para um equilíbrio sadio das forças emocionais e da inteligência. Jacobino desenvolveu um alto senso de espiritualidade e veja que uma prece lançada ao universo por um coração amante da verdade não se apaga, ao contrário, ilumina pela eternidade.

– Agora posso avaliar a importância dessa busca de comunhão interior, desvinculada de fórmulas, rituais e cerimônias, espero que não seja tarde demais.

Georges sorriu para Ricardo e disse:

– Nunca é tarde para viver, Ricardo, ou aprender a viver. Relacionar-se com Deus é a melhor forma de harmonizar-se com o universo e suas leis. Você prestou atenção a este último momento de introspecção de Jacobino, evocando em pensamento a figura de Jesus?

– Obviamente, emocionou-me muito conhecer sua preocupação com meus sentimentos e, principalmente, me sinto estranhamente aliviado por saber que ele sabia de tudo ou quase tudo a meu respeito e mesmo assim prosseguiu me aceitando livre de preconceitos.

– Jacobino procurou colocar-se no seu lugar, sentir o que você sentia naquele momento, isso é um processo de empatia que nos permite avaliar corretamente as situações que nos cercam e, principalmente, é o melhor meio de bem conduzirmos nossas ações, pois, exercitando-o, faremos sempre o que gostaríamos que nos fizessem. Ele compadeceu-se do que chamou uma forma de amor clandestino e comparou-o a suas próprias experiências, por isso entendeu seu sofrimento e não o condenou, a mente aberta jamais condena, busca compreender. Você notou a importância do último pensamento que ele nos deixou registrado?

Ricardo recostou-se e suspirou profundamente. Havia algo que vinha realmente do mais profundo de seu íntimo. Parecia uma válvula colocada em ambiente altamente pressionado. Depois de um longo tempo de interrupção no diálogo, num silêncio revestido de significação, ele disse:

– Perdão. Jacobino pediu a Deus que eu compreendesse o que era o perdão. – Novamente silenciou, depois um sorriso largo e sincero, como não vira antes, desenhou-se em seu rosto e iluminou seu olhar, ele se transformou, expressão serena, tranqüila, rejuvenesceu seu semblante. – Georges, algum dia voltarei a ver Jacobino? É possível saber onde ele está, o que faz, com quem vive? Ele reencontrou "sua Madalena"?

Georges riu da curiosidade de seu paciente e, dando-lhe um momento de descontração, levantou-se e lançou-me um olhar significativo e cheio de alegria, como uma criança que esconde um trabalho que fez para mostrar aos pais. De minha parte confesso que a pergunta de Ricardo pegou-me de surpresa, Georges percebeu e me disse:

– A amizade é uma flor que jamais morre no coração dos homens.

Quem baixou a cabeça meio envergonhado fui eu, obviamente que já percebera o quanto Ricardo admirava a figura de Jacobino. Nada mais lógico que ele, retornando ao equilíbrio, recordasse e sentisse o desejo de rever o amigo. Ao dar-me conta que ele desejava a presença de outra pessoa, que abandonava a idéia fixa com a qual convivia há anos, suficientes para compor vários séculos, compreendi a alegria no olhar de Georges, busquei encará-lo e ele sorria, sem que Ricardo o visse, piscou-me um olho, como dizendo:

– Ele está melhorando mais rápido do que esperávamos.

Georges andou alguns passos por seu gabinete de trabalho, depois voltou e sentou-se quase aos pés do divã em que Ricardo estava reclinado, e, sorridente, respondeu:

– Tudo dependerá de você, Ricardo. Se desejar realmente rever Jacobino, poderemos ver a possibilidade de realizarmos esse encontro.

Ricardo olhou para o médico e falou seguro:

– Eu quero. Quando poderei saber se será possível?

– Em breve, espero, mas não posso lhe dizer exatamente quando. Agora, voltemos ao nosso assunto – o perdão. Diga-me, como você se sente em relação à capacidade de perdoar?

– Ah, Georges! Por que suas perguntas são sempre tão exigentes? – questionou Ricardo, demonstrando maior liberdade e intimidade no convívio com Georges.

Simpático, o médico fez uma expressão de estranheza, quase uma careta, depois o sorriso, sempre fácil, se distendeu e indagou:

– Por que, exigente?

– Nunca consigo respondê-las sem pensar muito, sem questionar-me, sem sentir. Você me faz mexer em emoções muito antigas, são como plantas que se enraízam no tronco das árvores, eu já não sei quando é a raiz dessa planta ou quando é a casca da árvore. Arrancar essas plantas dói. Dói muito.

Notei que as expressões simbólicas usadas inconscientemente por Ricardo, para dizer de seu sofrimento naquele trabalho, interessavam sobremaneira a Georges, que indagou:

– A árvore estava tomada de raízes de plantas?

– No início eu via apenas as folhas.

– E agora?

– Já vejo vários galhos.

– Como se sente a árvore?

– Respira melhor, parece mais livre. Ao arrancar as raízes algumas partes da casca foram abaladas, na verdade, muitas, eu vejo em muitos pontos o cerne dela e sinto brotar e escorrer uma seiva.

Os olhos de Georges encheram-se repentinamente de lágrimas; ele avançou pelo divã e encarando nos olhos seu paciente, pediu:

– Me dê um abraço, amigo.

Ao ouvir o pedido de Georges, imediatamente lembrei minhas tentativas de aproximação física de Ricardo e temi a audácia de meu amigo, larguei as anotações que fazia e pus-me a observar.

Ricardo nem ao menos pensou, tomou confiante o médico em seus braços e vi quando Georges o estreitou junto ao peito e algumas lágrimas corriam pelos cantos de seus olhos. Sentindo o calor da amizade, Ricardo começou a rir, ouvimos pela primeira vez o som de seu riso, era como se algo dentro dele se libertasse. Senti um desejo imenso de abraçá-los também. Estranhamente me sentia parte daquele processo de renascimento, eu era a testemunha silenciosa daquele momento, ao mesmo tempo em que me invadia uma profunda emoção. Georges percebeu minhas emoções, pois me estendeu a mão e seu olhar me dizia que de algum modo estávamos todos irmanados no mesmo sentimento de felicidade. Tomei-lhe a mão entre as minhas e soprei-lhe:

– Você conseguiu.

Ele, com o rosto banhado em lágrimas, me respondeu baixinho, ainda abraçado a seu paciente.

– Eu não, o amor que há nele o colocou no caminho da cura.

Ricardo estava tão absorto nas sensações que experimentava, na liberdade de manifestar-se, que nem registrou o pequeno diálogo entre mim e Georges.

Aos poucos ele afastou-se do médico. Impressionante o quanto o riso modificara sua fisionomia, todo ele estava relaxado, não se percebia mais rigidez, o aspecto sombrio dera lugar a um olhar com brilho suave e calmo, embora um toque de tristeza ainda fosse perceptível.

Georges o encarava sereno, refeito da emoção que havia nos envolvido, permanecia a aura de felicidade, o regozijo pela sua melhora de estado. Ricardo sustentou-lhe o olhar, ainda sorridente. Olhando-o, eu tinha a impressão de que ele gostaria de sair andando, correndo pelos campos, com vento no rosto e os braços abertos, dizendo ao mundo que depois de muitos anos seu mundo emocional respirava ares de liberdade e isso se refletia em todo seu ser.

Com gestos pausados, Ricardo tocou o rosto de Georges, como se fosse um cego buscando com o tato formar um juízo, mas a expressão do médico me dizia que não era nada disso.

– Toque, Ricardo, não tenha medo – incentivava Georges.

– Você sabe por que faço isso?

Os olhos escuros de Georges brilharam, porém, manteve-se calado, apenas sorriu, e colocando a mão sobre a de seu paciente, a conduzia por seu rosto, pescoço e braço.

– Tocando em você estou tocando em mim mesmo, estou me testando. Quero saber o que sinto – esclareceu Ricardo.

– Eu sei – informou Georges. – Prossiga, se deseja a minha autorização, você a tem. Encontre suas respostas, Ricardo. Confie, vá em frente, tente.

O antigo bispo do Vêneto prosseguiu sua experiência e ao cabo de vários minutos vi surgir outro sorriso em seu rosto, acompanhado de uma expressão de alívio. Deixou cair as mãos ao redor do próprio corpo e ficou alguns minutos encarando Georges, depois levantou-se, aproximou-se de mim, estendeu a mão, e perguntou:

– Posso tocar em você?

Surpreso, interrompi a tarefa que realizava, sorri para ele e respondi:

– Claro.

Ele procedeu comigo da mesma forma que eu vira fazer com Georges, mas era estranho sentir o toque, realmente parecia que ao tocar em nós ele tocava algo muito escondido em si mesmo, porque seu toque era inseguro, cuidadoso, cheio de paradas, como se a cada momento estivesse avaliando algo. Ele não me tocava com os dedos, mas sim com o coração. Depois de algum tempo, ele interrompeu a exploração, encarou-me, dirigiu-me um leve sorriso e falou:

– Obrigado, amigo. Você vai contar isso também?

Acenei-lhe afirmativamente com a cabeça e ele retrucou:

– Não sei se todos entenderão.

– Eu entendi. Georges também. Acredito que os que vierem a conhecê-lo pelas minhas palavras também entenderão esse momento.

Ele baixou a cabeça, respirou fundo e voltou a ocupar seu lugar no divã, dizendo:

– Eu compreendi, Georges. Depois de todos esses anos a prece de Jacobino encontrou sua resposta. Eu perdoei a mim mesmo. Já não me sinto um pária, um rejeitado, um anormal. Redimi minha auto-imagem. Redimensionei meus julgamentos sobre o que e como eu sou e sinto. Parece que tudo o que já conversamos, todos os fatos que revisamos se uniram dentro de mim e numa reorganização íntima muita coisa desaparecesse, como que tragada por outra coisa nova que subsumisse nela. Sinto-me muito bem. – Fez uma pausa, olhou em torno, depois fixou a mim e a Georges. – Encontrei também a resposta àquela outra pergunta.

– Qual? – indagou Georges.

– Eu dei à minha sexualidade importância exagerada. Achava que não poderia tocar em alguém livre de desejo sexual, eu temia isso, ao mesmo tempo em que esse pensamento me impulsionava a buscar companhia, principalmente na minha juventude. Revendo o passado, notei que fui mudando aos poucos; engraçado, só agora me torno consciente dessa mudança. E agora posso dizer que não sou conduzido por minha sexualidade. Sou capaz de desenvolver outros relacionamentos isentos de sexo. Não sou o escravo do desejo que pensei ser. Enquanto me dava conta desse fato, também reconheci os erros praticados por ambição, por vaidade e até mesmo por vingança. Fui escravo de outra gama de sentimentos bem diferentes, sem relação com minha preferência sexual.

– Excelente. Seu progresso me surpreende, não contava que seria tão rápido. Continue assim, você está no caminho certo – estimulou

Georges. – Vamos prosseguir ou você gostaria de descansar um pouco, dar um passeio e retomar amanhã o trabalho?

Ricardo pensou alguns momentos, virou a cabeça em direção à grande janela, através da qual se percebiam ainda réstias de luz do sol, e perguntou:

– Podemos parar até amanhã?

– Sim, podemos. Você pode caminhar pelos jardins aqui da instituição, sentar-se em algum recanto, aproveitar para contemplar a natureza, meditar um pouco.

– Não haverá prejuízo para o trabalho?

– Ao contrário, meu amigo. Solidificará tudo o que já fizemos e nos mostrará se algo ainda necessita de reforço.

Ricardo levantou-se e disse firmemente:

– Então vou passear um pouco. Será que me chamarão de louco se eu sair correndo, cantando e tocando nas pessoas?

– Acho que não. Aqui os mais diferentes comportamentos são vistos e aceitos. Vá, corra, cante, brinque com as crianças, para elas ninguém é louco, não se preocupam em pôr rótulos nos outros.

– E eu posso ir sozinho, Georges?

– Obviamente. Sei que voltarás aqui para prosseguirmos.

Ricardo sorriu, despediu-se e tão rápido abandonou a sala, que só vi as saias de sua batina: ele já estava nos corredores buscando o caminho para os jardins.

Eu e Georges nos aproximamos da janela e ficamos observando em silêncio o alegre passeio de Ricardo pelos jardins de nossa instituição. Logo estava cercado pelas crianças, de mãos com uma menininha muito risonha.

Capítulo 8

O reino de Afrodite

"O mais real dos homens é rei de si mesmo".[1]

A pausa no trabalho de observação direta da evolução do estado emocional de Ricardo me possibilitou dar corpo a boa parte deste trabalho. Os principais fatos de seu passado eu já havia investigado e trazia semi-acabado o relato, mas ao presenciar suas reações às próprias vivências, ao compartilhar tão palpitantes emoções, não resisti a fazer uma reformulação do trabalho que desenvolvia. Por isso, me surpreendi ao receber o chamado de Georges para retomarmos o trabalho.

Escrevendo, não sinto o tempo passar, e minha ânsia por expor as experiências que acompanhava era tanta que me isolei em minha sala de trabalho; por várias horas fomos apenas eu e as vivências de Ricardo envolvidos no prazeroso trabalho de dar-lhes forma e compreensão.

Acompanhar a terapia de Ricardo fortaleceu em mim a convicção de que ninguém, nem coisa alguma está isolado no universo. Interagimos uns com os outros em todos os níveis de existência que usufruímos.

Quando inicialmente me propus a relatar as memórias do bispo do

---

[1] *Platão.* A República, *Livro IX. Trad. Enrico Corvisieri, São Paulo, Nova Cultural.*

Vêneto, pedi-lhe para acompanhar o trabalho de Georges, com o intuito somente de acrescentar elementos ao material de que já dispunha. Entretanto, a força dos sentimentos que se desencadearam à minha volta levou-me de roldão para dentro da experiência dele, e de testemunha imparcial e silenciosa que pretendia ser, vi-me profundamente comovido com o desenrolar daquele embaralhado de emoções e me sentiria um ladrão da personalidade de Ricardo se não relatasse todos os sobressaltos pelos quais ele passou para compreender a si mesmo.

Ele que, a qualquer preço, buscou o poder, a liberdade e o prazer, que em nome dessa busca equivocou-se seriamente perante as leis da vida, depois de muitos séculos de sofrimento encontrava na verdade a chave da propriedade que tanto almejava ter. Desvendar-se, esmiuçar seus sentimentos mais secretos, embrenhar-se pelas obras de Afrodite – ato, desejo e prazer –, reviver esse sistema de retroalimentação, desvendar por si mesmo a nascente do desejo na própria alma e a dificuldade de harmonizar esse universo divino aos prazeres materiais que a tão fortes arrastamentos o haviam conduzido. Ele, que se dizia senhor, era escravo. Recriminava-se por sentir-se um ser maculado, e com isso encobria sua servidão, que não era oriunda da forma como praticava o amor, mas sim dos excessos a que se entregava. Tiranizava os outros e era, ao mesmo tempo, uma alma tiranizada. Vivia a pior das escravidões, a que nenhum ato exterior, por mais poderoso que seja, tem a força de fazer cessar, pois era escravo da própria intemperança, do desgoverno de si mesmo.

Depois de um dolorido processo de maiêutica, ele descobria a viril temperança, o comando de si mesmo, atitude interior que movimenta em favor de si as qualidades do espírito humano, que comanda o que deve ser comandado – os instintos – impondo a obediência ao que lhe serve e ao que por si só não é capaz de dirigir-se, impondo os princípios da razão ao que deles é desprovido, exercendo o espírito, por meio dessa atitude, o pleno governo da matéria e do reino ao qual se vincula.

Como bem definiam os filósofos da antiga civilização grega, o problema da sexualidade não está na forma dos atos, mas sim na questão moral da temperança ou intemperança, no domínio que se exerce sobre o uso dos prazeres. Nesse contexto, a temperança sexual é um exercício da liberdade que se consolida no domínio de si mesmo, na supremacia do espírito sobre o corpo, manifestando-se na maneira peculiar com que nos mantemos e nos contemos no exercício de nossa sexualidade e na maneira pela qual nos relacionamos conosco mesmos dentro da relação que temos com os outros. Chave antiga para um segredo sempre atual na evolução humana.

Ricardo compreendera a necessidade de perdoar a si mesmo, de rever conceitos e imagens pessoais. Bem, mas pelo que eu sabia de sua existência, ainda seria preciso muito mais.

Reuni o material que usava e dirigi-me ao gabinete de Georges. Encontrei-o à minha espera. A porta aberta dava livre acesso a qualquer um dos colaboradores que circulasse pelo prédio, embora se localizasse numa ala relativamente plácida, afinal era dali que ele dirigia sua extensa atividade em nossa instituição, onde havia sempre um alegre movimento ao seu redor. Espiei pela abertura e o vi sentado, atrás de uma extensa mesa, réplica perfeita da que usava em seu gabinete na chácara em sua última existência.[2] De resto, o ambiente era muito simples, muitas plantas lembravam a vegetação da América Central, obviamente reforçada pelos trajes que usava costumeiramente.

– Entre, José, estava lhe esperando.

– Surpreendeu-me a retomada tão rápida do trabalho com Ricardo. Ele avança a passos largos – comentei, sentando-me na cadeira que foi minha naquele período e depositando meus objetos de trabalho sobre a mesa de Georges.

– Estou muito feliz com a cooperação de Ricardo no tratamento. Isso me diz que ele deseja melhorar, ele movimenta as próprias forças em favor do progresso e da libertação pessoal. Está ativo, participante do trabalho. Se tomasse uma postura de simplesmente reagir ao trabalho, tudo seria mais lento e menos seguro. A reação nasce sempre por um estímulo externo; a ação, de um impulso interno. Por isso a mudança conceitual é firme, capaz de oferecer sustentação aos testes do futuro, quando ele retornar à matéria.

– Também me congratulo com a melhora dele. Está sendo fantástico

---

[2] *Nota do autor espiritual: A existência em referência foi a narrada em nosso romance* Dramas da Paixão, *publicado pela Boa Nova Editora.*

acompanhar esse renascer de uma pessoa. Expor, em palavras, o que significa ver surgir uma lágrima, um sorriso, uma risada, um gesto simples de carinho, a capacidade de ser espontâneo em alguém que por séculos sepultou afetos é algo que transcende os limites da linguagem.

Georges sorriu e vi seu olhar se dirigir para além da minha figura. Ele levantou-se gentil e solicito, foi até a porta e, encontrando Ricardo parado sob o batente, disse:

– Que bom revê-lo, Ricardo! Entre. Eu e José Antônio já o aguardávamos.

O ex-bispo do Vêneto aparentava tranqüilidade, estava relaxado e um brilho de alegria irradiava de seu semblante. Cordialmente me cumprimentou e, sem esperar convite, acomodou-se no divã, com a intimidade de quem apreciava o lugar.

– Vejo que o passeio te fez muito bem – falou Georges enquanto fechava a porta retornando depois a seu lugar.

– Foi excelente, me sinto renovado. Andei pelos jardins e pela primeira vez desde que estou aqui apreciei a beleza deste lugar e seus habitantes. A companhia das crianças ajudou-me de uma forma que não sei explicar. A simplicidade, a espontaneidade, o sorriso, o carinho que vivi com elas tocaram-me muitíssimo. Realmente, não consigo explicar o que senti, mas asseguro que foi muito bom e agora farei disso uma prática. Vou andar em meio à natureza, sentar-me em algum recanto e meditar, observar a vida e as outras pessoas, deixar-me contagiar pelas energias que nos circundam.

– Ótimo! Faça isso, encontrarás novos amigos e descobrirás que todos temos ou enfrentamos dificuldades em algum momento da vida, nos equivocamos, e estamos dispostos a nos aperfeiçoar para fortalecer esses pontos fracos em nossas personalidades – recomendou Georges. – Não somos diferentes uns dos outros, mas iguais – todos aprendizes na vida.

Ricardo esboçou um leve sorriso, como se as palavras do médico lhe evocassem alguma lembrança boa.

– Podemos recomeçar? – perguntou Georges.

Ricardo, em agradável atitude de silêncio, aquiesceu. Respirou fundo e uniu as mãos sobre o ventre, aguardando:

– Neste primeiro momento eu conduzirei as lembranças, como havíamos combinado anteriormente – informou o médico.

A sala, silenciosa e em suave penumbra, foi novamente invadida pelas imagens da velha Itália, seus conventos, palácios, castelos, praças e fontes inesquecíveis. Prédios suntuosos, ruas movimentadas, um atuante comércio, muito luxo nas vestes, nos detalhes arquitetônicos e nos veículos nos remetiam ao centro religioso da antiga cidade de Roma.

Um teto coberto de afrescos com imagens representativas dos mundos celestes, segundo a concepção católica, surgiu à nossa frente, acompanhado de estátuas esculpidas em mármore, imagens e altares cheios de adornos, ouro e rutilantes pedras preciosas.

O canto gregoriano executado com perfeição repercutiu no ambiente e logo divisamos o desenrolar de uma cerimônia religiosa conduzida com rigorosa disciplina, envolta em pompa e num discurso ininteligível para a grande maioria dos assistentes, baseada na aceitação de "mistérios" que desafiam a lógica e a inteligência humanas, rebaixando-as ao grau das bestas que devem ser adestradas para seguir um comando.

As imagens corriam na tela sem se fixarem, era como um passeio pelo centro do poder clerical. Ricardo revia com ar reflexivo todo aquele meio pelo qual transitara com grande desenvoltura no passado, mas as cenas que se sucediam pareciam seguir uma escala descendente. Gradativamente iam tornando-se menos luxuosas, mais silenciosas, o colorido da arte cedia ao cinza, a luz natural, à iluminação das tochas, o canto, ao silêncio sepulcral. A beleza delicada expressão da alma dos notáveis artistas responsáveis pela suntuosa decoração fora abandonada, substituída por uma construção reforçada, cheia de cadeados, trancas, portas pesadas, com pequenos orifícios para entrada de ar e comida. A atmosfera era sufocante, quanto mais se descia pelo subsolo mais a sensação de abandonar as belezas do paraíso e descer a um inferno pagão estranhamente frio e úmido em seu interior se fortaleciam.

Víamos apenas uma tocha percorrendo esse caminho escuro e ouvíamos o som de passos pesados e o tilintar de metais. Alguém descia até aquele lugar.

Finalmente as imagens se fixaram numa porta de madeira extremamente pesada, de grossas dobradiças de ferro e fechada com um grande cadeado preso ao ferrolho.

A tocha foi colocada em um suporte fixo na parede ao lado da porta à aproximadamente um metro e meio de altura. Nesse instante, o fogo projetou uma luz avermelhada sobre o rosto de um homem, aparentando quarenta anos, de físico avantajado, alto, tinha mãos grandes e com pouca maleabilidade, cabelos ralos, um rosto de traços toscos e expressão dura, sarcástica.

Em silêncio, o estranho procurou uma chave e aproximou-se de uma das celas. Antes de inseri-la para tentar abrir a porta, olhou através da pequena janela gradeada ao centro da porta e viu no interior do ambiente um homem magro, de aspecto cadavérico, as partes que via do corpo estavam marcadas por cicatrizes, hematomas e ferimentos infeccionados. Sacudiu a cabeça com ares de desprezo pelo presidiário e disse:

– Ergue-te, desgraçado!

O presidiário não fez qualquer gesto de obedecer ao pedido, permaneceu imóvel no leito. Sabia-se que ele não morrera porque era possível ver e sentir seu peito movimentar-se no processo de inflar os pulmões no ato de respirar.

– Ergue-te, infeliz! – bramiu, enfurecido com o descaso, o padre carcereiro. – Não adianta temer, isso não fará o sol ofuscar-se, nem a lua surgir antes do horário noturno. Fizeste tudo que querias, pervertido, agora vais pagar teus crimes e pecados. Apronta-te, basta erguer-te e andar até aqui.

O apenado deu sinais escassos de reação, parecia um organismo sem forças, sem estímulo. Com supremo esforço conseguiu sentar-se no catre miserável, depois lentamente ergueu-se e andou alguns passos cambaleantes e inseguros até ao lado da porta, aguardando que o carcereiro lhe desse a oportunidade de sair daquele claustro. Era um trapo, um farrapo de homem, uma caveira envergando batina preta grande demais para seu atual corpo. Em dias melhores, com certeza aquela vestimenta ficaria muito bem a um corpo forte, saudável e jovem, porém agora era ridículo, sobrava pano, estava enorme, sem qualquer atrativo, suja, malcheirosa.

– Bom – avaliou o carcereiro, enrugando o nariz ao sentir o odor que exalava do preso. – Acho melhor que te lavem antes do julgamento.

Estás insuportável.

Apesar do notável estado de fraqueza do moribundo, o carcereiro não hesitou em amarrar-lhe os braços. Depois puxou-o pelos longos cabelos, até dobrar-lhe a nuca para trás e empurrou-o, fazendo-o andar.

Com dificuldade se distinguiam, em meio aos ossos aparentes, à pele flácida, à barba crescida que lhe alcançava o pescoço e aos cabelos longos e emaranhados, os traços de padre Rugiero. Somente os olhos conservavam o brilho do ódio, com o qual haviam sido iluminados no convento do Vêneto. Ao longo de meses encarcerado, solitário, nas masmorras romanas ele cultivara sua revolta, sentira-se um injustiçado, um perseguido, o próprio bode expiatório, na expressão do Antigo Testamento – aquele que era o sacrificado para expiar e purificar os pecados alheios. Em momento algum admitiu sua responsabilidade na construção dos fatos, nunca avaliou sua longa semeadura de inveja, os desejos de tramar a queda de outros; não, ele era a vítima que continuava a jurar vingança contra os que julgava seus algozes. Sua mente incendiada por pensamentos destrutivos alimentava o estado emocional desestruturado, o corpo, por conta dos cuidados despendidos pelos carcereiros e vigários judiciários, debilitava-se dia a dia, fazendo recrudescer a revolta em seu espírito. Enquanto o corpo vergava ao solo quase sem forças, o espírito inflamava-se nas chamas de uma pseudo-injustiça da qual era a vítima inerte.

Enquanto andava trôpego, caindo por sobre os altos degraus de pedra, esfolando os membros descarnados, em sua mente febril, comparava-se ao Cristo, vivendo sua via-crúcis, porém ninguém havia que lhe estendesse a mão, lhe desse água ou incentivasse a prosseguir ao longo daquele caminho mórbido cujo fim ele conhecia. Mesmo assim, não avaliava os próprios procedimentos, nem se questionava por que não tinha amigos. Eventualmente lembrava-se do companheiro – padre Bento – que durante o período de sacerdócio fora quem mais próximo estivera dele e com quem compartilhara muitas intrigas, campanhas difamatórias e prazeres mundanos. Imaginava que o outro também estivesse sofrendo as mesmas agruras, mas isso não o consolava.

Pararam em frente a uma porta alta. Rugiero ergueu o olhar e um tremor lhe sacudiu o corpo, denunciando o medo, o horror. Muitas vezes já fora trazido à sala além daquela porta, à presença do vigário.

– "É o meu fim. Hoje não suportarei o interrogatório, nem as penas aplicadas. Malditos! Será que pensam que não sei que também eles fazem o mesmo que fiz, que têm amantes homens ou mulheres, que vivem à larga o mesmo pecado que me acusam de praticar? Somos todos demônios! A diferença está no poder de cada um sobre os outros. Malditos, mil vezes malditos, nos encontraremos todos no fogo do inferno. Se me mandam para lá agora, eu os esperarei entre as chamas eternas e me regozijarei em vê-los sofrer. Lá seremos iguais, o demônio é um juiz imparcial" – pensava Rugiero.

– Ele está fedido demais, lavem-no. Será impossível o vigário trabalhar com ele nesse estado – ordenou o carcereiro a dois outros religiosos que se postavam ao lado de uma grande mesa cercada de estranhos instrumentos. Sobre seu tampo viam-se quatro algemas, duas na parte superior, duas na parte inferior e, ao centro, uma grossa corrente de ferro. Sem dúvida, um local adrede preparado para a tortura. Rugiero tremia, seu olhar incendiado de revolta fixava-se na mesa com indizível pavor.

Repentinamente sentiu pesados golpes d'água. Os padres, em obediência ao carcereiro, lhe jogavam recipientes cheios de água fria, atirados com força a ponto de seu corpo fraco arrojar-se ao solo, conquanto eles continuavam a "lavá-lo". Rugiero cobriu o rosto com as mãos na tentativa de proteger os olhos e o nariz dos pesados golpes do líquido jogados contra seu ser. Para ele, o "banho" fora mais uma refinada técnica de tortura moral, a batina, grande demais, agora pesava o dobro e ele não conseguia erguer-se. Sabia que seu corpo abrigava inúmeros insetos que lhe causavam um enorme desconforto e, molhados, corriam sobre sua cabeça, barba e em todos os lugares onde houvesse pêlos em seu corpo. Tinha horror a si mesmo, reduzido que estava a servir de moradia a pequenos animais que lhe infligiam sofrimento e mal-estar.

Vendo a cena atroz, o carcereiro riu e foi copiado por seus auxiliares.

– Agora ele está menos fedorento e os piolhos e outros animais de estimação que ele carrega não deixarão seu corpo – disse, sarcástico, o carcereiro. – Vamos acorrentá-lo à mesa.

Aproximaram-se do trapo que era padre Rugiero e sem cerimônia ou cuidados lançaram-no sobre a mesa com força, fazendo-o bater com as costas e com a cabeça no tampo do móvel, ressoando pelo ambiente o som do choque dos ossos do corpo com a dura madeira. Sem darem atenção aos gemidos do preso, ergueram seus braços sobre a cabeça e acorrentaram-nos às algemas deixando-os distendidos, além do suportável ao organismo humano. O mesmo fizeram com seus tornozelos, algemando-os na parte inferior da mesa. Depois firmaram sobre seu abdômen, à altura do diafragma, a pesada corrente de ferro, tão ajustada ao corpo que dificultava a respiração.

Rugiero gemia sem forças para articular palavras, seu pensamento irradiava ódio sobre seus carcereiros, os quais, entretanto, eram tão endurecidos que essas vibrações não os abalavam.

O ranger da porta anunciou a chegada do vigário judicial. Movendo os olhos, Rugiero o viu entrar, com sua batina negra, a faixa ajustada à cintura e sobre ela uma corrente fina da qual pendia uma cruz que alcançava a altura do joelho. O rosto do homem era fechado, não exprimia emoção de nenhuma espécie, os olhos azuis, muito claros, poderiam ser descritos como belos não fosse o brilho de gelo. Evocavam a lembrança dos picos nevados das montanhas ao norte da Itália refletindo um brilho azulado à distância, porém frio, gélido. Tinha o olhar de fera, os lábios finos, apertados, dificilmente tinham mobilidade para sorrir, seu rosto era uma musculatura rígida, dura, que não descontraía, creio nem ao menos dormindo.

O tremor no corpo de Rugiero tornou-se mais intenso, ele vertia suor copiosamente, a palidez, agora natural, também se intensificou, todos os sinais característicos do medo eram perceptíveis na criatura. O vigário apenas balançou a cabeça ante a constatação do pavor que infligia ao padre, aproximando-se, apertou-lhe mais as algemas que prendiam os tornozelos e ante os gemidos lancinantes de Rugiero lhe endereçou um olhar frio, dizendo:

– A coragem dos pervertidos acaba aqui. Vocês são uma raça de infiéis, uns traidores da lei divina. Meu trabalho é encaminhá-los ao inferno, que é onde devem ficar. Sofre! Este é teu caminho. Sodoma foi destruída por causa dos prazeres de vocês. Deus não os aceita, são filhos do demônio imiscuídos no rebanho do Senhor. Eu limpo esse terreno. Quantos mais te acompanhavam naquele convento? Fala, nada ganharás escondendo esses desviados.

Rugiero, nos primeiros dias, gritara o nome de Ricardo e de Enzo, dissera saber que eram amantes de longa data, que o bispo o tomara a seus cuidados ainda menino e o iniciara na perversão e na luxúria, arrolara o nome de Jacobino acusando-o de ter relacionamento com padre Lucas, e dissera todos os nomes que conhecia sem atentar se falava a verdade ou mentia, seu desejo havia sido trazer toda a congregação para acompanhá-lo. Entretanto, nada lograra com isso, ante os pares de sacerdócio e os superiores, a reputação de Ricardo era inabalável, o trabalho desenvolvido na região do Vêneto, a adoração dos fiéis, o patrimônio amealhado o tornavam inatingível às acusações de padre Rugiero. A Rota Romana, tribunal eclesiástico responsável pelo julgamento do religioso, limitou-se a requerer algumas informações do monastério, investigou alguns nomes, como o de Jacobino, mas a palavra inflamada e segura do bispo do Vêneto e seu poder de influência logo abafaram o caso e fizeram recair sobre os prisioneiros a ira do vigário, que se obrigara a uma medida antipática. Rugiero aprendera a calar-se e, pelas conversas dos carcereiros nesses momentos de interrogatório, sabia que o mesmo havia acontecido com padre Bento. Deitado sobre a mesa de tortura, sentindo dores horríveis, pensava: – "Bento será como o bom ladrão, morreremos juntos, não iremos ao céu, mas seguiremos unidos para o inferno. Será que o demônio aceita preces? Se aceitares, ó Lúcifer, te imploro, manda me buscar, em teu reino a justiça é mais bem distribuída, ainda que eu continue sofrendo, sei que um dia eles me acompanharão. Mata-me, pois não tenho forças para morrer. Minha alma é tua, leva-a."

Uma sonora bofetada lhe foi impingida pelo vigário, fazendo brotar sangue em seus lábios e arrancando-lhe alguns dentes que sentiu lhe caírem sobre a língua. Com esforço, cuspiu-os jogando alguns sobre a face descorada e outros sobre a batina molhada e manchada de sangue.

– Verme! – xingou o vigário fixando-o impassível, e permaneceu alguns minutos contemplando, como se calculasse quanto tempo já despendera com aquele prisioneiro. Andou alguns passos até onde estavam os outros, deu-lhes ordens em voz baixa, e, depois, decidido, caminhou em direção à porta, abandonando a sala. Rugiero suspirou e lembrou-se de sua prece às forças do inferno e tremeu de medo; fizera aquele pedido num momento de desespero, embora o sofrimento no cárcere estivesse sendo atroz, o medo do desconhecido e as visões do inferno descritas por Santo Agostinho em suas obras o apavoravam, fazendo recrudescer o medo de morrer. Agarrava-se à lei natural de conservação, era daí que extraía forças para manter-se vivo. Seu pensamento, descontrolado e febril, iniciou imediatamente um processo de recriminações e buscas de alternativas para o que julgava ter sido uma aliança com o demônio, outra explicação não conhecia para que o vigário não o importunasse com agressões físicas e verbais, abandonando tão rapidamente a sala. Fato é que o vigário cansara-se dos interrogatórios, não suportava mais ver aquele processo e decidira naquele momento providenciar seu arquivamento, lançado à conta da justiça divina.

Os carcereiros aproximaram-se e libertaram-no das algemas. Um deles, o mais forte, levantou-o, colocando sobre os ombros, como se fosse um fardo leve e rumou de volta à masmorra. Um rastro de sangue, proveniente dos ferimentos da boca de Rugiero, era deixado sobre as pedras. Ele se jogava de encontro às costas do carcereiro e uma tontura insuportável o acometia; com alívio, viu-se lançado de volta à cela, jogado sobre o piso. A porta foi fechada e a voz dos guardas, cada vez mais distante, era ouvida pelo encarcerado em um estado de torpor muito grande. Não sabia se estava vivo ou morto e, nesse estado, julgou estar tendo alucinações ao ver a seu lado a veneranda entidade do bispo Giordano. O bondoso espírito lhe acariciava a fonte, dizendo:

– Ah! Filho meu, que fizeste contigo? Até onde te levou a inveja, o desejo de destruir teus companheiros! Guarda bem em tua lembrança esses dias, aproveita essa incúria para erguer-te amanhã, na vida que te aguarda. Leva em teu coração a lição que estás recolhendo, tudo o que desejaste para os outros construíste para ti mesmo. O fim que almejaste lançar tantos outros é o que encontraste. Tão perto de nós viveu o meigo irmão da natureza, sua igreja de pedras ainda está erguida para lembrar aos homens que a construção verdadeira é interior, seus passos de luz estão indelevelmente marcados nesse prédio em que tu, Rugiero, amargas teus dias, mas fostes insensível à voz desse mestre, entretanto, a grande verdade de que é dando que recebemos, se realiza na tua existência. Semeaste a discórdia, cultivaste a inveja, destilaste a raiva e o rancor, não te preocupaste em ser justo em tuas opiniões sobre teus companheiros, agora recebes o tratamento idêntico. Acompanhei-te à sala de tortura e vi teus pensamentos, como perdes tempo orando a um ser que não existe, mas tua crença nele mostra a tua descrença e a tua incompreensão de Deus. Devias ter orado às forças do bem, pedindo perdão. Consomes-te neste fim de existência prenunciando um amargo despertar na vida espiritual, mas estou aqui para te dizer que ainda é tempo, volta sobre teus passos, redime tua consciência, aproxima-te de Deus, prepara-te para a viagem levando contigo a disposição de melhorar, o arrependimento pelos teus erros, e a correta avaliação das lições que a vida te ofereceu e o que por ti mesmo fizeste. Há pouco falavas do bom ladrão, pois esse é o exemplo que te serve, o de alguém que na hora extrema reconhece a realeza de Jesus, a verdade de uma vida após a morte, reconcilia-se com a consciência culpada pedindo perdão e, admitindo as próprias fraquezas, propõe-se a um futuro melhor. Lembra-te que aquele homem, mesmo com grau de evolução tão diferente do mestre de Nazaré, seguiu com ele para regiões de paz, obviamente não a mesma habitada pelo galileu, mas para uma das muitas outras moradas do reino do Pai. O bom ladrão seguiu unido à mensagem de Jesus de erguer os caídos e mostrar-lhes a esperança de um novo amanhã, conscientes da própria responsabilidade na evolução. Ergue-te, filho meu, nesses momentos que te restam, propõe-te à mudança, espelha-te no bom ladrão do Evangelho. Pensa!

Rugiero registrou nitidamente cada palavra dita pelo espírito do bispo Giordano. Com clareza, divisou-lhe as feições, contemplou sua serenidade, a paz, o carinho que irradiava aquele ser envolvido numa suave luminosidade que não ofuscava, mas convidava a aproximar-se. Viu-o sorrir e abençoá-lo. Depois, a visão se desfez, a escuridão, o cheiro de umidade e os sons dos animais que compartilhavam sua cela era o que podia notar. Por alguns momentos fora envolvido numa sensação de bem-estar e esquecera daquele ambiente, mas ao apagar-se a visão, nada mais restou em Rugiero e, ao sentir os pêlos de um rato roçando seu corpo, toda revolta aflorou e a benéfica interferência espiritual foi esquecida.

Se horas ou minutos transcorreram, era muito difícil dizer. O certo é que tempos depois a porta da cela novamente abriu-se e o carcereiro depositou a ração alimentar. Com custo, Rugiero deslocou-se, arrastando-se para próximo da bandeja e disputando com os ratos a parca comida. Surpreendeu-se por encontrar uma cumbuca de argila com um caldo quente, pois sentia o vapor no rosto descarnado, sôfrego. Antecipando um prazer há muito negado, logrou forças para sentar-se de encontro à porta. Tomou entre as mãos a cumbuca e aproximou-a dos lábios, sorvendo-lhe o líquido, que lhe desceu como néctar pela garganta ressecada. Faminto, não mais afastou da boca o recipiente, ingerindo todo seu conteúdo. O caldo fez espalhar por seu corpo um calor gostoso, abandonou o recipiente vazio e preparava-se para atacar o pão, que misteriosamente tinha bom aspecto, quando sentiu lhe faltar o ar. Uma dor fortíssima lhe arrebentava o peito, parecia que todo seu organismo queimava, rolou sobre a cumbuca e o pão, o rosto congestionado, olhos esbugalhados, mãos crispadas na garganta e um pedido de socorro morreu com ele, sem ser ouvido por mais ninguém. Dias depois, sem perceber que o espírito de Rugiero ainda estava preso naquela sala ao lado do corpo assassinado, fervendo de ódio, o carcereiro abriu a porta e, empurrando o corpo contra uma das paredes, lançou grande quantidade de massa composta de areia, cimento e água sobre ele, cobrindo-o totalmente e incorporando-o às grossas paredes da cela. Rugiero assistiu ao inusitado sepultamento de seu corpo, mas não se reteve ali. Vendo a porta aberta, lançou-se apressado para fora pensando: – "Enquanto o demônio não vier me buscar, verei como posso cobrar essa dívida".

O espírito de Giordano, que acompanhava aquele lamentável despertar, olhava compadecido a fuga de Rugiero. Inúmeras vezes tentara auxiliá-lo, buscara fazer-se percebido, porém, o recém-desencarnado, apesar de consciente da morte do corpo físico, envolvera-se totalmente em sua revolta e no medo de ser conduzido ao inferno. Como tal fato não aconteceu, resolveu proceder tal qual Sísifo e ludibriar os emissários do inferno. Nessa ilusão típica do pensamento que cultivara ao longo da vida de derrubar uns, gerar intrigas e buscar benefícios pessoais, tornou-se surdo e cego à interferência superior da bondosa entidade.

– A cada um segundo suas obras. A colheita conforme o plantio e o cuidado da lavoura. A cada escolha, suas conseqüências. Vejamos até onde ainda prosseguirá o pobre Rugiero até descobrir a responsabilidade pessoal em tudo o que o cerca – pensou Giordano afastando-se do ambiente das masmorras. – Desejei conduzi-lo ao esclarecimento, ele não quis. Escolheu a ilusão de ser superior à sabedoria divina, elegeu-se mestre de si mesmo, como fez ao longo da trajetória encarnada, só nos resta aguardar a volta do filho pródigo.

No gabinete de Ricardo, no convento do Vêneto, dias depois chegava uma missiva com o selo da Rota Romana. Irmão Jacobino recebeu-a do mensageiro e, vendo o estado do viajante, encaminhou-o aos cuidados de padre Felipe pedindo providenciar-lhe acomodações para descanso e refeições. Depois retornou ao local de trabalho, sentou-se e examinou o envelope, não precisava abrir para saber o teor do documento. Fora nomeado o encarregado judicial daquele caso, tinha autorização para ler o documento, entretanto, decidiu não fazê-lo, depositando-o sobre a mesa do bispo.

– "Esse é o correio da morte. Desde que os acompanhei a Roma, sabia qual seria o fim. Eles não escapariam com vida para contar o episódio, muito menos para serem vistos entre o povo" – refletia Jacobino fixando a carta sobre o móvel.

– Bom dia, irmão – cumprimentou o bispo ao ingressar na sala.

Jacobino, concentrado que estava em suas reflexões, sobressaltou-se com o cumprimento do superior, levou a mão ao peito na tentativa inconsciente de acalmar os batimentos do próprio coração, depois suspirou e sorriu, respondendo:

– Bom dia. Posso lhe pedir um favor?

– Mas tão cedo pela manhã já tens pedidos a me fazer?

– Tenho. Quero que o senhor use sapatos que façam barulho. Estou ficando velho, qualquer dia morrerei de susto neste convento, pois nunca ouço seus passos e sempre sou surpreendido por Vossa Revendíssima a minhas costas.

Uma expressão divertida e sincera marcou rapidamente o semblante de Ricardo ao responder:

– Nunca o surpreendi em nenhuma atitude faltosa ou que precisasse ser escondida, então não tens o que temer. De minha parte, expresso-lhe total confiança em tuas atitudes, nada tens a temer que eu fique a tuas costas, irmão Jacobino.

– Agradeço-lhe a confiança. Não foi por temer atitudes minhas ou suas que lhe fiz tal pedido, foi pura e simplesmente porque se pode morrer de susto e ainda tenho muito trabalho a realizar na Terra, não quero partir antes do tempo só porque não ouço seus passos, é um motivo muito banal para uma morte – respondeu Jacobino alegremente. – Recebemos há poucos minutos um mensageiro da Rota Romana, o documento está sobre sua mesa.

Ricardo aproximou-se do móvel, pegou a carta, rompeu o lacre, retirou o papel, leu e comentou:

– Dão-nos ciência do falecimento dos padres Bento e Rugiero, em virtude do que consideram desnecessário prosseguir com o feito, pois os acusados agora receberão o castigo divino. O processo está encerrado. Pedem divulgação da ocorrência aos membros da congregação. Providencie, irmão Jacobino.

– Farei público o edital até o final da tarde.

– Não há necessidade de mais documentos. Hoje estou indisposto, peço que oficie a missa e aproveite a oportunidade para comunicar a ocorrência.

Jacobino recebeu a incumbência em silêncio. Tinha horror a usar o púlpito da igreja para fins políticos; julgava que sua tarefa era divulgar o conhecimento cristão, não a ortodoxia e os interesses materiais e políticos de correntes de religiosos. Ao longo do expediente, a ordem do bispo o incomodou. Como não costumava carregar dissabores, resolveu tornar ao assunto com o superior informando-o de sua decisão:

– Monsenhor Ricardo, quanto a seu pedido para que o comunicado do falecimento de nossos ex-companheiros seja feito no ofício religioso, decidi comunicá-lo que isso me incomoda profundamente, não me sinto bem realizando esse trabalho. Porém, não posso desobedecer-lhe, assim, vou rezar uma missa em intenção da alma dos mortos.

Ricardo olhou seu secretário e mais uma vez não pôde se furtar a pensar que figura estranha ele era naquele meio clerical. "Que me importa como isso vai ser feito" – pensou Ricardo. – "O objetivo é fortalecer o caráter intimidatório, reforçando que nenhum religioso sai vivo de um processo disciplinar enviado à Rota".

– Faça como quiser, irmão – respondeu o bispo.

Jacobino agradeceu, despediu-se do superior e partiu para o trabalho que lhe realizava plenamente, com os órfãos, a escola e a assistência à comunidade. Lá ele chegava sorrindo e caminhando ligeiro.

As imagens projetadas por Georges mostravam dias de calma, uma relativa paz se estabelecera entre o bispo e seu protegido. O antigo relacionamento retomado, o jovem fora ordenado sacerdote e, sob a orientação de Ricardo, servia na aldeia, mantendo-se vinculado ao convento.

Observando atentamente, despido da autoconfiança quase beirando a prepotência de Enzo, que nada via senão as maravilhas que ele próprio realizava, era muito fácil perceber que Ricardo mudara muitíssimo. Exteriormente era o mesmo companheiro gentil e carinhoso, mas o olhar estava eivado de dúvida, a confiança de outras épocas não mais existia, não partilhava com Enzo nenhum segredo além dos que ele conhecia e dos quais Ricardo arrependia-se amargamente ter-lhe dado ciência um dia. Se algum atraso ocorria, o ciúme se instalava, mostrando a insegurança que abrigava no interior e, ainda que calasse todas as palavras, os sentimentos estavam lá, firmes, alojados em seu peito. Amava-o, sim, tanto que não tivera coragem de mandá-lo à Rota Romana. Entretanto, não era mais aquele amor sereno, que prenunciara ser construtivo e equilibrado: o sentimento transformara-se em um incêndio que o consumia em altas labaredas de paixão, necessidade, ciúme, ansiedade, desconfiança e raiva reprimidos.

O bispo pensara que vingando a traição, condenando os traidores e humilhando o jovem amante, fazendo-o rastejar à sua frente e implorar seu carinho e sua companhia, aplacaria a dor que sentira, mas isso fora um ledo engano. Regozijara-se por alguns breves momentos, que não tiveram o condão de apagar os fatos e restituir a situação ao estado anterior.

E agora vivia dias e noites agridoces. Cada vez que lembrava os primeiros tempos, sentia saudade, recordava a felicidade vivida, mas o episódio da traição nublava as recordações e lhe tirava a confiança e a tranqüilidade. Ricardo se propusera a perdoar Enzo, mas seu amor era condicional e apaixonado, cobrava, exigia, em verdade, não se podia falar em perdão na atitude de Ricardo e, sim, em tolerância exercitada diariamente.

Jacobino, único detentor da confiança do bispo, acompanhava a meia-distância o desenrolar daquela relação. Preocupava-o a insensatez do rapaz, sua indisciplina sexual. Em pouco tempo trabalhando com o povo da aldeia, recebera dele várias queixas denunciando seu mau proceder com moças e rapazes. Seria necessário transferi-lo com urgência do local. Sentado sob a árvore, o secretário do bispo matutava na melhor maneira de sugerir ao bispo a mudança de funções de Enzo, sem levar-lhe ao conhecimento a conduta do recém-ordenado sacerdote.

Meditava quando viu surgir à sua frente o próprio objeto de suas cogitações. Sorridente e muito falante, Enzo sentou-se ao lado de Jacobino e discorreu, incansavelmente, sobre seus planos sociais para o povoado e a incrementação dos serviços religiosos, da organização da igreja e das suas relações pessoais com os conceituados cardeais de Roma. Em momento algum falara que tudo isso se devia à companhia do bispo do Vêneto. Era um sonhador rematado, vivia divorciado da realidade externa. Como bom egoísta que se tornara no convento, sua maior preocupação era consigo mesmo, com sua satisfação em primeiro lugar, sem se importar com quem ficasse para trás ou por quê. Não questionava também se causava algum sofrimento. A criança abandonada ficara no passado, vestira uma dura couraça de egoísmo e ambição, sob ela se escondiam alguns complexos oriundos do abandono, da rejeição materna.

Desenvolvera um certo prazer sádico em fazer mulheres sofrerem por amor à sua beleza, despertando nelas atração e paixão. Envolvia-as, seduzia-as, desprezava-as, vingando o abandono da mãe. Vivia tão centrado em si mesmo que não percebera o perigoso abismo que havia entre ele e o bispo.

Ingenuamente julgara que reatando relações carnais com Ricardo tudo fora esquecido e pensava que ainda não voltara a residir no bispado por ser necessário dar mais tempo ao esquecimento dos eventos em que se havia envolvido.

Jacobino ouvia-o, um tanto entediado, mas pacientemente, pensando em como fazia falta àquele jovem a severidade da qual o bispo o havia privado na infância. Seu caráter teria se moldado com mais segurança e retidão. Aproveitando uma pausa em que seu falante acompanhante precisara para respirar, o secretário decidiu que ainda era tempo de fazê-lo experimentar um pouco de severidade e lhe disse:

– Aproveitando que já disseste tudo que desejavas sobre teus planos e ideais, vou te falar sobre alguns acontecimentos que têm me entristecido muito nas últimas semanas. Recebi há menos de 40 dias uma queixa de uma senhora, fiel e respeitada no povoado, que presenciou um ato teu importunando a menor de suas filhas. Muito constrangida, ela veio me falar. A contragosto e sabendo que mentia, fiz a pobre mulher acreditar que se enganara, mas lhe garanti que sua filha não seria molestada. Nem uma semana depois recebo denúncia de outro pai que, constrangido, veio à minha presença pedir atitude do bispado. – Jacobino encarava Enzo que o olhava surpreendido. – Preciso continuar a longa lista de pessoas que se puseram em procissão à minha sala? Acredito que não. Falemos com franqueza, Enzo, como diz o povo, de homem para homem, sabemos que isso é verdade e que você importunou esses jovens, conhecemos seu passado e seu presente nesse convento, dispensando comentários e falatórios. Unicamente com o intuito de evitar esse dissabor ao bispo, foi que ainda não levei o assunto ao conhecimento dele. Estava aqui pensando em como fazer para sugerir tua saída do serviço religioso da aldeia a fim de evitar novos escândalos e desgraças nesse convento por conta da sua absoluta incapacidade de lidar com o sexo, principalmente. E eis que vens à minha presença. Era o momento. Quero deixar uma coisa muito clara entre nós, Enzo, é a primeira e a última vez que interferirei neste caso, e não o faço por ti, faço pelo povo da aldeia, que não merece ter como pastor alguém da tua espécie. São almas inocentes e trabalhadoras que buscam conforto e esclarecimento na religião, amparo na companhia de um sacerdote de Jesus, e não lascívia e luxúria. Conheces o pensamento de todos os teólogos, recitas as ordenações canônicas, conheces as liturgias e as interpretações da exegese bíblica, mas te mostras, até o presente, incapaz de coisas simples como desinteresse, amizade, solidariedade, lealdade. Sabes tudo isso que tanto te gabas, impressionas com tua sapiência os cardeais de Roma, mas não conheces Jesus, não convives com Ele em teu coração, por isso ele é duro e bruto. Estou triste e decepcionado contigo, Enzo. Depois de teres obtido clemência do bispo naqueles fatos conhecidos, não esperava uma atitude tão infeliz da tua parte. Pensa, criança. Amadurece. Vê o que semeias, é o que crescerá amanhã à tua volta. Não plantes ódio, nem brinques com os sentimentos alheios, o custo do retorno poderá ser mais alto do que imaginas.

Enzo inicialmente encolerizou-se contra o que julgou ser uma audácia do experiente religioso. Depois, dominado pela autoridade moral que emanava de Jacobino, aquietou-se, empalideceu e com esforço respondeu:

– O que acha melhor eu fazer?

– Honestamente, trabalhar em algo realmente útil e não em quimeras e devaneios de poder e autoridade, serve a teu próximo com desvelo e desinteresse, espalha o que de bom possuis. Educa-te, disciplina tuas necessidades e vontades, torna-te senhor de ti, corre no campo e te lança à água fria do rio se o que tens não te basta em termos de sexo, mas não importunes jovens inocentes, cândidas meninas, nem magoa aquele que te quer bem. Torna-te digno de ser homem – retrucou Jacobino, rosto fechado e severo.

– Tentarei, irmão Jacobino, mas perguntei em termos práticos. Entendi que se houver mais uma queixa não serei poupado e ainda que não seja o senhor a levar o caso a monsenhor Ricardo, outro poderá fazê-lo. Vou emendar minha conduta, lhe prometo. Não se arrependerá em me proteger. Verá. Será que o bispo recusaria um pedido de transferência? Poderia solicitar serviço no convento Carmelita, oficiando as missas, ministrando os sacramentos.

– Um pedido voluntário de afastamento é uma forma razoável de apaziguar a questão. Formalize-o o quanto antes.

Enzo aquiesceu com a cabeça. Depois das poucas e contidas palavras de advertência de Jacobino, a eloqüência do rapaz desaparecera repentinamente. Ele ficou alguns poucos minutos a mais sentado ao lado do secretário do bispo, levantou-se em silêncio e partiu em direção aos dormitórios que voltara a usar. Olhando-o afastar-se, Jacobino pediu a Deus que fosse sério o propósito de mudança que declinara minutos antes.

Ricardo fizera a si mesmo mais uma imposição de silêncio. Na atual etapa de seu relacionamento com Enzo, em virtude da quebra de confiança, nada mais lhe contava com relação à vida eclesiástica. Continuava, agora eventualmente, acompanhando o bispo nas reuniões com os pares e superiores, mas desconhecia o andamento dos negócios da congregação e os pormenores ocorridos dentro do convento. De preferido, tornara-se mais um, embora Ricardo conservasse, malgrado, a fidelidade ao relacionamento e um amor ferido e torturado. Ao bispo, acostumado a silenciar tudo em sua existência, não fora nada difícil levantar aquela barreira. O rapaz custou vários meses a perceber a perda de influência e prestígio, mas, ingênuo que era, acreditou-se com poderes suficientes para reverter a situação. Por isso, na manhã seguinte, ao deparar-se com o pedido de transferência formal do recém-nomeado sacerdote da aldeia, Ricardo ergueu as sobrancelhas, indagando a Jacobino que, como de costume, despachava na mesa ao lado:

– Irmão Jacobino, qual a razão para esse, no mínimo, inusitado pedido do padre Enzo? Há algum problema do qual eu não tenha sido informado?

Jacobino soltou os documentos que organizava sobre uma pequena pilha de papéis, olhou para o alto, depois se penitenciou: "como posso pedir inspiração para mentir?" – pensava o secretário. – "Não. Não posso comprometer-me com uma tão triste conduta".

– Perdoe minha pequena falta, bispo. Foi uma ocorrência tão inusitada, tão disparatada e infeliz que, crendo não fosse se repetir, acabei por não levar a vosso conhecimento. Perdão, monsenhor, eu faltei à minha responsabilidade como seu secretário.

– Se foi algo assim tão estranho, por que não me comunicaste? E, antes de mais nada, diga-me: quem é o responsável por esta construção de fatos esquisitos ao convento e à aldeia e o que tem a ver com um de nossos padres? – falou Ricardo com voz severa, em entonação de cobrança.

– Ele se indispôs com algumas famílias que vieram queixar-se do comportamento do novo sacerdote. Entendo-as, são mães torturadas pelas perdas de filhos, esposos recentemente separados pela morte do cônjuge, filhos órfãos, pessoas doentes e sofridas, cheias de problemas que vão à Igreja em busca de conforto, de esclarecimento, de amparo que as fortaleça ante os reveses da existência. Elas buscam um pastor que as ouça, que lhes fale tanto à razão quanto ao coração, mas que se expresse de uma forma que eles compreendam. Infelizmente, padre Enzo tem negligenciado a simplicidade do Evangelho de Jesus para pregar teologia, filosofia, e até astronomia a esses simples aldeões. O povo rejeita, em sua grande maioria, esse proceder, pois não vêem atendidas suas necessidades, acabam por vacilar na fé e abandonam a Igreja.

Ricardo, impassível, braços cruzados sobre o peito, ouvia Jacobino com ar de suspeita, olhar escurecido e impenetrável.

– E o que mais, além do desempenho como pregador, tem ocasionado esse transtorno nas relações com os fiéis? – insistiu Ricardo.

– É um problema sério este, Reverendíssimo – reforçou Jacobino, sentindo-se extremamente desconfortável em omitir a verdade do superior, ainda que motivado por nobres sentimentos de amizade.

– Sério, porém não suficiente para um pedido de afastamento. Não se esqueça de que acompanho padre Enzo desde sua infância. Sei que ele é suficientemente inteligente para saber manipular o medo do povo, um argumento poderoso para se fazer aceito. Além disso, ele também saberia reduzir seu contato com o povo ao confessionário e quem se confessa não pode fazer queixas das atitudes do padre. Veja bem, irmão Jacobino, não duvido das palavras que me disse. Ao contrário, por conviver com ele tantos anos, sei exatamente que padre Enzo agiria realmente assim, infelizmente ele não tem desenvolvido uma sensibilidade no trato social que se possa dizer apurada. Ele deve realmente ter falado do que gosta, sem perceber que o povo não ia à sua procura pela pessoa que ele é, e sim pela mensagem que divulga. E nem todos aqui têm uma identificação pessoal com a mensagem divulgada. Portanto, conte-me, o que mais aconteceu para motivar esse pedido?

Ricardo parecia dotado de um fino faro, comparável ao dos cães de caça ingleses, pressentia a anormalidade e quase que podia apontar-lhe as causas. Conhecia extremamente bem os pendores do jovem amante.

Jacobino, percebendo que seria inútil tentar argumentar com o superior, disse:

– Infelizmente, monsenhor, não poderei dizer nada mais além disso, o segredo do confessionário me impede de ultrapassar esse limite.

Recorrendo ao sigilo imposto pelos deveres religiosos, Jacobino pretendia resguardar o convento de mais uma onda de inquietações. Ricardo entendeu perfeitamente os motivos do secretário. Aquela resposta impedia a continuidade da discussão e impedia a ele de sondar o que mais houvesse por trás das explicações recebidas. "Tantas vezes servi essa taça, agora devo bebê-la" – pensava Ricardo, analisando a atitude de Jacobino. – "Desde que o conheço é a primeira vez que ele invoca o sigilo religioso. Sei que ele não gosta de ouvir confissões, mas agora não posso mais questionar esse assunto. Ele é esperto, prendeu-me mãos e pés, pondo em minha boca um bocal de ferro. Não posso questionar nada mais".

– Padre Enzo confessou-se com o senhor? – questionou o bispo.

– Não propriamente, Reverendíssimo. Mas as informações outras que creio justificarem esse pedido, sim. Como sabe, apesar de nosso convento ser um tanto quanto afastado da aldeia, muitos fiéis vêm à nossa igreja à minha procura. Sou mais um amigo que um confessor, mas eles, por vezes, insistem no sacramento.

Notando que o superior, indeciso, ponderava o assunto, Jacobino argumentou:

– Parece-me um caso de absoluta falta de identidade entre o trabalho e o trabalhador, monsenhor Ricardo. Padre Enzo não está realizado, seus pendores apontam para um campo de trabalho mais erudito e o povo não aceita a condução do pastor, reagindo até mesmo ao medo. Melhor é afastá-los e dar a cada um conforme suas necessidades. Assim todos estarão felizes e realizados. É simples e possível.

– Irmão Jacobino – falou Ricardo absolutamente desarmado e reconhecendo mais uma vez a astúcia e a superioridade moral de seu auxiliar –, o senhor é difícil de ser confrontado num embate de palavras. Convenceram-me, seus argumentos não me deixam margem para réplica.

Surpreso com as palavras do bispo, Jacobino sorriu e retrucou:

– Não tive a intenção de travar nenhum duelo verbal com o senhor. Apenas respondi às suas perguntas e expus meu pensamento.

– Está feito – disse Ricardo apondo no documento a concessão do pedido. Antes de molhar a pena no tinteiro para concluir o despacho, inquiriu ao secretário: – Aonde enviaremos padre Enzo? Não julgo conveniente que ele permaneça inativo dentro do convento, especialmente depois dos episódios envolvendo os falecidos padres Bento e Rugiero.

– Concordo – falou Jacobino. – É sábia sua visão dos acontecimentos. Sugiro que padre Enzo vá trabalhar em alguma atividade vinculada ao ensino para adultos, talvez religiosos. Os pendores dele apontam nessa direção e não o contato com o povo, que exige habilidades que ele ainda não possui.

Ricardo pensou mais alguns minutos e voltou a escrever designando os serviços de padre Enzo para auxiliar a formação de religiosas no convento Carmelita, substituindo um padre idoso que realizava as funções deixando muito a desejar.

– "Lá ele não arrumará complicações" – pensou Ricardo. – "Enzo odeia as mulheres. É diferente de mim, que simplesmente não as desejo".

– Oficie a abadessa Agnes apresentando padre Enzo como novo colaborador na instrução das noviças – determinou o bispo.

..*

No convento Carmelita a abadessa recebia a nomeação do novo sacerdote para servir à instituição. Sentada solitária em seu gabinete, Agnes, agora uma mulher marcada pelo andar do tempo, com o rosto sulcado por profundas rugas, a pele flácida, o corpo marchando para a decrepitude. Era ainda visível uma certa rigidez nos traços dos lábios, um porte altivo mas marcado por uma luta, o olhar era perturbado e inquieto, refletia medo, suas mãos tremiam e a postura era encurvada como de alguém que se apressa em esconder-se. Sentia uma estranha intuição, um presságio, ou, como pensava, um mau agouro, na missiva recebida do bispado.

– "Não conheço esse padre, mas é jovem. Já tive muitos problemas com padres jovens nesse convento. Não é um bom ambiente, ainda mais entre as noviças. Vou escrever a monsenhor Ricardo solicitando que reconsidere essa atitude" – pensava a madre superiora.

Dando vida aos pensamentos, trouxe para perto de si o tinteiro, retirou de uma das gavetas, que mantinha trancada à chave, o papel e redigiu extensa carta ao bispo, argumentando e lembrando-o das dificuldades que haviam enfrentado no passado ao designarem padres jovens para o convento. Falava das jovens ainda não totalmente afeitas ao serviço religioso, portanto, passíveis de caírem em tentação, e encerrava informando que em virtude de problemas de saúde há algum tempo não mais executava os procedimentos "corretivos" de situações inusitadas envolvendo as freiras; rogava-lhe que deixasse a situação no convento como estava ou então que lhe enviasse algum padre idoso e experiente.

Lacrou a carta e retirou-se da sala ganhando os corredores. Pessoalmente levou o documento até os portões, entregando-o ao mensageiro, que ficava sempre do lado externo dos muros. Pela pequena abertura gradeada ordenou-lhe:

– Vá ao bispado do Vêneto. Entregue isso ao bispo, dom Ricardo. Preste muita atenção, entregue em mãos. É um documento confidencial. Vá o mais rápido que puder, tenho urgência.

– Reverenda madre, fique tranqüila, entregarei o documento ao destinatário. – O mensageiro olhou o céu buscando conhecer as horas e prosseguiu: – Deverei chegar ao bispado tarde da noite.

– Não tem importância. Vá, então, diretamente à residência do bispo.

– Sim, senhora – acatou o mensageiro encaminhando-se para perto do cavalo, montou e partiu em acelerado galope, deixando atrás de si uma nuvem de pó.

Um suspiro de alívio brotou do peito da madre enquanto pensava: "Tomara que monsenhor Ricardo seja sensível a meu pedido".

Retornando a seu gabinete, a superiora observava as mulheres à sua volta, a atividade estava normal. O silêncio imperava nos corredores, não era um horário em que conversas fossem permitidas, por isso elas executavam suas atividades em silêncio. Passando pela capela, viu um grande número de religiosas ajoelhadas, rezando, cabeças envergadas, as costas inclinadas, nas mãos desfiavam o terço. O coro de vozes baixas repetindo as orações era um som monótono, repetitivo.

Ao chegar próximo à sua sala, viu a noviça recém-egressa na ordem sentada em um banco do corredor. Os bonitos traços do rosto de Lúcia estavam cobertos por uma palidez assustadora, ela emagrecera, adquirindo um aspecto frágil, os olhos escuros velados por um manto de abatimento ganhavam realce naquele conjunto. Absolutamente imóvel, a noviça trazia as mãos juntas sobre o colo, notava-se que estava profundamente envolvida em seus pensamentos.

Olhando-a, Agnes avaliava: – "Essa infeliz não tem condições de ser uma religiosa. Ainda que o dinheiro da mãe lhe compre todos os títulos eclesiásticos possíveis a uma mulher, ela não tem condições para desempenhar nenhuma função. Está no convento há meses e sua saúde dá sinais de não resistir à vida monástica. É o abatimento em pessoa, se ouvir a voz dessa coitada, creio que me assustarei, ela não fala quase nada, vive pelos cantos e corredores do convento acabrunhada, triste, pensativa. Será um desperdício comprar-lhe algum título, não tem personalidade. Definha entre essas paredes. Para vir morrer aqui teria sido melhor que não houvesse nascido, como inicialmente queria a duquesa. Mas essa vida é muito estranha e eu não consigo entendê-la."

Um estranho tremor sacudiu o corpo da superiora, um arrepio correu-lhe desde a nuca até a última vértebra da coluna, os batimentos do coração tornaram-se acelerados, um mal-estar generalizado e difícil de ser explicado espalhou-se pelo corpo da abadessa, que lutou alguns minutos, tentando controlar-se. Seus passos foram se acelerando e, sem se dar conta, corria pelos corredores enquanto murmurava:

– Não, saiam daqui. Fora, esse é meu convento, vocês não podem entrar. Saiam daqui, me deixem em paz. Não, vocês não vão me matar, eu sou mais forte. Saiam daqui! – Da mesma forma que seus passos se aceleravam, sua voz também ganhava altura e logo se ouviam seus gritos pelos corredores. Enquanto, aflita, a madre arrancava o véu, nervosamente desapertava o hábito próximo ao pescoço na tentativa de libertar-se da opressão que sentia. – Saiam demônios, eu os esconjuro. Saiam daqui, em nome de Deus!

As freiras tiveram sua atenção despertada para mais uma crise da superiora. Nos últimos anos aqueles fatos insólitos se intensificavam. Agnes gritava e corria pelos corredores do convento nas horas mais impróprias, falava com seres que ninguém mais via, passava horas nesse estado lamentável e, para a grande maioria delas, inexplicado. Freqüentemente era vista aos pés do altar da capela ajoelhada ante a imagem de Jesus crucificado, durante as madrugadas, trajando apenas uma camisola, empunhando um relho de couro, com o qual flagelava-se impiedosamente, e, por vezes, cansada, caía em frente ao altar chorando e tapando os ouvidos. Dizia coisas desconexas e respondia a esses seres invisíveis:

– Saiam, demônios. Eu não matei vocês. Vocês não existem. É mentira! Por que vêm clamar por suas vidas? Eu não fiz nada. Saiam daqui.

Outras vezes gritava horrorizada pedindo que limpassem o convento, que estava totalmente sujo de sangue. Nessas ocasiões pedia banhos para si mesma e, em várias oportunidades, passava horas a fio a lavar as mãos, esfregando-as com escovas e vegetais, até realmente extrair sangue, então caía em prantos. Essas crises estavam consumindo a saúde física e mental da abadessa.

A reação da maioria das religiosas era de pavor. A figura da abadessa nunca inspirara amizade e confiança, ao contrário, era fria e distante, por isso suas subordinadas a temiam. O pavor incrementado com a ocorrência cada vez mais freqüente das crises, que algumas atribuíam à loucura e outras a acreditavam endemoniada. Tanto em um quanto em outro caso, o afastamento era a solução. Como nenhum carinho despertara naquelas mulheres, elas nem sequer dobravam os joelhos para fazer uma prece realmente sentida pela superiora.

Somente irmã Marta a socorria nessas perturbações. Calma e silenciosa, a religiosa se aproximava da superiora, abraçava-a, elevava o pensamento em prece a Virgem Maria, de quem era devota, implorando socorro e cura para aquela filha sofredora. Embora repetisse as orações decoradas, seu coração estava tocado de piedade, sua fé era sincera e acabava sempre conseguindo a assistência espiritual que pedia. Marta vira, durante as crises de Agnes, sombras escuras com contornos humanos, mas cujas fisionomias não lograva divisar com nitidez, ouvira risadas sarcásticas e choro. Obviamente se assustara muitíssimo na primeira vez e arrojara-se ao solo, ajoelhando-se, colocara-se em preces fervorosas agarrando, firmemente, junto ao peito, a cruz que trazia presa por um cordão de couro no pescoço. Fechara os olhos, apertando-os, apavorada, mas as cenas prosseguiram apesar da oclusão das vistas, mas conforme ela se pacificasse e insistisse na prece, as sombras desapareceram e no gabinete da superiora ouvira somente o murmúrio das lamentações da madre.

Lúcia foi despertada de seu devaneio pela crise da superiora. Imediatamente levantou-se e, tomando a madre pela mão, empurrou-a para a cela mais próxima e fechou a porta. Saindo apressada em busca da irmã Marta, encontrou-a ajoelhada na capela, concentrada em suas orações. A noviça, fazendo o sinal da cruz, aproximou-se silenciosa, tocou gentilmente o ombro da religiosa e ajoelhou-se a seu lado. Irmã Marta concluiu as preces que fazia e lançou à jovem noviça um olhar inquiridor.

– A abadessa – foi a resposta que leu na movimentação dos lábios da noviça.

Bastava essa palavra para entender o que se passava. Imediatamente ergueu-se demonstrando a Lúcia que a seguiria.

No corredor, alguns metros distante da capela, a freira indagou:

– Onde está a abadessa?

– Empurrei-a para uma cela e deixei-a fechada. Parece fora de seu juízo perfeito. Como sei que as demais religiosas têm medo dessas crises, julguei melhor escondê-la e ir buscar a senhora.

– Fez muito bem, Lúcia. Quem ama a Jesus e se entrega de coração não tem o que temer, elas vacilam porque têm pouca fé.

Parando em frente a uma porta fechada, Lúcia informou:

– É aqui.

– Você não teve medo. Gostaria de entrar comigo? É provável que sendo duas a orarem com fé, a crise seja menos demorada.

Lembrando a promessa que fizera à mãe de seguir a vida religiosa, Lúcia seguiu a freira em silêncio e de olhos fechados entrou no quarto recitando orações. Guiada pelas mãos da freira, ajoelhou-se diante da imagem que decorava a cela e ali ficou procurando fazer-se surda aos clamores incompreensíveis da abadessa. Entretanto, passados alguns minutos, a contragosto ouvia vozes estranhas misturarem-se às conhecidas. Eram vozes masculinas. "É o padre" – pensou. – "Mas não pode ser ele, está acamado, impossibilitado de andar há duas semanas." Vencida pela curiosidade, abre um dos olhos e espia o que se passava. Não havia ninguém além das três mulheres. Benzeu-se novamente, fechou os olhos e recomeçou as orações a Virgem Maria. Outra vez, agora com mais clareza, ouvia vozes masculinas:

– Vais morrer, bruxa. Tuas vestes não escondem nem protegem teu espírito. A nós, que sofremos a expulsão da vida pelas tuas mãos, tu não enganas. Arrancaremos agora a tua. Geme, desgraçada. Bate! Isso, dilacera tuas carnes! Bate mais! Não nos calarás te açoitando. Não temos piedade de ti. Verte teu sangue. Grita, ninguém te ouvirá. Somos surdos a teus pedidos assim como fostes aos nossos. – Após essas palavras pronunciadas com rancor e revolta, ouviu risos de escárnio, incentivando o discurso.

Em pensamento, desconcentrada das preces, Lúcia questionava: "O que é isso? Meu Deus, socorre-me, que enlouqueço".

– Outra freirinha. Não vejo marcas nela – respondeu a voz à Lúcia. – Queres saber quem somos? Nós somos os que ela ajudou a matar nos porões desse convento. Estamos fazendo justiça. Ela é uma assassina, fria e covarde, escondida nesse hábito de religiosa.

Apavorada, Lúcia começou a recitar as preces em voz alta, tentando abafar o que ouvia. Sua voz trazia desespero, fazendo com que irmã Marta lançasse em sua direção um olhar preocupado, mas vendo-a rezando, ignorou a ocorrência.

Inutilmente Marta tentava acalmar a crise da abadessa, e reconhecendo que não estava tendo êxito, afastou-se dela e foi ter com a noviça, dizendo:

– Lúcia, vamos até o gabinete da abadessa, retirei de seu hábito as chaves das gavetas de sua escrivaninha. Em um compartimento secreto, que vou lhe ensinar, pois hoje demonstraste coragem e fé, ela guarda um sonífero. Quando as crises são assim, violentas, dou-lhe várias gotas. É o único jeito, depois que ela adormecer, continuamos rezando. Venha.

Obediente, Lúcia seguiu a freira e auxiliou-a nas providências. Após estarem de posse da droga, guardada em uma caixa cheia de frascos contendo pós e líquidos de diversas cores, retornaram para junto da abadessa e a conduziram a seus aposentos, levando-a pelos corredores vazios àquele horário e seguidas pelo eco dos murmúrios e gritos da superiora.

Dopada, a abadessa adormeceu, mas suas feições não eram relaxadas, eram tensas, torturadas, vivia um entorpecimento pesado do organismo que não facultava um sono tranqüilo. Em frente ao nicho da Virgem Maria, acenderam velas e, ajoelhadas, recitavam uma ladainha hipnótica de preces. Porém, como o coração de ambas era intocado por qualquer sentimento de maldade, agiam no intuito de fazer o melhor que sabiam. Suas preces encontraram a assistência de bons espíritos, que trabalhavam visando socorrer aqueles espíritos infelizes, tanto os desencarnados quanto a encarnada equivocada em seu procedimento.

As religiosas não assistiram à chegada dos amigos, menos ainda à continuidade da ação torturante que perpetravam ao espírito da abadessa desprendido do corpo pela ação da droga. A algazarra, os gritos, as vibrações em torno dela causavam piedade. Vencida, prostrada ao solo, acreditava enlouquecer e desejava insanamente a morte. O quadro foi alterado com a intervenção dos espíritos socorristas que entraram no ambiente e aproximaram-se dos algozes desencarnados, conversando com cada um deles e fazendo-os refletir sobre as próprias atitudes, tentando esclarecê-los quanto à justiça divina, que não é feita por vingadores, mas através de mestres. Era educativa, não punitiva. Infelizmente, a tentativa não passou de mais algumas sementes arrojadas ao solo endurecido daqueles corações, e eles afastaram-se sem aceitar ajuda. Era mais um intervalo naquele processo instalado no curso de muitos anos, oriundo das ações e dos sentimentos cultivados pela abadessa.

Algumas poucas palavras do diálogo entre as entidades socorristas e os espíritos obsessores foram registradas pela sensibilidade de Lúcia. Aflita com aquelas experiências, assim que constatou a melhora da abadessa, pediu a irmã Marta:

– Irmã, preciso lhe falar. Podemos interromper um pouco as preces? A abadessa dorme, mais serena.

Marta ergueu-se, e, massageando os joelhos, aproximou-se do leito de Agnes.

– Ela está melhor. Vamos deixá-la dormir. Depois voltamos para vê-la. – Lançou um olhar à janela no alto da parede, caía a tarde, viam-se nuvens avermelhadas no céu. – É quase a hora do ângelus. Pode me falar enquanto vamos até a capela nos reunir às outras. Diremos que a abadessa foi acometida por um mal-estar e por isso não estará presente à celebração das preces. Desde que o padre adoeceu, estamos sem missas. Será que a abadessa comunicou esse fato a dom Ricardo? Precisamos com urgência de um padre. Não é possível nosso convento ficar sem ter um sacerdote. Não temos a quem nos confessar, nem recebemos a comunhão. Que situação! O padre, acamado, não caminha nem consegue mais falar, cada dia pronuncia as palavras com mais dificuldade, e a abadessa vitimada por essas crises...

Lúcia não prestava atenção ao desabafo da freira, preocupada que estava se também não se tornara vítima das mesmas crises.

Pelos corredores relatou, em voz baixa, o que havia lhe sucedido enquanto atendiam a superiora. Viu o espanto na expressão da religiosa, que se benzeu várias vezes, levando aos lábios a cruz que pendia sobre seu peito, beijando os pés da imagem do crucificado.

– Não comente isso com mais ninguém. Não sei o que lhe dizer. Mas não temas, se forem demônios, lembre-se de que estamos numa casa do Senhor, somos noivas de Jesus Cristo, devotas da Virgem. Eles não terão poder aqui, vamos expulsá-los com nossas preces. Mas não convém que as outras saibam, já bastam as crises da abadessa para gerar pânico. Ah! Precisamos da presença de um sacerdote com urgência.

– Nosso padre está doente há bastante tempo, seu estado agravou-se nas últimas duas semanas, por que ainda não veio um substituto? O bispo era o confessor de minha mã...madrinha, ela dizia que no monastério havia muitos padres. Ele é meu tutor, será que não posso escrever-lhe?

– Isso seria um atrevimento, uma desobediência. A abadessa é a superiora, ela é quem pode tratar com o bispo os assuntos do convento. Existe um caminho pelo qual é possível a você fazer isso, mas vamos aguardar mais um pouco. Se não houver mudanças, oriento-lhe.

Na madrugada os gritos da abadessa ressoavam no silêncio do convento e nos dias seguintes as crises tornaram-se ainda mais freqüentes para desespero de Marta, que se viu constrangida a requisitar a ajuda de Lúcia, mesmo com o risco de haver "contágio", segundo ela pensava. O estado do padre não melhorou. E ao cabo daquela semana, Marta pediu a Lúcia que escrevesse ao bispo, solicitando-lhe a presença no convento sob a alegação de que necessitava confessar-se precisando da orientação de seu tutor para a própria consciência.

O mensageiro foi outra vez instruído a partir em busca do bispo para entregar-lhe, pessoalmente, uma missiva do convento Carmelita.

À primeira hora da manhã chegava o mensageiro ao bispado, tapado de poeira, sedento e faminto. Esbaforido, bateu à porta do gabinete de Ricardo.

– Bom dia, meu filho – cumprimentou Jacobino surpreso ao atendê-lo. – Entre, por favor. Sente-se, quer um pouco de água?

– Aceito, padre.

O religioso serviu-lhe um copo de água e, vendo o estado do viajante, decidiu conceder-lhe a jarra, colocando-a na mesa, ao lado da cadeira que lhe ofertara.

– Sirva-se à vontade.

– Obrigado, padre. Viajei toda a noite, como as irmãs têm urgência, não parei nem ao menos um segundo. Não sei quem está pior, se eu ou o cavalo.

Jacobino sorriu, simpatizava com a simplicidade do rapaz; o povo o fascinava, adorava estar em contato com pessoas.

– Ambos estão em mau estado, lhe asseguro. Nada que boa comida e descanso não resolva. Mas, afinal, o que o traz até nós em tão desabalada correria?

– Uma carta particular para dom Ricardo. Desculpe, irmão Jacobino, não posso entregá-la ao senhor.

– Não se desculpe, meu filho, por cumprir seu dever. Foi o que lhe pediram, é correto que assim executes o serviço.

– Pensei que o senhor pudesse pensar que não confio em sua pessoa, quis explicar.

– Eu entendo, não tenho nenhum motivo para me sentir ofendido. Aguarde o quanto for preciso pelo bispo, gosto de conversar enquanto trabalho. Conte-me, como está a aldeia onde vive, fica próxima do convento Carmelita, se estou bem lembrado.

O mensageiro, cativo do carisma de Jacobino, entregou-se de bom grado ao diálogo e célere transcorreu o período que aguardou por Ricardo. Ao vê-lo entrar, rapidamente o mensageiro pôs-se de pé e o saudou, beijando-lhe o anel que trazia na mão e pedindo a bênção.

– Deus o abençoe – respondeu Ricardo. – O que o traz aqui?

O mensageiro sacou do bolso interno do casaco um documento selado e entregou-o ao bispo.

– Que estranho! – comentou Ricardo dirigindo-se a Jacobino. – É de Lúcia.

– Lúcia? – repetiu Jacobino forçando a memória a dar-lhe a informação de quem se tratava. – Ah! A menina que batizei, afilhada do duque Alberto.

– Minha pupila – lembrou Ricardo rompendo o lacre. – Vejamos o que ela deseja.

– Desculpe interromper, senhor bispo, mas me mandaram esperar resposta.

O comentário do mensageiro recebeu de Ricardo apenas um breve aceno, demonstrando que para ele era indiferente que o mensageiro aguardasse ou não a resposta. Calmamente leu o pedido de Lúcia e a única reação que esboçou foi um leve arcar de sobrancelhas.

– Leia – pediu, estendendo o documento ao secretário.

Jacobino correu os olhos pelas frases educadas da jovem e dirigindo o olhar ao superior compreendeu que partilhavam da mesma suspeita de que algo ocorria de forma diferente no convento Carmelita.

Poucos dias atrás chegara a carta da abadessa solicitando reconsideração da substituição do sacerdote. O que implicara a continuidade de Enzo junto ao povoado, mas agora acompanhado de padre Felipe e sob as orientações de Jacobino.

– Muito estranho – disse Jacobino devolvendo o documento enquanto providenciava papel para anotar as palavras de Ricardo. – Qual a sua resposta?

Sem dar atenção à prontidão com que seu secretário providenciara o necessário à elaboração do documento de resposta, Ricardo permaneceu calado. Olhar fixo na paisagem que se estendia além da janela, aproximou-se do parapeito, apoiou ambas as mãos e silenciosamente avaliou a situação.

– "Essa moça nunca mais me deu qualquer notícia. Tudo que sei são as informações prestadas por madre Agnes dizendo acreditar que ela definhava rapidamente, que não suportaria a vida na clausura. Agora recebo este pedido partindo dela e usando o mensageiro oficial da congregação. Há algo errado."

Voltou-se, encarou seus interlocutores e declarou:

– Irei pessoalmente ao convento Carmelita. Descanse algumas horas – falou o bispo dirigindo-se ao mensageiro. – Preciso organizar algumas coisas antes de partir.

– Devo comunicar a abadessa de sua decisão? – perguntou Jacobino.

– Não. A surpresa é a melhor forma de bem avaliar uma situação suspeita.

Jacobino concordou com um gesto de cabeça que expressava comungar do mesmo modo de agir. O bispo mandou chamar Cristóvão ordenando-lhe que preparasse seus pertences para uma visita à abadessa Agnes. Despacharam até o final da manhã. A tarde ia a meio quando o bispo, acompanhado pelo mensageiro semi-refeito, partiu em direção ao convento de mulheres enclausuradas.

Ao ser anunciada sua chegada aos portões do prédio do Carmelo,

Ricardo já tinha elementos para vislumbrar o acerto de sua intuição e das medidas que adotara. Até mesmo o viajar desacompanhado da guarda fora proposital, bem sabia que nada tinha a temer do povo da região.

As sentinelas abriram-lhe as portas de imediato, sem as tradicionais indagações e verificações. Dada a falta de seu costumeiro aparato, seria fácil supor tratar-se de um embuste. A segurança do local estava descuidada, anotou o bispo mentalmente.

Depois, entrando no pátio, notou que apesar da esmerada conservação do prédio, havia nele um certo ar de abandono, como um pátio muito limpo mas vazio, onde o vento reboja levantando folhas caídas, um quê de aflição no ar, algo que se sentia mais do que se via, como um povo sem direção certa.

As freiras prosseguiam sua atividade inalteradas, apenas à sua passagem cumprimentavam-no, respeitosas. Perscrutando-lhes os olhos, pouco Ricardo conseguiu apurar, todas invariavelmente baixavam os olhos e a cabeça à sua vista, permanecendo impassíveis como as imagens que adornavam a capela e os corredores.

Parando próximo a uma delas, perguntou:

– Sabe quem sou, irmã?

– Sim, Reverendíssimo, és o monsenhor dom Ricardo, bispo do Vêneto, ao qual está afeita nossa congregação – respondeu formalmente a religiosa.

– Não recordo de havê-la conhecido em minhas visitas anteriores. Como pode afirmar que sou o bispo?

– Assim anunciaram nossos sentinelas. Não tenho razão para descrer de sua informação. Estou no convento há aproximadamente três anos. Fiz os votos há alguns meses. É natural que não nos conheçamos – explicou a freira, e depois apresentou-se: – Irmã Maria do Sagrado Coração de Jesus, dom Ricardo.

Admirando a firmeza da mulher à sua frente, que embora com certa timidez não vacilara a suas perguntas, o bispo retribuiu o cumprimento estendendo-lhe a mão onde estava a jóia que o identificava.

– Deus a abençoe, irmã Maria. Fez uma bonita homenagem na escolha de seu nome como religiosa.

– Obrigado, Reverendíssimo. Estou aqui para servir a Deus e a nossa Igreja, se puder lhe ser útil, terei prazer em servir.

– Com certeza, todas as mãos são abençoadas na seara da Igreja. Servir é o labor de nossas existências. Acompanhe-me até o gabinete da abadessa.

– Será uma honra, monsenhor – concordou irmã Maria e, com um gesto comedido com a mão apontando o caminho, convidou-o: – Vamos por aqui.

Enquanto caminhavam a passos lentos, Ricardo tecia uma série de perguntas sobre o andamento das atividades do convento, que a freira respondia com certa precaução, deixando pairar incertezas, como quem diz, sem pronunciar palavras, que nem tudo era exatamente como estava dizendo, lançando mistérios e dúvidas.

Irmã Maria espreitava o comportamento da abadessa desde quando iniciara o noviciado, alimentava pela superiora uma profunda inimizade, provocada pelo desprezo da superiora à sua pessoa, as constantes reprimendas sobre sua conduta, a crítica e a condenação a suas amizades consideradas excessivamente "íntimas" com um grande número de congregadas.

– Seu comportamento é vexatório, indigno. A senhora parece pulga de madrugada pulando de cela em cela, perturbando o sono das madres. És escandalosa, não sabe conter-se – dissera-lhe Agnes. – De hoje em diante aquela que eu encontrar vagando pelos corredores do convento à noite, será trancafiada no claustro em jejum severo pelo tempo que eu considerar necessário a sua purificação e a seu arrependimento desses pecados da carne. A senhora é a primeira.

Maria atravessara dias amargos e solitários no claustro, em jejum absoluto, sofrera a sede, a fome, a privação de tudo. Entretanto esse sofrimento, ao invés de lhe abater o moral, insuflara-lhe a revolta, a rebeldia, o desejo de vingar-se. A cada momento passado naquele claustro sua mente registrara um voto particular consigo mesma:

– "Esta mal-amada, haverá de me restituir cada segundo que passo aqui, com o triplo deles que ela terá de amargar. A estrada é grande e nela também saberei sentar as minhas pedras".

Enfim, não haveria melhor momento e local para pavimentar a estrada de acesso a sua vingança do que aqueles. Aproximar-se de dom Ricardo era o primeiro passo, ele era o poder superior, sua amizade e proteção eram preciosas; o estado de Agnes a tornava frágil, fácil de ser atingida. "É esse o momento" – pensava irmã Maria enquanto continuava astutamente a semear incertezas e fornecer informações incompletas.

Registrando as entrelinhas do diálogo, Ricardo tinha a quase-certeza de haver algo estranho acontecendo no convento. "É talentosa, a novata" – pensava ele. – "Joga muito bem. É convincente. Por que quer armar para sua superiora é a questão que tenho que descobrir para dar-lhe mais crédito ou não."

Assim pensando, Ricardo mudou o foco do diálogo transferindo-o para as vivências de irmã Maria na clausura. Poucas informações conquistou, pois ela fechou-se tal qual as flores que só abrem à noite e que, com a ameaça do calor e da luminosidade, aos primeiros raios do sol se fecham escondendo seu interior.

– "Hum! Houve alguma confusão por aqui e ainda acontece algo de anormal" – constatava Ricardo em pensamento.

Fazendo caminhar por mais corredores do que o necessário, irmã Maria fê-lo passar ante o quarto em que jazia imobilizado o velho padre que atendia ao serviço religioso do convento.

Franzindo o cenho, Ricardo estacou frente à porta, dizendo:

– Pare.

Obediente, irmã Maria voltou para seu lado e, lançando um olhar de fingida surpresa, falou:

– Nosso bom padre! Coitado, está morrendo. Não se mexe e ouvir suas palavras é um tormento.

– Desde quando ele pernoita no prédio?

Acentuando a expressão de fingida surpresa, Maria retruca:

– Por Deus, senhor bispo, não pense mal deste procedimento. Nosso padre adoeceu gravemente, está assim acamado, quase imobilizado, sem poder levantar-se há quase uns 20 dias. O pobre está tão velhinho, esta semana nem falar consegue mais.

– E as missas, as confissões, os demais sacramentos, a instrução das noviças, quem os faz?

– Temos orado muito pedindo sua intervenção, hoje nossas preces foram atendidas. Sua presença entre nós porá fim a uma severa dieta religiosa, nosso rebanho está sem pastor. Pensei que soubesse acerca desses fatos.

– Infelizmente, para mim, são novos. Precisamos conversar muito, Agnes e eu.

– O senhor gostaria de entrar para uma visita rápida ao doente? – perguntou irmã Maria.

Ricardo lançou um olhar ao aposento escuro, aos pés do nicho das imagens sagradas, velas acesas davam ao aposento um ar mortiço com as chamas bruxuleantes a dançarem conforme o movimento do ar. Sobre o leito, o corpo esquelético e retorcido do velho sacerdote. Apesar da distância e da penumbra, eram visíveis os traços cadavéricos do rosto do padre com a boca que não mais fechava, torta para a face direita.

O velho temor da velhice e da morte atacou o bispo que, escondendo a custo as expressões de desagrado diante do quadro, disse:

– Haverá tempo depois, irmã. Assuntos mais urgentes reclamam minha atenção. O estado do padre Anísio é lamentável, orarei por ele, desconhecia que estava doente e, pelo que vejo, gravemente. Conduza-me ao gabinete da abadessa.

Lançando um sinal da cruz a distância, à guisa de bênção ao doente, deu as costas à porta e com passos decididos e rápidos avançou pelo corredor, demonstrando claramente a irmã Maria que tinha pleno domínio da localização das dependências do convento.

– "É bom que ela perceba desde cedo quem comanda. O uso de subterfúgios é válido, mostra que é astuta, porém, se for inteligente, notará que não me enganou" – pensou Ricardo enquanto marchava decidido chamando a si a tarefa de ir ao encontro de Agnes.

Irmã Maria não se deu por achada e apressando o passo prosseguiu ao lado do bispo, fazendo as vezes de anfitriã:

– Vejo que Vossa Reverendíssima já recobrou perfeita lembrança das dependências de nossa instituição. O senhor goza de boa memória – comentou ela alegremente.

Ricardo limitou-se a lançar-lhe um olhar observador, constatando mentalmente: "Ela é inteligente. Saiu-se muito bem".

Prosseguiram conversando amenidades enquanto atravessavam os longos corredores, silenciosos e iluminados pelas altas janelas.

Em frente à porta do gabinete da abadessa, irmã Maria parou e dirigindo-se ao bispo solicitou polidamente:

– Por favor, aguarde apenas alguns minutos, Reverendíssimo, enquanto anuncio a nossa abadessa a sua honrosa visita. Aliás, pode me dizer o motivo? Conversamos bastante, mas não lhe indaguei as razões que o trazem ao nosso convento.

– Diga a abadessa que são razões de caráter pessoal, além, obviamente, das razões de oficio a serviço de nossa Igreja. Ela entenderá – respondeu Ricardo com ar severo, repreendendo com o olhar a petulância da freira em questionar e desejar conhecer seus motivos para uma visita-surpresa.

– Com certeza. Peço-lhe perdão se fui indiscreta. Minha intenção era somente servir – frisou Maria.

Como Ricardo unisse as mãos à frente do corpo dizendo com esse gesto que estava aguardando com certa impaciência, fazendo um esforço para ser tolerante, a religiosa apressou-se em bater à porta e, tão logo ouviu a permissão para entrar, ingressou na sala, falando:

– Senhora abadessa, venho lhe comunicar que recebemos a visita de monsenhor dom Ricardo, que deseja lhe falar imediatamente.

Agnes empalideceu de susto, levantou-se e, apoiando as mãos no tampo da mesa, olhou assustada em direção à porta e depois para irmã Marta, que, silenciosa, a encarava.

– "Problemas. Mais problemas. Monsenhor Ricardo não pode saber o que vem se passando aqui, muito menos sobre essas malditas crises, preciso me controlar" – pensava ela.

– Mas como? Não recebemos nenhuma carta informando sua chegada! Será que estou enganada, irmã Marta? Será que me esqueci de algo tão importante? – questionava a abadessa algo aflita.

– Não, madre. Dou-lhe certeza, não recebemos nenhum comunicado por parte do bispo – respondeu Marta.

– É – interveio irmã Maria. – O monsenhor disse que vinha sem avisar.

– Surpresa!? – disse Agnes, preocupada.

Respirou fundo, tornou a sentar-se e ordenou à irmã Maria:

– Volte para junto do bispo, conduza-o até as poltronas que ficam no corredor, deixe-o descansar e faça-lhe companhia por breves minutos. Transmita-lhe minhas desculpas por fazê-lo esperar, mas eu e irmã Marta necessitamos concluir uma tarefa urgente que estamos realizando. Tão logo esteja terminada, irmã Marta irá buscá-lo. Não se esqueça de pedir que lhe sirvam alguma bebida.

– Sim, abadessa. Conclua o trabalho em paz, cumprirei todas as determinações. Com sua licença, volto para junto do bispo – disse irmã Maria retirando-se do gabinete.

– Por que fez isso, madre? – perguntou ingenuamente irmã Marta. – O que fazíamos não tem qualquer urgência, aliás, está pronto.

– "Ah! Que castigo irônico que somente essa idiota não tema o que se passa comigo. A coitada não tem muito mais que um pingo de inteligência" – Agnes ruminava em pensamentos revoltados.

– Irmã Marta, preste atenção: estamos fazendo um trabalho muito importante que é dirigir esse convento, tudo que fazemos pelo bem-estar de nossas irmãs é urgente. O bispo não costuma fazer visitas de surpresa. Desde que assumiu o bispado do Vêneto, esta é a primeira ocorrência desse tipo. Ele é um homem muito ocupado e caridoso, todos o adoram nessa região, entre os demais bispos ele é muito respeitado. Não quero que ele se preocupe com nossa congregação, por isso ele não deve saber da minha "doença". Fui clara?

– Sim, madre. Nada direi quanto a suas crises e acho que nenhuma das outras irmãs falará sobre tal assunto. Mas, e se a senhora as tiver à noite ou se ocorrer os pesadelos? O que devo fazer? Não devo ir socorrê-la para que o bispo não tome conhecimento desses fatos?

– Espere, irmã, deixe-me pensar – respondeu Agnes, com o semblante carrancudo. – Sirva-me um copo com água.

Marta levantou-se indo ao extremo da mesa, tomou uma jarra e um copo enchendo-o até a metade e ofertou-o à superiora.

Agnes tomou alguns goles do líquido fresco, depositou o copo e, apanhando as chaves da escrivaninha, abriu a gaveta secreta. Remexendo em seus frascos de drogas, encontrou um pó de efeito calmante e misturou uma dose generosa na água, ingerindo em seguida.

– "Isso será a minha salvação. Aumentarei as doses, isso deverá garantir meu controle sobre esses demônios. Além do mais, a visita do bispo haverá de ser curta" – planejava a abadessa que, sentindo os efeitos quase imediatos da droga, começava a relaxar julgando ter readquirido o pleno domínio de si mesma.

– Irmã Marta, preste atenção, preciso que me ajude a lembrar: tomarei a partir de hoje duas ou três doses do pó. À noite ficará em meu quarto, dentro do nicho da Virgem, o frasco de sonífero. Se a senhora ouvir qualquer ruído estranho em minha cela, entre e me dê as gotas de sempre da droga. Entendeu?

– Claro. Fique tranqüila, cuidarei para que a senhora não ande pelos corredores à noite. Se acontecer qualquer coisa estranha, lhe darei os remédios.

– Ótimo. Agora vá em busca do bispo e traga-o à minha presença.

Marta, diligente, obedeceu à ordem recebida, deixando Agnes ordenando os documentos que tinha sobre sua mesa, fingindo ter estado ocupada.

Após os cumprimentos habituais e corteses entre irmã Marta e o bispo, ambos andaram silenciosos de retorno ao gabinete da abadessa. Ricardo se apressava para acompanhar a freira que, nervosa, acelerava o passo.

Introduzindo o visitante na sala, irmã Marta afastou-se respeitosa, alegando ter trabalho a vistoriar na cozinha do convento.

Um diálogo tenso, nervoso, truncado e cheio de recíprocas desconfianças marcou o reencontro de Agnes e Ricardo após vários anos de comunicação exclusivamente escrita e formal. A antiga cumplicidade perdera-se ao longo dos anos, em seu lugar, a consciência de que ambos sabiam do que o outro era capaz. Mas o fiel da balança pendia para o lado do bispo, que carregava consigo o poder da Igreja em proporções vultosas se comparadas ao que Agnes exercia.

Ricardo informou, no encerramento do diálogo, que vinha ao convento a pedido particular de sua pupila, o que não convenceu totalmente a abadessa.

– Eu o informei, recentemente, que em minha opinião a noviça Lúcia tem uma fragilidade física muito grande, sua saúde é debilitada. Vive apática. Definha.

– Estou ciente – respondeu Ricardo. – Ocorrendo isto, que podemos fazer? É a vontade de Deus. Como ela tem se comportado nestes meses? Será que deseja abandonar o convento, por isso mandou me chamar?

– Não notei nada neste sentido. Ela afirma insistentemente que está aqui para fazer feliz a alma de sua madrinha.

– E padre Anísio, não notou nada de diferente no comportamento da noviça?

À menção do padre, Agnes tremeu visivelmente. Ricardo apertou os olhos, fixando o rosto da abadessa e, como ela emudeceu, insistiu:

– Abadessa, lhe perguntei a opinião do padre Anísio.

Perturbada, pois naquele momento lhe ocorreu que não mais poderia esconder a doença do sacerdote e a substituição que temia acabaria por ser feita, a religiosa lutava para recobrar-se e formar uma resposta.

– O padre. Sim. Bem, ele não me disse se havia alguma coisa estranha ocorrendo com sua pupila.

– Onde está padre Anísio, abadessa?

– Adoeceu de repente. Dois dias atrás ele enfermou.

– Dois dias? – questionou Ricardo, dando à voz um tom de incredulidade. – Qual é o mal que o aflige?

– O médico disse que ainda não tem um diagnóstico, apenas ontem o examinou.

– Ontem? E onde está o médico? Gostaria de falar com ele sobre a doença do padre.

– Ele não pôde ficar no convento dando assistência ao doente, mas deve voltar a visitá-lo em breve.

– E quando a senhora pretendia solicitar um substituto para padre Anísio?

– Ora, senhor bispo, por que incomodá-lo por alguns dias? Tenho certeza de que em breve padre Anísio estará recuperado e com plenas condições de exercer suas funções.

– Com certeza – anuiu Ricardo enquanto pensava: "Mentirosa. Agnes teme alguma coisa. O que será? Isso me cansa, é melhor resolver logo e voltar ao bispado". – Descansarei algumas horas, depois avise minha pupila que irei atendê-la.

Aliviada, Agnes suspirou, acreditando haver convencido o bispo com suas mentiras. Desejando agradá-lo, perguntou:

– Qual dos homens de sua guarda devo fazer entrar para lhe servir?

– Vim desacompanhado da guarda, abadessa. Não é necessário que ninguém me sirva – respondeu Ricardo calmamente.

A surpresa no rosto de Agnes foi indisfarçável, ela esperava por tudo, menos que o bispo do Vêneto viesse só, dispensando os cuidados de um oficial de sua guarda. Engolindo a novidade, meneou a cabeça em aquiescência e disse:

– Farei como deseja. Deus lhe conceda um bom descanso entre nós, Reverendíssimo.

Ricardo recolheu-se pensativo à cela reservada a suas visitas. Enquanto descansava, Agnes, sentindo o efeito dos calmantes, ressonava debruçada sobre a mesa de trabalho. E na capela, em um canto ao fundo do altar irmã Marta orientava Lúcia sobre o melhor a ser feito para restabelecer a paz na instituição.

O dia seguinte encontrou Ricardo desperto muito cedo, ainda se dissipavam as brumas da manhã e ele andava pelos jardins do convento, observando os primeiros movimentos do dia. Andando, pensava no estranho comportamento da abadessa, por que ela estava mentindo, quais as razões de irmã Maria para aproximar-se dele tentando envolvê-lo, mostrando-lhe fatos que a seu ver ela sabia que a abadessa tentaria esconder. Sentia no ar um cheiro de mistério, de algo que escondiam a seu olhar. Mas o quê?

As práticas "comuns" ao convento eram todas de seu conhecimento, não ofereciam razões para temores, sabia que os fatos cotidianos envolvendo os padres também se processavam nos ambientes femininos, o único questionamento que se fazia com relação a esses fatos era se alguma mulher era impelida a buscar a vida monástica para viver a sua sexualidade tal qual ele fizera. O silêncio auto-imposto e aceito nos meios religiosos sobre o tema o impedia de buscar a resposta à sua questão.

A noite transcorrera calma e silenciosa. A torturada Agnes, literalmente dopada com as drogas que ingerira, permanecera pesadamente adormecida em seu gabinete, o efeito das poções havia sido tão forte que silenciara até mesmo os gritos de seus pesadelos. A imobilidade de seu corpo não era sinônimo de paz, significava apenas que ela, por meio das drogas, retirara temporariamente a própria capacidade de manifestação física de suas vontades. Expulsa, parcialmente, da matéria, em espírito, sua relação conflituosa com aqueles que se diziam suas vítimas continuara e ela amanhecia cansada, exausta, seu único desejo era desaparecer. Lentamente sua memória foi retornando e conscientizou-se do dia difícil que teria pela frente com a presença do bispo. Sentia-se sem forças para lutar, porém precisava erguer-se de sua cadeira e buscar energia para dominar os temores que a ansiedade causava. Tinha diante de si mais um dia e ignorando o que lhe reservavam as horas futuras, antecipadamente as temia, tingindo-as de cores densas. Sofria duplamente, contribuindo inconscientemente com a ação das entidades obsessoras que, observando-a, se deleitavam com suas reações descontroladas.

– Como é fácil fazê-la sofrer! Vejam, ela se tortura sozinha, só precisamos apreciar a cena de sua derrocada. Que maravilha! – comentava um dos espíritos que a acompanhavam falando aos comparsas.

– Realmente, não precisamos despender energia nenhuma. Ninguém se acercou dela, nenhum de nós a sugestionou a nada. A idiota, sozinha, apavorou-se e se tortura. Olhem a agitação de seu pensamento. Como dizem as freirinhas: – "Virgem Maria!".

– A abadessa se odeia – comentou um outro.

– Melhor para nós, enquanto ela se desequilibra, nós apreciamos a queda e damos risada – aparteou um outro. – Bem que ela merece. A própria consciência a está punindo.

– Não diga bobagens – advertiu o primeiro que falara olhando severamente o último. – Desde quando gente da laia dessa desgraçada tem consciência? Julgas que ela pensou sequer um momento antes de barrar nosso regresso à vida material, acaso ela cogitou das nossas necessidades, expectativas e desejos? Não, portanto, não podes dizer que ela tem consciência. Nós somos os gritos que ela ouve, nós somos a "consciência" que fala.

– É, mas que não somos apenas nós a fazer tudo que ela está passando também é verdade. Ela tem nos "ajudado" e muito. Torturá-la drogada pelos remédios é fácil demais, ela virou um joguete sem vontade, apática. Depois, é só pensar sobre o que ela está fazendo agora. Presta atenção nela, deve estar se sentindo fisicamente muito mal, está nervosa, anda aflita de um lado para o outro, pálida, a todo o momento passa as mãos na testa e esfrega-as no hábito, sua mente não dá sossego, vou me aproximar um pouco mais para ver o que ela está sentindo – retrucou o terceiro.

Enquanto as duas outras entidades desencarnadas acomodadas no gabinete da abadessa observavam a ação do parceiro, Agnes de fato agia como eles haviam descrito. O espírito aproximou-se buscando apenas sorver as sensações da matéria que Agnes experimentava naquele instante. Ligou-se rapidamente a ela e logo se afastou, gargalhando e dizendo:

– Ela é muito melhor nessa arte do que nós. Está horrível, se não a odiasse tanto, teria tido pena da infeliz. Seu coração bate descontrolado, o sangue flui rápido, acelerado, sua mente é um turbilhão sem controle, ela treme e em pensamento cria mil imagens. Vendo-se em aflição e deliberando como agir tem medo que o bispo descubra que está atacada por "demônios", é assim que ela nos chama – e com ares de deboche continuou: – Ah! Como é malvada! Eu queria ser um bebê bem bonitinho, não tenho rabo, nem chifre. Depois, mais sério, continuou: – Companheiro, chame como quiser o que faz esta criatura sofrer, mas reconheça que não há nenhum desencarnado nesse momento agindo sobre ela e que o estado da bruxa é excelente para os nossos propósitos e não estamos nos desgastando em nada para isso.

Os outros dois o ouviam em silêncio sem compreender o que fazia Agnes assim torturada, mas, obviamente, muito contentes com a reação.

– Ah! E já vou adiantar uma coisa, eu não me aproximo dela nesse estado, é muito ruim. Vou ficar só olhando e me divertindo. Quando ela estiver "calma", então sigo o trabalho. Se quiserem, experimentem.

Os outros dois nem ao menos se moveram, deliciaram-se quando Agnes, em profunda aflição, lançou as mãos à cabeça e apertou-a, depois jogou-se ao solo ajoelhando-se em frente à imagem e recitou em voz alta as ladainhas costumeiras, sem contudo melhorar seu panorama interior. Por fim, tomada de ansiedade, aflição e medo, com o coração palpitante e suando frio, ergueu-se e decidiu enfrentar o dia. A cada passo a sensação que tinha era de vencer uma batalha, mas inglória, pois se instalava imediatamente a certeza de que tudo recomeçaria no passo seguinte.

Na capela encontrou irmã Marta, ao lado de quem se ajoelhou, sem perceber a figura da noviça Lúcia do outro lado.

– Estamos rezando, abadessa, enquanto o bispo está se preparando para ouvir nossas confissões. A primeira será a noviça Lúcia, pupila dele. A senhora irá confessar-se com certeza. Vou providenciar para que seja a segunda, está bem?

Ao ouvir as palavras de irmã Marta, uma palidez mortal tomou o rosto abatido de Agnes.

– Abadessa! O que a senhora tem, não se sente bem? – indagou Marta assustada.

Sentindo palpitações e falta de ar, a abadessa concordou com a cabeça. Depois, com esforço, pediu:

– Me ajude a ir até a minha cela, não estou bem, preciso me deitar.

Solícita, Marta auxiliou a abadessa a erguer-se e a conduziu a sua cela. Deitada, tomada de pânico, Agnes disse, com dificuldade:

– Diga ao bispo que me encontro indisposta. Substitua-me por hoje. Pensei ter forças para vencer esse dia, mas elas me faltaram, pensei que fosse morrer ajoelhada na capela, estou muito mal.

– Farei o que diz, abadessa, fique tranqüila, mandarei uma das noviças fazer companhia à senhora.

Agnes nada disse e Marta, depois de verificar se a superiora estava confortável, se retirou. Os desencarnados que acompanhavam o desenrolar da situação, vendo sua presa prostrada ao leito, sentiram-se impotentes e resolveram se afastar por algumas horas.

– Ela não precisa de nós para sofrer, conseguiu coisa pior sozinha. Não tem graça ficar perto dela nesse estado. Vamos para o jardim, depois voltaremos.

No confessionário, Lúcia relatava ao tutor as deficiências do convento. Obediente à orientação de irmã Marta, pediu-lhe, pelo bem da congregação, que como seu tutor enviasse um sacerdote substituto para o padre Anísio, pois nem mesmo as missas da hora do ângelus e dos domingos estavam sendo rezadas, as irmãs não comungavam nem se confessavam há mais de um mês e como se aproximava o período da Páscoa estas medidas ganhavam um caráter de urgência. Ricardo ouviu os pedidos da pupila, bem como seus lamentos e incertezas. Advertiu-a conforme prescreviam as orientações teológicas da época, prescreveu-lhe a penitência e, por fim, assegurou-lhe que a situação do convento retornaria ao normal. Recitou a absolvição dos pecados e, fazendo o sinal da cruz, indicou o final da confissão.

A manhã foi tumultuada e cansativa ouvindo as confissões monótonas das religiosas, seus pecados e culpas de atos presentes e passados.

Após o almoço frugal conversou rapidamente com irmã Marta e tomou conhecimento do mal-estar da abadessa, ao que não deu nenhuma importância. Deixou registrado que em virtude da doença do padre Anísio mandaria um substituto que deveria chegar ainda naquela semana.

Na saída, o bispo encontrou irmã Maria próxima aos portões de entrada.

– Faça boa viagem de retorno, monsenhor Ricardo – desejou a religiosa. – Como lhe disse, estou a seu serviço para o que desejar.

– É por contar com membros com a sua boa vontade que nossa Igreja constrói sua obra de evangelização, irmã. Apreciei sua companhia, escreva-me quando quiser, dando-me notícias. Preocupou-me a situação do convento, nossos bons amigos, padre Anísio e a abadessa, parecem estar debilitados de saúde. Peço a Deus que lhes dê muitos anos de vida e saúde, mas é reconfortante saber que pessoas como a senhora se dispõem ao trabalho; isso garante que se possa fazer substituições, quando a vida assim determinar, e não interromper o trabalho do convento.

Um sorriso contido de antecipação da vitória desenhou-se no rosto de irmã Maria. Depois, fazendo um ar constrito, respondeu no mesmo tom impassível do bispo:

– É a vontade de Deus. Pedimos a nossa protetora, Virgem Mãe Maria, que olhe por todas nós. Realmente nosso convento precisava de sua atenção, obrigada pela visita. Escreverei ao senhor, será uma honra.

Ricardo despediu-se e fez um sinal da cruz abençoando a freira do alto da montaria. Lançando o olhar aos portões, sinalizou às sentinelas que sairia, e tão logo abriram-se, galopou rapidamente ganhando a estrada.

..*

Na tela à nossa frente vi passar as imagens de dias relativamente tranqüilos. Ricardo visitava o passado com calma, seu olhar tinha um brilho novo, tranqüilo e mais afetuoso, expressava com mais liberdade seus sentimentos. Algumas vezes fazia comentários rápidos diante de uma recordação. Com freqüência deparei expressões de surpresa em seu rosto e, inteligente como é, Ricardo percebia minha atenção a suas reações e comentava a lembrança. Em dada passagem ele nos disse:

– Quando estes fatos me aconteceram, os enxerguei sob um ângulo muito incompleto. Observei apenas o que meus olhos viam e dei atenção àquilo que despertava ou atendia aos meus interesses. Interessava-me sepultar os vínculos com Agnes. Incomodava-me lembrar que ela acompanhara minha trajetória enquanto escalava os degraus do poder na hierarquia religiosa. Não era arrependimento o que sentia, pois creio que naqueles dias, se fosse necessário, teria tomado as mesmas atitudes. Mas naqueles tempos tinha o desejo de apagar o caminho, de não lembrar o que fora antes de ser o respeitado, o poderoso e temido monsenhor dom Ricardo, bispo do Vêneto. Agora, passados tantos anos, vejo que fiz muita bobagem, que fui eu o grande idiota da história. Atribuí importância ao que não tinha, cultivei conceitos aprisionantes. Cada vez que vi nesta tela os monólogos de Jacobino com Deus, senti o quanto era vazia e insegura minha existência, distante de uma amizade com meu Criador, pois dimensionei a vastidão do meu orgulho e daquilo que ganhei com ele. Também em cada oportunidade que meu secretário extravasava sua ira para com os conceitos culturais pelos quais zelei tanto em não me expor, chamando-os de "gaiolas malditas", compreendi que vivi preso, amarrado e infeliz a construções irreais simplesmente por covardia em não exercer meu sagrado direito de ser único na criação. Não, idiota como fui, pensava que devia ser exatamente igual aos outros. Entrei na gaiola e fechei a porta, lá dentro me animalizei, pois em vez de transformar meus instintos em emoções, e elas em sentimentos, preso na jaula irreal, cultivei intimamente todos os meus instintos e sufoquei, neguei, reprimi, silenciei as emoções. Agora, vendo todos esses fatos sob uma perspectiva ampla e conhecendo-lhes as conseqüências, me reconheço como um doente emocional.

Georges, ao ouvir o comentário, interrompeu a projeção e voltou-se para Ricardo indagando:

– O que significa para você ser um doente emocional?

Ricardo sorriu e olhando-me reclamou, bem-humorado:

– Viu, José? Nosso amigo Georges é muito curioso, meteu-se em nossa conversa sem ser chamado. Isso é deselegante, doutor.

– A elegância é uma bonita maneira de comportar-se, mas particularmente ainda tenho dificuldades em cultivá-la nos graus máximos porque sou muito curioso. E não há, por enquanto, nada que desperte mais a minha curiosidade do que a espécie humana e seus infinitos universos interiores. Acho que é porque isso não pode ser examinado com microscópio, nem em laboratório, medido em taxas de normal e anormal. – respondeu Georges, e devolvendo a troça, completou com fingida severidade: – Então tenha a certeza de que não guardo a pretensão de ser irrepreensível, não sofro por pouca coisa. Aproveite e exercite a capacidade de sentir o que sente o outro, faça como os obsessores de Agnes, sinta o sofrimento deste curioso, tenho certeza de que depois de experimentar formicações, aflições e de sua mente trabalhar acelerada, criando respostas e multiplicando indagações, o senhor ex-poderoso bispo do Vêneto será complacente comigo e responderá à minha pergunta.

– Revendo minha trajetória localizei cada uma delas, das minhas emoções aturdidas, seu nascimento, seu crescimento silencioso dentro de mim, a luta para sufocar suas formas de expressão, vi se transformarem e sei que me acompanharam depois, na vida espiritual. E tudo quanto fiz foi movido, impulsionado por elas. Não perdi a razão, mas também não me qualificaria hoje como alguém plenamente saudável. Eu não estava confortável comigo mesmo, alguma coisa no meu ser estava errada e não era somente pelo fato de viver uma sexualidade direcionada ao homossexualismo. Foi mais, bem mais que isso. Georges, eu não elaborei um conceito formal disto, nem sei se é possível, mas são as minhas conclusões sobre mim mesmo.

– Você não precisa elaborar nenhum conceito formal, Ricardo. Ter ou não esse conceito expresso em palavras é de pouca importância. O real é que você compreendeu, extraiu da vivência a experiência necessária para não repeti-la. É isso mesmo, as doenças emocionais que desenvolvemos repercutem na nossa personalidade, que é imortal e atravessa séculos conosco. São diferentes das doenças meramente físicas, que se exaurem nas forças da matéria. As emocionais atingem o ser espiritual justo na geratriz de suas forças – os sentimentos, por isso levam a estados de perturbação insanos. Obsessores e obsidiados são doentes emocionais – comentou Georges, sério.

– E a cura foi este caminho doloroso, cheio de espinhos, de buscar a minha verdade, entender a nascente dessas emoções e lutar para ter, ou melhor, para ser senhor de mim – falou Ricardo.

Georges simplesmente abanou a cabeça e apontou-lhe uma frase escrita em uma das paredes de sua sala: "Conhecereis a verdade e a verdade vós libertará. - João 8:32".

– A conquista da verdade é lenta e gradativa – concluiu Ricardo após meditar alguns minutos. – Às vezes dolorida.

– Ela é benéfica. Não fique cultivando a piedade por si próprio, Ricardo. Sabemos que você está sensível e dolorido, para usar uma expressão sua, mas pense que está melhor, muito melhor. Conscientizou-se das suas verdades e caminha rapidamente para um estado de bem-estar e equilíbrio. Aprenda mais uma coisinha: nosso processo de evolução – emocional e intelectual – é dinâmico e constante, portanto, preserve sua saúde, não inicie agora um complexo de vítima, de coitado.

Ricardo recebeu o alerta serenamente, olhou para mim e sorriu, como se estivesse pregando uma peça no médico. Naquele momento passou-me a certeza de que ele revia tudo o que fora e fizera com tranqüilidade e consciência, pronto a assumir suas responsabilidades ante as leis da vida, por isso, inteligentemente brincava com Georges, que não me pareceu ter percebido que, livre das causas, o ex-bispo observava as conseqüências sem sofrer.

..*

A projeção foi retomada. Acomodamo-nos e prosseguimos mergulhando na atmosfera dos conventos da Itália, nos idos do século XVII, entre restos de feudalismo e Inquisição misturados a um nascente movimento religioso de valorização da experiência humana sobre as verdades teológicas.

Havia se passado mais de três meses desde o retorno do bispo à visita ao Carmelo. A primeira providência fora a imediata designação de padre Enzo para servir ao convento dirigido por Agnes.

O jovem sacerdote recebeu friamente a notícia de sua transferência. Sabia que sua permanência na aldeia estava comprometida, em sua mente ecoava ainda a conversa com irmão Jacobino e a advertência de que não seria tolerada outra queixa. Além disso, o relacionamento com o bispo atravessava uma fase delicada, relutara muito, mas fora obrigado a admitir que perdia o poder de influência que julgava possuir sobre Ricardo. Com o objetivo de reconquistar o espaço perdido, esforçava-se para domar suas inclinações e quando não resistia aos impulsos sexuais descontrolados fazia o possível para que fossem mantidos em segredo. Motivado a agradar Ricardo a qualquer preço, encenou em particular algumas cenas de carência afetiva e dependência emocional, apelando para despertar remorso e culpa pelo afastamento, ao mesmo tempo em que fazia juras de devoção e amor ao companheiro.

Observando aquelas cenas, era nítida no olhar de Ricardo a desconfiança. Ele aceitava todas as demonstrações de carinho e de interesse sexual do outro, entretanto se mantinha distante. Acredito que fosse um fator bem típico do caráter de meu amigo essa dubiedade de conduta, exteriormente uma coisa, no íntimo outra. E como Enzo, empoleirado no alto de sua inteligência e perspicácia, não olhava duas vezes um mesmo fato, acabou convencido de que ganhava a partida, quando, na verdade, quem dava o xeque-mate era o bispo.

A relação deles, já bastante sofrida, esfriava dia a dia, e o convento Carmelita representava uma distância física, uma barreira a mais. Enzo não pensou nisso, não cogitou que Ricardo teria a mesma liberdade que ele, que a estrada tinha, para ambos os lados, o mesmo percurso. Assim, foi bastante frio e reservado ao partir, querendo fazer crer que atrás desse manto encobria uma tristeza muito grande, o que não era verdade.

Ricardo, apoiado na janela de seu gabinete, viu aquele que um dia chamara "seu menino" partir na carruagem do mosteiro.

Jacobino, sentado em sua cadeira, observava-o, tentando entender o que se passaria no coração de seu superior naquele momento.

– "Estou ficando velho" – pensava Jacobino. – "Antes eu julgava que sabia o que ia acontecer, analisava as pessoas e fazia prognósticos, mas a vida tem me ensinado tanto! Minhas últimas previsões mostraramse totalmente erradas. Pensei que Lucas seria um excelente padre, a vida mostrou-me que ele será um bom cristão e, sinceramente, acho que isso é até mais útil que ser um sacerdote por vaidade, orgulho ou ambição de alguma coisa. Depois, ingenuamente, fiquei feliz em ver que o bispo descobria o que era o amor. Ironia da sorte, o jovem Enzo mostra-se desequilibrado em sua conduta sexual. Parece que errei mais do que acertei, ou será que, acompanhando os movimentos da vida, as mudanças nas pessoas, conduzindo Lucas porta afora deste convento e de certa forma contribuindo para o afastamento de Enzo, estou andando com esse movimento das forças da natureza? Ela é sábia e espero, sinceramente, que minhas atitudes tenham acompanhado suas ondulações e que tudo caminhe em harmonia e equilíbrio. Pobre monsenhor Ricardo! Está sofrendo, talvez recordando o passado, ele não esperava que as coisas seguissem esse rumo".

Concentrado em seus pensamentos, Jacobino não percebeu que o bispo se voltara para sua pessoa e o observava. O experiente religioso estava com ar nostálgico e totalmente alheio às circunstâncias que o rodeavam.

– Irmão Jacobino – chamou Ricardo, e vendo que o secretário não atendia, insistiu: – Irmão Jacobino, onde o senhor foi, está no céu ou no inferno?

– Hum? – reagiu Jacobino retornando sua mente ao local onde estavam. – Perdão, monsenhor, estava distraído. O que disse?

– Perguntei se estava no céu ou no inferno. Era visível que o senhor ausentou-se dessa sala.

– Quem sou eu, senhor bispo, para pretender tocar nas alturas do céu. Não. Estava na Terra, pensando em coisas triviais, nada que me rendesse credenciais para disputar um lugar no reino de Lúcifer.

– Como o senhor consegue tal proeza? Afastar-se assim do mundo que o rodeia, abstrair-se... Experimenta-se paz em um momento como o que viveu?

– Experimentar a paz? – repetiu Jacobino questionando a si próprio. – Sim, experimento a paz. Ela é para mim uma forma de viver, não são os momentos de abstração e meditação que me oferecem, e sim uma relação interior e pessoal comigo mesmo, com Deus e com meu próximo, estruturada na verdade e na justiça.

– O senhor é um filósofo. A teologia nunca lhe interessou? Nunca pensou em escrever? A Igreja precisa de bons pensadores.

– Concordo com seu último posicionamento, porém, não serei eu quem escreverá para a Igreja, falta-me a base indispensável para tanto.

– Do que está falando, irmão Jacobino?

– De crer nos "mitos" bárbaros, pois para mim são piores que pagãos, pregados pela teologia. Fugir à crítica dessa conduta aviltante às lições de Jesus, segurando uma pena em frente a um tinteiro, seria para mim muito difícil. Isso, fatalmente, me conduziria a ser lembrado aqui em missas em intenção à alma dos mortos. Não, senhor bispo, ainda tenho muito a fazer nessa estrela-mãe.

– Mas em que fatos tão importantes meditava para aliená-lo tão completamente?

– Pensava na velhice, no amor, nos movimentos naturais da vida – respondeu Jacobino com o olhar ao longe contemplando a nuvem de pó levantada pela carruagem cada vez mais distante do mosteiro.

Ricardo acompanhou-lhe o olhar e nada mais indagou.

Os dias que sucederam a partida de Enzo entristeceram o bispo, mas depois, lentamente, ele se recuperou e nas primeiras visitas do jovem sacerdote parecia que a intimidade entre eles renascia.

Uma nova etapa se desenrolava. É presumível que Ricardo se sentisse lisonjeado e mais confiante ao ver Enzo retornar por livre vontade ao convento à procura de seu afeto.

Dias de calmaria, prenunciando verdadeiros vendavais.

O único a ter atividade redobrada naqueles dias foi o mensageiro do convento Carmelita. Em nenhum outro período o bispo do Vêneto recebera tantas cartas provenientes do mosteiro feminino. Irmã Maria e Enzo disputavam, sem saber, a atenção do superior.

A tarde ensolarada convidava à contemplação da natureza, a respirar a longos haustos, a deixar o olhar encantar-se com o brilho do sol sobre as verdes e suaves colinas do Vêneto. Mas o bispo não tinha a necessária tranqüilidade interior, a paz de espírito para aproveitar assim uma tão linda vista. Ele ficava alheio àquele magnífico exemplar da arte divina que se via além dos portais da janela de seu gabinete. Aquela tarde, sentado atrás de sua mesa, cabeça baixa, concentrado no exame da correspondência, Ricardo mal registrava a brisa com cheiro de campo que lhe acariciava a pele. Essas pequenas maravilhas que a bondade de Deus nos oferece passavam despercebidas de seu olhar. Sufocara tanto a sensibilidade, que estava insensível para reconhecer traços de arte na vida. Não, o jogo de palavras e intrigas que divisava nas cartas, este sim, lhe chamava a atenção e movimentava seus sentimentos.

Leu a correspondência de Enzo, cheia dos costumeiros protestos de saudade. Falava pouco do trabalho no convento, preenchendo as páginas com evocações do passado comum e feliz dos dois. Não se podia avaliar se consciente ou inconscientemente Enzo buscava despertar a nostalgia em Ricardo, para que ela evoluísse para um estado melancólico apaixonado do qual ele fosse a cura, a solução, a salvação, ou seja, mostrar-se aos olhos do bispo como alguém imprescindível à sua felicidade.

Mas Ricardo, embora o amasse, não era ingênuo ou de parca inteligência. Logo percebeu os caminhos trilhados pelo amante e não se deixou enganar de que ele não seria capaz de traí-lo novamente. Conhecia suficientemente o caráter das pessoas para saber que vícios e virtudes, em geral, são comportamentos que se repetem.

Enzo mostrara um vício em seu caráter até então desconhecido pelo bispo, mas uma vez identificado, era possível e provável que o rapaz reincidisse na atitude.

– "Ele era muito jovem quando tudo começou" – rememorava Ricardo. – "Julguei que poderia conduzi-lo, educá-lo e fazer dele um homem tão bem-sucedido quanto eu mesmo. Enganei-me, não olhei bem o interior do menino. Falta nele uma espécie de inteligência fundamental, a de bem se relacionar com os outros, assim é fácil cair ou ser derrubado. Ele é de uma auto-suficiencia que beira a temeridade, isso não é lúcido, porque acaba deixando pistas fáceis dos atos que quer esconder. Pensa que as pessoas à sua volta são espécimes sem raciocínio, menospreza-as".

Depositou a longa carta de Enzo sobre o tampo do móvel e passou a examinar a enviada por irmã Maria.

– "Esta sabe o que faz. Vejamos o que quer agora" – dizia Ricardo em voz baixa ao romper o lacre da missiva, e passou a ler:

Reverendíssimo bispo do Vêneto

Monsenhor dom Ricardo

Deus o proteja e lhe dê glória e poder entre seus eleitos. Rogo a Maria Santíssima por sua saúde.

Infelizmente obrigo-me a reportar-me a sua pessoa pedindo, implorando, ajuda ao nosso convento. Fatos de grande gravidade ocorrem sob o venerando teto que a todas nós ampara, para glória de Jesus e devoção a Virgem Santa.

Tremo só de pensar e, antes de escrever-lhe, pedi a Deus, nosso Pai, me fosse inspirada a melhor forma de agir. A consciência de meus deveres para com a Igreja e com minhas irmãs em congregação obrigou-me a adotar a presente conduta. Por favor, não a interprete mal, tudo que faço é no objetivo de servir.

Nossa abadessa, exaurida após uma vida de renúncia e prática piedosa, está gravemente enferma. Arvoro-me à condição de dar-lhe um diagnóstico – enlouqueceu.

As madrugadas em nosso convento são de horror e pânico. Nossa superiora acorda aos gritos e corre desesperada pelos corredores em trajes de dormir, chora e se diz perseguida por demônios que a acusam impiedosamente.

Flagela-se cada vez com mais freqüência. Recentemente, auxiliando no atendimento que buscamos prestar-lhe, tive a oportunidade de ver-lhe o corpo: tem as costas marcadas por chagas que, malcuidadas, estão infeccionadas, não curam, pois os suplícios são freqüentes demais e não possibilitam a natureza reagir fechando-as. É lamentável, vêem-se os ossos de suas costas através das carnes dilaceradas. Ela jejua quase que permanentemente e diz coisas desconexas. Não tem mais lucidez sequer para as preces, joga-se ante o altar e, gritando, pede perdão e fala com Deus tomada de aflição, esquecendo-se as fórmulas e o latim. Em outra oportunidade a presenciamos lançar imprecações, veja bem, contra a imagem de nossa protetora, revoltada com a maternidade que ela, nossa amada santinha, representa. Ela definitivamente não está nada bem.

Essas ocorrências têm sido extremamente prejudiciais à congregação. As irmãs estão divididas e, lamentavelmente, há as que crêem que nosso convento está sendo atacado pelas forças do maligno. Não quero com isso dizer que não creia nos poderes que ele exerce, longe de mim tal atitude, se ele tentou ao próprio salvador, quem somos nós, humildes servidoras do Cristo, para nos julgarmos ao abrigo de sua tentação. Mas sou da opinião de que por se tratar apenas de um caso, a moléstia se efetiva somente sobre a abadessa Agnes. Nenhuma das outras sessenta religiosas que aqui vivem relata algo parecido, ao contrário, gozam de paz e dedicam-se à fé, penso haver motivos suficientes para catalogarmos esse triste episódio como doença, descartando o assédio das forças malignas.

A longa existência da abadessa, marcada pelo trabalho a favor da Igreja e da caridade, me leva a crer seja ela merecedora do amparo da Virgem e que mesmo seu comportamento inadequado ante os altares e imagens sagrados seja por nossa protetora relevado, pois é a doença que causa tamanhos transtornos a nossa superiora.

Perdoe-me, monsenhor, transgredir assim a hierarquia religiosa e dirigir-me à sua pessoa sem a interferência de irmã Agnes, ou do padre Enzo, mas os motivos da impossibilidade de obedecer são os colocados acima. Confio em sua sabedoria e no amparo que lhe dão os santos para que julgue com sabedoria minha indisciplina e atenda à rogativa que lhe faço a que venha inteirar-se das situações que nos infelicitam.

Encerro essa carta comunicando-lhe com pesar o falecimento de padre Anísio, sacerdote que nos serviu por longos anos. Seu sepultamento teve de ser rápido em virtude do estado de seu corpo. Graças à sua diligência, contávamos no convento com os serviços do jovem padre Enzo, que se desincumbiu muitíssimo bem de todos os preparativos e cerimônias, aliás, o trabalho do sacerdote tem sido muito elogiado pelas freiras, as noviças têm tido maior interesse na atividade de formação.

Pedindo sua bênção, e mais uma vez protestando-lhe minha amizade, admiração e estima, assino

Irmã Maria do Sagrado Coração de Jesus.

– Agnes louca? Não é possível! Era tão fria, equilibrada. Como pode ser isso? Estive recentemente no convento, estranhei um pouco sua atitude, mas indisposições são normais em mulheres. Mentiu, é verdade, senti que ela não desejava a substituição do sacerdote e a alegação da juventude de Enzo era pueril ela bem sabia os motivos. Mas loucura?

Ricardo levantou-se, andou a esmo pela sala, e depois, chamando o seminarista que atualmente o servia, ordenou:

– Mande vir à minha presença o irmão Jacobino e diga-lhe que é urgente e muito grave, que ele não me faça esperar.

Um ar divertido perpassou o rosto do jovem, mas respondeu sério:

– Eu o trarei rapidamente, Reverendíssimo.

Notando o ar maroto no rosto do jovem, Ricardo prestou atenção ao seminarista. Ele tinha feições charmosas e simpáticas, os cabelos escuros, rebeldes, caíam sobre a testa alta, os olhos eram alegres e brilhantes, falavam de uma personalidade pacífica e descontraída, o rosto não era nenhum exemplar de beleza, mas o conjunto era atraente.

– "Não posso compará-lo à beleza clássica de Enzo, mas o jovem é uma promessa" – avaliou Ricardo.

– Seminarista, esqueci o seu nome. Como se chama? – indagou o bispo.

– Mateus, me chamo Mateus, Reverendíssimo.

– Um belo nome apostólico, digno de um sacerdote da Igreja romana. Não esquecerei mais o seu nome – falou Ricardo apreciando o seminarista. – Agora vá e se o irmão Jacobino estiver comendo, diga-lhe que a comida, assim como o bispo, também vai e vem e não se esgotará se ele abandoná-la para vir me atender.

O rapaz não conseguiu conter-se e sorriu ante a advertência do bispo.

– Ele está velho, Reverendíssimo, e todos dizem que ele sempre foi assim. Mas farei o possível para afastá-lo do refeitório.

– É bom – respondeu Ricardo e sorriu para o rapaz. – Vá, meu filho.

Tangido pelo novo seminarista, irmão Jacobino, poucos minutos depois, caminhava em direção ao gabinete do bispo. Vinha em alegre conversação com o rapaz, presto e faceiro.

– Boa tarde, Reverendíssimo – cumprimentou Jacobino ao entrar na sala de trabalho. – Houve alguma coisa grave?

– Sim, irmão Jacobino. Precisamos resolver um sério problema. – E como o novo seminarista permanecesse parado ao lado da porta, Ricardo elogiou-o: – Foste o mais competente dos últimos seis seminaristas que me serviram. Conseguiste o feito inédito de fazer irmão Jacobino atender a meu chamado com rapidez. Cumpriste muito bem teu trabalho, mas agora é preciso que te retires, o assunto que tenho a tratar com meu secretário é confidencial.

Corado de prazer com os elogios do bispo, o jovem sorriu com seu costumeiro ar maroto e respondeu:

– Eu descobri algo que meu amigo gosta mais do que o caldo do Frei Gusmão. Com sua licença, monsenhor Ricardo, irmão Jacobino.

Jacobino sorriu e acenou para o jovem, dizendo:

– Não se revelam segredos assim tão facilmente, meu filho, aprenda a guardar suas armas. Vá com Deus.

Ricardo observou o diálogo entre os dois compreendendo que o novo seminarista, apesar de estar há poucos dias no mosteiro, considerava irmão Jacobino seu amigo. "Que facilidade de conquistar as pessoas tem esse meu secretário. Eu há pouco notei o belo rapaz e eles já são amigos" – constatou Ricardo em pensamento, acompanhando com o olhar a partida de Mateus.

– Excelente jovem – comentou Jacobino referindo-se a Mateus. – Afetuoso, tem boas maneiras, é alegre, muito interessado em aprender. Simpatizei com ele assim que o encontrei.

– Confesso que notei a presença dele apenas hoje, mas também me causou boa impressão. Mas, deixemos o seminarista para depois, temos um problema muito sério no convento Carmelita.

– Ah! Não me diga que padre Enzo iniciou suas confusões entre as freiras! – falou Jacobino indignado. – Aquele rapaz não se corrige. Está procurando incomodação.

Ricardo sentou-se surpreso, sem, entretanto, dar demonstrações externas, analisando:

– "Que levou irmão Jacobino a acreditar que Enzo é o problema? Parece que ele espera problemas envolvendo-o com as religiosas. Por quê? Há alguma coisa que desconheço nesta história."

Com a fisionomia impassível, o bispo apoiou a mão sobre as mesas e cautelosamente comentou:

– Enzo é um rapaz de temperamento arrebatado. É assim desde menino, muitas vezes é difícil mostrar-lhe que está errado. É voluntarioso, eu sei.

– É, porém existem momentos em que por mais voluntarioso que alguém seja, é preciso ter olhos para ver e saber agir com alguma inteligência. Perdoe-me as palavras grosseiras, mas Enzo é um potro bravo que não sabe conter-se. Ele não serve para a vida monástica, seu voto de castidade é uma vergonha. O senhor bem sabe que não me enquadro entre os religiosos radicais, muito pelo contrário, penso que quanto mais próxima a nossa vida fosse da vida comum do povo, melhor levaríamos a mensagem do Evangelho, pois assim entenderíamos verdadeiramente os problemas humanos. Portanto, não sou um casto e não prego a castidade, ou melhor, a virgindade como uma santa virtude, deixo-a por conta da livre escolha de cada um, mas o que não posso aceitar é a imoralidade, o total descontrole sexual e o desrespeito para com os semelhantes que Enzo protagoniza. – Notando que Ricardo empalideceu, embora sua face permanecesse impassível, Jacobino procurou controlar sua irritação. – Mais uma vez me desculpe pelo meu desabafo, sei que o senhor tem especial afeto pelo padre Enzo, educou-o e ele conviveu com o senhor por longos anos, mas não podia mais silenciar a respeito desse comportamento, disse tudo isso com o objetivo de alertar, não quero de forma alguma criar intrigas e quando padre Enzo foi transferido daqui para o convento, eu, pessoalmente, o adverti de que não encobriria nenhuma atitude sua que voltasse a mostrar que ele não era digno da confiança que lhe depositávamos, que não fazia qualquer empenho em modificar-se, em tornar-se senhor de si mesmo, e não um animal no cio.

– "Há muita coisa escondida nessa história. Jacobino falou sem saber, ele devia estar aguardando por problemas, uma ansiedade que ele não dominou. Mas é bom saber, não direi nada para fazê-lo ver que falou além do devido" – deliberou Ricardo intimamente.

– Tem razão, irmão Jacobino – apoiou o bispo. – padre Enzo precisa cultivar o domínio de si. Como tenho com ele grande liberdade pessoal e também o dever de ofício, lhe falarei severamente. Quanto a este problema tenho muito definido o que fazer, infelizmente não é novo entre nós.

Jacobino surpreendeu-se com a calma de Ricardo. Com a voz desprovida de emoção estava acostumado, mas em se tratando de um problema dessa ordem julgou que ao menos um pouco mais de calor haveria.

– "Como deve ser triste viver assim como o bispo" – pensou Jacobino pela milésima vez em sua existência ao lado de Ricardo. – "Estamos trabalhando há tantos anos, lado a lado, diariamente, e ele não diz uma única palavra, não deixa entrever sequer um pouco de sentimento em suas palavras ou atitudes. É raro vê-lo sorrir, nunca o vi chorar, nem ao menos ter uma expressão alegre ou magoada. Parece uma estátua que fala. Fosse comigo que acontecesse tal problema, por certo não conseguiria ser assim. Ah, minha Madalena! Será que algum dia esse meu amigo vai conseguir ser livre? Ele se escravizou tanto! Lembra, Giuliana, que muitas vezes ríamos até chorar de alguma coisa sem importância, e outras, debatíamos seriamente um assunto, discordávamos, e às vezes até nos ofendíamos? Mas o amor era mais forte e todas essas emoções vividas nos enriqueciam. Como era bom correr contigo de mãos dadas nos campos! Se você tivesse me causado uma mágoa, assim como Enzo faz ao bispo, acho que teria sido muito difícil perdoar. Por certo eu te perdoaria, mas também é certo que não iria reprimir, como ele, os sentimentos. E sei que se fosse eu a te causar tal dor, também agirias assim. Sou até capaz de ver tua fúria, teus lindos olhos brilhando. Mas nada disso nos aconteceu. Fomos e somos tão felizes, Giuliana, que se puderes, te peço: me ajuda com dom Ricardo. Tu entendias tanto a alma humana e seus vícios, vem falar comigo, preciso da tua companhia."

– O que preocupa no convento Carmelita, neste momento, é o estado de saúde da abadessa, irmã Agnes. Segundo me relata uma das religiosas, pessoa de inteira confiança das minhas relações, ele é muito grave – tornou a falar Ricardo e rapidamente resumiu a situação da qual fora informado. Encerrou sua narrativa passando às mãos do secretário a carta de irmã Maria.

– É muito séria a situação – concordou Jacobino. – Pobre senhora, como deve estar sofrendo! Que posso fazer para ajudar? Quais são seus planos, Reverendíssimo?

– Chamei-o para discutirmos o problema. Também lamento muito o infortúnio da abadessa. Foi uma valorosa colaboradora. Pelo que nos informa irmã Maria, há boatos no convento de que a superiora esteja sendo vítima de possessão demoníaca, isso precisa ser reparado. Se tal boato chega aos ouvidos de ordens exorcistas, o padecimento da doente poderá ser pior, sem falar no transtorno que nos traria. O irmão bem conhece o fanatismo e a cegueira de que são possuídos nossos colegas exorcistas.

Jacobino meneou a cabeça assentindo a todas as palavras proferidas por Ricardo.

– Não sou tão pragmático para afirmar com segurança que tudo o que aqui é narrado – disse Jacobino erguendo a carta que ainda tinha em mãos – se resuma apenas à doença. Acredito que ela esteja também doente, mas não seria apressado em descartar outras ocorrências na situação.

– O quê? – indagou Ricardo. – Pensei que o senhor houvesse concordado que não é de bom alvitre envolver ordens exorcistas na questão.

– Entendeu certo, bispo. Mas isso não significa que eu não veja na situação a possibilidade de que realmente forças do além possam estar intervindo.

– Explique-se, irmão Jacobino, não o estou entendendo.

– Serei claro, então. Não creio no demônio, portanto, descarto totalmente sua ação. O que não existe não pode atuar. O universo é regido pelo amor e pela inteligência de Deus. Tudo quanto existe, no homem e fora dele, é criação divina. Como nos ensinam os Evangelhos, somos filhos do Senhor, criaturas. Me arriscaria a dizer que somos, na maioria, seus filhos pródigos. Deus não mandou atrás daquele filho rebelde e cheio de vícios nenhum demônio para acoçá-lo, atormentá-lo, simplesmente foi entregue livre à vida, andou na grande escola terrena, até aperceber-se, sozinho, dos próprios enganos, então aprendeu a lição e retornou ao Pai e foi aceito e festejado. Deus rejubilou-se com a vitória de seu filho cheio de imperfeições e equívocos. É assim que entendo Deus e a vida, monsenhor Ricardo. Amor, aprendizagem, oportunidades renovadas e festejadas. Não compartilho da visão maniqueísta de um mundo dividido na luta entre Deus e o diabo. Reconheço apenas um ser imensamente poderoso. E tamanho poder nasce do amor e da inteligência supremos que para mim ele representa. – Jacobino fez uma pausa e avaliou a expressão de Ricardo, embora de antemão soubesse que isso de muito pouco serviria, pois ele permanecia ouvindo-o impassível, apenas um brilho algo divertido, algo interessado modificava seu olhar, o que o animou a concluir: – E quanto aos demônios, creio que todos o somos. É um termo antigo, que vem do grego e quer dizer espírito. Somos espíritos, viveremos após a morte, isso é ponto pacífico. Permito-me divagar e questionar: como viveremos? Aí é que vejo que nem tudo é doença em nossa companheira, mas não será nada resolvido com exorcismos.

– Irmão Jacobino, o senhor vive a dizer pelos corredores deste convento que conhece a Igreja desde que se conhece por gente, mas está me dizendo claramente que não crê em seus dogmas e postulados?

– O senhor me perguntou e lhe respondi que me permito questionar como se dá a vida após a morte. Entenda como quiser.

– Mas em que se baseia para levantar questionamentos? Diz o povo, e eu concordo, que ninguém nunca voltou da terra dos mortos para dizer como era.

Jacobino sorriu ante a opinião do bispo e indagou:

– Estamos fugindo do assunto de nossa conversa. Mas se é sincero seu desejo de ouvir minhas opiniões, independentemente, aqui, da posição hierárquica de cada um, falando como amigos, terei prazer em lhe responder, se for mera curiosidade de meu superior, me permito não lhe responder.

– "Nunca tive amigos. É surpreendente o irmão Jacobino, é também uma raposa velha. Vê-se logo que, praticamente, nasceu respirando o ambiente desses conventos" – pensou Ricardo.

– Fale, Jacobino, abriremos um espaço onde estarão temporariamente suspensas as normas eclesiásticas, seremos iguais.

Jacobino sorriu e antes de responder pensou: "Somos iguais. As normas que determinam a nossa separação não são dotadas de imortalidade. Elas ficam nesta órbita terrena, enquanto nós avançamos pela imensidão".

– Nem tudo o que o povo diz merece acolhida. E nada devemos aceitar sem raciocinar, sem conhecer o tema. Dizer que ninguém voltou é fácil a um ignorante, nunca a quem tenha se interessado em buscar um pouco mais de conhecimento sobre a vida. Esse que bebe nas fontes do saber encontra mil provas e argumentos para pensar que a vida no além seja bastante diferente do que pregam os teólogos. Desde os tempos pagãos se conhece que a alma sobrevive à morte e colhe nesta nova etapa o que plantou enquanto envolta no corpo físico. No mito de Sísifo, que aprecio muitíssimo e que nos permite analisar diversas situações da psique do ser humano, vemos o depoimento de alguém que sobreviveu à morte, retornou à vida física e se lembrou daquele reino obscuro para muitos. Nos evangelhos, Jesus nos conta a parábola do mau rico que, reencontrando o mendigo no mundo do além, lhe pede que vá até os seus e os alerte que se sobrevive à morte, e que naquele mundo vigem outros princípios, plenos de verdade, e não ilusórios como os da matéria. Isso explica que é possível voltar do reino dos mortos. Depois há todos aqueles episódios de cura dos possessos, em que Ele não se valia de fórmulas e aparatos, como os exorcistas fazem hoje, mas simplesmente dialogava com amor com os seres espirituais e eles se afastavam. Há o encontro de Jesus com Moisés e João Batista no monte pouco antes da crucificação, mortos obviamente. Ele próprio, após sua morte, volta e apresenta-se a Maria de Magdala, lhe fala e reúne-se depois com os apóstolos. O grande filósofo Socrátes afirmava conversar com um espírito, um "demônio", que o auxiliava. Há milhares e milhares de pessoas com vivências de encontros, ou melhor, de reencontros com familiares e amigos que partiram, narrando situações às vezes de felicidade, outras, de sofrimento e perturbação. Ouvi muito isso em confissões e o senhor também deve ter ouvido. Esses são alguns motivos que me fazem pensar que é possível voltar do reino dos mortos e contar aos vivos o que por lá se passa.

– Interessante seu pensamento, Jacobino. E tens razão, é bom que não o escrevas e nem fale a qualquer um. Senão, a contragosto, rezaria uma missa em intenção de tua alma.

– Eu sei. E sei onde piso, monsenhor. Mas nada disso me impede de pensar, estudar, questionar e formar minhas próprias opiniões.

– Se compreendi bem, crês possível que irmã Agnes esteja realmente sofrendo a ação de seres espirituais?

– Sim, creio. Mas, afirmar tal coisa logicamente dependeria de conhecer *in loco* a situação.

– Gostarias de ir até o convento Carmelita, como meu enviado, para tomar ciência do que está acontecendo?

– Isto é uma ordem ou um convite?

– Um convite. Ainda estamos no nosso espaço diferenciado.

Jacobino pensou alguns minutos, levantou-se, andou até a janela, ergueu o olhar ao céu e Ricardo ficou observando-o. Por fim, baixou o olhar, que depois perambulou pela sala, brilhante e cheio de vigor.

– Aceito o convite, senhor bispo. Irei ao convento e farei um estudo minucioso do que lá se passa e o trarei à sua presença.

– Muito bom, mas restrinja seu detalhado estudo à questão da irmã Agnes. O restante do convento, visitei há poucos dias e está tudo em ordem. E como disse antes, as questões relativas ao padre Enzo são menores neste momento e cuidarei delas na próxima visita dele.

Conversaram mais algum tempo e despediram-se. Alguns dias depois, irmão Jacobino estava no convento Carmelita dando andamento ao trabalho que se propusera a fazer.

Ganhar a confiança da estranha abadessa era uma tarefa digna de Hércules.

Agnes recorreu a todos os expedientes possíveis e imagináveis para esquivar-se da presença de Jacobino. Alegou doença e manteve-se recolhida à cela por vários dias, drogou-se com as poções sedativas a ponto de andar desmaiando pelos salões do convento. Seu estado piorava dia a dia, nenhum desses expedientes lhe propiciava paz. A intervenção do bispado, realizada na figura do secretário do monsenhor Ricardo, agravou seriamente a disposição mental e emocional da abadessa. Às crises de ansiedade e pânico somou-se um grande medo do contato social acrescido com a preocupação de manter seu status na congregação. Torturava-se, imaginando um futuro negro à sua frente, no qual seria lançada, descartada, sem piedade, em alguma instituição de abrigo a religiosos doentes e idosos ou, então, apavorava-se pensando que se o superior descobrisse seu estranho estado poderia sentir-se tentado a descartá-la para sempre. Aterrorizava-se com a possibilidade de morrer, de ser envenenada. Desses pensamentos torturados ao surgimento de um sentimento de perseguição e, com ele, o comportamento desconfiado de que tudo e todos estavam contra ela, foi um salto rápido.

As entidades obsessoras que a acompanhavam, vendo o quadro de perturbação e os atrozes sofrimentos enfrentados pela abadessa, passaram simplesmente a monitorar o processo, que agora ela conduzia absolutamente sozinha.

A doença estava instalada; precisavam apenas colher os louros da vitória que julgavam ter alcançado. Assistiam, divertidos, sentindo-se vingados, ao desenrolar do drama da abadessa. Entretanto, embora sentindo-se justiçados, a sede de justiça permanecia indicando que aquele não era o caminho correto. Faltava algo, não havia um preenchimento no vazio interior que viviam, a satisfação era fugaz, momentânea.

A paz que faltava a Agnes refletia-se neles, todos a buscavam em caminhos ilusórios e desviados do rumo certo, construíam algemas assaz justas que os aprisionavam uns aos outros.

As investigações discretas do irmão Jacobino confirmavam sua primeira intuição ao tomar conhecimento do caso de Agnes – doença e perturbação de ordem espiritual. Fortalecera suas conclusões através dos diálogos longos e fraternos com irmã Marta. Ouvira-lhe os relatos das crises da superiora, suas intervenções com orações e preces e, passadas algumas semanas, ela lhe confessou, sob os mantos de sigilo que o sacramento exigia, as experiências pessoais com esses "demônios" e o temor de que tal mal contaminasse outras religiosas. Relatou as palavras que a noviça Lúcia lhe contara ter ouvido e que não encontravam outra explicação senão pertencerem ao demônio.

Ao longo das semanas a aproximação com Lúcia estreitou-se, ganhando os contornos da amizade e da confiança. Descobriu uma jovem solitária, deprimida, questionando-se sobre sua opção de vida, mas debatendo-se na obediência ao cumprimento das últimas vontades da mãe, figura que idolatrava, revivendo mentalmente o romance entre seus pais e substituindo-o ao que ela própria ansiava viver. Fantasiava para suprir suas carências.

Esse convento é um barril de pólvora atado a um pavio próximo de um incêndio. Todas as condições de uma explosão se reuniram entre essas paredes.

É por demais delicada a tarefa que me confiastes, Reverendíssimo. Mas confiante na proteção de Jesus, prossigo buscando vislumbrar possibilidades de desfazer as condições conflituosas que presencio. Entretanto, lhe informo que são instáveis e praticamente nulas, até esse momento, as chances concretas de desfazer esse emaranhado de problemas que aqui se instalou.

A abadessa esconde-se, foge da minha presença, evita diálogos mais demorados. Porém, vejo perfeitamente o imenso e insano esforço que faz para demonstrar um mínimo de normalidade. A doença espelha-se em um de seus olhos, no outro vejo mistérios de um mundo imperceptível à maioria, assim sua alma me fala de dor, doença e tortura espiritual. Creio que se ela demonstrasse maior confiança na minha pessoa e se pudéssemos dialogar com franqueza, um caminho seguro de entendimento seria aberto, mas ela se nega a tal empreendimento e nada posso fazer. Estranhamente, me parece que ela encontra alguma espécie incompreensível, para mim, de alívio no padecimento, aceita-o sem opor barreiras, entrega-se como se merecedora fosse de sofrer. Custo a entender essa assunção de culpa. Adoraria dialogar com ela e entender esse intrincado mecanismo de pensamentos e idéias que a faz alimentar esse estado de espírito, mas ela se nega, restando-me apenas lembrá-la em minhas preces.

As demais freiras causam-me tristeza e piedade. Como sei e confio que o senhor lerá esta carta e a queimará em seguida, confesso-lhe meu sincero desejo de abrir essas portas e dizer a essas mulheres que andem no mundo e vivam seus dias entre a multidão, trabalhando, servindo a si mesmas e aos outros na busca da felicidade. Chego a sonhar com isso! Mas entra dia e sai dia e tudo aqui permanecesse imobilizado nesse conflito patético para o qual, dada às disposições dos fatos e das pessoas, prevejo um triste desfecho.

Acompanho de perto as atividades de padre Enzo. Muito embora o senhor tenha me dito que se encarregaria de tratar dos problemas dele, que inclusive desconheço, algo nele está se modificando. Há qualquer coisa de mistério em seu olhar, e, confirmando o que sabemos, ele nada percebe de anormal no convento. Nem todas as freiras confiam na orientação dele, isso é muito claro, muitas pedem a presença de outros sacerdotes para serem seus confessores, julguei ser importante colocá-lo a par dessas constatações.

Sua pupila também me preocupa. Seria oportuno afastá-la desse ambiente. Como ainda não proferiu os votos, peço-lhe que pense nisso. Tenho absoluta certeza de que o duque Alberto a receberia com muita alegria de volta ao castelo. Sei que é um homem que vive só e a menina lhe seria grata companhia. O senhor é seu diretor espiritual e rogo-lhe que considere meu pedido, por ser benéfico à jovem e à congregação, que a abriga nesse momento – escreveu Jacobino em extenso relatório dirigido ao bispo no término de seu primeiro mês com as freiras Carmelitas.

Aproximadamente dois meses transcorreram. Rapidamente vimos a trajetória persistente e paciente de Jacobino junto às Carmelitas, o qual amargou a derrota em suas tentativas de auxílio a irmã Agnes, cujo comportamento público em nada se alterou naqueles dias: somente na solidão de sua sala ou na intimidade de seus pensamentos ela dava vazão à sua realidade atormentada, clamando a todas as forças que conhecia para que o trabalho do secretário do bispo se encerrasse no próximo dia.

As drogas que ingeria em grande quantidade começavam a cobrar-lhe o preço de seu uso, agravando suas sensações de mal-estares.

Marta desvelava-se com a superiora em cuidados e orações, mas tudo relatava ao secretário do bispo, mantendo-o a par dos progressos dos planos que traçara para tentar auxiliar a abadessa. A benevolente irmã, que fazia as vezes de enfermeira, deu início a um plano de repassar as idéias de Jacobino e testar o interesse e a curiosidade dele.

Enquanto Jacobino insistia, em todas as missivas, que Ricardo conversasse com a pupila e a orientasse a afastar-se da vida monástica, irmã Maria escrevia ao bispo, com riqueza de detalhes, a situação caótica do convento e o quanto ela era a pessoa indicada para ser a nova abadessa.

Dizia ela: *Admiro os puros de coração e os ingênuos, sei que são pessoas boas, honradas e justas. Permaneço isenta até hoje dos toques de um homem, disso não temo dizer: sou pura de corpo e coração, constrange-me perceber que, infelizmente, nem todas as mulheres aqui reunidas podem dizer o mesmo.*

Reverendíssimo, é muito sério o que venho a lhe relatar, por isso peço-lhe meticulosa investigação e cuidado.

Sem desejar, esbarrei outro dia em cenas imorais entre as paredes desse convento. Creia, meu bispo, encontrei nosso novo sacerdote em beijos e abraços sensuais com uma das noviças. Um comportamento sem qualquer dúvida devasso, principalmente porque não bastasse a ele desviar uma das almas que buscamos orientar, ele dá-se ao desfrute de requisitar mais de uma. E elas, tomadas pela luxúria, correm a atendê-lo, permanecendo deslumbradas à sua volta.

Confiando em sua discrição, revelo-lhe os nomes das noviças com as quais o tenho visto envolvido em jogos de sedução e prática sexual pecaminosa – noviças: Lúcia e Mônica. A esta última faltam poucos dias para proferir os votos.

É vergonhoso, monsenhor. Pior que animais. Penso que acreditam que ninguém sabe, são ingênuos o bastante para ainda crer que "paredes" não escutam. Hipócritas! Rolam em orgias pelos campos da propriedade do convento e esperam que ninguém tome conhecimento. Essa situação só ainda não encontrou o caminho dos tribunais, fato que não tardará a ocorrer, por falta de denúncia, pois tenho a certeza de que não foi somente a minha pessoa que a Virgem, que nos ampara, guiou a ver a pouca vergonha. É mais uma prova de que precisamos retomar com urgência a disciplina nesse convento, ou pior que isso. E rogo ao Pai Celeste perdão se for blasfêmia, mas esses fatos horríveis me levam a pensar que talvez o demônio passeie pelos corredores de nosso sagrado lar. Creia, essas pessoas perturbam a vida deste convento.

E volto a afirmar que precisamos de uma visita sua com urgência. Seu secretário, embora muito eficiente, não tem, a meu ver, progredido em seu trabalho junto à abadessa. A carta encerrava com os protestos costumeiros de estima e rogativas a Deus pelo bom trabalho, pela saúde etc..

Em seu gabinete Ricardo leu e amassou, furioso, o papel enquanto pensava:

– "Maldito, mil vezes maldito! Quem Enzo pensa que é?"

Andava de um lado a outro tomado de uma atividade febril, traçando planos de ação. Um dia inteiro consumiu suas emoções, até que, exausto mentalmente, sentou-se, expirou profundamente, como se fosse possível esvaziar junto com o ar dos pulmões os sentimentos de ira e raiva que o invadiam.

– "Preciso raciocinar. Esse rapaz não vai me torturar. Não! Ah, não mesmo! Eu o amei, confesso que sim, mas ele não é digno do meu afeto. É um reles descontrolado, um indivíduo de baixa categoria. Pensei, sonhei fazer dele um sucessor mas vejo que isso é impossível, o desgraçado não gosta de si próprio, para fazer imbecilidades é preciso não gostar de si. O que tem feito nos últimos anos é uma seqüência de atitudes imbecis, de um baldo de inteligência, alguém inteiramente dominado pelo sexo. Onde será que errei em sua formação? Jacobino alertava que ele tinha um caráter difícil e precisava de disciplina, e eu, cri que o nosso relacionamento fosse firme e duradouro, que ele houvesse superado as marcas da infância e tudo o mais. Como fui cego! Ele não merece nada, quanto mais a minha proteção" – pensava Ricardo buscando controlar-se e raciocinar, traçando objetivos de como agiria. – "Haverá de pagar-me muito caro essas traições. Ele conhecerá a minha desforra."

Ricardo cismou por toda a tarde e avançou altas horas da noite, formando seu projeto de ação, meticulosamente. "Não vou matá-lo, não haveria graça em vê-lo morto. Quero-o vivo e padecendo. Vou mandá-lo para o inferno, ele irá para Belluno, mas antes quero ver de perto essas freirinhas e Enzo. Como quero vê-los!"

Raiava outro dia quando se ergueu de sua cadeira, frio, impessoal, decidido. Todas as atitudes traçadas, planejadas para pôr um fim àquela história. Cada passo definido e delineado, cabia executar o plano e, impassível, redigiu uma carta curta a irmão Jacobino solicitando-lhe que desse por encerradas suas atividades e que retornasse, imediatamente, ao convento. Do ponto em que estavam as investigações sobre o caso Agnes, Ricardo assumiria e usaria o possível e o impossível para obter o que desejava.

Logo avistou o mensageiro parado próximo aos portões. Não se fez de rogado, chamou o seminarista Mateus e deu-lhe a seguinte ordem:

– Busque o mensageiro, preciso que ele conduza correspondência ao convento Carmelita.

– De novo, Reverendíssimo? – indagou Mateus surpreso.

– Novamente – respondeu o bispo firme e seco.

– Desculpe minha indiscrição, mas trabalhando próximo do senhor e do irmão Jacobino ficou muito claro que está havendo problemas no convento. Sei que tenho pouca experiência, mas se puder ajudá-lo em alguma coisa, saiba que para mim será uma grande honra.

Ricardo olhou atentamente o rapaz e seus olhos repentinamente se iluminaram, ainda que fosse o brilho frio do aço.

– Você é muito perspicaz, Mateus. Realmente estamos enfrentando alguns problemas, sem maior importância, no convento Carmelita. Por que desejas envolver-te nesse assunto que não diz respeito à tua formação?

– Por amizade, bispo. Admiro muito o senhor. Vejo como conduz com habilidade os negócios da congregação, sua sábia escolha em ter consigo a figura do irmão Jacobino, que é desinteressado das coisas materiais e que é alguém em quem se pode confiar nesse ambiente às vezes tumultuado de vaidades, preferências e, me perdoe, mas é o que sinto e vejo, também cheio de ambição, ganância e inveja.

– Entre, meu filho, vamos conversar um pouco mais – convidou Ricardo. – O corredor não é local adequado para tratar de assuntos sérios. Aprenda desde logo que as paredes têm ouvidos e os corredores enxergam nos conventos.

Mateus sorriu concordando, mas não avançou em direção ao gabinete.

– Se me permite, gostaria de fazer uma sugestão antes da nossa conversa.

– Qual é?

– Vejo que o senhor está cansado, traz olheiras, por suas vestes deduzo que passou a noite em claro. Ainda é cedo, pensei em trazer uma bandeja com café fresco e alguns pães. O senhor se alimenta e nossa conversa será mais agradável.

Surpreso com a gentileza do jovem, Ricardo o encara notando em seu olhar uma vivacidade muito grande, o charme do seminarista era realmente irresistível. Tocou-lhe o ombro, com cuidado, afagando-o levemente. O rapaz não lhe sorriu novamente, indagou em tom amistoso:

– Então, o que me diz, Reverendíssimo?

– Excelente idéia, Mateus. Eu o aguardo em meu gabinete, pode entrar sem bater.

O jovem elevou uma das mãos à altura da mão do bispo e, a pretexto de despedir-se, pegou-lhe a mão levando-a aos lábios. Sem esconder a sensualidade premeditada do gesto, encarou o bispo de igual para igual, e roçando os lábios em sua mão disse:

– Com a sua bênção, meu bispo.

Ricardo, descrente do que via, mas emocionado e lisonjeado, deixou ficar sua mão entre as do jovem por quanto tempo ele desejasse, e sustentando seu olhar respondeu:

– Eu o abençôo, meu filho.

Lentamente Mateus soltou a mão do bispo, baixou a cabeça e, feliz, partiu em direção à cozinha.

– "Que fato inusitado! Um seminarista ousado, sem dúvida. Nunca dei demonstrações de aceitar carinhos assim, sensuais. Ele não pode saber de minhas relações íntimas. É corajoso. Nem mesmo eu em tempos de seminarista fiz coisa igual" – pensou Ricardo, enquanto um sorriso brejeiro e de puro deleite se instalava em seu rosto sem que ele percebesse e o problema com Enzo ficava em segundo plano.

Poucos minutos depois, Mateus voltava carregando uma grande bandeja com louças, pães e um bule de café que exalava delicioso aroma.

Ricardo, vendo-o manejar com certa dificuldade a bandeja, imediatamente reorganizou os livros e documentos que estavam sobre sua mesa de trabalho em uma pilha no canto direito do móvel e disse:

– Coloque aqui, meu caro. Estou tão acostumado a esse local que é onde me sinto mais à vontade. Nos últimos dois anos, nem em minha casa tenho ficado muito tempo, me sinto só. Aqui estou sempre cercado de pessoas e atividades.

– Tenho notado que o senhor trabalha muito. Pouco o vejo passeando pelos jardins ou simplesmente descansando, como faz irmão Jacobino sob a "sua árvore", como ele diz. Grande ser humano o irmão Jacobino! Gosto muito dele. É um velho cheio de experiência e alegria.

– Percebi que se tornaram amigos muito rapidamente.

– Quando cheguei ao convento foi ele quem me recebeu, ficamos amigos no mesmo dia. Fiz dele meu confessor e encontrei em suas palavras e ensinamentos a compreensão e a paz que buscava na Igreja e que o seminário não me deu.

– É mesmo!?

– É, foi, ou melhor, tem sido. Apesar de me sentir muito melhor desde que converso com ele, reconheço que sinto falta de sua presença e sem ele preciso lutar mais comigo mesmo.

– Todos nós precisamos lutar com muitas coisas. Mas compartilhamos uma afinidade – ambos confiamos em irmão Jacobino. Acredito que devemos, por isso, ter outras semelhanças. Me fale de você. Não é desta região do Vêneto, sua maneira de falar denuncia.

Mateus riu, percebendo que Ricardo passava a tratá-lo com intimidade e se interessava em conhecê-lo.

– Não, engana-se. Sou nascido aqui no Vêneto, mas meus pais mudaram-se para a Sicília quando eu era ainda menino. Adquiri alguns hábitos diferentes no tempo em que vivi entre os ilhéus. É um lugar fascinante, apaixonante. Conhece?

– Não, infelizmente não tive a oportunidade. Sou aqui da região e construí minha carreira também no Vêneto, que é bem grande, viajei para alguns lugares a trabalho, mas me detinha em cidades como Vicenza, Veneza, a belíssima Veneza, estudei lá e, claro, vou a Roma regularmente. Portanto, fale-me sobre a Sicília, assim conheço-a por seus olhos e quem sabe um dia não o acompanho a uma visita.

– Ela é linda, paradisíaca. Não tem a sofisticação de Veneza, mas é natural, encanta por si mesma. Seu povo, caloroso e alegre... E o diálogo prosseguiu por muitas horas.

A conversa fluente, interessante e o charme do seminarista agradaram a Ricardo, e conforme as horas avançavam, mais adquiria certeza de que o jovem manifestava, nem tão discretamente, um interesse maior e pessoal por ele. Isso foi como um bálsamo em seus sentimentos, era tudo de que ele necessitava e, enquanto transcorriam os dias até o retorno de Jacobino, a amizade entre o bispo e o seminarista fortaleceu-se e ganhou contornos de intimidade.

Mas o rancor de Ricardo por Enzo, sua raiva, ainda estavam bem plantados em seu íntimo. Não perdoava a falsidade e a traição do ex-amante. E, para resolver a situação, partiu para o convento Carmelita no mesmo dia em que Jacobino retornou. Trabalharam juntos algumas horas, apenas o suficiente para a troca de informações sobre a situação dos conventos, e nas primeiras horas da tarde Ricardo partia.

Em frente à carruagem que o levaria ao convento Carmelita, despediu-se de Jacobino e abraçou o jovem seminarista, recomendando ao secretário:

– Cuide bem de Mateus, ensine-o e o prepare para a vida. Está provado que o senhor faz isso bem melhor do que eu.

Jacobino aquiesceu com um gesto muito seu e, em silêncio, encarou o jovem Mateus. Depois, como se refletisse um pouco e vislumbrasse algo de novo, seus olhos escuros se iluminaram e ele sorriu misteriosamente. Naquele sorriso havia um toque de esperança.

– "É possível que as coisas tomem rumos novos, Giuliana. Bem que sempre me dizias que a vida tem mil caminhos. Pensei e vislumbrei quadros tão negros a meu redor, envolvendo meus amigos, e eis que hoje me deparo com uma inusitada surpresa. Trabalhaste me auxiliando, embora não tenha sentido tua presença, sei que não me abandonaste" – falava Jacobino em pensamento. – "Hoje, não sei por que, acordei com tanta saudade! Mal abri meus olhos e as lembranças de teu rosto, teu sorriso, tua voz invadiram meu pensamento. Me sinto nostálgico, melancólico. Mas o trabalho, meu iluminado companheiro, me aguarda. A ti dedicarei meu dia de hoje. Deus abençoe nosso bispo, que ele possa tomar as melhores decisões. Quem sabe seus sentimentos não estejam melhores do que imagino? Ah, Jesus, guia esse nosso irmão!"

Ao lado do religioso, que se demorava observando a nuvem de poeira levantada pela carruagem que conduzia o bispo, as entidades amigas, bispo Giordano e Giuliana, acompanhavam seus pensamentos.

Acercando-se carinhosamente do velho padre, o espírito da mulher amada beijava-lhe a face, agora enrugada, e acariciava-lhe os cabelos embranquecidos, soprando-lhe ao ouvido com ternura indizível:

– Meu amado, não esmoreça. A vida tem de fato mil caminhos, mas ainda que se tome entre estes um caminho mais longo, todos levam ao equilíbrio e ao bem-estar. Somos viajantes que escolhemos nossas estradas conforme nossa inteligência e vontade. Respeita a escolha alheia. Mais do que alertar e mostrar pelos próprios passos a estrada por nós escolhida não é possível fazer. É a nossa fronteira – consolou-o a meiga entidade. – Também eu sinto imensas saudades, mas a vida é tão generosa que nos permite compartilhar dos dias, ainda que separados pelas ilusões dos sentidos. São etapas, meu amado. Confia e trabalha, bem sabes que, com a permissão de Deus e a companhia de nosso amigo Giordano, sou a mãe de teus órfãos e lá, ao lado dos meninos que choram a falta de um carinho materno, eu estou a teu lado. Infelizmente, há alguns que choram por esse carinho muitos anos e nossos esforços pouco amenizam seus padecimentos. São doentes do afeto. Ao vê-los, meu amado, lembra de orientar as mulheres. Eu fui o que todos chamaram uma "caída", uma "prostituta", mas minhas mãos jamais macularam a maternidade e meu coração foi abrigo seguro para muitas mágoas humanas, carências, "crianças" grandes e pequenas que buscavam sob mil formas e pretextos o carinho de quem embala o berço e o mundo. Acalento tanto quanto possível esses mundos vazios de afeto, desestruturados de carinho, carentes. Sei que muitas vezes me viste ao lado dos meninos que choravam, fala disso às mulheres. Lembra-as das belezas do amor de uma criança, anima-as nas dificuldades e alerta-as para o mundo interior do ser que embalam e que seu carinho movimenta e conduz em seus primeiros dias de retorno à matéria, marcando por um tempo indeterminado no espírito, cruzando existências, pois sabemos que a vida não se limita aos portais entre o berço e o cemitério uma única vez. – Notando que Jacobino percebia-lhe com exatidão a presença e as palavras, sorriu amorosa e novamente ergueu a mão afagando-lhe os cabelos. Então prosseguiu: – Você está ficando velho, meu amado. As rugas marcam teu rosto, amo cada uma delas, pois representam a experiência que ambos adquirimos e me dizem que breve estaremos ainda mais próximos. São o calendário do meu amor.

Ao registrar as expressões de Giuliana, o misterioso sorriso que se estampava no rosto de Jacobino ampliou-se e, respirando fundo como se algo lhe infundisse um novo ânimo, ansiando também acariciá-la, respondeu-lhe em pensamento:

– "Minha Madalena! Que alegria me traz tua visita! Como quisera também eu poder tocar-te, como fazes comigo. Sentir teus cabelos entre meus dedos e deslizar a mão por tua face. Ah! Amor da minha vida! És o bem mais precioso que desfruto. Obrigado por estar a meu lado e de nossos filhos. Mas tuas palavras me preocupam. Sabes que pensava em Enzo e Ricardo, acaso me advertes de algo que não percebi?"

– Não, meu amado. Lembro-te de que tanto Enzo quanto Ricardo guardam sérias marcas de rejeição na infância. Ambos amargam a ausência do carinho materno, da compreensão, de uma condução segura e equilibrada desse emaranhado emocional que é a infância e a adolescência. São solitários, carentes, adultos no corpo e na inteligência, mas com corações de meninos que anseiam afagos. De diferentes formas ouço o mesmo lamento nos dois, mas são meninos que se escondem para chorar, que não vertem lágrimas, nem reclamam com palavras, também não aceitam outros carinhos para curar essas feridas. Que fazer? Ensinaste-me a orar pelos que sofrem, eles sofrem, assim como os ébrios, os jogadores, os que buscam o prazer alucinadamente, são fachadas para carências emocionais muito sérias, que fazem sofrer. Nem só de pão vive o homem, lembras disso? Ora, ampara quando for possível. Guia as crianças, os jovens e as mulheres nos caminhos da educação que contempla o ser não como um corpo que nasce e cresce, mas como um espírito imortal, vagando pelo mundo em busca de aprendizagem e experiência. Trabalha e lembra que estou a teu lado.

Sorrindo e jogando-lhe um beijo na ponta dos dedos, a visão do espírito de Giuliana desfez-se ante o olhar de Jacobino, deixando-lhe renovadas as energias. Esquecido do mundo físico, ao qual se subtraíra por breves minutos, assustou-se ao sentir o toque da mão de Mateus em seu braço.

– Ah! – voltando a atenção e o olhar ao jovem depois do sobressalto, riu: – Esqueci-me de você, meu jovem. Que susto ao sentir teu toque.

– Notei que o senhor estava distante, muito distante – falou Mateus alegremente. – Fiquei até preocupado, primeiro o ouvi suspirar, depois respirar profundamente, o olhei e achei que o senhor estava tendo alguma visão do paraíso, tinha os olhos abertos, mas aposto que não via a estrada.

– Tenho visões de um paraíso pessoal, meu jovem. Coisas de velho, não dê importância. Como vai a leitura dos livros que lhe emprestei?

O rapaz abraçou o velho padre e amigavelmente caminhou com ele de retorno ao gabinete de trabalho enquanto discutiam a filosofia de Sócrates.

– Ele é excelente. Você prestou bastante atenção aos conceitos que emite? Observou a estrutura de seu pensamento? Preste atenção, depois os compare com o pensamento de Jesus, mas esqueça a teologia do seminário. Faça uma análise isenta – recomendava Jacobino orientando os estudos do novo seminarista.

– Farei, meu amigo, pode ter certeza. Apaixonei-me por sua forma de estudar, mas diga-me, como faz para não ser acusado de heresia?

– Aprenda a quem, quando e o que pode falar. Esse é meu segredo, guarde-o muito bem. Seja fiel a si mesmo, não renegue as suas verdades sejam elas quais forem, mas não faça de suas convicções carros de batalha para obrigar os outros a se renderem à sua forma de pensar. Cative-os quando tiver oportunidade. Tenho comigo que só o amor e a liberdade geram a justiça, que equilibra e dá paz aos relacionamentos. Conheça a sua liberdade, assim reconhecerá a dos outros, ame-se e amará aos outros, respeitando os limites de reconhecer-lhes a liberdade de pensar, sentir e agir diferentemente de você; dessa forma será justo e gozará da paz. Nada de ciúmes, inveja, orgulhos; faça seu caminho, escolha sua estrada, há mil delas na vida e o destino é único, o que difere são os percursos que traçamos. Portanto, faça o seu e não o imponha a ninguém; se lhe perguntarem, fale, ou então deixe apenas o sinal de seus passos.

– Se eu tivesse visto seus passos antes, não teria passado tanto tempo no seminário, teria chegado aqui antes.

– Não se iluda, meu querido. Chegaste aqui no tempo certo. Meus passos também estavam no seminário. Estude, desenvolva a capacidade de ser livre em seus julgamentos, não se deixe levar pelo pensamento dos outros, a menos que com ele esteja de pleno e consciente acordo. Viva, isso é fundamental. Adquira experiências, não se isole, leia além das letras, leia o que está escrito na rua, nas pessoas, na vida, meu filho.

– Segundo nosso bom e sábio Sócrates, aprendo isso conhecendo a mim mesmo, tornando-me consciente de que tenho muito a aprender. Que diante do que há para ser conhecido, o que sei é um nada, algo ainda insignificante.

O olhar de Jacobino brilhou alegre ao ouvir a colocação do rapaz.

– E o que você pensa que existe de tão grande para ser conhecido?

– A vida, as leis da criação. Pensei muito em nossas conversas enquanto lia, durante seu afastamento. Será errado pensar que esse conhecimento tão vasto ao qual se refere, que torna o pensamento dele pequeno e insignificante, é a inteligência de Deus, o seu poder?

– Temos assunto para uma tarde inteira sob a árvore. Vamos, meu filho, primeiro providenciar o necessário à vida, depois filosofamos.

– Não venha me aplicar velhos chavões romanos – advertiu Mateus fazendo-se de indignado. – Não é justo deixar-me nessa incerteza.

– E quem lhe disse que eu sou a fonte das suas certezas? – retrucou Jacobino no mesmo tom de falsa indignação.

Meneando a cabeça e reconhecendo a derrota, o jovem apertou levemente os ombros do velho padre e, rindo, respondeu:

– Entrego minhas poucas armas. Paz! Não posso discutir com o senhor, irmão Jacobino.

Abraçados e conversando amistosamente, os dois representantes de diferentes gerações ingressaram no convento seguindo seu trabalho.

..*

No convento Carmelita...

Há alguns dias acompanhando a rotina da instituição, Ricardo tinha consigo todas as confirmações necessárias às informações prestadas por Jacobino. Não que duvidasse delas e de outras que, a fim de poupá-lo, o secretário havia omitido em seus relatórios, mas não foram capazes de esconder de seu aguçado senso de observação e análise.

Enzo, tolhido pela presença do bispo e pelo que pensava representar na vida dele, sentiu-se obrigado a conversar com suas muitas amantes.

– O bispo é um homem muito severo, rígido, não compreenderia nossos sentimentos, seríamos expulsos sumariamente e ainda não é o momento para afrontarmos desta forma os padrões de conduta da Igreja. Deus nos vê, conhece nosso íntimo, sabe da beleza do que sentimos e do quanto esses sentimentos nos tomaram de surpresa. Ele, o Pai, conhece seus filhos, para Ele podemos falar com franqueza e pedir o seu perdão, se há erro ou pecado em nós. Mas monsenhor Ricardo jamais aceitaria – justificou-se padre Enzo. – Além disso, ele é incrivelmente ciumento da minha pessoa. Não sei dizer se é porque praticamente me criou e se sente responsável por mim, ou se há da parte dele algo de inconfessável. Obviamente, lhe digo isso em toda confiança. Deus nos livre chegue aos ouvidos dele que levantei tal suspeita. Então, enquanto o bispo permanecer entre nós, teremos de tomar muito cuidado. Acho melhor mesmo que evitemos nossos encontros, embora isso seja um sofrimento.

As freiras, encantadas que estavam com a vivência do sexo e julgando-se amadas, concordavam sem questionar.

O fascínio do que é proibido exerce o encanto de uma serpente egípcia, hipnotiza, cega porque age sobre a vaidade do ser humano, fazendo-o crer-se “especial”, diferente dos outros, do comum. Alça-o à condição de objeto de desejo, de "coisa" inatingível e, por conta da fantasia, a mente humana opera catástrofes distorcendo a realidade, engendra complicados mecanismos emocionais criados sobre bases irreais ou, no mínimo, distorcidas.

O jogo dúbio de palavras Enzo aprendera com maestria no convívio com o próprio Ricardo, o uso é que corria por sua conta. Enquanto o bispo usava o expediente para acumulação de fortunas, amealhando dinheiro dos fiéis, ele fazia uso para produzir complicações nos sentimentos alheios, seduzindo e abandonando pessoas, semeava espinhos.

Apenas uma noviça despertava nele algo mais que simples cobiça, que desejo de posse. A fragilidade da moça fazia nascer nele um forte sentimento de proteção, julgava-se poderoso, forte, admirado.

A jovem Lúcia afagava-lhe o ego com sua atitude dependente e submissa. As outras choravam e imploravam seus carinhos, ela contentava-se em recostar a cabeça em seus ombros fortes e deixar-se ficar, não exigia nada, aceitava tudo que ele desejasse fazer, rendia-lhe a mesma obediência que devotara à mãe.

O estado de constante depressão gerava nela momentos alternados de euforia, quando estava ao lado dele. Vivia a fuga da realidade, isolava-se em um mundo de ilusões, totalmente particular, onde imperavam juras de amor eterno, e a ela Enzo não regateava elogios e promessas nos encontros furtivos no confessionário, onde cenas indescritíveis ocorriam. Abraçado à jovem noviça sobre os tapetes da sacristia, ele repetia conhecidas falas:

– Fugiremos, minha linda, abandonaremos tudo. Amo minha carreira, trago o sacerdócio em meu sangue, mas por tua felicidade renunciarei à Igreja. Não posso viver longe do teu sorriso. Sofro demais quando te vejo só, ajoelhada na capela entregue a tuas orações, tens o rosto tão triste, choras muitas vezes. Sinto o coração apertado com tuas lágrimas, mas não posso descer do altar e abraçar-te diante de toda a congregação, embora é o que anseie fazer. Compreendes meu dilema?

– Acaso pensas que eu não enfrente dilemas? Esqueces da promessa que fiz à minha mãe? – dizia Lúcia. Enzo conhecia todos os detalhes da vida da jovem. – Passo noites inteiras a pensar se fugirmos, como propões, é realmente o melhor. Debato-me tentando encontrar uma outra solução para cumprir a promessa feita a minha mãe e permitir que tu continues a exercer o sacerdócio. Talvez o melhor seja permanecermos na Igreja, seguirmos nossas vidas, como tem sido até agora. Eu faço os votos, recebo o título adquirido por monsenhor Ricardo e aprendemos a conviver e dominar as ânsias de liberdade que nos invadem vez ou outra. A verdade é que junto de ti, da tua proteção, me sinto bem melhor, nem mesmo as crises da superiora e os acontecimentos estranhos que se sucedem comigo e com a irmã Marta me assustam, sei que cuidarás de mim.

– Sempre poderás contar com a minha proteção.

No manto de silêncio e de dúvida que envolvia as relações humanas dentro do convento, naquela tumultuada atmosfera, os ingredientes do ciúme e da desconfiança reuniam em torno de Enzo um considerável número de religiosas.

A atenção do incorrigível conquistador não passara despercebida à ex-noviça Mônica, agora irmã Clara. Fogosa e sonhadora, tinha a aparência de ser inofensiva, mesmo simplória, mas a verdade é que guardava dentro de si outra personalidade, forjada ao longo dos anos em que crescera em diversos orfanatos e depois no convento de religiosas.

O sexo entre mulheres para ela não oferecia segredos, mas os carinhos de um homem eram novos e algo que lhe despertara a curiosidade. E ainda que os encantos físicos de irmã Clara não fossem irresistíveis, a experiência sexual dela não custou a atrair o novo padre à sua cela e a companhia de outra irmã em madrugadas de orgias. A estas eram desnecessários as promessas e os jogos de palavras, o segredo era tacitamente aceito e compartilhado.

Toda a emaranhada rede de relações tecida por Enzo foi facilmente desvendada pela observação de Ricardo, bastando apenas algumas furtivas caminhadas pelos corredores dos conventos, em horários diversos, para ver os sinais, daí a segui-los foi um passo curto, culminando no primeiro lance de seu plano.

Em uma manhã, logo cedo, o bispo mandou vir à sua presença o ex-amante, na sala usada pela abadessa que, ainda com o pretexto de estar doente, se mantinha acamada em sua cela.

Enzo, surpreso com as atitudes de Ricardo, que o tratava friamente, não lhe dispensando qualquer atenção desde que chegara ao convento e tratando-o como um outro subordinado qualquer, ao receber o aviso do chamamento acreditou piamente que Ricardo o procurava para um encontro íntimo. Julgou que todos seus atos estavam bem acobertados, que ele ignorava suas atitudes. Acreditara, primeiramente, que o irmão Jacobino fosse um ingênuo e nada houvesse notado no seu comportamento, recebera dele algumas reprimendas severas respondendo-as com renovadas promessas de transformação. "O velho tem bom coração, não haverá de querer causar-me problemas" – pensava.

Com essa disposição de espírito, cheio de si e confiante, aprumou-se para o encontro com Ricardo e, na chegada, tão logo estivessem sós, buscou acercar-se dele tomando intimidades físicas que, para sua descrença, foram rechaçadas veementemente pelo bispo.

– Afaste-se, padre Enzo. Não lhe dou permissão para tal comportamento com seu bispo. Existe entre nós uma hierarquia que o senhor está desrespeitando.

Enzo riu nervoso, incrédulo ante as palavras que ouvia.

– Como? Deixe de brincadeiras, Ricardo, não é do teu feitio, nunca foste dado a elas. Não posso crer que não tenhas saudades. Que não sintas mais a minha ausência, que não queiras me amar.

– Pois acredite, e o quanto antes melhor para ti. Estou apenas expondo em palavras o que já é real em minhas atitudes, não desejo mais qualquer outro relacionamento contigo que não o que me obriga a Igreja. Portanto, comporte-se como meu subalterno e nada mais.

– Ricardo! Não posso acreditar nisso. São anos e anos de convivência. Ensinaste-me tudo que sei. E nossos planos? Sonhavas me fazer teu assessor quando chegasses a Roma. E tudo se encaminha para a realização desses projetos. Tens uma liderança incontestável entre os bispos, és respeitado. A congregação prospera sob tua administração. Por que essa mudança? Não entendo essa atitude.

– Vossa Reverendíssima, é assim que deves me tratar, padre Enzo. Tens conhecimento de meus títulos, trate-me por dom Ricardo, eu sou o bispo e exerço meu domínio sobre o senhor – corrigiu Ricardo asperamente. – Não lhe devo satisfações a respeito de minha vida e meus projetos. Aqui é o senhor que me deve obediência e respeito, padre. Torne-se ciente disso o mais rápido que sua inteligência permitir, a menos que deseje ser expulso da Igreja por indisciplina e desobediência.

– Não farias isso! – insistiu Enzo estupefato e assustado. – Não posso crer no que vejo e ouço. Confiei nos teus sentimentos, me sinto traído.

– Guarde seus sentimentos para si, padre. Não o chamei aqui para discutir sua vida sentimental. Ela não interessa à Igreja, cuja autoridade represento.

– Não. Isso não é verdade! – disse Enzo buscando novamente abraçar Ricardo, tocar seu rosto.

Imóvel e impassível, Ricardo lançou-lhe um olhar gelado e com voz firme o advertiu:

– Insista em se fazer de desentendido a minhas ordens e sua expulsão será decretada neste minuto. Use a parca capacidade de entender os outros de que se faz dotado e recolha-se à sua insignificância diante da minha autoridade, padre.

Ao ouvir essas palavras, Enzo deixou cair os braços ao longo do corpo e encarou Ricardo, notando a expressão pétrea e determinada de seu rosto, que não deixava entrever nenhuma emoção, apenas a determinação de sua atitude. Vencido, baixou o olhar e, fazendo-se de humilde, falou:

– Mereço, Reverendíssimo, uma explicação.

– Sente-se, padre Enzo – ordenou Ricardo. – E lhe darei os motivos pelos quais o chamei.

Ricardo sentou-se na cadeira de espaldar alto e aguardou que Enzo, do outro lado da escrivaninha da abadessa, também tomasse assento. Depois prosseguiu:

– Todas as irregularidades desse convento são de meu conhecimento, padre. O senhor mostrou-se incompetente no desempenho das tarefas para as quais foi designado, por isso, aqui está sua carta de transferência para sua nova igreja – informou Ricardo estendendo-lhe uma carta lacrada com o selo do bispado. – Suas funções serão as de um simples pastor. É uma comunidade bastante simples, que nunca ofertou problemas e espero que assim se mantenha após a sua chegada. Desejo-lhe um bom trabalho e o advirto que é a última vez que lhe concedo a oportunidade de reabilitar-se no clero. A menor falta sua que chegue ao conhecimento do bispado, será aberto processo disciplinar contra o senhor e encaminhado à Rota Romana com meu pedido de máxima severidade no julgamento e punição exemplar, o qual de minhas mãos, já sairia com a sua expulsão.

Apavorado, Enzo olhava Ricardo sem entender sua mudança de atitude. Em sua mente, distorcendo os fatos pelo egocentrismo que vivia, o relacionamento deles não tivera qualquer modificação. Com a carta nas mãos, olhava o bispo, incrédulo e atônito.

– Padre Enzo, o senhor está dispensado. Dei ordem para que providenciassem uma montaria para o senhor, tem duas horas para arrumar seus pertences e partir deste convento. Faça boa viagem.

O rapaz continuava parado com expressão aparvalhada no rosto e a carta lacrada nas mãos, absolutamente incrédulo.

– Eu não acredito – disse Enzo após alguns segundos.

– Padre, não se demore – respondeu Ricardo. – As horas correm depressa e não admito que meus subalternos desobedeçam a uma ordem.

– Não é possível! Não compreendo o que está acontecendo. – insistia Enzo de forma patética ante a fria determinação de Ricardo.

– Que sua inteligência é limitada eu já tive provas, padre. Vou lhe dar minhas ordens de outra forma: Vá embora. Obedeça e não faça perguntas. Eu sou o bispo e lhe dei duas horas para sair desse convento. Entendeu? Se não sair, chamarei alguém da guarda para que o senhor se retire.

Vendo que nada mais lhe restava fazer, Enzo lançou um olhar magoado ao bispo e, julgando-se incompreendido e injustiçado, cabeça baixa e andar lento, deixou a sala. No corredor, encostado à parede, respirou fundo e tomando coragem abriu o documento que tinha em mãos, leu-o e com espanto pronunciou o nome do local para onde deveria partir:

– Belluno! Por Deus, ele mandou-me para o inferno, realmente me deseja o mais longe possível. Que horror! Por que ele fez isso?

Como permanecesse mais de meia hora parado, em estado de perplexidade, não percebeu que era vigiado por um guarda do bispo, nem notou que o homem trocara algumas palavras com o superior. Somente conscientizou-se daquela presença quando a mão forte do soldado sueco apertou-lhe o braço e uma voz rude e carregada de sotaque lhe falou:

– Está se atrasando, padre. O bispo não tolera desobediência, vamos arrumar suas coisas que o cavalo o espera.

Escoltado pelo guarda até sua cela, Enzo arrumou, um tanto lentamente, suas roupas e objetos pessoais, sendo freqüentemente alertado pelo guarda do adiantado da hora e que seu prazo se extinguia.

Faltavam alguns minutos para o término das duas horas fixadas para deixar o convento quando Enzo disse ao sueco parado à porta de sua cela:

– Pode me deixar a sós? Vou fazer minhas orações e partirei no prazo determinado. Leve minhas coisas.

– Irei aguardá-lo nos portões do convento, padre, por consideração à sua fé – respondeu o soldado com certa ironia e, altaneiro, concluiu: – Mas a bagagem é o senhor quem leva. Sou da guarda de dom Ricardo, bispo do Vêneto, e recebo ordens somente dele. Entre minhas tarefas não se encontra a de servi-lo.

– "Não é possível que esta manhã esteja existindo" – pensava Enzo observando o soldado andar em direção à saída do prédio. – "Até esse miserável guarda me desacata. Eu que lhes dava ordens como se fosse o próprio Ricardo. Será mesmo o fim?"

Sentado sobre o catre, tendo a seu lado duas trouxas, permanecia incrédulo, seu estado de abstração e surpresa era tal que pulou assustado ao ouvir a voz de Lúcia chamá-lo à porta.

Triste e acovardado, Enzo ergue o olhar para fitar a noviça, nenhum movimento realiza para acolhê-la, sequer educadamente cumprimentá-la, baixa o olhar e a cabeça, sem murmurar uma única palavra. Estranhando o comportamento do padre, Lúcia avança pela cela e posta-se à sua frente, abaixando-se para ficar à altura de seu rosto.

– O que aconteceu? Estás com uma expressão tão abatida, tão triste, desanimado – comentou Lúcia.

Enzo alcançou-lhe a carta que jazia sobre o catre, ao lado das trouxas, chamando a atenção da noviça para os volumes.

– Mas o que é isso? Vais viajar? O bispo te chama ao mosteiro? Não, não faz sentido, dom Ricardo está aqui. Afligindo-se com a apatia do enamorado, Lúcia carinhosamente ergue-lhe o rosto e o convida candidamente: – Conta-me o que está acontecendo.

– Leia, Lúcia, e entenderás tudo.

Obediente, ela recebeu a carta e correu o olhar pelas poucas palavras escritas. A ordem de transferência era dura, seca, resumia-se a três linhas, sem qualquer expressão de polidez ou justificativa pela decisão.

– Mas como?! – A indignação de Lúcia era patente em sua voz, em seu rosto e nos gestos nervosos. – Não faz sentido, qual a razão desse ato de dom Ricardo?

Enzo limitou-se a abrir as mãos sobre o colo como a dizer: "nenhum ou qualquer um, não importa, ele fez porque quis."

Inconformada, a noviça abraçou-o, jogando ao chão uma das trouxas, sem importar-se com a porta aberta.

– Você não pode lutar para ficar no convento? Enzo, faça alguma coisa, não me deixe.

Apático, o rapaz não oferecia qualquer reação. Em seu pensamento desfilavam os dias do passado quando era o protegido do bispo, recordava o luxo de seus aposentos da residência do bispado, os serviçais prontos a atendê-lo, suas opiniões ouvidas... Tudo se acabara. Lamentava, mas não lembrava os próprios passos que o haviam conduzido àquele momento de depreciação e desprezo que amargava. Enquanto Lúcia o abraçava, ele pensava nos dias que vivera com Ricardo, apenas nos bons. Não lembrou as orgias com padre Bento e os outros, não recordou as confusões com os aldeões, menos ainda das severas reprimendas à sua conduta moral feitas por Jacobino. Parecia que isso não havia lhe deixado nem lembranças nem marcas agora que via todas suas ilusões perdidas, e deprimia-se ruminando intimamente frases como "meu mundo ruiu", "ele é injusto, esqueceu-se de tudo que lhe dei, é um ingrato" e a essas, logo misturava idéias para justificar os atos do bispo e ver-se em uma posição de superioridade, como "é ciúme", "ele é possessivo", "não me permite viver", "me castiga, por ciúme, por paixão".

Lúcia lançava choramingos ao vento, pois a mente de Enzo estava muito distante de suas queixas; nem ao menos sentia seu abraço, deixando os braços penderem ao longo do corpo enquanto mentalmente viajava entre o passado e sua irreal leitura da vida.

Vendo o estado de prostração do rapaz, a noviça segurou-lhe os ombros e sacudiu-o com força, falando:

– Enzo! Reaja! Faça alguma coisa, pelo menos fale.

Com o olhar distante e apagado, ele encarou-a e respondeu:

– Fazer o quê? Não há o que fazer. Eu sempre lhe disse que monsenhor Ricardo tinha muito ciúme de mim, só pode ser por essa razão que está me afastando para um local isolado, distante do centro da região, onde ficarei esquecido. Talvez ele se sinta ameaçado com a minha presença, tenha medo que eu venha a me destacar mais do que ele. Só pode ser isso, não encontro outra razão.

– Perseguição?! Inveja?! Ciúme? Deus! – indignava-se Lúcia tomada de fúria. – Que coisa horrível! Que vai ser de mim agora? Quando vou vê-lo novamente?

– Não sei, Lúcia. Mas tenha certeza de que eu voltarei e dom Ricardo haverá de pagar-me muito caro pelo desprezo que me oferta hoje. – Na voz de Enzo as notas de rancor eram nítidas e fortes. – Ele verá, não sou mais um menino indefeso que se abandona em algum lugar quando não se quer mais e que não reage e vai chorar sozinho. Não, esse já morreu e "o bispo" saberá disso. Ele que aguarde.

– Enzo, mas isso não resolve nossa vida.

– Lúcia, não há nada que possa fazer. Estou indo embora não porque deseje, mas porque fui mandado, "ele" – dizia Enzo com acento de revolta e deboche – é o todo-poderoso e eu, um padre pobre, sem títulos, sou obrigado a partir. Não há o que fazer.

– E o nosso amor? Nossos planos?

– "Ele" acabou com tudo.

Revoltada e impotente, Lúcia chorou de raiva e frustração a um canto da cela. Não se apercebeu da extrema frieza com que fora tratada por aquele que julgava ser amada e nem notou quando Enzo recolheu a trouxa que derrubara ao chão, pegando a que estava a seu lado, e silenciosamente saiu da cela, deixando-a só, sem ao menos se despedir.

Enquanto conversavam, alheios cada qual em seu mundo, não viram a sombra de uma pessoa em frente à porta. Silenciosa, irmã Clara ouvira o diálogo dos amantes, captara a informação da transferência do padre e com uma mão sobre o ventre e outra tapando a própria boca para não emitir som algum se tornou ciente do romance entre Enzo e Lúcia.

Ao longo dos meses em que o padre vivera no convento, ingenuamente julgara que o satisfazia, que embora não houvesse palavras, juras de amor e planos, as madrugadas que viviam acompanhados, muitas vezes também por irmã Maria, com quem se relacionava desde os primeiros tempos de noviciado, eram prova do interesse de Enzo por ela.

Lembrava-se do fascínio dele naquelas madrugadas, da excitação e de um certo desejo de mostrar-se mais competente que a amante na arte de seduzi-la. Ingênua, não via que Enzo apenas realizava fantasias sexuais, frutos de um comportamento sexual desnorteado que canalizava todas as insatisfações, anseios, angústias e traumas de abandono e rejeição, mascarando-os com o ilusório poder de sentir-se um homem desejado, cobiçado. Apaixonara-se por ele e, naquela manhã, vinha à sua procura para participar-lhe que precisavam resolver um sério problema, estava grávida.

Tomada de espanto, Clara olhou Enzo passar por ela ignorando-a totalmente. Cabeça baixa, envolto em seu mundo particular, caminhou até a saída do convento.

Nos portões, o guarda sueco o aguardava segurando as rédeas de um cavalo comum e feio, com velhos arreios e uma sela pequena e desconfortável.

– Traga-me um cavalo melhor – ordenou Enzo.

– Não há, padre. Este é o que servia ao mensageiro. Como as freiras não saem nunca do convento, só há os cavalos usados pelo mensageiro.

– E queres que eu creia que este é o único? – comentou Enzo incrédulo e revoltado.

– A outra é uma égua prenha.

Irado, Enzo lança um olhar ao convento detendo a atenção na direção do gabinete que Ricardo estava usando. Seus olhos castanhos lançavam chispas de raiva.

Arrancou as rédeas das mãos do guarda e montou o cavalo, acomodou seus pertences e partiu imprimindo galope veloz ao animal.

Coçando a cabeça e rindo debochado, o guarda disse ao sentinela que assistia à cena de seu posto:

– Padre Enzo deseja viajar a pé. Como saiu daqui aquele cavalo velho não faz metade do percurso até Belluno.

Rindo, os homens fecharam o portão.

Extravasando a tempestade emocional que a dominava, Lúcia chorava ruidosamente, inicialmente apoiada à parede e depois escorregando lentamente até cair ao chão de pedra fria da cela. Seus soluços entremeados a gritos penalizaram irmã Clara ao mesmo tempo em que a enfureciam. Ouvira o diálogo entre o casal a partir do momento em que Lúcia clamava por uma atitude e este justificava a situação culpando Ricardo de inveja e ciúme. Clara deduzira que a paixão da noviça fora descoberta e que seu tutor descontara a revolta no padre, mandando-o para longe. Parada, silenciosa, apenas os olhos dissimulados movimentavam-se ligeiros, rastreando os corredores. A freira pensava: – "Que vou fazer? Contava com a ajuda de Enzo para livrar-me desse estorvo, agora precisarei descobrir outros caminhos. Mas onde, com quem? E esse bispo que não vai embora, obviamente não compreenderá minha situação, não terei sua clemência".

Como os soluços de Lúcia se tornassem inconvenientes, Clara decidiu entrar na cela e encostar a porta, impedindo ou diminuindo a passagem do som. Viu a jovem caída ao solo, véu de noviça jogado sobre o catre, cabelos em desalinho, o hábito era apenas um amontoado de tecido amassado, não lhe via o rosto, mas era fácil supor que estava vermelho e inchado.

– "Como é fraca essa coitada!" – pensava irmã Clara. – "Tantas lágrimas nada irá resolver. Não conhece a vida nos conventos, ainda é a bonequinha da rica madrinha".

Decidindo que se fosse descoberta aquela crise na cela do padre o bispo tornaria as coisas ainda mais complicadas no convento, irmã Clara aproximou-se de Lúcia e puxou-a com força, fazendo-a levantar-se. A noviça não parecia a bonequinha de luxo a que fora comparada pela freira e sim uma boneca de trapo cujos membros não oferecem qualquer resistência a quem a manipula.

– Pare com isso, Lúcia! – ordenou Clara segura e fria. – Não adianta chorar. Acostume-se, esta é a vida nos conventos. Aqui emoções não têm lugar. Desfaça-se das suas o mais rápido possível. Aqui não há amor, nem ódio, nem alegria, nem tristeza: é um dia após o outro, numa rotina igual. Quando você pediu ingresso na Ordem, renunciou à vida material, à vida humana, para dedicar sua existência à adoração de Deus e viver uma vida espiritual destituída de emoções. Silencie dentro de si as razões desse choro.

– Como? Estou em pedaços, desde que minha mã...madrinha faleceu, só tenho sofrimento. Enzo era minha alegria, minha proteção, que vou fazer longe dele?

– Cale-se, noviça. Você não sabe o que diz. Está descontrolada. És candidata a noiva do Cristo e confessas amor a um homem, pior, a um homem que renunciou à matéria para servir a Deus, um padre. Devias te envergonhar desse proceder.

– Me envergonhar? Do quê? De amar? Mas não é isso que dizem ser o maior ensinamento de Jesus – o amor?

– O amor sublime, noviça. Livre de pecados, de tentações da matéria. Por isso há o voto do celibato e da castidade. Como alguém que se deixa cair num estado igual ao teu pode servir a Deus, onipresente, onipotente, mas que exige devoção de seus servidores? Como pregar sua palavra num estado lastimável como o seu? Como orar hipotecando-lhe devoção com o coração "em pedaços" como disseste? Com certeza terias entregado tua virgindade ao padre não fosse ele um homem santo!

A essas palavras, Lúcia lembrou-se dos encontros apaixonados e clandestinos dos dois. De súbito, as lágrimas secaram e os soluços silenciaram, o rosto vermelho marcou-se de pontos pálidos.

– Vejo que minha desconfiança tem razão de ser – comentou irmã Clara – e sabes que isso pode significar tua expulsão da Ordem.

– Não, por favor, não deixe isso acontecer. Eu me arrependo, juro. Penitencio-me quanto for necessário, mas expulsa não posso ser. Quebraria a promessa que fiz no leito de morte da duquesa, não, isso não pode acontecer – falava Lúcia assustada dimensionando sua situação no convento. – Se realmente foi por inveja e ciúme que o bispo mandou Enzo embora, algo fará também comigo. Ajude-me, Mônica. Você é minha amiga.

– Irmã Clara – corrigiu a freira com falsa brandura. – Vejo que retomaste a razão. Cala-te, é o melhor que tens a fazer e aguarda. Também não conheço a forma de agir do bispo.

Recuperando-se do abalo emocional, Lúcia olhou ao redor buscando a figura de Enzo. Em meio a seu desespero não se dera conta da partida dele e nem ao menos sabia dizer como surgira irmã Clara. Notando que ainda estava na cela antes ocupada por Enzo, indagou:

– Onde ele está?

– Partiu, faz algum tempo.

– Partiu!? Nem se despediu, deixou-me aqui chorando?

– É – confirmou secamente irmã Clara deliciando-se em alfinetar a ferida aberta nos sentimentos da noviça. – Ele é um homem de Deus, agiu como tal.

Incrédula, Lúcia andou até a porta e abriu-a, olhou os corredores vazios e questionava mentalmente: "Ele se foi, abandonou-me friamente. Desprezou meus sentimentos. Por quê?"

– Vamos sair daqui o quanto antes. Não haveria explicação lógica para nos encontrarmos nesta cela com você descomposta desse jeito. Não poderei mentir se for questionada de alguma coisa, mas em respeito à nossa amizade, nada direi do que vi.

Sentindo que ficava nas mãos da irmã Clara, que era conhecedora de um grave pecado seu, de uma falta punida severamente pela Igreja, Lúcia encolheu-se assustada e insegura, e, com esforço, respondeu:

– Obrigada por sua compreensão. A irmã tem razão, vamos sair daqui, vou até minha cela e permanecerei deitada até a hora das orações do ângelus.

Uma pseudonormalidade decorrente do silêncio imposto pela hierarquia eclesiástica regeu os dias seguintes no convento. Ricardo, fingindo não perceber as insatisfações que suas medidas geravam e que sob a aparente tranqüilidade em verdade a situação continuava caótica, apenas extirpara um dos problemas. Era o momento de inteirar-se do que se passava com Agnes e escolher, cautelosamente, uma substituta. Seu olhar de águia examinava as mulheres à sua volta.

– "Aqui não encontrarei nenhuma Jacobina, é quase certo, mas preciso de alguém em quem possa confiar, que seja ao menos sincera em seus propósitos. Trabalhar cercado de vaidosas e egoístas é cavar a própria ruína" – pensava Ricardo observando o cotidiano das freiras.

Sem pressa, analisou a situação. Irmã Maria obviamente tinha grandes expectativas, se julgava uma colaboradora estimada pelo bispo e a responsável direta por sua presença no convento. Não fazia o menor esforço para disfarçar que se julgava a preferida para substituir a superiora acometida do estranho mal; mas enganava-se ao pensar que o bispo confiava nela, que tinha, para si mesmo, uma filosofia de trabalho:

– "O veneno das cobras é usado como remédio há muitos séculos, mas é preciso saber escolhê-las, usar e descartar. Crie uma cobra e não reclame de morrer envenenado por sua picada. Maria é uma cobra, o que fez a Agnes poderá fazer a qualquer outro."

Olhava à sua volta, perscrutava comportamentos e chegava à conclusão de que aquele era um albergue de mortas-vivas, passavam dias a costurar vestes, paramentos, preparar hóstias, bordar, limpar e cozinhar para si mesmas e para os sacerdotes. O restante do tempo eram silêncio e orações.

– "Acostumei-me à intensa atividade que Jacobino impôs ao mosteiro do bispado. Aqui até o zumbido dos insetos é ouvido, não há o riso das crianças, nem o corre-corre para atender as pessoas. Não me envolvo diretamente nesses trabalhos, mas me agrada a atmosfera de atividade. Nesse convento só à noite há vida" – ponderava Ricardo sentado em um dos corredores. Seu olhar passeou até deparar-se com sua pupila, sentada, magra e pálida, em seu hábito cinza, as mãos cruzadas sobre o colo, o rosto com expressão triste, parecia alheia a tudo. – "Que se passará na cabeça dessa criatura? Não parece ser filha de Clarissa, não tem seu temperamento forte e determinado, vaga pelos corredores desse convento como uma sombra apática. Deve estar chorando a ausência de seu "amado" pensando que era a única. Pobre coitada! Criança ingênua e boba! É absolutamente sem graça. Não me sinto atraído por mulheres, mas sei apreciar-lhes o caráter e a beleza, como em qualquer outra coisa. Mas essa? É insossa, parece com a horrível canja de galinha sem tempero que servem aqui. Sem cor, sem gosto, sem brilho. Só a ânsia de Enzo em querer ser bajulado explica envolver-se com ela. Como me enganei com esse menino! Mas tudo tem conserto."

Refletindo, lembrou-se do jovem Mateus e do relacionamento recém-iniciado. Um leve sorriso iluminou-lhe a face. Era interessante notar que a presença de Mateus ou sua lembrança trazia alegria ao bispo, o que era muito raro.

– "Preciso resolver essa questão de Agnes e retornar ao bispado" – decidiu Ricardo e, levantando-se, se pôs a andar pelos corredores em mais uma jornada de busca por alguma freira que o agradasse para substituí-la.

Andou a esmo pelo convento, conversou rapidamente com várias religiosas, sondou opiniões. Descobriu que irmã Maria tinha um alto grau de rejeição entre as congregadas, parecia que apenas o núcleo que desfrutava da liberdade de sua cela a apreciava. As demais não confiavam nela. As idosas viviam na cozinha e na capela e nenhuma importância davam ao que acontecia ou deixava de acontecer no convento e com a superiora. As noviças, em sua maioria, eram mulheres deprimidas cuja faixa etária variava da juventude até a idade mais madura. Muitas eram jovens enviadas pelas famílias para esconder relações amorosas escandalosas, estavam marcadas por abortos, situações de abandono, amarguras, decepções; as mais maduras eram, em sua maioria, viúvas ou fanáticas, algumas haviam sido entregues pelas famílias em pagamento de promessas a Virgem Maria. O quadro das religiosas com votos, entre as quais deveria nomear a substituta de Agnes, não era diferente. Em verdade, existia apenas um pequeno grupo de mulheres mais lúcidas, que se adaptavam à vida no mosteiro, governando-se pelas leis que vigem entre as paredes seculares.

Mais três dias se passaram e o bispo ainda não havia se decidido a nomear uma nova superiora e executar seu plano quanto à abadessa. Porém, uma violenta crise de Agnes durante a madrugada precipitou os fatos.

Corria seminua pelos corredores do convento, em desespero, clamando aos gritos que se apagassem as manchas de sangue que trazia em si e falando das práticas que eram executadas nos porões do convento.

Acordado pelos gritos de Agnes, como as demais, Ricardo presenciou pela primeira vez uma crise da abadessa. Sua camisola rasgada deixava entrever os ferimentos em suas costas, as grossas cascas das feridas e as marcas de infecção causaram pavor e medo no bispo. Ouvi-la falar das vozes que a acusavam de lhes haver matado nos porões do convento, arrancando-lhes a oportunidade de viver, somente o alertou de que ela falava demais.

– Está louca – sussurrou o bispo parado à porta de sua cela vendo a religiosa correr pelos corredores até a capela, e mentalmente decidiu: "precisarei silenciá-la."

– Bispo, por favor, nos ajude! – implorou uma religiosa que seguia a abadessa. – Não sei mais o que fazer, as poções que a abadessa toma não fazem mais efeito, minhas preces parecem impotentes para acalmá-la. Estou sozinha cuidando de irmã Agnes, a noviça que me auxiliava caiu doente. Por favor, ajude-me!

Segurando a religiosa pelos ombros, Ricardo sacudiu-a gentilmente a fim de tirá-la do estado de quase histeria com que lhe clamava ajuda.

– Acalme-se, irmã. Tenha fé. Tudo será resolvido. Espere que vou vestir-me e a ajudarei.

– Mas, Reverendíssimo, não posso deixar a abadessa sozinha, ela está descontrolada, poderá destruir a capela, como fez com o nicho de sua cela.

– Destruiu as imagens? – indagou o bispo, espantado.

– Quebrou todas, Reverendíssimo. Que não nos ouçam as outras, mas quebrou-as com os pés, tomada de fúria.

– Então corra, vá até a capela e contenha a abadessa. Amarre-a, se for preciso. Estarei lá em um minuto.

Enquanto a freira dirigia-se às pressas até a capela, Ricardo vestiu-se rapidamente e, retirando de uma maleta um frasco, olhou-o apreciativamente e apertou-o suavemente entre os dedos. Decidido, saiu da cela batendo a porta atrás de si e encaminhou-se ao encontro das religiosas.

Um grupo de observadoras acotovela-se à entrada da capela, espiando o que acontecia em frente ao altar.

– Mas, o que é isso, irmãs?! O que fazem todas aqui, paradas, por que não estão em suas celas?

– Reverendíssimo!

– Senhor bispo!

– Dom Ricardo!

Exclamaram as freiras ao mesmo tempo, surpresas por vê-lo.

– O próprio – disse Ricardo irônico e frio. – Saiam já daqui. Não vêem que sua superiora está doente? Precisa de auxílio e não de bisbilhoteiras. Em suas celas, já! – ordenou Ricardo. – Penitenciando-se por esse ato falho que acabo de presenciar. Orem pelo restabelecimento da abadessa. Fora!

Espantadas com a rispidez da reprimenda do bispo, dispersaram-se afoitas e em passos rápidos pelos corredores, fingidamente com as cabeças baixas.

– Pensam que me enganam, baixam a cabeça não por obediência real, mas para esconder a raiva.

Voltou a atenção ao interior da capela e deparou-se com a religiosa que havia solicitado sua ajuda em franca disputa corporal com a abadessa, tentando controlá-la, mediam forças. Apesar de relativamente jovem e forte, a freira enfrentava sérias dificuldades em conter a força de Agnes, que parecia multiplicada.

Ricardo aproximou-se e ordenou à religiosa:

– Solte-a, irmã.

– Reverendíssimo, ela não sabe o que faz.

– Solte-a que sei como fazê-la parar.

Imediatamente a religiosa largou a superiora e afastou-se, exausta, enxugando o suor que corria abundante por seu rosto. Vendo-se livre, Agnes avançou em direção ao altar e foi parada a meio caminho por uma violenta bofetada em seu rosto, que a jogou ao chão. Nem bem teve tempo de dar-se conta de que estava caída, sentiu um pé forte e pesado sobre o peito, próximo ao pescoço, que lhe tirava o ar, silenciando-a e imobilizando-a ao mesmo tempo, mas ainda debatia-se com pés e braços.

– Irmã – chamou Ricardo, e ante o rápido atendimento da freira, estendeu-lhe uma cinta de couro. – Venha até aqui e imobilize a abadessa. Amarre mãos e pés.

Sem questionar, a religiosa obedeceu rapidamente e, conhecendo a força de Agnes, apertou firmemente as amarras.

– Pronto, bispo.

– Excelente. Afaste-se um pouco.

Retirando o pé de sobre o peito de Agnes, Ricardo desenrolou um pedaço da faixa que amarrava sua batina e rasgou-a. Abaixou-se e com o tecido improvisou uma mordaça para a abadessa.

O olhar assustado da religiosa tornava evidente sua surpresa ante os métodos adotados pelo bispo e por sua expressão impassível durante o procedimento.

– Vamos orar pela abadessa, Reverendíssimo – convidou a religiosa.

– Depois, irmã. Agora ela precisa de outras formas de tratamento.

– Mas a prece pode aliviá-la.

– É possível, mas terá mais efeito depois que estiver mais calma. Siga-me.

Dizendo isso, Ricardo abaixou-se e, tomando Agnes como se fosse um saco, jogou-a sobre seus ombros, agarrando-lhe as pernas, e marchou intrépido pelos corredores do convento. Fingiu não ver algumas portas de celas levemente entreabertas, com as freiras a espiar o que se passava. Atrás dele seguia a religiosa assustada, benzendo-se e rezando em voz alta pelos corredores.

– "Mas que procissão medonha!" – dizia Ricardo a si mesmo, entediado com a ladainha da freira, mas ciente de que não adiantaria adverti-la para que se calasse.

Parou em frente à porta da cela de Agnes e com a mesma sem-cerimônia com que a havia carregado, jogou-a sobre o catre.

– Irmã, faça suas preces do lado de fora da cela e em silêncio. Deus tem bons ouvidos, não se esqueça de que Ele ouve o mundo inteiro.

As faces da religiosa ruborizaram-se com as palavras do bispo, baixou a cabeça e, calada, se retirou, permanecendo de pé ao lado da porta, murmurando baixinho um rosário.

Agnes, imobilizada e deitada sobre o catre, retorcia-se como querendo libertar-se das amarras e fugir à presença do bispo. Seus olhos estavam arregalados e mostravam a aflição que lhe invadia a alma. Ricardo olhou-a friamente e deliberou em pensamento:

– "Enlouqueceu, não há o que fazer. Morrer é melhor do que os asilos de religiosos."

Deu as costas à abadessa e retirou de um bolso da batina o frasco, tomou nas mãos um copo que havia sobre a cômoda, coberta de cacos de imagens quebradas, emborcou-o no ar para limpá-lo de resíduos da demolição do nicho e despejou um terço do líquido do frasco, misturou um pouco d'água e, dando por concluído o preparo, depositou-o sobre o móvel. Escondeu novamente o frasco no bolso e, voltando-se para Agnes, disse:

– Abadessa, somos amigos de longos anos. Trilhamos juntos os degraus de ascensão na carreira religiosa. Seus serviços foram de valia inestimável. Perdoe-me pelos gestos de alguns minutos atrás, foram necessários, a senhora estava fora de si. – O bispo fez uma pausa e, puxando uma cadeira, limpou-a dos restos da destruição com um gesto significativo e sentou-se. – Precisamos conversar. Tenho adiado esse momento na esperança de ver melhoras suas, mas infelizmente esta noite constatei uma acentuada piora no seu estado. A senhora destruiu as imagens da Virgem que protegiam sua cela.

Agnes esboçou tentativa de falar, que resultou em grunhidos abafados pela improvisada mordaça que lhe impunha silêncio, nos olhos, ainda o medo e a aflição.

– "Ele pensa que não o conheço. Ele quer me matar. Tenho medo, mas não sei o que é pior. Se morrendo eu ficasse livre dessas vozes e desses seres infernais, com alegria eu beberia algum veneno do bispo" – pensava Agnes.

– Seus atos foram muito sérios. Não terei mais como evitar que venha ao convento um padre exorcista.

A essas palavras Agnes reagiu violentamente, sacudindo-se e grunhindo, jogando a cabeça violentamente de um lado a outro. Seus olhos pediam que lhe tirasse a mordaça.

– Quer falar? Promete conter-se?

Um gesto afirmativo com a cabeça foi a resposta da abadessa.

Ricardo inclinou-se gentilmente sobre a religiosa e falou baixinho, em tom ameaçador:

– Ao primeiro sinal de desequilíbrio, serei obrigado a fazê-la desmaiar. Controle-se.

Agnes permaneceu imóvel enquanto o bispo retirava a mordaça.

– Muito bem, o que tem a me dizer?

– Não traga, Reverendíssimo, nenhum padre exorcista a este convento. Sabemos qual seria o fim. Se devo morrer, e acredito que isso seja o melhor, peço-lhe que, em respeito à nossa "amizade", o senhor me deixe escolher como morrerei.

– A senhora sempre foi uma religiosa sensata, por isso a admiro. Se for justo seu pedido, eu o considerarei. Fale.

– Quero que o senhor providencie minha morte, de forma indolor e rápida. Se possível, faça desta a minha última noite nesse convento.

Ricardo ouviu em silêncio o pedido da abadessa e nada disse por um tempo considerável, como se ponderasse a respeito.

– É o melhor, Reverendíssimo. Não suporto mais essas almas penadas que vagam por esse convento. Todas vêm me infernizar. O senhor se lembra do nosso passado, foi Vossa Reverendíssima quem me auxiliou em muitos feitos, ensinou-me muitas técnicas que eu não conhecia, especialmente o manejo com as poções, as drogas, pois agora, essas almas malditas me perseguem, falam comigo, me dizem coisas horríveis, não tenho descanso, nem de dia, nem de noite elas silenciam. Às vezes se afastam, várias ocasiões pensei estar livre, mas qual?! Voltavam ainda mais enfurecidas. Há anos renunciei àquelas atividades. Desde que eles começaram a me perseguir com mais freqüência. Nem assim me deixaram em paz. Vejo sangue e fetos por toda parte, ouço gritos, alguns de mulheres, acho que daquelas que morreram, misturados com choro e palavras desconexas. Não suporto mais. Eu rezei, Reverendíssimo, tanto que as contas do meu rosário perderam o brilho, estão gastas. Meus livros desfolham. E nada disso faz com que essas almas infelizes partam daqui para o purgatório ou para o inferno. Acendi velas, fiz promessas para a Virgem e tudo foi em vão. Nada disso existe, realmente é o que constato. – Agnes ergueu-se um pouco e, em tom de sigilo, prosseguiu, com o olhar assustado: – Bispo, existem coisas que a Igreja não explica. Essas almas não são o demônio, quando eu as vejo não têm chifres, nem rabos, parecem pessoas comuns, furiosas, enraivecidas, debochadas, sádicas, mas iguais a mim ou ao senhor. Dizem que queriam voltar a viver na matéria e eu as impedi, as vozes de mulheres, algumas eu reconheço, são de freiras que morreram. São terríveis, elas não foram para o inferno, vagam aqui. Tome cuidado, podem se enfurecer contra o senhor. Mate-me, Reverendíssimo, mas antes receba minha confissão, encaminhe minha alma para que não fique vagando junto com essas outras. Quem sabe foi esse o erro: não haver ministrado a extrema-unção.

– Acalme-se, Agnes – pediu Ricardo e, fazendo o sinal da cruz, recitou uma oração em latim dando início à confissão da abadessa.

Por longas horas ouviu as confissões de Agnes, conheceu-lhe o drama pessoal e familiar e as razões de ser encaminhada a um convento: descobrira que estava apaixonada pelo próprio irmão. Agnes era filha de um rico comerciante da região de Veneza e sua amante, vivia, juntamente com a mãe, confortavelmente em um vilarejo distante da cidade. Em sua juventude conhecera um rapaz que passava uma temporada no campo. Os dois se apaixonaram, mas logo notaram a reação de medo, incredulidade e de sofrimento no semblante de sua mãe quando a ela o rapaz foi apresentado. Ao fim daquela tarde, a mãe lhe confessou a suspeita de ser seu jovem namorado, também seu irmão por parte de pai. A partir daquele dia revestiu sua vida com um manto de frieza e crueldade, abafando todos seus sentimentos. Daí o prazer que sentia ao arrancar filhos bastardos dos úteros das mulheres. Era sua forma de vingar-se da vida.

Narrou-lhe pormenorizadamente sua trajetória dentro dos conventos, a tolerância com as práticas sexuais das freiras, que ao menos não geravam filhos, e seu rigor extremado com aquelas que se envolviam com os padres, concebendo.

Os primeiros raios de luz da aurora despontavam no horizonte quando a abadessa se calou. Após pronunciar a tradicional declaração de máxima culpa e arrependimento, recebeu a bênção do bispo. Ele levantou-se, dirigiu-se à cômoda e fingindo preparar a droga mortal, mexeu o líquido no copo e, sem uma palavra, passou-lhe às mãos a mistura, com o rosto impassível.

– Como pedi? – indagou a abadessa.

Ricardo apenas aquiesceu com um levíssimo aceno de cabeça, quase imperceptível, e com as mãos entrelaçadas em frente ao corpo, presenciou a religiosa ingerir a droga.

Agnes ajeitou-se sobre o catre e não mais se moveu. Aproximando-se dela, Ricardo soltou-lhe as mãos e os pés e a cobriu.

Lembrando-se da religiosa que aguardava no corredor, dirigiu-se até a porta. A mulher ressonava sentada no chão, a cabeça apoiada no degrau de acesso à porta da cela. Abaixou-se e chamou-a:

– Irmã, acorde. Preciso sair desta cela e a senhora obstrui minha passagem.

– O quê? – perguntou a religiosa com expressão assustada.

– É dia. Hora de acordar.

– Eu dormi – constatou a mulher. – Perdão, senhor bispo. Vossa Reverendíssima precisa de alguma coisa? E a abadessa, como está?

– Tudo está sob controle, irmã. Após a crise a abadessa pediu para confessar-se, está muito fraca, há poucos minutos adormeceu. Venha comigo.

Erguendo-se, a religiosa seguiu o bispo até o gabinete que ele estava usando.

– Sente-se e me diga seu nome.

Obediente, a religiosa sentou-se à frente do superior e respondeu:

– Irmã Marta, da Congregação da Virgem Santíssima.

– Muito bom. A senhora é filha da Ordem a que pertence este convento? Tem algum título?

– Não, senhor. Sou de origem pobre, meus pais são agricultores, sou a sétima filha de uma grande família, por isso fui entregue à Igreja.

– É feliz aqui, irmã? Já a tinha visto outras vezes, não é verdade? – indagou Ricardo reparando nas feições da freira e buscando registros na memória.

– Eu era muito moça. Estou mudada. Trabalho junto da abadessa há mais de vinte anos. Hoje tenho trinta e sete anos, cheguei aqui com quatorze. Não conheço outra vida, aqui nada me falta, tenho comida, roupa, onde morar, gosto das atividades que executo. Creio que sou feliz sim, Reverendíssimo. Tenho mais do que muitas mulheres da minha posição.

– Nunca pensou em tornar-se a abadessa desse convento?

– Que é isso, senhor bispo! Jamais me ocorreu tal idéia.

– Se houver necessidade, se julga capaz de assumir o trabalho?

– Como lhe disse, é o que tenho feito há muitos anos, principalmente nestes últimos, em que a abadessa está doente.

Ricardo levantou-se e da mesma forma súbita como havia iniciado o diálogo, o interrompeu e ordenou:

– Está dispensada, irmã. Mande vir um café fresco e pães aqui mesmo. Farei a refeição no gabinete.

Irmã Marta levantou-se para dar cumprimento ao pedido do bispo. Aquele dia transcorreu calmo. Agnes dormiu o dia inteiro, movimentando-se muito pouco. Quase ao fim da tarde Ricardo foi vê-la. Repetindo o procedimento da madrugada, ninguém o acompanhou na visita. Irmã Marta permaneceu novamente à soleira da porta e, na saída, o bispo determinou:

– Providencie algumas irmãs para velarem o sono da abadessa. Ela não me parece bem, respira com dificuldade. Escutei-lhe o coração, que bate muito fraco.

– Será o sono da morte, Reverendíssimo? A abadessa pode morrer?

– Não posso afirmar, mas seu estado inspira cuidados. Está muito fraca. Quando tiver as irmãs a postos, mande me chamar, creio ser de bom alvitre orarmos pela enferma e lhe darmos a unção.

– Ah! Minha Virgem Maria! Então ela está mal mesmo. Coitada, tem sofrido tanto nos últimos anos com essas crises!

– Faça o que lhe disse, irmã Marta.

Realizados todos os rituais para que nenhuma dúvida pairasse sobre a morte da abadessa, foi enquanto o bispo dormia profundamente que ela exalou o último suspiro, nas mãos das religiosas que a acompanhavam. No meio da madrugada foi tocado o sino com dobra, que anuncia a morte.

Após a cerimônia fúnebre conduzida pelo bispo, ao lado da sepultura da falecida ele nomeou irmã Marta como a nova abadessa, despertando a ira de irmã Maria que, ao longo daquele dia de velório, portara-se como a nova abadessa diante das outras e sentia-se agora humilhada com a escolha do bispo.

Ignorando o brilho de ira e revolta no olhar da religiosa, Ricardo conduziu um discurso ressaltando as qualidades de dedicação e simplicidade da nova superiora como virtudes a serem apreciadas e seguidas por sua congregação, bem como exaltando a credibilidade que a escolhida gozava junto a ele e informando que até a designação de um novo padre seria ele quem responderia pelo serviço religioso no convento.

Ricardo acompanhou os dois primeiros dias de irmã Marta como a nova superiora, orientou-a sobre diversos assuntos e certificou-se de que ela nada faria sem consultá-lo. No terceiro dia, dando o caso do convento Carmelita como resolvido, retornou ao bispado.

Capítulo 9

Ouro ou ferro

"Com o egoísmo e o orgulho, que andam de mãos dadas, haverá sempre um caminho para o mais sagaz, uma luta de interesses, onde são pisoteadas as mais santas afeições (...)"[1]

Jacobino, sentado em sua mesa de trabalho, ouvia atentamente as informações de Ricardo acerca do desfecho dos problemas do convento Carmelita, tanto que não percebeu que o bispo aguardava uma resposta.

– Irmão Jacobino – chamou o bispo. – Não tens nada a comentar?

Passando a mão sobre o próprio rosto, meditativo, o religioso tinha o olhar distante, como se vislumbrasse uma paisagem longínqua.

– Estou avaliando a situação, Reverendíssimo.

– Julgas que deveria ter escolhido outra freira para ser a abadessa? Não estás conforme com a nomeação de irmã Marta?

– Não, Reverendíssimo, não se trata desta questão.

A atitude pensativa do secretário aguçava a curiosidade do bispo. Apreciava as opiniões de Jacobino ainda que, raramente, demonstrasse seu sentimento de admiração.

– Bem, e o que é então? É evidente que existe algo que o preocupa.

– Não sei, alguma coisa não me inspira confiança nessa "pacifica-

---

[1] *Allan Kardec.* O Evangelho Segundo o Espiritismo, *cap. XI, item 12. Trad. Salvador Gentile. Araras, IDE.*

ção" do convento Carmelita. Foi rápida e eficiente, como todas suas decisões, porém não sei se será duradoura.

– Por quê?

Irmão Jacobino ergueu-se, largou a pena que usava para escrever sobre um descanso do conjunto de tinteiro e, com passos lentos, encaminhou-se à janela, de costas para o bispo e com o olhar perdido nas suaves colinas do Vêneto. Então respondeu, ponderadamente:

– Estive por vários meses no Carmelo, testemunhei a existência de uma intrincada rede ligando vários de seus membros. Ter enviado Enzo para Belluno foi uma medida sensata. Talvez entre as montanhas e a neve, na companhia de pessoas simples e sofridas, ele desenvolva um pouco de sensibilidade e empatia com o próximo. Pode ser que deixe de enxergar o mundo girando ao redor dele e passe a ver a realidade de que é mais um filho de Deus nesse vasto universo. A escolha de irmã Marta também foi apropriada, é uma pessoa simples e honesta, sem pretensões ou segundas intenções. Não é nenhuma inteligência extraordinária, mas será capaz de administrar o local com competência, é muito zelosa de suas responsabilidades. Minha dúvida reside é no ponto de que talvez ela seja ingênua e daí a instabilidade que temo nessa dita "pacificação".

Ricardo o ouvia considerando cada idéia expressa pelo secretário.

– Continue – incentivou o bispo notando que Jacobino silenciara, mas continuava com ar pensativo e preocupado.

– O senhor não ignora que muitas freiras estão insatisfeitas com suas decisões?

– Óbvio, irmão Jacobino. De algumas afastei o amante, o belo e ardente padre Enzo; de outras, a oportunidade de tornarem-se a superiora.

– Nesse quadro estão reunidos sentimentos de ciúme, indignação, revolta e inveja. Todos serão recalcados e se expressarão em forma de outros problemas. É por isso que questiono se será duradoura a "pacificação". As redes foram rompidas, com certa violência e brusquidão. Poderá nascer um profundo sentimento de injustiça naquelas mentes um tanto quanto distorcidas pelo egoísmo que desenvolvem naquela vida improdutiva.

– Realmente pensei muito nas palavras que o senhor me escrevia nos relatórios, confesso que muitos dias tive vontade de abrir aquelas portas e mandar aquelas mulheres embora e ir-me junto, abandonar a asfixia daquelas paredes.

– Aquele ambiente é próprio ao cultivo de todos os vícios morais, pois está isolado do convívio humano com o restante da sociedade, as lutas que oferece, os trabalhos e o desenvolvimento do progresso. São vidas repletas da mais pura inutilidade social. Se pecado existe, Reverendíssimo, a existência de ordens de clausura é um. Aquele prédio não devia ser devotado à mãe de Jesus, é uma rematada discrepância ter Maria como símbolo para mulheres improdutivas, de ventre e corações secos e amargurados. A mãe do nazareno deu o exemplo de santificação da mulher no lar, no amor e no trabalho, na solicitude junto às crianças e, como companheira de um homem, era esposa de José. E nossas religiosas, devotas de Maria, o que fazem para seguir-lhe o exemplo? – Fazendo uma pausa, Jacobino virou-se encarando Ricardo e, divisando um raro sorriso debochado e irônico desenhando-se em seu rosto, o secretário percebeu o rumo malicioso dos pensamentos do superior e riu, descontraído. Erguendo as mãos como quem pede ajuda, completou: – Esqueça, bispo, não é necessário responder. Eu também sei o que está pensando.

..*

Alguns meses se passaram. Sobre a mesa de Jacobino descansava uma carta vinda diretamente de Roma, deixada por Mateus, que a recebera do exausto mensageiro na primeira hora da manhã.

A curiosidade do jovem seminarista aguçava-lhe a percepção dos menores sons e ruídos, esperava a qualquer instante ouvir os passos firmes e compassados de irmão Jacobino.

– Por que justo hoje ele está atrasado? – exclamava Mateus, falando sozinho e lançando olhares ao corredor enquanto displicentemente arranjava os documentos que lhe competia separar e arquivar.

– Ele quase sempre chega aqui junto comigo e até antes, adora repreender-me e me chamar de preguiçoso quando me apresento apenas alguns minutos depois dele. Hoje, só para me espicaçar, ele se atrasa – continuava monologando o seminarista. Depois, como se o rumo de seus pensamentos mudassem bruscamente, lança um olhar à rua, depois abandona os documentos sobre a mesa e caminha até a porta com uma expressão preocupada. – Será que meu velho amigo adoeceu? Não é normal este atraso.

Decidido, saca do bolso da batina a chave e tranca a porta do gabinete do bispo. Pensando um pouco, decide tomar primeiro o rumo do refeitório antes de buscar o dormitório de Jacobino e, apressado, dirige-se ao local.

– Bom dia, frei. O senhor viu irmão Jacobino hoje? – indaga Mateus ao responsável pela cozinha.

– Claro, veio cumprimentar-me pelo pão que fiz. Irmão Jacobino adora minha comida, diz que é por causa dela que os meninos crescem saudáveis – o cozinheiro comentou rindo. – E ele realmente gostou do pão, comeu muito bem, depois conversou um pouco conosco e saiu.

– Estranho, ele não foi para o gabinete. Isso faz muito tempo?

– Bastante. Ainda não havia clareado o dia quando ele veio para cá. Tínhamos assado os primeiros pães, ele fez a refeição aqui conosco, nem usou o refeitório.

– Tão cedo?! E disse para onde foi?

– Não. Somente notei que ele carregava um livro e depois do café saiu para o pátio.

– Ah! Já sei onde ele está. Obrigado pelas informações. Depois, sentindo o delicioso aroma de pão recém-assado, pediu: – Se importa se me servir de alguns pães?

– Coma, rapaz. Os pães envelhecem e perdem o sabor. És um bom aprendiz de irmão Jacobino. Vejo-os estudando às vezes, agora aprendes por que ele vem cedo para o café, para conversar e comer bem – comentou bem-humorado o religioso.

– Nosso amigo sabe apreciar as boas coisas do convento – concordou alegremente o seminarista e, apanhando alguns pães de uma cesta próxima, sorriu, dizendo: – Duvido que ele resista a mais um, estão lindos e muito cheirosos.

Agradecendo a atenção do cozinheiro se encaminhou até a velha árvore do pátio e, de fato, deparou com o religioso sentado sobre as raízes lendo um grosso volume de filosofia, cuja encadernação de longe reconhecia.

Sentindo-se observado, Jacobino interrompeu a leitura e olhou à volta. Sorrindo ao reconhecer Mateus, fez-lhe um gesto para que se aproximasse.

– Então, meu filho, que fazes aqui tão cedo?

– Vim à sua procura. Primeiro fui ao refeitório e o frei me disse que o havia visto com um livro, foi fácil saber onde estava.

– Hum! Velho e previsível, que ser humano mais sem graça estou me tornando – resmungou Jacobino como se estivesse contrariado, o que fez o jovem rir.

– Não, não. Tudo, irmão Jacobino, pode ser possível. Mas o senhor, previsível? Nunca!

– Senta-te a meu lado, vamos aproveitar esse silêncio da manhã enquanto os outros dormem – convidou Jacobino. – Aliás, que fazes tão cedo de pé?

– Milagres acontecem, irmão.

– Não me venhas com essa conversa boba. Bem sabes que vejo a vida e sua constante renovação como o maior milagre de Deus, para mim não é necessário e é até ingratidão querer mais do que tudo isso para crer no Criador, em sua inteligência e bondade. Ele não se gastaria à toa fazendo o "milagre" de tirar-te da cama cedo. – ironizou o religioso.

– Amanheceste mais herege do que nunca. Deixa-me ver o que estás lendo?

– Como não sabes? Isso, sim, é uma rematada insanidade. Tenho gastado horas e horas a instruir-te com eles e não os conheces apenas de vê-los?!

Jogando a cabeça de lado e olhando para cima fingindo pensar, concentrar-se profundamente, por fim declarou em tom solene:

– Sócrates! Nosso mestre pagão.

– Sócrates, sim, uma grande alma. E não o chames pagão, pois ele tem muito mais afinidade com o pensamento de Jesus do que vários dos pais da Igreja. Deliciava-me lendo suas idéias sobre o amor.

– É *O Banquete* que estás lendo. Eu o li ontem. Gostei muito.

– Eu meditava um pouco sobre a resposta que ele deu a Alcebíades dizendo não trocar ouro por ferro. Ele oferecia um amor puro, de alma para alma, isento de paixões, pleno de realizações e nobres anseios, enquanto o outro lhe oferecia apenas o amor transitório, a realização dos desejos físicos, ainda cheio de incompreensões e vãs vaidades, por isso Sócrates o comparou ao ferro, um metal vil que enferruja, que o tempo destrói.

Lembrando-se do que o levara a procurar irmão Jacobino, o seminarista deu-se pressa em demovê-lo das conversas sobre Sócrates e seus feitos, que ele sabia eram sempre extensas, quase tanto quanto quando falavam sobre Jesus.

– Irmão Jacobino, preciso mesmo conversar com o senhor sobre esses textos, mas, infelizmente, não poderemos continuar agora. Vim buscá-lo porque chegou uma carta urgente de Roma.

Fechando o grosso volume encadernado de couro, o religioso encarou Mateus com expressão levemente preocupada.

– Carta de Roma? Hoje? Muito estranho!

– Não estamos esperando nada! O bispo não comentou nenhuma ocorrência de qualquer problema nos últimos meses após o retorno do convento Carmelita!

– É verdade, Mateus. Vamos até lá. Ajude-me a levantar.

Como carregasse os pães nas mãos, o jovem sorriu um pouco constrangido e mostrou-lhe os pães, ao que Jacobino respondeu imediatamente:

– A carta não criará pernas em poucos minutos. Um desses pães é para mim?

– Claro – respondeu prontamente o jovem passando um dos pães ao amigo.

Saborearam o pão, apreciando o silêncio da manhã, e alguns minutos depois o rapaz levantou-se e sacudiu as saias da batina para livrar-se de algumas migalhas de pão e depois estendeu a mão para auxiliar Jacobino a se erguer.

Envoltos em amistoso silêncio, se dirigiram ao gabinete. Enquanto caminhavam, cada um se entretinha com os próprios pensamentos: Mateus, curioso, tecia idéias sobre o conteúdo da carta; irmão Jacobino, muito mais experiente, andava dialogando com Jesus, como era seu hábito, pedindo-lhe orientação e sabedoria para lidar com o teor da dita carta.

– "Inesperadamente, de Roma, só pode ser problema e dos grandes" – pensava Jacobino.

Ao cruzarem o limiar da porta, depararam com Ricardo sentado em sua cadeira, expressão habitualmente impassível, lendo a carta. Mateus avançou até a mesa de trabalho do bispo e, parando à frente, aguardou que ele concluísse a leitura. Então, tomou a mão que ele lhe estendia e depositou demorado beijo, disfarçando carícias, e disse:

– Teve boa noite, meu bispo?

– Muito, meu filho. Obrigado.

Jacobino, que vinha logo atrás, sorriu e cumprimentou reverentemente o superior, depois comentou:

– Mateus apressou-me tanto por causa desta carta e agora vejo que o senhor já lhe conhece o teor.

– De fato, cheguei há bons minutos e como não os encontrasse, iniciei as atividades, a começar por esta – respondeu Ricardo passando a carta a Jacobino. – Leia.

Com o documento em mãos, Jacobino encaminhou-se até a janela, que lhe oferecia melhor luminosidade, sendo seguido de perto por Mateus.

– Você é abelhudo, Mateus. O bispo disse que eu lesse a carta, o que faz me seguindo?

– Ora, irmão Jacobino, só pensava em ajudá-lo, se tiver dificuldade posso ler para o senhor – respondeu o rapaz fingindo-se de desentendido com a reprimenda fraterna do secretário do bispo.

– Esperto. Você é muito esperto – retrucou Jacobino sorridente, e lançando um olhar ao bispo como que a consultá-lo, recebeu um leve aceno afirmativo. – Está bem, o bispo confia em você e eu também, portanto, poupe-me os olhos. Leia você.

Mateus não se fez de rogado, tomou a carta, objeto de sua curiosidade desde cedo, e leu-a rapidamente. Texto conciso, formal e direto dava ciência ao bispo do Vêneto de pedido de interferência da ordem exorcista em convento feminino de sua responsabilidade.

Após a leitura, Mateus caiu, literalmente, sentado sobre a cadeira usada por Jacobino exclamando:

– Há uma traidora! Maldita! Mulher burra, por que fez isso? Por que desrespeitou a autoridade do nosso bispo?

– Calma, meu filho. Não se aflija, nem seja precipitado – advertiu Ricardo. – Nestas horas é preciso pensar friamente. Creio que sei quem é a responsável por este episódio.

– Não é difícil deduzir a autoria quando se esteve naquele convento algum tempo – falou Jacobino pensativo encarando Ricardo. – Que pensa o senhor fazer?

– Responder à carta.

– Dispensar os exorcistas, dizer que foi um engano, uma precipitação da denunciante, seja lá quem for ela, e dizer que tudo está sob controle do nosso bispo. Ótimo! – disse Mateus empolgado.

– Não, meu querido – discordou Ricardo. – Escreveremos justo o contrário. Endoçaremos o pedido, em nome pessoal, alegando que o teríamos enviado breve e que apenas aguardávamos maior certeza, para evitar um desgaste quiçá inútil, mas que o quadro se nos apresenta claro e positivo como havendo influenciação demoníaca na instituição.

– Reverendíssimo, isso poderá, ou melhor, com certeza, acabará em morte – contrapôs Jacobino um tanto angustiado. – Pense bem.

– Está decidido, Jacobino. Quando chegaram aqui, eu analisava a situação e definia o rumo dos fatos. Redigirei pessoalmente e de próprio punho a carta, pedindo sigilo absoluto ao bispo exorcista – dom Jaime. Mateus, providencie papel, será uma carta muito extensa e detalhada, depois vá em busca do mensageiro e informe-o de que deverá partir ainda hoje, bem antes do meio-dia.

– Reverendíssimo, por favor, pense melhor. Pode estar tomando uma atitude precipitada. É bom meditar um pouco mais. Será que não há outro caminho, um meio de evitar essa intervenção? – pedia Jacobino parado em frente ao bispo, com as mãos ao longo do corpo e expressão preocupada. – A nova abadessa é uma mulher sem experiência para lidar com essa situação. É simplória, senhor.

– Eu sei, irmão Jacobino. E se não estou enganado, a coitada da irmã Marta é vítima dessas acusações – respondeu Ricardo imperturbável erguendo poucos centímetros o documento que Mateus lhe devolvia às mãos. – Vá, Mateus, cumpra o que lhe solicitei. Depois volte.

– Ricardo, desculpe – corrigiu-se Mateus. – Meu bispo, considere as palavras do irmão Jacobino. Sei que não devo e não posso interferir em sua administração, mas desde que recebi essa carta ela me causou aflição e agora que conheço seu teor algo me diz que ela não deve ter solução precipitada. Mais uma vez me desculpe pela petulância, meu bispo, mas é porque sou seu amigo que lhe peço isso.

Ricardo tomou a mão do rapaz entre as suas e sorriu levemente, baixou a cabeça escondendo o olhar, e dando-lhe tapinhas confortadores na mão, falou:

– Não há do que desculpá-lo, Mateus. Mas minha decisão está mantida. Faça o que lhe pedi. Depois ergueu o olhar, encarou o jovem carinhosamente e sussurrou: – Obrigado.

Jacobino, desde que notara a intenção de Mateus de intervir na decisão de Ricardo, decidira prudentemente se afastar andando até a janela e fingindo contemplar a vista, fazendo de conta que nada havia presenciado ou ouvido.

– Sei que você tem condições de lidar com "eles", mas valerá a pena tamanho esforço? – insistiu Mateus.

Ricardo levantou-se, pousou a mão sobre o ombro de Mateus, o encarou e, buscando tranqüilizá-lo, disse:

– Aprenda que mandar e comandar têm seu preço, Mateus. Não atingimos esses postos sem nenhum ônus ou sem assumir riscos, prepare-se para lidar com eles um dia. Não os procure a não ser que esteja certo de seu poder em solucioná-los, mas se eles vierem até você, não fuja, use a sua inteligência e reverta-os a seu favor. Jogue ao lado de quem pode mais e tanto quanto possível faça-os acreditar que lhe fizeram um grande favor, pelo qual você será reconhecido, assim eles farão o que desejares julgando que são seus aliados. Não temos nada a temer, no final talvez seja a solução dos problemas daquele convento.

– Mas, Ricardo, haverá sofrimento desnecessário. Eles são horríveis, quantas vezes me disseste isso, acaso terão mudado de algumas horas para cá? – revidou Mateus, ainda buscando dissuadir o bispo.

– Não, com certeza eles não mudaram e haverá, sim, sofrimento no convento Carmelita. Mas pergunto-lhe, quem pediu? Acaso fui eu quem determinou tal coisa?

– Não, mas isso apenas nós sabemos. Se você executar o plano que traçou, parecerá que foi quem o pediu e que concorda com ele. Será co-responsável.

– E se não fizer isso, meu filho, o que vai acontecer?

– Poderíamos pensar um pouco mais, mas por que não dispensá-los?

Afagando o ombro do rapaz, ciente de que ele se preocupava com seu bem-estar e sinceramente comovido por essa demonstração de interesse, tanto com ele quanto com os seres humanos que seriam envolvidos naquela intervenção exorcista, Ricardo, mudando drasticamente o rumo do andamento da manhã, comunicou:

– Jacobino, nosso jovem aprendiz está um pouco confuso. Como ainda não fiz a refeição da manhã, vou levá-lo comigo até minha residência. Por favor, providencie o papel que pedi e mande o comunicado ao mensageiro. Voltaremos em breve.

Estendendo o braço sobre os ombros de Mateus, Ricardo guiou a saída, deixando o secretário a observá-los com um olhar esperançoso.

– Mateus é muito sensível, também não tenho bons pressentimentos com essa carta, muito menos com a decisão do bispo – comentou Jacobino em voz baixa e, lançando um olhar ao firmamento carregado de nuvens, endereçou o pensamento à entidade amiga do antigo bispo e pediu mentalmente:

– "Por favor, bispo Giordano, inspire Mateus com bons argumentos para demover o bispo dessa decisão."

Menos de uma hora se passou até o regresso de Ricardo ao gabinete do bispado.

– Irmão Jacobino, o senhor providenciou o que pedi?

Jacobino sobressaltou-se ao ouvir a voz do bispo às suas costas, pois estava concentrado no arquivamento de documentos, tarefa que Mateus havia abandonado a meio.

– Jesus Cristo! – exclamou o secretário levando a mão ao peito. – Reverendíssimo, por gentileza, considere que seu secretário está idoso, faça ao menos um ruído leve, perceptível aos meus ouvidos, que são bons.

– Deveria estar acostumado, irmão, são anos a meu lado – respondeu Ricardo, e sentando-se em sua mesa, sugeriu irônico: – Tente sentir meu cheiro.

– Meu nariz é inteligente, Reverendíssimo, prefere sempre o aroma da comida – devolveu Jacobino. E atendendo ao que lhe havia sido solicitado, entregou ao superior os papéis, informando: – Avisei o mensageiro do horário aproximado em que deverá partir.

– Ótimo. Vamos ao trabalho.

– Precisa de ajuda?

– Não, irmão Jacobino. Como disse antes, lavrarei de próprio punho a carta a dom Jaime. Continue sua atividade. Mateus pediu-me para avisá-lo de que está no orfanato auxiliando padre Felipe com alguns alunos retardatários.

Jacobino aquiesceu e um brilho de carinho iluminou seu olhar à menção da atividade que o seminarista realizava.

– Excelente rapaz, nosso seminarista – elogiou Jacobino.

– Concordo plenamente – respondeu Ricardo. – Terá um futuro brilhante na Igreja, é inteligente, interessado, decidido e tem carisma.

– Ele é um ser humano – retrucou Jacobino. – Tem alma e coração, teria futuro em qualquer lugar, mas se interessa realmente pelos valores do espírito, por isso está na Igreja.

Ricardo ouviu em silêncio a avaliação do secretário e, tomando a pena, mergulhou-a no tinteiro pondo-se logo a redigir a carta ao bispo exorcista.

Como se houvesse cronometrado, Ricardo concluiu a redação da carta no horário previsto. Reunindo as páginas que deixara secando espalhadas sobre a mesa, assinou a última, apondo-lhe o brasão do próprio anel. Depois ordenou as folhas, separando-as em dois documentos, que dobrou e selou estendendo-os ao secretário.

– Pronto! Encaminhe ao mensageiro e peça-lhe pressa em regressar a Roma.

Recebendo os documentos, Jacobino não se conteve e leu os destinatários: um para o bispo exorcista e outro ao vigário judicial da Rota Romana. Ricardo, que sorrateiramente observava a reação do secretário, notou a súbita palidez nas faces de Jacobino.

– "Não posso me calar diante disso" – pensou Jacobino, sentindo os documentos queimarem suas mãos. Puxou uma pesada cadeira, aproximando-a da mesa, e sentou-se encarando o bispo.

– Monsenhor Ricardo, lembra-se de que há algum tempo o senhor me propôs uma conversa desconsiderando a hierarquia que nos rege, como se fosse em uma dimensão paralela?

– Sim, estou lembrado.

– O senhor aceitaria um novo diálogo nesses termos?

– Aceito, fale, irmão.

– Sabemos que tão logo estes documentos cheguem às mãos de seus destinatários, cabeças irão rolar no convento Carmelita. O senhor cumpre nestas cartas o plano que traçou logo cedo, está realmente convencido de que é o melhor caminho? Sabe que não haverá clemência. Será que estamos certos em nossas suspeitas? Eu lhe confesso, pelo tempo que permaneci naquele convento, de que o melhor seria devolver aquelas mulheres à vida em sociedade, onde seriam úteis, mas na impossibilidade de realizar tal coisa, dar-lhes trabalho não seria o mais indicado? A mente ocupada no trabalho disciplina melhor as energias do corpo, dá-lhe mais equilíbrio, os vícios morais cedem ao cansaço do emprego correto das forças e do tempo. Perdoar essa quebra de princípio hierárquico, negar a intervenção, pouparia vidas.

– Por quanto tempo, irmão Jacobino? É o que lhe pergunto.

– "A cada dia basta o seu mal" – ensinava Jesus. Por que se afligir com quanto tempo duraria até que houvesse outra tentativa? Solucionemos este agora, o outro, quando e se ele realmente ocorrer.

– Ele ocorreria, irmão Jacobino, tenha certeza. Nos olhos daquela freira está estampado o que ela carrega na alma. Não me iludi em nenhum momento com ela, deixei-a mostrar-se e a vi tal qual se mostrou. Confesso que esperava por algo desse gênero desde o momento em que nomeei irmã Marta como nova abadessa. Apenas foi mais rápida e ousada do que esperava, ela deveria ter demorado um pouco mais, nem ao menos se preocupou em disfarçar os caminhos que percorria. Está muito fácil ver quem é a responsável por essa intriga, irmão Jacobino, não tenho medo de "julgar" equivocadamente. Mas fique tranqüilo, dou-lhe minha palavra de que não permitirei a condenação de alguma inocente, somente será entregue a "eles" a responsável.

– Confio em sua palavra, nem pensava em pedi-la. Mas o que me preocupa não é apenas a denunciante, são principalmente as denúncias. A informação que veio de Roma foi muito sucinta, praticamente não sabemos nada.

– É a forma como eles agem. Conheço os mecanismos de ação: denúncia genérica, determinação de apuração e aplicação de pena compatível à gravidade da ocorrência a critério do responsável. Isso diz tudo e não diz nada.

Fazendo uma expressão contrafeita, Jacobino reconheceu a verdade das palavras do bispo.

– É por isso que temo apoiá-los. Pode-se endossar de uma penitência leve até a morte sumária de várias pessoas.

– Vou lhe repetir o que disse a Mateus: ser o bispo do Vêneto tem seu preço. Não posso simplesmente ignorar esse fato. Não o pedi, mas ele está posto; chamado ao jogo, dele farei parte. Imagine, irmão Jacobino, se eu porventura agisse como vocês me pedem e daqui a alguns dias nova carta fosse parar nas mãos de dom Jaime. Ele a levaria, com certeza, ao conhecimento do papa. Eu seria chamado a prestar esclarecimentos em Roma e uma investigação seria instalada em toda região do Vêneto. Sabemos que fatos estranhos realmente ocorreram no convento Carmelita, isso viria à tona, pois as freiras não oporiam resistência ao vigário judicial e a seus métodos. Agora me responda: quantos inocentes, entre religiosos e fiéis, poderiam sofrer injustamente e até morrer?

O secretário meditou sobre os argumentos do superior seguindo-lhe o raciocínio e a linha de ação, e então respondeu:

– Por este ângulo o senhor tem razão. Mas confesso: eu jamais poderia ocupar o seu lugar, participar desse jogo e dispor as cartas a preço tão alto não me serviria.

– Não calarias teu coração, acaso pensou que eu não soubesse disso, irmão? É por sabê-lo incapaz de silenciar a própria consciência e o coração que te nomeei meu auxiliar e substituto – respondeu Ricardo com amistosa inflexão de voz. – É por isso que eu me sento na cadeira do bispo e o senhor é um velho padre apenas. Tive que escolher, a idiota que se julga muito esperta provocou isso. Embora reconheça a excelência moral de suas ponderações, irmão Jacobino, assim como as que me fez Mateus, não posso guiar-me por elas, pois o preço é minha própria vida, acompanhada de muitas outras. Assim, mande entregar esses documentos a seus destinatários com minhas homenagens de estilo. A sorte está lançada! Que vença o mais inteligente.

Jacobino ergueu as sobrancelhas, derrotado e triste por vislumbrar aquele mar de lama do infausto "poder" clerical. "Onde andam as lições de Jesus?" – perguntava-se intimamente. Ergueu-se em silêncio, apanhou os documentos que o bispo lhe estendia e afastou-se.

Enquanto andava pesadamente pelos corredores, sentindo-se arrastar, a pergunta martelava-lhe o pensamento, até sentir a costumeira onda de paz e amizade que a presença do espírito do bispo Giordano lhe infundia registrando-lhe as expressões:

– Lembra-te, meu querido filho, das palavras pronunciadas no Gólgota: "Pai, perdoai-lhes, pois não sabem o que fazem". Jesus sabia onde seriam sepultadas suas lições – soterradas em meio à vaidade, à ambição e ao orgulho, que infestam o espírito humano. Mas como ninguém mais do que ele em nosso meio confia na sabedoria e no poder de Deus, também sabia que os planos da evolução tinham de se cumprir e que as sementes lançadas um dia germinariam. São conhecimentos, Jacobino, e todo conhecimento verdadeiro, uma vez lançado no espírito humano, um dia germina. Façamos como o Mestre: compreendamos as atitudes possíveis a nossos irmãos de jornada. Se não são aquelas que almejamos ver implantadas na Terra, paciência e trabalho são os caminhos de um dia vir a torná-las viável. Ajudemos o progresso, mas não exija do seu companheiro de jornada uma compreensão dos fatos idêntica à sua, nem que ele tome atitudes que você tomaria. Ele é ele, e você é você. Simples assim é a grande verdade de que o Pai não fez dois de seus filhos iguais. Semelhantes, afins é o que podemos ser, idênticos, jamais. Somos jóias verdadeiras, obras-primas, Jacobino, não imitações fabricadas em grande quantidade. As lições de Jesus permeiam todos nós, mas as manifestamos em nossas vidas conforme temos a capacidade de aprendê-las, senti-las e vivenciá-las. Algumas jazem ainda em forma de semente. Entenda isso e não esmoreça, muito menos se entristeça, todos esses são solos novos para teu cultivo, almas que recém-desabrocham e esperam a mão e o carinho de um educador para auxiliá-las. Trabalhemos confiantes na bondade e na sabedoria de Deus.

Jacobino sorriu imperceptivelmente e em pensamento agradeceu a companhia fraterna da entidade. Com o pensamento reorganizado pela sabedoria da intervenção do espírito do bispo Giordano, o religioso seguiu aliviado e mais confiante, cultivando pensamentos mais esperançosos e otimistas para o futuro. Sem notar, sua musculatura relaxou, liberou a respiração, seus pensamentos aclararam, o andar readquiriu a costumeira agilidade e logo ele alcançava o refeitório, onde o mensageiro se alimentava e descansava contando seus casos aos trabalhadores daquele setor.

Reunidos em alegre conversação, os cozinheiros e o mensageiro nem sequer lhe notaram a chegada, fazendo rir quando se assustaram a seu chamado:

– Ai!– gritou alarmado o mensageiro. – Deus do céu, como o senhor é sorrateiro! Não lhe ouvi fazer qualquer barulho, padre.

– Tenho absoluta certeza de que fiz barulho, senhor – respondeu Jacobino serenamente. – Mas mesmo que não houvesse feito, isso não seria razão para tê-lo assustado tanto. Sabia que alguém viria procurá-lo, não é certo?

– Sim, esperava, porém não tão rápido. Ainda me sinto montado sobre um cavalo.

– Lamento muito, caro amigo. Retornarás a Roma antes do meio-dia. O bispo tem pressa que esses documentos cheguem às mãos de seus destinatários com urgência. Avia-te rapidamente, mandarei que preparem uma cesta para ti, a fim de que sigas bem alimentado e com bastante vinho até teu destino.

– Sim senhor, estou às ordens.

Antes das doze horas o mensageiro partia a galope, levando em sua bolsa os documentos enviados por Ricardo.

..*

Na Rota Romana, alguns dias depois...

O vigário judicial lia o documento remetido pelo bispo do Vêneto, seu semblante se fechava a cada linha, as mãos tremiam levemente dominadas pela forte emoção da ira que se pressentia em todo seu ser e que era retida em sua expressão.

Um vulcão prestes a explodir faz tremer a terra em seu redor, as emoções raivosas e iradas do vigário repercutiam em torno de si, os olhos cinza-azulados brilhavam como o aço. Nenhum som se ouvia na austera sala que ocupava. Sozinho desde cedo, se entregava às, no seu entender, "desagradáveis" tarefas burocráticas de leitura e redação de documentos que diziam meias-verdades, quando não eram completas e vergonhosas mentiras.

Repentinamente, ele começou a rir sonoramente, gargalhava prazerosamente, deliciando-se com o que lia.

Andando até a mesa de trabalho, com um largo sorriso de escárnio nos lábios, sentou-se e redigiu a abertura de uma ampla peça autorizando a investigação da ocorrência de quebra dos sagrados votos de castidade entre as freiras do convento Carmelita.

Terminou o documento e colocou-o diante de si, admirando-o, prazenteiro. O brilho frio do aço em seus olhos ganhara laivos de luxúria ao ler a carta do bispo.

– Precisaremos nos certificar da verdade – dizia para si mesmo. – Nada melhor do que uma longa permanência no local. As freiras serão devidamente examinadas, uma a uma. Hum! Será um trabalho profundamente gratificante. Com um tom irônico e debochado, arrematou: – As noivas do Cristo não podem esquecer seus deveres, principalmente os de fidelidade ao Senhor.

Baixou o documento, colocou-o sobre a mesa, dobrou-o e fechou-o com o lacre da insígnia religiosa do tribunal. Depois ergueu-se e, andando até a porta, chamou o mensageiro e entregou-lhe a resposta, dizendo:

– Retorne ao Vêneto, entregue esse documento somente a dom Ricardo, entendeu? Quero que seja entregue pessoalmente ao bispo, de ninguém mais. Fui claro?

– Sim, vigário, claríssimo.

– Deus o abençoe. Vá em paz.

– Obrigado – agradeceu o mensageiro, com uma desajeitada mesura. – Adeus, vigário.

– Adeus.

Fechando a grossa porta de madeira escura, o vigário retomou entre as mãos o documento assinado por Ricardo, releu vários itens da carta antes de arquivá-la.

– Tão logo organizados os processos pendentes em Roma, inicio viagem para o Vêneto. – planejava o vigário em voz alta, entretendo-se com os próprios pensamentos.

..*

Em outra dependência das suntuosas instalações da Igreja em Roma, num luxuoso gabinete ornado com belíssimas obras de arte, tapetes e móveis pesados de madeira, poltronas douradas recobertas por fina camada de ouro em pó, despachava um homem alto, magro, de tez clara, marcada por fundas linhas de expressão na face e rugas na testa, tinha os lábios rígidos, finos e bem desenhados, o nariz aquilino emprestava ao rosto um ar de arrogância, mas era, sobretudo, no verde cintilante do olhar que a dureza do caráter de dom Jaime se evidenciava, ali nenhuma sombra de emoção parecia jamais haver se mostrado ao mundo.

Ele ditava cartas a um rapaz de estatura baixa e compleição franzina, um auxiliar inexpressivo, alguém que no futuro poderia muito bem ter inspirado o criador de alguma máquina.

Um toque insistente na porta interrompeu a concentração de dom Jaime.

– Abra – ordenou ao auxiliar.

Incontinenti, o rapaz largou ordenadamente as páginas escritas, ergueu-se e foi atender a porta. Recebeu de um mensageiro os documentos da manhã e, sem pronunciar nenhuma palavra, retornou, entregando-os ao superior.

Dom Jaime examinou os lacres, separando a carta proveniente do bispado do Vêneto, e, como que falando consigo mesmo, comentou:

– Dom Ricardo foi ágil na resposta, bem ao seu estilo, atento a tudo. Vejamos que tem ele a me dizer sobre as denúncias recebidas.

Correu o olhar displicentemente sobre as expressões formais comuns à correspondência e deteve-se com mais vagar no texto da carta, que dizia:

(...) As ocorrências no convento preocupam-me há longos meses. Enviei meu secretário para efetuar diligências e investigações iniciais, com a competência e a dedicação com que ele me tem servido, não tenho motivos para desconfiar de qualquer das conclusões apresentadas por ele, ao contrário, dou-lhes fé incondicional.

Mas não me contentei apenas com as informações trazidas por irmão Jacobino; fui pessoalmente ao convento e lá permaneci várias semanas observando in loco *as estranhas atitudes e ocorrências que se têm manifestado.*

Confesso-lhe que julgo que nossa prezada amiga, a falecida abadessa Agnes, tenha sido vítima de moléstia incurável que lhe tirou nos últimos meses a razão. Peço-lhe, em respeito à memória da prestimosa madre, que deixe sua alma descansar em paz. Recebi-lhe a confissão e fui eu quem lhe ministrou os últimos sacramentos. Era uma religiosa devotada e partiu com a consciência pacificada, em perfeita comunhão com os santos e tendo todos seus pecados remidos.

Entretanto, afora as lamentáveis crises decorrentes da doença da abadessa, algumas outras situações "estranhas" merecem, de fato, a atenção que Vossa Reverendíssima dispõe-se a lhes conceder.

Empenho junto ao senhor minha irrestrita solidariedade em seu sagrado ministério de combate às forças do mal, sempre dispostas a atacar nosso rebanho de fiéis. Mais do que isso, me congratulo com a iniciativa corajosa do denunciante, ele antecipou-se, em poucos dias, a meu pedido, por isso rogo-lhe que o desconsidere e aja como se apenas o pedido oficial do bispo do Vêneto lhe tivesse chegado às mãos.

Como de praxe, aguardo sua chegada ao Vêneto para dialogarmos sobre os melhores procedimentos a serem adotados quanto às manifestações demoníacas de vozes e visões no convento.

A fim de que não se surpreenda, segue junto desta, cópia de denúncia minha ao Tribunal da Rota Romana, também envolvendo o referido convento.

Creio que a dupla ação, apoiada pelos caros irmãos de sacerdócio, será suficiente para restabelecer a paz e a fé naquela casa de Deus. (...).

A carta seguia com alguns detalhes das observações feitas por ele e por Jacobino, sempre frisando a total e irrestrita confiança que depositava no secretário, testemunhando-lhe a fé e a obediência cega aos princípios da Igreja.

Dom Jaime terminou a leitura e com a carta em mãos andou em

torno da sala analisando a denúncia enviada à Rota Romana. Retornou à mesa, sentou-se e, remexendo as gavetas, encontrou a carta-denúncia, leu-a novamente, voltou a repassar as informações de Ricardo e ficou a cismar por longas horas.

A manhã chegava ao fim e dom Jaime não havia realizado o trabalho destinado àquele horário. Expressão fechada, ele simplesmente empurrou ao lado os documentos recebidos do mensageiro e de próprio punho redigiu a resposta à carta de Ricardo.

Prezado monsenhor dom Ricardo, bispo do Vêneto.

Deus esteja com o senhor, que a paz dos santos e dos anjos se faça em sua comunidade.

Louvo vossa humildade e sabedoria em solicitar auxílio. Ao longo dos meus, já generosos, anos de ministério sacerdotal empenhado no combate sem tréguas a satã e suas forças, tenho deparado-me infelizmente com a incredulidade de muitos na eficácia do exorcismo.

Graças a Deus, vejo que em sua congregação conto com apoio e compreensão para esse sagrado ministério.

Considerando os bem-postos termos de sua carta, doravante agirei exclusivamente a seu pedido, para todos os efeitos, serão ignorados os termos da denúncia por mim recebida. Confio que na união de nossas forças residirá o sucesso da vitória da luz contra as trevas.

Apoio, igualmente, o encaminhamento da situação junto ao vigário judicial da Rota Romana. Padre Inácio saberá investigar e punir os envolvidos nos pecados da luxúria, seres caídos e escravizados pela matéria, pelo domínio das vozes infernais que desejam arrastar, a qualquer preço, mais almas para as chamas eternas. Lutemos! A vitória será de Deus-Pai e de seus representantes.

Aconselho que a punição seja exemplar. O temor mantém os fiéis e o corpo eclesiástico no bom caminho. Relaxe os freios do medo e verá seu rebanho arrojar-se no precipício tal qual a vara de porcos endemoniados.

Mas, obviamente, dom Ricardo, Vossa Reverendíssima não necessita de meus conselhos, é um dos bispos mais respeitados da Igreja. O santo padre não lhe regateia elogios, seu trabalho no Vêneto é apre-

sentado como exemplar e sua conduta nesse lamentável episódio envolvendo o convento Carmelita é prova de seu bom senso e da excelência da orientação religiosa que ministra.

Unidos na fé, nos propósitos e princípios da Igreja, espero colaborar com o senhor, tem em mim mais do que um irmão, um sincero admirador de seu trabalho.

Estarei em sua companhia, no próximo dia 20 deste mês, ou nos dias seguintes.

Escreveu mais algumas linhas de pura formalidade e bajulação, assinou, e com a mesma expressão imperturbável e fria, selou a carta. Estendeu-a ao auxiliar e ordenou-lhe:

– Entregue ao mensageiro, quero esta carta em mãos de monsenhor Ricardo com a máxima urgência. Entendido?

– Sim, senhor.

– Então vá logo.

Com uma respeitosa mesura, o auxiliar de dom Jaime se retirou. Minutos depois, através das vidraças das janelas de seu gabinete, o exorcista acompanhava a cena da entrega da correspondência que seu auxiliar fazia ao mensageiro. Notou alguns gestos exagerados de repúdio do mensageiro, mas não lhe captou as palavras.

– Que é isso? – indagara o mensageiro ao receber os documentos.

– Documentos, não os conhece?

– Conheço, sim. Mas estou perguntando o que é isso que está acontecendo com esses padres, parecem que não sabem a distância entre Roma e o norte da Itália? Por que não mandam mais correspondências a lugares vizinhos? Só para essas distâncias imensas!

– Deixe de reclamações. Dê-se por feliz com essa viagem. Há sobre a mesa do bispo outra carta de Belluno, imagine se ele resolver responder, para onde você deverá ir.

– Ah, não! Por tudo que há de sagrado, pela Virgem, juro que não vou até lá – falou enfático o mensageiro negando veementemente com a cabeça e gesticulando com as mãos nervosamente. – Não vou mesmo! Arrumem outro mensageiro, pois para lá não irei ou a carta não chegará, tenha certeza.

– Está bem. Cale-se e vá cumprir seu trabalho – ordenou o auxiliar do exorcista enfadado com a fluência verbal do mensageiro. – Boa viagem.

Resignado com seu destino itinerante, o mensageiro, arrastando lentamente os pés sobre o calçamento do passeio, andou até alcançar sua montaria, acomodou os documentos numa sacola de couro presa à sela e montou. Tomando as rédeas, virou o animal em direção à saída da cidade em busca do caminho para a região do Vêneto.

..*

Ajoelhada em frente ao nicho da Virgem Santíssima no seu gabinete, irmã Marta entregava-se ao serviço das orações. Em seus dedos corriam as contas do rosário por um número absurdo de vezes, mas era sincera em seus propósitos, por isso, ao seu lado, se encontrava a doce entidade do bispo Giordano, tentando fazer-se percebido.

Com a atenção fixa na repetição das preces, a religiosa logrou atingir um estado de concentração mental que lhe permitiu divisar a figura do bispo Giordano a seu lado, o halo de luminosidade que o envolvia fê-la crer que se tratasse da visão de um santo e prontamente jogou-se ao chão, de corpo inteiro, aos pés da entidade.

Sorrindo condescendente, Giordano abaixou-se e afagou-lhe a cabeça por sobre o véu, dizendo:

– Minha querida, erga-se. A vida não nos foi dada para vivermos jogados ao chão ou ajoelhados em adoração contínua. Erga-se, vamos, não tenha medo, sou apenas um amigo.

Registrando mentalmente as palavras do espírito, Marta sobressaltou-se, porém a paz que irradiava da presença amiga era tão forte que, imbuída dessas sensações, venceu as próprias resistências e ergueu o tronco, permanecendo sentada no piso.

– Melhor assim, querida. Vim para lhe renovar a confiança em Nosso Senhor. Tenha fé, não importa o que o dia de amanhã lhe reserve, confie na sabedoria divina e prossiga fiel em seus propósitos e sentimentos. Lembre-se da vida dos santos e mártires dos tempos apostólicos e cante sua fé na vida ante as provações. Não recue, Marta. Mesmo que aparentes injustiças e ingratidões venham a te ferir, confia que Deus conhece o melhor caminho para todos nós. Tudo quanto nos acontece tem sua razão de ser, e as causas estão em nós mesmos. Guarde seu coração em paz e com fé, você não está sozinha.

Atenta às palavras que lhe haviam sido dirigidas, Marta pensava, porém não lograva entrever a razão por trás delas. Vendo que a entidade espiritual erguia a mão direita e lhe transmitia a bênção, imediatamente baixou a cabeça, fechou os olhos e pronunciou, automaticamente, os agradecimentos em latim num tom de voz sussurrada.

Minutos se passaram até que Marta tornasse a abrir os olhos. Surpresa, não notou absolutamente nada de diferente na sala, apenas ela permanecia sentada sobre o piso de madeira em seu gabinete, o rosário pendia esquecido preso em um de seus pulsos.

– Senhor, que foi isso? Qual dos santos veio me visitar? – indagou, e, julgando-se ingrata corrigiu o rumo de seus pensamentos segundo a formação religiosa que possuía: – Senhor, obrigado por distinguir tamanha graça a mim, uma serva inútil em tua seara.

– "Milagre! Eu presenciei um milagre!" – pensava ela, e levantando-se lépida com o olhar incendiado por um brilho extremo difícil de ser descrito – de fascínio, fanático, de deslumbramento são palavras que não traduzem fielmente o que era o olhar, a expressão facial da freira, – dirigiu-se diretamente ao altar da capela e, sem notar que as freiras o arrumavam, jogou-se pesadamente de joelhos em frente à cruz. Então, tomada de forte emoção, rompeu em pranto.

As freiras pararam o serviço de arrumação dos vasos de flores e troca das toalhas do altar e entreolharam-se desconfiadas e mudas, observando a abadessa chorar, rir e rezar ao mesmo tempo.

Uma das que assistiam à inusitada cena, abandonou sobre o altar as toalhas usadas que recolhera e dirigiu-se à superiora. Tocando-a suavemente, indagou respeitosa:

– Algum problema, madre? A senhora está se sentindo bem?

Erguendo o rosto lavado de lágrimas, com a voz embargada, Marta respondeu:

– Estou muito bem, minha irmã. Bem até demais. Jamais pensei que tal ventura fosse ocorrer em minha vida. E notando que outra religiosa as observava, estendeu a mão e convidou: – Venha, irmã Maria, junte-se a nós, vamos agradecer a nossa protetora a bendita graça que concedeu a nossa humilde casa nesta tarde. Venham, vamos orar. Compartilhem comigo essa graça.

Ajoelhando-se, mas trocando olhares desconfiados com irmã Maria, que alguns passos atrás também se ajoelhava, colocando ao lado o arranjo de flores que arrumava, insistiu:

– Graça? A senhora falou que nosso convento recebeu uma graça?

– Sim, minha irmã. Recebemos. – confirmou Marta com o olhar brilhante, sorriso amplo no rosto e mãos juntas próximas do queixo. – A Virgem deu-me provas de seu amparo.

– Deus abençoe! Obrigada, Mãe Santíssima! – exclamou irmã Maria convincente e, andando de joelhos até ficar lado a lado com a abadessa, perguntou: – Qual foi a graça que recebemos, senhora abadessa? Conte-nos, por favor.

– Um santo. São João Evangelista, o preferido de nossa padroeira, eu creio que era ele, eu o vi enquanto orava no gabinete. Ele é lindo, um santo, cercado de luz, uma luz fortíssima, quase me cegou os olhos, tal como aconteceu com São Paulo. Eu o vi, irmãs, era São João Evangelista e ele falou-me palavras belíssimas, exortou-me a fé em Deus. Olhem minhas mãos, ainda tremem e só de falar fico arrepiada, as lágrimas saltam de meus olhos. Não sei o que faço – dizia Marta mostrando as mãos e os braços às companheiras. Tão exaltada se encontrava que nem ao menos percebeu a desconfiança patente nas expressões das freiras e o olhar assustado da religiosa que acompanhava irmã Maria, e prosseguiu: – Orar, eu preciso orar. Vou jejuar, pedirei ao padre que mande rezar missas em homenagem ao santo.

E fazendo o sinal da cruz, entregou-se a recitar em voz alta várias vezes o terço.

Irmã Maria acompanhou-a em algumas orações e vendo que sua presença não era sequer notada, lentamente foi afastando-se, depois se ergueu e fez sinal à outra religiosa que ficasse ali ao lado da abadessa, e com passos levíssimos se afastou da capela sem fazer ruído.

Andando pelos corredores do convento, Maria seguia pensativa, um brilho de alegria, pela antecipação de uma vitória, irradiava de seu olhar.

– Que surpresa terá "monsenhor Ricardo, bispo do Vêneto"! – pronunciou o nome do bispo em tom debochado e irônico. Depois prosseguiu com entusiasmo, embora sussurrando sozinha: – Ah! Vendeta! Vendeta! Quanto mais fria melhor! Esperei, mas o repúdio de ontem lhe custará caro, muito caro, no futuro. Vendeta!Vendeta! Ah! Essas fanáticas reprimidas enlouquecem e caem como mariposas tontas com a luz. É a glória. Viva a liberdade e o poder.

Absorta em seu monólogo pessoal, irmã Maria não notou que irmã Clara vinha andando em sentido contrário no mesmo corredor e havia estacado aguardando para lhe dirigir a palavra, por isso sobressaltou-se ao sentir o toque da mão dela em seu braço.

– Não se assuste, irmã. Sei que estou com aparência horrível, mas não é para tanto – falou irmã Clara.

– É o preço da tua estupidez, menina – respondeu irmã Maria austera, sem esconder que a referência à aparência da interlocutora a desagradava. – O que desejas?

– Preciso lhe falar em particular. Sobre "aquele" problema.

– De novo? Não fizeste ainda o que mandei?

– Fiz tudo o que me mandaste e não aconteceu nada. Continua tudo...

– E essa cara azeda, qual é a razão?

– O mal-estar que não passa nunca. Não consigo nem pensar em comer – disse irmã Clara levando a mão à boca, em sinal de que até falar lhe causava enjôo.

– Idiota! É isso o que ganhaste te deitando com ele. Presta bem atenção e vê se aprende, para não repetir depois. Comigo não tinhas esse "problema". Por que não me ouviu? Eu sabia o que estava fazendo e mesmo quando te deixava deitar com ele e comigo sabia exatamente quando fazê-lo te deixar, mas achaste que sabia muito e te aventuraste sozinha.

– Eu já pedi o seu perdão, Maria. Por favor, me ajude. Prometo que nunca mais me envolverei de novo com outro homem. Acho que vou morrer se "isso" continuar crescendo dentro de mim e me trazendo todos esses inconvenientes. Depois, eu fiz tudo que me pediu e você garantiu que me livraria.

– Dei-lhe todas as ervas que conhecia e até parece que foi água. É semente ruim daquele padre, que não arranca assim tão fácil. Vamos ter que usar métodos mais drásticos.

– Quando? – inquiriu ansiosa irmã Clara. – Hoje à noite?

Maria pensou, olhou para os lados e encarou Clara à sua frente, vendo-lhe o rosto magro, pálido, a pele com algumas manchas e olheiras escuras. Depois foi deslizando o olhar pelo corpo da jovem freira detendo-se nos seios, maiores que o normal, e, sem conter-se, esquecida de onde estavam, elevou a mão e acariciou-os por sobre o hábito, comentando:

– É só o que tem boa aparência em você. Uma lástima que depois eles não continuem assim; eram muito pequenos.

– Maria, por favor, agora não é hora – advertiu Irmã Clara, olhando preocupada para o corredor vazio.

Sem dar sinais de aborrecimento ou preocupação Maria continuou seu "exame" comentando simplesmente:

– Tenho ouvidos apuradíssimos. Sabia que não havia ninguém nos corredores. Voltando "àquele" assunto, encontre-me, depois que todas se recolherem, nos porões da ala da abadessa. Aqueles que descobri há alguns meses.

– Estarei lá. Preciso levar alguma coisa?

– Lençóis e toalhas. Amanhã você terá uma hemorragia, por isso é bom que em sua cela nenhuma de suas toalhas de uso pessoal tenha desaparecido, pegue outras na lavanderia, de preferência, novas.

Fazendo um gesto de concordância, Clara afastou-se de Maria e ia despedir-se quando a outra tomou-lhe a palavra, lembrando-a:

– Tome o mais que puder dos chás que lhe indiquei. Vai ajudar. E mandou as cartas como pedi?

– Todas.

– Ótimo. Encontramo-nos na madrugada. Agora vá, tenho algumas coisas importantíssimas a fazer.

Clara refez seu trajeto dirigindo-se à lavanderia do convento e irmã Maria foi até sua cela. Remexendo as gavetas da cômoda, pegou papel e o conjunto de tinteiro e certificou-se de que a porta estava bem fechada. Apesar de ser dia claro, acendeu duas velas em um candelabro para aumentar a parca iluminação do ambiente e pôs-se a escrever, a cada linha, o sorriso de deleite e antecipação se expandia em sua face.

..*

Uma paisagem de beleza estonteante e solitária de repente surgiu na tela diante de nossos olhos. Montanhas de picos altíssimos, cobertos de neve e revestidas de árvores entremeados por algumas casas singelas, de ar hospitaleiro, porém simples. Mais adiante, ao pé das montanhas, um vale e um vilarejo modesto. O vento devia ser muito gelado, pois algumas poucas pessoas que surgiam a nosso olhar trajavam roupas pesadas e botas. A igreja dominava o cenário do vilarejo, embora não se pudesse considerá-la grande ou luxuosa, exatamente o contrário, era modesta, uma construção antiga que visivelmente exigia reparos: as portas de madeira ressecada, as paredes desgastadas pelo tempo, um velho e pesado sino em uma das torres parecia pôr em risco a construção, tamanhas as rachaduras que se apresentavam à observação, as janelas eram de uma simplicidade franciscana, nenhum vitral com uma cena bíblica, apenas vidros sujos marcados por flocos de neve.

A casa ao lado, pequena e térrea, seguia o mesmo padrão da igreja. O telhado, coberto de neve, apresentava uma ligeira reentrância na parte da frente, ameaçando entrar em processo de desabamento a qualquer momento.

Um homem encurvado, cabeça coberta por um chapéu de feltro puído, o pescoço e parte do rosto envoltos em uma manta velha de lã preta, o corpo escondido por uma capa negra que por certo havia conhecido dias melhores, caminhava apressado em meio aos outros se dirigindo à igreja, cuja porta de entrada empurrou nos dando a conhecer um ambiente miserável em comparação ao luxo do bispado do Vêneto. O altar destacava-se ao fundo e também ele era rústico, quase grosseiro, tosco seria o adjetivo para defini-lo. Sobre ele jazia um livro em cuja capa de couro, bastante manuseada, se lia: Paróquia de Belluno – Registros de nascimentos, óbitos e casamentos.

Apressado, despiu a feia capa, baixou a manta e jogou o chapéu sobre um banco de madeira, gasto e muito limpo, deixando ver a vasta cabeleira de caracóis louros e a batina perfeitamente engomada. Acercou-se do altar, apanhou o livro de registros, e rumou para uma porta lateral onde ficava a sacristia e a secretaria da paróquia, depositando o livro sobre a mesa de trabalho. Acomodou-se na cadeira, abriu o livro e, enquanto molhava a pena no tinteiro, dizia em voz alta o texto decorado que iria redigir:

– Registro de falecimento número 44 do mês de outubro do ano de mil seiscentos e setenta e dois. Nesta data faleceu de morte natural Pedro Vinício Bartollo, católico praticante, batizado, casado, confessava-se regularmente, recebeu os últimos sacramentos e foi sepultado no cemitério da paróquia, deixou enlutados: a viúva, senhora Domenica Bartollo, dois filhos maiores, noras e netos.

Escreveu o texto no livro, subscrevendo a informação. Observou o número de registros constatou que os óbitos superavam os batizados e casamentos. Depositando novamente a pena e fechando o vidro de tinta, deixou-os ao lado e soprou a página continuando a falar em voz alta:

– Mais um mês nesse lugar esquecido por Deus e terei sepultado mais pessoas que a maioria dos padres que conheço. Não suporto mais esse local, me sinto parte integrante do cemitério, se alguém me chama, nem penso e carrego comigo todos os aparatos necessários à unção dos enfermos. Só há velhos e moribundos nessa terra! Minha única diversão é ler e não resta mais um único exemplar que não tenha lido nessa mísera biblioteca. Até os diários do padre Bento já li. Em meses só aquilo me fez rir de verdade. Mas não acabo como ele de jeito nenhum, para algo há de me servir todos os contatos que fiz junto com Ricardo. E ele, como estará? Acusa-me de libertino, mas não é melhor do que eu. Sei com quem trato, deve ter descoberto meu envolvimento com alguma das freirinhas, talvez Lúcia tenha dito alguma coisa e ele, ciumento como é, está me castigando. Não vou esperar de braços cruzados que ele sinta minha falta, tentar fazê-lo lembrar de mim também é um caminho para sair daqui.

Dando vida a suas palavras, retirou folhas de papel de uma gaveta, destampou novamente o tinteiro e olhando ao redor as paredes carcomidas pelo tempo da velha e rústica construção, pôs-se a datar uma carta e escrever as formalidades de praxe. Depois parou, pensou um pouco e voltou a escrever:

Reconheço sua autoridade, a sabedoria de suas decisões visan-

do ao bem maior da Igreja mas, em nome de nosso passado comum, peço, imploro, que reveja sua decisão de manter-me na paróquia de Belluno.

Ricardo, aqui não é digno de viver um ser humano, sou quase uma extensão do cemitério, minha vida é freqüentar leitos de moribundos, velórios e enterros. Não posso acreditar que desejes essa experiência para mim por todo o sempre.

Eu o amo, compreendo que esteja magoado comigo e dou-lhe razão, sei que tenho lhe causado decepções, mas, por favor, perdoe e compreenda minha imaturidade. Juro-lhe pelo que há de sagrado em meu coração que nunca mais terás razões para envergonhar-te de minhas atitudes e se, em nome do amor que vivemos, me receberes de volta, fazer-te feliz e orgulhoso de mim será toda a razão de minha vida.

Acredito que tenhas também motivos para sentir saudades minhas, não é possível que somente eu recorde nosso passado. Não. Sei que sentes minha falta, por isso te peço, leva-me de volta ao convento do Vêneto.

Essa é a sétima carta que te escrevo, tenho recebido tuas respostas frias e formais falando exclusivamente de assuntos da Igreja como demonstrações de que ainda está magoado comigo.

Esquece meus desvarios de juventude, Ricardo, por favor, dou-lhe minha palavra que agora sou outro homem, a duras penas aprendi a lição que desejaste me ensinar, sei que longe de ti não posso ser feliz.

Sempre teu

Enzo.

Deixou a carta repousando à sua frente a fim de que secasse a tinta, enquanto continuava a falar consigo mesmo:

– Ele é duro, mas eu sou insistente. Não será ele que resistirá à minha vontade quando tantos outros cederam, inclusive ele próprio. É o orgulho dele que está ferido, não admitia dividir minhas atenções com mais ninguém. Isso há de passar! Mas enquanto não passa, algumas outras cartas para bispos conhecidos serão úteis...

Retomou a pena, mergulhou-a no tinteiro e prosseguiu escrevendo.

Passou o restante da tarde envolvido com a tarefa de escrever cartas e somente quando a velha servidora da paróquia veio chamá-lo para jantar foi que notou a pouca claridade do ambiente denunciando que anoitecia.

– Obrigado, senhora. Estou terminando a correspondência e já estarei pronto para o jantar, com a graça de Deus. Aguarde só mais um minuto.

– Sim, senhor padre – respondeu a servidora, e arrastando os pesados calçados sobre o piso da igreja de forma ruidosa, retornou até a casa paroquial.

Olhando-a se deslocar com dificuldade, sempre de preto, com um lenço branco amarrado nos cabelos e um avental sujo e úmido sobre o vestido, pensou: "Ahã, que horror! Nem um mês mais nesse local, senão enlouqueço".

Na tarde seguinte, Enzo entregou uma sacola cheia de cartas ao mensageiro que, regularmente, passava por Belluno.

– Entregue todas com cuidado ao outro mensageiro que faz a região do bispado. São muito importantes – recomendou Enzo ao mensageiro.

– Alguma para fora da região, padre?

– Sim, há algumas para outras localidades.

O mensageiro recebeu a sacola e, sorrindo, disse, ironizando com algum exagero:

– O senhor se corresponde até com o santo padre. Com tantas cartas, devia pedir ao bispo que lhe designasse um mensageiro para a paróquia. Trabalho é que não faltaria.

Crente que o mensageiro o tinha em grande importância por ver os nomes para os quais enviava correspondência, um tanto enlevado, saboreando o escasso afago ao seu ego, respondeu:

– Que é isso! O santo padre é muito ocupado, mas tive o prazer de privar de sua companhia várias vezes. É um homem muito bom, inteligente, um santo. Não são muitos que têm esse privilégio. Mas tenho, de fato, muitos amigos entre os assessores de Sua Santidade, conheço muitos bispos. Ia constantemente a Roma, assisti a várias reuniões deles.

Olhando à volta, para a paisagem desolada, a construção da igreja decadente e o pequeno e pobre povoado do vale, o mensageiro ergueu as sobrancelhas enquanto ouvia o padre e, no mesmo tom irônico, retrucou:

– Vê-se logo que o senhor é um homem de muita cultura e saber.

Obviamente conhece pessoas influentes no clero. Padre, passar bem, tenho que partir, o caminho é longo até a primeira cidade, tenho que subir e descer as montanhas. Sua bênção, padre.

– Deus o abençoe! Faça boa viagem – cumprimentou Enzo invejando o mensageiro que deixava Belluno: "É provável que na próxima visita não me encontre mais aqui."

..*

Dez dias depois Mateus entregava a Ricardo várias cartas lacradas separadas por Jacobino.

– Outra vez! – exclamou Ricardo demonstrando certa irritação. – Por que o irmão Jacobino não as queimou? Ele sabe que esse é o destino que lhes dou.

– Eu não sei, Ricardo – respondeu Mateus, que sempre que se encontravam sozinhos tratava o bispo informalmente.

– São todas de Belluno. Estou farto das reclamações do padre Enzo – comentou o bispo lendo uma das cartas. – Se ele insistir, vou designá-lo para acompanhar alguma expedição marítima às colônias espanholas ou portuguesas. Há muitas missões religiosas nessas terras novas, quem sabe um oceano entre o bispado e esse infeliz seja uma distância melhor, assim não voltará a nos incomodar.

Mateus riu sonoramente ante a idéia expressa pelo bispo e analisando a carta que Ricardo lhe passara, completou:

– Quem sabe a África? Mande-o para alguma missão de catequese lá, assim ele trocará o gelo pelo calor e o cemitério por um alto índice de batizados. Além do que, dizem que naquelas terras andar nu e praticar sexo livremente são fatos naturais. Pelo que me contaste, isto estaria bem ao gosto do colega.

Ricardo sacudiu a cabeça e compartilhou a risada do jovem, concordando:

– Tens razão, Mateus. É o local ideal para padre Enzo. Uma carta mais que eu receba dele nesses termos e ele seguirá na próxima missão apostólica com destino à África.

– É de lamentar esse padre. Como pode, vivendo tantos anos contigo, não saber nada sobre como você age e pensa. Coitado! Ele acredita que estás sofrendo muito pelas trapalhadas que ele fez da própria vida – comentou Mateus abertamente, pois conhecia não só a história de Ricardo e Enzo como o teor de todas as cartas que escrevera ao bispo. Assim, corrigiu-se: – Estou sendo sádico com esse infeliz. Ele tem problemas sérios, precisa de ajuda.

– É inútil ajudar a quem não está pronto a receber e aproveitar esse auxílio – lembrou Ricardo. – E este é o caso de padre Enzo. Falei sério em aceitar sua idéia de mandá-lo para África, será bom para o crescimento dele e excelente para nossa paz. Não haveria correspondência freqüente.

– As cartas dele o perturbam? – indagou Mateus calmamente, sentando-se em frente ao bispo.

– Absolutamente. Irritam-me, apenas. Nada mais. O relacionamento com padre Enzo está esquecido. Infelizmente ele não aproveitou e se recusa a entender que é meu subalterno. É inoportuno, desagradável, não mais que isso.

– Então o mande para a África e estará resolvido esse inconveniente. – Notando o meio sorriso nos lábios do bispo e o leve gesto de concordância, Mateus levantou-se e informou: – Vou encontrar irmão Jacobino, fiquei de auxiliá-lo a desenvolver uma nova proposta de trabalho para o orfanato.

– Vá, Mateus, aprenda o que irmão Jacobino tem a lhe ensinar, ele é um excelente modelo.

– Pensas isso realmente? – perguntou surpreso Mateus.

– Lógico. Não há razão para não lhe dizer exatamente o que penso. Irmão Jacobino é um religioso exemplar, siga-o.

– Mas o bispo é você – retrucou Mateus.

– Eu sei. Mas esse bispado deve muito ao empreendedorismo do irmão Jacobino. Se tiver a metade da disposição dele com a mesma idade, me julgarei feliz. Além disso, o pensamento dele é louvável.

– Mesmo não sendo "muito teológico", digamos.

– Falei do pensamento dele, Mateus, não de teologia.

– Hum, oficialmente existe diferença – rematou Mateus.

– Existe. Aprenda com Jacobino o que deve ser feito e como fazê-lo, e comigo os caminhos, as palavras, as portas a buscar. E quem sabe venhas a ser um dia o bispo do Vêneto. Se assim for, entrego-te o pálio e o cetro com tranqüilidade.

– Ainda sou um diácono, Ricardo – lembrou Mateus despreocupado, sem dar importância às palavras do bispo. – Além do que, para me entregares o pálio e o cetro, tens que ocupar a cadeira de São Pedro.

– É, para sagrá-lo bispo, tenho que ser o bispo de Roma. Mas no futuro tudo é possível.

Mateus encarou Ricardo notando que ele falava seriamente, passou a mão nos cabelos escuros e, encerrando a discussão, despediu-se.

Ao fim daquela tarde Mateus e Jacobino inspecionavam um terreno ao lado da igreja da aldeia quando tiveram a atenção voltada para algumas carruagens, elegantes e sóbrias, cercadas de guardas, que subiam a encosta em direção ao convento do Vêneto.

– São eles! – disse Mateus com inflexão preocupada no tom de voz.

– Reze, meu filho. Reze muito – recomendou Jacobino. –"Eles" chegaram.

As primeiras estrelas despontavam no céu quando eles retornaram ao convento. A hora do ângelus havia sido perdida, bem como a recepção aos visitantes.

Na entrada, ao lado dos portões, uma atenta sentinela aguardava-lhes a chegada. Como sempre, Jacobino insistira em um passeio a pé, prática aprovada e endossada pelo diácono, que o acompanhava prazerosamente nas longas caminhadas e conversações ao contato da natureza. Ao vê-los se aproximarem, alguém assobiou, chamando-lhes a atenção:

– Que foi isso? – perguntou Jacobino. – Parece que veio daqueles arbustos próximos dos portões do convento. Estranho!

– Realmente, vou até lá observar do que se trata.

Mateus logo reconheceu o homem escondido de cócoras entre a vegetação, e, rindo, questionou:

– Que fazes aí, Baltazar?

– Estou à espera do senhor e do irmão Jacobino.

– De cócoras no meio dos arbustos? – insistiu Mateus, malicioso. – Confesse que é desculpa que você inventou agora. Pode contar, irmão Jacobino jamais o faria passar ridículo diante dos outros, nem eu, contando que o surpreendemos aí, assim desse jeito.

– Por Deus, diácono, não brinque que é sério. Estou aguardando os senhores a mando do bispo. Dom Ricardo ordenou que eu os fizesse entrar pela porta secreta.

Irmão Jacobino, que se aproximava, ouviu a explicação do guarda e avançou mais rápido indagando:

– Dom Ricardo disse-lhe mais alguma coisa, meu filho?

Reverente, o guarda procurou erguer-se discretamente para cumprimentar o religioso:

– Sua bênção, irmão Jacobino – saudou-lhe o guarda. E continuou: – Monsenhor Ricardo disse que vocês fossem diretamente para a ala da enfermaria e que nada dissessem a qualquer um até amanhã na primeira hora, quando irá encontrá-los. Para todos os efeitos, estão doentes e recolhidos ao leito, convalescendo de uma doença contagiosa.

Jacobino ouviu em silêncio, ponderando as palavras que ouvira. Mateus, com certa ansiedade, o observava, aguardando sua atitude.

– Está certo, Baltazar – concordou Jacobino. – Façamos o que ordenou dom Ricardo. Vamos, Mateus, em silêncio, enquanto convalescermos haverá muito tempo para ler e conversar.

Embrenharam-se nos arbustos que serpenteavam ao lado dos altos muros do convento, caminhando silenciosos até atingirem uma entrada estreita onde se escondia uma passagem secreta que dava diretamente na ala destinada aos doentes, totalmente vazia.

O sentinela deixou-os à entrada da enfermaria, despediu-se atencioso e sorrateiramente retornou pelo mesmo caminho.

No interior da enfermaria, ocupando duas camas ao canto direito da ampla dependência decorada com simplicidade austera, que contava apenas com leitos, criados-mudos e algumas cadeiras ao redor de uma mesa, tendo sobre cada leito um crucifixo de madeira com a imagem do Cristo morto, Mateus e Jacobino se olhavam calados, tentando assimilar a ordem do bispo.

– Por que ele está agindo assim? – perguntou Mateus.

– Quisera eu saber, meu filho. Mas vou lhe contar uma coisa: nem tudo o que um bispo faz ou manda fazer tem uma razão lógica. Eles têm pressa e são autoridade, estão sempre ocupados uns com os outros, e a grande verdade é que os vejo ir e vir há muitos anos. Aprendi a esperar que as "novidades" passem e depois descubro-lhes a razão.

– Irmão Jacobino, o senhor sabe tão bem quanto eu que Ricardo não faria nada sem motivo. Se ele inventou essa história, alguma razão existe. Só quero saber por que ele nos quer distantes dos visitantes.

– Pense, Mateus, se quiser – retrucou Jacobino calmamente enquanto ajeitava o leito para deitar-se. – Eu estou velho, posso esperar até amanhã para saber. Vou dormir, que não vai mudar nada tentar adivinhar as razões que levaram o bispo a nos fazer passar por doentes contagiosos.

Mateus, sem outra opção, calou-se. Depois, como a escuridão tomasse conta do ambiente, deitou-se às cegas, desajeitadamente entre os lençóis, e permaneceu acordado ainda algumas horas matutando acerca dos acontecimentos. Enfim, analisando a tranqüilidade de Jacobino dormindo serenamente na cama ao lado, rendeu-se dizendo baixinho:

– Irmão Jacobino é terrível! Parece que sempre sabe a melhor coisa a fazer, e o que ele faz é obvio. Se tivesse imitado seus gestos, teria arrumado o leito antes, mesmo com a pouca iluminação, e não estaria desconfortável como estou agora, deitado com essa batina engomada.

A exaustão cobrou seu preço e o diácono Mateus adormeceu, apesar de todos os desconfortos e da ansiedade quanto ao futuro.

Raiava o dia quando o bispo, carregando uma bandeja com a refeição matinal, entrava na enfermaria.

– Bom dia! – saudou o bispo a fim de despertar a dupla sonolenta que esfregava os olhos bastante descrentes na própria visão.

– Bom dia, Ricardo – respondeu o diácono. – Podemos saber por que está fazendo isso conosco?

– Explicarei tudo o que quiser saber, Mateus, desde que possa contar com sua inteira confiança.

– Bom dia, Reverendíssimo – falou Jacobino saltando da cama trajando apenas a camisola íntima e as roupas inferiores usadas em baixo da batina. E dirigindo-se apressado para auxiliar o superior com a bandeja, continuou: – Pode me entregar, bispo, eu tomo conta da refeição.

Ricardo passou-lhe a bandeja observando com desagrado os trajes do secretário, que, sorrindo ao sentir o aroma dos alimentos, pouca importância deu à opinião emitida pela expressão facial do superior, na qual lia como se fosse um de seus diálogos filosóficos preferidos.

– Não faça esse ar de desagrado, Reverendíssimo, a um doente como eu, convalescendo de um mal contagioso, não pode ser exigido que ande bem apresentável e de batina, além disso, preciso me alimentar bem para favorecer o restabelecimento e deixaram-nos sem jantar ontem. Isso não faz bem. Assim podemos ter uma recaída.

Mateus riu ao ouvir as palavras de Jacobino e, aderindo ao espírito da brincadeira, livrou-se da batina engomada e agora amassada que tanto desconforto lhe causara, saiu da cama e foi sentar-se em uma das cadeiras que ladeavam a mesa.

– O senhor está absolutamente certo, irmão Jacobino. Ontem à noite pensei muito sobre suas atitudes, o senhor é um homem sábio.

– Não diga bobagens a esta hora da manhã. É muito cedo ainda, isso me faz temer os dias que ficarei confinado com você nesta enfermaria – retrucou Jacobino com ar de fingida severidade enquanto se servia dos alimentos. – Venha tomar café conosco, monsenhor Ricardo, vi que trouxe louças para todos.

– É verdade – lembrou Ricardo. – Resolvi vir bem cedo porque precisamos conversar e assim não corremos o risco de ser atrapalhados.

– Estamos lhe ouvindo – incentivou Mateus atento às palavras do bispo.

– Chegaram, ontem ao fim da tarde, os padres exorcistas dom Jaime e seu assessor, o vigário judicial, padre Inácio, e mais alguns padres investigadores. Vocês não estavam no convento, também não retornaram e nem assistiram ao serviço religioso do final do dia, não acompanharam a refeição, enfim, agiram fora de todo o protocolo de ações do convento. Eu não dou importância alguma, mas eles analisam as mínimas coisas e tudo é fator contrário à formação de um bom juízo. Sei que nem o irmão Jacobino, nem você, Mateus, têm a necessária "malícia" para lidar com nossos visitantes, portanto, para não criar discórdia, informei que vocês foram vitimados por uma moléstia contagiosa e que, por ordem médica, estão isolados aqui na enfermaria, onde apenas eu e o frei Gusmão temos acesso. Recomendei a este último, inclusive, que deixe a bandeja com os alimentos do lado de fora da porta, apenas dando três batidas para anunciar que a alimentação os aguarda para impedir que seja contaminado pelo mal.

– Como espera que os outros religiosos confirmem essa história, Reverendíssimo? – indagou Jacobino.

– Simples, irmão Jacobino. Eles acreditam piamente no que estão dizendo a respeito da doença de vocês. Eu anunciei durante a missa do ângelus que vocês haviam retornado do vilarejo há poucas horas apresentando sintomas do contágio da moléstia. Como não havia tempo suficiente para mandar buscar o médico, eu mesmo os examinei e estou tratando a doença até que seja possível enviar um mensageiro em busca do médico. Oraram com muita fé e devoção pelo pronto restabelecimento de vocês. Como vê, há apenas uma informação para todos.

– Ricardo, você não explicou ou, se explicou, não me convenceu dos motivos existentes para nos manter longe dos visitantes.

– Que importância tem isso, Mateus? Não vai mudar nada, não é mesmo? – ponderou irmão Jacobino entre uma mordida e outra nos pães. – Pelo que foi colocado, enquanto os visitantes estiverem no convento, nós estaremos doentes.

– Eu entendi, irmão Jacobino – falou Mateus sem esconder um tom de leve irritação. – Mas tenho o direito de saber por que Ricardo está agindo desse modo. Sou eu que ficarei aqui não sei por quanto tempo, longe de todas as atividades que gosto de realizar, distante das pessoas, então o mínimo que ele pode fazer é me dar uma explicação convincente para essa atitude. E é o que eu quero.

Jacobino engoliu o pão a seco, surpreso com a resposta audaciosa do diácono, ao mesmo tempo em que a aplaudia intimamente.

Ricardo, longe de incomodar-se com a impertinência de Mateus, estava calmo e relaxado. Recostado na cadeira, afastou-a ligeiramente, como se desejasse apreciar à distância o jovem Mateus, como o faria com uma obra de arte que se torna mais bela admirada ao longe. Respirou profundamente e respondeu:

– Admiro tua coragem e sinceridade, Mateus. Esta atitude te fez digno de receber de mim toda e qualquer explicação que desejares. Pergunta objetivamente, o que queres saber? E expressa tuas opiniões com total liberdade.

Irmão Jacobino, verdadeiramente estupefato, tinha, nos olhos arregalados, um nítido brilho de incontido prazer e alegria. Enquanto acompanhava silenciosamente aquela quebra total da hierarquia religiosa, pensava:

– "Nunca mais, ao menos nesta vida, eu verei novamente um bispo prestar esclarecimento a um diácono. Bispos vão e vêm, mas às vezes monsenhor Ricardo me surpreende. Ele cresce rapidamente".

– Por que estamos isolados? O que pretende nos mantendo aqui?

– Mateus, você é um jovem brilhante, mas lhe falta ainda experiência para lidar com certas situações de ordem política, com a distribuição do poder dentro da Igreja. Um diácono atrevido começa um mal caminho e eu sei que diante de muitas coisas que provavelmente venham a se suceder não ficarias calado. Esse aprendizado de silenciar quando se faz necessário ainda não tens. Sei que admiras profundamente o irmão Jacobino, então observa o que ele fez, não questionou, e não é porque eu seja o bispo e ele meu secretário, é porque, independente de qual bispo vem e qual bispo vai, existem regras básicas que permanecem e uma delas é: se você não sabe fazer o jogo do poder, não jogue, pois ele é mortal. É isso que o irmão Jacobino sabe, e é por se saber incapaz de agir tal qual eles, que se omite. Hoje eu decidi por você, avaliei e resolvi que determinar a reclusão de vocês era a melhor opção. Assiste ao desenrolar dessa história à distância e aprende sem com isso comprometer o futuro. Resumindo e respondendo à sua outra pergunta: quero os dois vivos ao final dessa confusão, quero ter os menores prejuízos possíveis. Vou tentar fazer esta confusão reverter em benefício. Esclareci suas indagações?

– E as atividades do convento? Os meninos, a aldeia, as obras novas que eu e o irmão Jacobino estamos idealizando, como ficarão?

– Melhor que sejam prejudicadas por alguns dias, do que suspensas por muito tempo, quiçá para sempre, não é, Mateus? – observou Ricardo, imperturbável. – Além disso, vocês contam com bons colaboradores, que, comovidos com a doença que os abateu, prometeram esmerar-se para dar andamento a tudo em perfeita ordem. Meus parabéns, vocês formaram colaboradores fiéis e dedicados ao que fazem. Até mesmo o cozinheiro veio me dizer que não havia motivo para preocupação, que todos estavam empenhados em cumprir suas tarefas e as atividades se desenvolviam em perfeita organização. Também os meninos mandaram dizer que se alimentaram corretamente e fizeram todos os deveres, que o irmão Jacobino não terá razões para ralhar com ninguém quando estivesse curado nem para se preocupar com eles e rezaram pedindo pela saúde dele e pela sua.

Ao ouvir o recado, os olhos arregalados de Jacobino encheram-se de lágrimas, emocionado com a preocupação dos meninos e a atitude responsável dos colaboradores de trabalho.

– "Já posso me juntar a minha Madalena, nossos filhos estão criados e prontos a administrar nosso legado. Obrigado, Jesus, por permitir que eu vivesse para ver esse dia" – pensava Jacobino.

– Quanto tempo ficaremos aqui, Ricardo?

– Poucos dias, prometo. Depois tudo voltará ao normal. Espero resolver essa questão o mais rápido possível. Talvez dentro de dois, no máximo, três dias, seguirei com os visitantes para o convento Carmelita.

– Meu desagrado permanece, custo a aceitar que não houvesse outro caminho para direcionar o desfecho da situação, mas entendi seus motivos e pretensões. Obrigado por se preocupar comigo e com o irmão Jacobino.

As palavras de Mateus, repassadas de sinceridade e demonstrando o esforço que fazia para aceitar a decisão dele, emocionaram o bispo, que, desvenciliando-se de seus pudores, levantou-se e, contornando a mesa, se aproximou do jovem abrançando-o fortemente e beijando-lhe os cabelos. Então, sussurrou:

– Obrigado por confiar em mim e por ser como você é. Não esqueça que gosto muito de você.

Pela primeira vez, em muitos anos, Jacobino presenciou um gesto público de carinho e emoção vindo do bispo. Assombrado, quando deu por si, tinha as mãos erguidas prontas para aplaudir o gesto do superior, mas, dando-se conta que não lhe cabia intrometer-se, voltou seu pensamento ao amigo de todas as horas, conteve seus gestos e bebericou alguns goles de café, esforçando-se por fingir que estava acostumado a cenas daquele tipo:

– "Que dia, Jesus! Eu que fiquei tão feliz quando vi dom Ricardo apaixonado por Enzo, tenho agora o grato prazer de vê-lo dizer que gosta, que ama alguém. Há uma pessoa especial no coração dele. Posso, enfim, dizer que ele tem um coração. Como é lindo ver alguém sair do reino dos instintos e caminhar para o reino dos sentimentos. Muito obrigado por me deixar ver coisas assim acontecerem. Abençoa-os, Jesus, com a tua paz e o teu amor."

Mateus ergueu-se e entendendo o que significava aquela atitude para Ricardo, retribuiu o abraço generosamente, dizendo:

– Eu confio, também gosto de você e sabe disso, jamais fiz segredo.

Passados alguns segundos, afastaram-se, e, sorrindo Mateus falou:

– Ao menos estou instalado nesse cárcere na companhia do irmão Jacobino. Poderemos conversar muito, aliás, Ricardo, você poderia mandar que nos trouxessem os livros de Platão, são os que mais gostamos de estudar, não é mesmo, irmão?

– É, os Evangelhos sabemos de cor, portanto, não há necessidade de consulta, apenas conversamos para descobrir e aprofundar o entendimento, mas os ensinamentos de Sócrates compõem vários livros. É uma ótima idéia se pudermos contar com a companhia deles – concordou irmão Jacobino, esforçando-se por dominar suas emoções e procurando agir com naturalidade.

– Mandarei trazer os livros – respondeu Ricardo voltando a ocupar seu lugar à mesa. – Estão vendo por que tive que fazê-los adoecer? Sabendo que há ninguém menos que um bispo exorcista e o vigário da Rota Romana no convento, vocês pedem para ler um filósofo pagão, que afirmava falar com os demônios, e declaram que preferem discutir os evangelhos como livres pensadores. Se os deixo a sós com as visitas, em menos de duas horas eles levantam material suficiente para condená-los por heresia e prática demoníaca. Depois, piscando o olho para Mateus, provocou: – Isso sem falar em quebra de votos sacerdotais.

– Eu serei um sacerdote, Ricardo, devotarei minha vida à causa da espiritualização do povo, mas entendo que para isso preciso ser sadio de corpo, mente e coração. Irmão Jacobino tem me ensinado que não posso ensinar a amar e a viver bem se não tenho essas vivências. Meu maior voto é com Deus, com sua obra e com aquilo que desejo desempenhar auxiliando o progresso. Os homens e suas exigências descabidas são bobagens – declarou Mateus. – O que ele tem me ensinado me é mais valioso que todos os anos passados no seminário.

– Aproveite bem! Mandarei os livros junto com o almoço. Agora preciso ir, é dia claro e os visitantes dentro em pouco devem estar me aguardando para a refeição matinal – falou Ricardo. – Estão hospedados na minha residência, achei melhor deixá-los o mais longe possível do trabalho do convento.

– Obrigado por essas medidas de proteção ao nosso trabalho, Reverendíssimo – agradeceu Jacobino. – Eu sei o quanto está em jogo nesse tabuleiro, embora não saiba e não queira aprender a jogar. Reconheço que o senhor é exímio nessa arte.

– Não tenho certeza se devo agradecer essas palavras, irmão Jacobino, mas é meu dever proteger tudo e todos que estão sob meu domínio. Infelizmente sou forçado a permitir o sacrifício de alguns. Tudo tem seu preço. Cuide bem do nosso aprendiz – disse Ricardo.

– Quando muito, se tornará alguém passível de condenação por heresia, nada mais – ironizou irmão Jacobino.

Ricardo brindou-o com um raro e amplo sorriso e despediu-se deixando mestre e discípulo em agradável e descontraída conversação.

..*

Após um dia de convivência e descanso da longa viagem de Roma à região do Vêneto, os visitantes se reuniam novamente com o bispo em torno da grande e pesada mesa de jantar da luxuosa residência de Ricardo.

– Sua residência é belíssima, dom Ricardo, meus cumprimentos pelo excelente gosto na decoração dos ambientes. As obras de arte são encantadoras, seus móveis não podem ser de melhor qualidade, nem mais trabalhados – elogiou dom Jaime. – Também estou impressionado com a atividade do mosteiro. O senhor é incansável e muito eclético, se desdobra em mais de mil afazeres e todos realizados com dedicação e competência. Por isso sua diocese cresce a olhos vistos e seu nome é ovacionado nos conselhos dos bispos, sua cadeira entre os cardeais da Igreja está muito próxima.

Ricardo, sereno e atento às palavras do colega, ouviu em silêncio a informação, ponderando se havia algum fundo de verdade nelas ou se eram somente iscas lançadas no diálogo para prendê-lo. Optando por uma postura de neutralidade e exagerada humildade, respondeu:

– Obrigado por suas palavras, minha casa está a seu inteiro dispor, fique conosco o quanto lhe permitir a ausência de suas obrigações, para mim e os demais religiosos da diocese, será um grande prazer. Quanto ao trabalho que realizamos no bispado do Vêneto, sinto-me lisonjeado com suas palavras, mas sou forçado a admitir que se trata de um trabalho feito em conjunto, o corpo sacerdotal do mosteiro tem excelentes nomes, todos muito competentes. Assim, vê o caro dom Jaime que não posso receber sozinho tamanha deferência.

– É, mas a posição de cardeal é ocupada somente por um, o senhor declinaria da indicação, se a recebesse? – insistiu dom Jaime.

– E o senhor insiste tanto nessa possibilidade, por quê?

– Eu moro em Roma, privo do convívio diário de vários cardeais, inclusive dos mais influentes junto ao santo padre, e sei que seu nome já foi mais de uma vez mencionado para ocupar um dos assentos do conselho. Minha opinião é que ainda este ano o senhor deva recebê-la oficialmente.

– Também tenho ouvido rumores nesse sentido – interveio padre Inácio. – Eu, no seu lugar, começaria a providenciar um bom substituto, capaz de gerir o grande trabalho que aqui encontrei. É com justiça, pelo que vejo, que seu nome tem sido tão lembrado. O senhor dirige uma das dioceses mais ricas de toda Itália, embelezou-a, pacificou seus obreiros, presenciei hoje a absoluta harmonia com que todas as atividades são conduzidas. Além disso, sei o quanto é justo e preza as leis da Santa Madre Igreja, pude comprovar isso naquele lamentável episódio envolvendo alguns padres sob sua jurisdição, o senhor não tergiversou em dar-lhes a merecida punição. – E erguendo a taça de vinho, brindou: – Deus o abençoe, cardeal dom Ricardo!

Todos acompanharam a saudação do vigário e Ricardo, depositando sua taça com ar de constrangimento e modéstia, pediu:

– Deixar-me-ão constrangido se prosseguirem com tantos elogios. Nós, do Vêneto, desejamos apenas trabalhar e bem servir a Deus e ao nosso próximo. Cumprir as leis ensinadas por Nosso Senhor e contribuir para a implantação do reino de Deus entre os homens, isso é o que move nosso trabalho. Mas me sinto profundamente honrado e gratificado em saber que pensam sermos dignos de receber um quinhão maior de trabalho e responsabilidade no seio da Igreja. Aguardemos o andamento dos fatos. Particularmente, nunca me esqueço do ensinamento do servo fiel. Se o que dizem se confirmar, farei o possível para ser considerado um dos merecedores de passar à direita do Senhor. – A expressão compenetrada de Ricardo convenceu os visitantes e ele, olhando-os friamente, julgava se devia ou não prosseguir naquele tema. – Caros irmãos de sacerdócio, que me trazem tão grata notícia, tenham a certeza de que pelo muito que me auxiliam nesse momento conturbado no Vêneto jamais esquecerei a amizade dos senhores e, obviamente, me encontro na condição de devedor. Será para mim um prazer servi-los quando for necessário e assim quitar meu débito de gratidão para convosco. Tomando novamente a taça de vinho, retribuiu o brinde adulando a vaidade dos ouvintes: – Aos senhores, verdadeiros apóstolos do bem, credores da minha eterna gratidão. Deus lhes dê glória em seu reino.

O brilho de satisfação no olhar de dom Jaime e de padre Inácio era inconfundível. Os auxiliares que os acompanhavam à mesa, por insistência e convite pessoal do bispo do Vêneto, estavam rendidos à retórica e ao poder de convencimento de Ricardo. Adulando seus superiores, aplaudiram sem constrangimento a fala e o brinde do bispo.

A conversa prosseguiu no mesmo tom até altas horas da noite, envolvendo em panos perfumados atos podres cometidos em nome da fé e da religião, tudo regado ao melhor vinho do Vêneto e às melhores iguarias da farta culinária italiana.

Cansados e regozijados pelo verdadeiro banquete, não só de alimentos, mas também de promessas do bispo do Vêneto, a quem os visitantes antecipadamente chamavam cardeal, chegava ao fim aquele episódio da hipocrisia humana.

Enquanto os convivas se afastavam em busca de seus aposentos, era fácil perceber que se poderia resumir o pensamento deles da seguinte forma: "Nada melhor que contar com a amizade e ser credor de um bispo do Conselho de Cardeais, tal dívida é de "poder" incalculável". Por isso, o sorriso de satisfação, que julgavam ser segredo, se estampava em suas faces, desde dom Jaime, que marchava à frente da fila, até o último dos padres auxiliares.

Ricardo, como bom anfitrião, permaneceu na sala do jantar aguardando que todos se recolhessem. A pretexto de dar ordens ao criado, sentado à cabeceira da mesa repleta de restos, louças usadas e lindos candelabros de prata torneados alheio à desordem, ele rememorava os fatos, concluindo mentalmente:

– "Está tudo encaminhado. Ainda não tenho a confirmação de quem fez a denúncia, mas é mera questão de tempo. Não vou questionar dom Jaime, deixarei que ele próprio diga. Sei que ambiciona ascender na carreira... Se eu for indicado para o Conselho de Cardeais, ele pode ter uma oportunidade maior. Talvez queira ser designado bispo do Vêneto. Como ele mesmo disse, é um dos mais ricos bispados da Itália. Uma amizade próxima comigo poderia lhe garantir esse posto. Ele deve pensar assim. Deixarei que pense e, se estiver certo, ele terá prazer em contar-me de quem é a denúncia. Ficará mais fácil restringir a ação desse louco também. Vê-se que não fará nada sem a minha aprovação, por minha vez, deixo-lhe satisfazer-se um pouco, na medida do necessário, não mais do que isso. Depois eles irão embora, então tudo voltará ao normal e irei a Roma, faz algum tempo que tenho descuidado dessas viagens. Mateus, é certo, não desejará me acompanhar, mas talvez com um pouco de insistência ele vá. Será muito bom que ele também aprenda como se faz esse jogo."

Concentrado em suas maquinações para como dirigir os visitantes, levando-os a fazer exatamente o que ele queria, Ricardo não percebeu a atividade dos criados que reorganizavam o ambiente, até que foi despertado desse estado por Cristóvão:

– Reverendíssimo, o senhor deseja mais alguma coisa?

Voltando de seu estado de introspecção, Ricardo olhou ao redor e viu os ajudantes de Cristóvão perfilados junto à parede e o próprio criado parado ao lado de sua cadeira com expressão cansada, mas solícita.

– Não, Cristóvão, obrigado. Pode se recolher. Amanhã dê especial atenção à refeição da manhã e mande que o cozinheiro providencie uma bandeja com o que houver de melhor no mosteiro, com ordens de ser entregue na enfermaria.

– Sim, senhor bispo. A sua bênção.

– Deus os abençoe. Boa noite.

A visita prosseguiu por três longos dias. Ricardo, pacientemente, recepcionava os sacerdotes, entretinha-os em conversas sobre política da Igreja, levava-os a conhecer as atividades da congregação realizadas no povoado e apenas um dia levou-os à cidade, pernoitando no palácio construído pelo bispado.

– Pouco venho à cidade, prefiro gerir a diocese lá do mosteiro, sinto-me melhor próximo à vida religiosa ascética dos conventos. A cidade nos oferece muitas distrações e compromissos e acabamos desvirtuando nossas tarefas e objetivos. Além do mais, como sabem, minha família sempre residiu no campo, nossas propriedades me são caras ao coração, apesar de estar afastado delas há muitos anos. Acredito que venha daí a característica eminentemente agrícola que imprimi aos negócios da diocese do Vêneto. Muitos nobres, confiando no bom uso que seria dado às propriedades, freqüentemente nos fazem doações, tanto em vida quanto *post mortem*. E assim é, dom Jaime, que o Vêneto conta hoje um pequeno império que mantém as obras sociais, como asilos, orfanatos e abrigos. Agora estamos trabalhando para criar uma ordem voltada à educação dos pobres; meu secretário empenha-se nisso, embrionariamente já está funcionando, mas de forma precária, quero dar-lhe melhor estrutura. Ele e nosso diácono adoeceram quando inspecionavam um terreno que designei para o início das obras e começavam os contatos com pedreiros e mestres. Por essa nobre razão perderam a oportunidade de conhecê-los, são auxiliares da maior eficiência. O diácono tem um belo futuro na Igreja.

– Continuo encantado com suas propriedades, dom Ricardo. Seu dinamismo entusiasma todos nós. De fato, nada mais merecido que o reconhecimento de tão belo trabalho com sua designação para o conselho cardinalício. São pessoas como o senhor que engrandecem o nome de Deus. Os fiéis encontram um bom pastor na sua pessoa. Mas permita-me perguntar: quantas horas diárias o senhor dispensa ao cuidado de todo esse trabalho?

Lembrando a constante atividade de Jacobino, o corre-corre dos padres, os relatos que lhe fazia Mateus, somados ao tempo que ele próprio despendia gerenciando os negócios e realizando as atividades religiosas obrigatórias, que há bom tempo Jacobino não mais dividia com ele, respondeu, após alguns segundos pensando:

– Salvo as horas de sono e as dedicadas ao serviço religioso, todas as demais.

– Eu imaginei e, ainda assim, fico espantado, pois me parecem insuficientes.

– Obviamente não trabalho sozinho, dom Jaime, conto com ótimos nomes no corpo sacerdotal do bispado, como lhe disse e todos trabalham. Antes não era assim, havia muito ócio no convento e, com ele, intrigas, malquerenças e dificuldades de toda ordem. Então iniciamos progressivamente a dar-lhes ocupação, a direcionar seus pendores para a realização de atividades e o resultado é o que o senhor vê. Temos padres liderando propriedades agrícolas, em vinícolas, onde trabalham muitas famílias necessitadas; temos padres professores; padres dedicados à construção. Nosso bispado tem muitas propriedades e meu secretário está sempre disposto a uma nova construção, isso dá trabalho ao povo. Concordo com irmão Jacobino, prefiro que se ocupem construindo para a Igreja do que se envolvendo em guerras e lutas. Infelizmente, dom Jaime, a população cresce e temos de dar-lhe meios de subsistência, a construção é uma forma.

Correndo o olhar pelas paredes revestidas de quadros, pelo teto decorado com belas pinturas e lustres, os adornos, os móveis, tapetes e cortinados da sala e recordando a suntuosidade do restante do imóvel, seus jardins com belas fontes e estátuas, comentou:

– E além de todo seu gênio administrativo e benemérito, o senhor é também um mecenas.

– Acredito que Deus aprecia a beleza. É o maior de todos os artistas, nenhum o iguala. Então, a fim de nos aproximarmos dele, também as nossas obras devem ser belas, expressando a nossa adoração.

– Tem razão, dom Ricardo. Também sou contrário à excessiva austeridade de alguns conventos. Não vejo razão para a beleza e a elevação dos espíritos não conviverem entre si. É também uma forma de demonstrar aos fiéis a predileção de Deus pela Igreja.

– Exatamente. Vejo que temos muitos pontos de vista em comum. Isso me alegra pois, se como insiste em me dizer, breve serei um dos cardeais, com certeza meu número de assessores haverá de ser aumentado, e dou, sempre, preferência a pessoas que comunguem da minha forma de pensar garantindo a unidade da obra.

Um leve rubor tingiu as faces do bispo exorcista, denunciando o prazer que as palavras de Ricardo lhe causavam.

– De fato – concordou dom Jaime. – Pode contar comigo, cardeal. Será uma honra integrar sua equipe de trabalho. Por falar em trabalho, gostaria que me falasse um pouco a respeito do convento Carmelita, para onde partiremos amanhã.

Sentindo que a hora da verdade se aproximava, Ricardo acomodou-se em uma poltrona e indicou a que estava logo à frente, convidando dom Jaime a fazer o mesmo, enquanto dizia:

– É um assunto longo e delicado, por gentileza, sente-se, dom Jaime. Vou pedir uma jarra do vinho que o senhor apreciou ontem à nossa chegada. Será mais agradável, concorda?

– Tem toda razão, dom Ricardo. Seu vinho é dos melhores e o assunto é preocupante, podemos, sim, amenizá-lo tornando mais agradável o trabalho.

Tocando um sino de ouro que repousava sobre uma delicada mesa ao lado da poltrona, o bispo do Vêneto chamou o criado da sala e ordenou-lhe que trouxesse vinho e alguns queijos. E assim transcorreram várias horas, entre a entediante exposição do fanático bispo exorcista a respeito dos poderes do demônio e sua astuta atuação que crescia no seio da sociedade e, como ele dizia, "petulantemente" invadia até mesmo as casas destinadas ao serviço de Deus.

Ouvindo o exorcista falar, Ricardo tinha desejo de dar gargalhadas homéricas, achava-o ridículo e pobre de intelecto, pois era fácil perceber que o idiota acreditava piamente nas palavras e nos conceitos bizarros que emitia.

– "Não creio em Deus da mesma forma que Jacobino e Mateus, mas também não acredito em demônio. Infeliz dom Jaime, tem o pensamento consumido por chamas e temores. É realmente um fanático. Que tédio ter que ouvi-lo! Quanto mais de vinho terei que lhe dar até que fale quem fez a denúncia?"

As horas transcorriam lentas, ouvia-se quase que somente a voz monótona de dom Jaime a explanar sobre as fórmulas de exorcismo, sobre a importância de seu trabalho – a luta sem tréguas contra o príncipe das trevas.

Vendo que em dado momento ele começava a ter dificuldade em concatenar as idéias de forma lógica, esquecendo os rumos de sua exposição, Ricardo não logrou esconder o próprio sorriso de escárnio, que sabia não seria notado, e serviu-lhe mais um copo de vinho enquanto levava à própria boca pedaços de queijo, seu primeiro copo de vinho ainda estava pela metade e o parceiro não percebera.

– "A língua dele está solta, seu pensamento não comanda mais, é hora de começar a descobrir algumas coisas" – pensava Ricardo aparentemente sério, mas interiormente divertido com a situação do bispo exorcista, antecipando a vitória com a obtenção das informações que desejava. – "É, ouvi todas as aventuras do nobre bispo dom Jaime em sua luta sem quartel contra o diabo, cantou-me todas as suas vitórias retumbantes contra o demônio, mas foi vencido pelo deus Baco".

Pouco depois, habilmente, Ricardo começou a interrogá-lo sobre a ocorrência da denúncia: como ocorrera? De onde partira?

Sem dar-se conta, o bispo exorcista contou todos os detalhes da trama que envolvia sua presença no Vêneto.

– "Traidores!" – pensava Ricardo ouvindo-o sem que seu rosto demonstrasse qualquer emoção. – "Foi pouco o que fiz mandando vir estes boçais. Mas ainda é tempo. Tão logo me desincumba dessa primeira leva de traidoras, darei novo caminho aos remanescentes... Ah! É sempre bom saber que tipo de cobra se enrosca à nossa volta, no próximo bote conhecerão a mão do bispo".

Vendo que seu companheiro estava com dificuldade de manter-se acordado pela ação da bebida fartamente ingerida, Ricardo ergueu-se e, estendendo a mão, tocou o sino chamando um dos criados:

– Conduza o Reverendíssimo bispo até seus aposentos. Ele foi vencido pelo... digamos, cansaço.

O criado olhou impassível dom Jaime estirado na poltrona, dormindo profundamente, ainda segurando frouxamente uma taça vazia manchada de vinho sobre o colo, semi-envolta nas dobras de sua batina, avaliando o quanto de força necessitaria para retirá-lo da sala.

– Dom Ricardo, o bispo visitante é um homem de físico avantajado, precisarei de ajuda para cumprir sua ordem.

Lançando um olhar de desprezo para a figura patética do bispo embriagado, Ricardo falou friamente:

– Chame outro criado. Não colocarei minhas mãos sobre essa criatura. Vou me recolher, quero as carruagens prontas tão logo amanheça. Minhas bagagens estão prontas?

– Sim, dom Ricardo, e já se encontram na carruagem que o senhor costuma utilizar. Amanhã será necessário preparar apenas os cavalos, o cocheiro está devidamente avisado. Não se preocupe, tudo correrá perfeitamente bem.

– Vocês são muito eficientes. Agora vá, busque um auxiliar e livre esta sala da presença de dom Jaime.

O criado reverenciou o bispo e afastou-se pelos amplos corredores do palacete. Ricardo, sem olhar outra vez para dom Jaime, seguiu para seus aposentos.

O silêncio imperava no palacete do bispo, apenas ele permanecia acordado, sentado na mesa de trabalho que ficava em uma das dependências do apartamento isolado que era seu aposento. Ricardo escrevia. Uma carta lacrada seguia endereçada a Belluno, uma para Mateus igualmente lacrada e outra ao secretário, dando notícias e determinações que deveriam ser implementadas na sua ausência e confiando a ele a entrega das outras missivas. Encerrando sua atividade, o bispo colocou-as numa sacola de couro fechada com um pequeno cadeado, do qual ele possuía uma das chaves e Jacobino uma cópia, que era usada para a correspondência entre eles.

– Certa prudência e segurança são sempre necessárias em se tratando de assuntos ligados à Igreja – dizia Ricardo baixinho enquanto procurava a pequena chave do cadeado entre o molho que carregava em um dos bolsos internos da vestimenta.

Depois de fechada, deixou-a ao lado da mesa e dirigiu-se ao dormitório, onde seu criado pessoal o esperava para ajudá-lo a aprontar-se para o descanso. Poucos minutos depois, como se aquela houvesse sido uma noite corriqueira e sem maior importância, o bispo ressonava em seu leito, cercado de lençóis, travesseiros e cortinados de cetim, desfrutando do luxo e do conforto de sua propriedade.

Da mesma forma procedeu logo ao amanhecer, apresentando-se à sala de refeições trajado de forma irrepreensível, com o rosto estampando a mesma expressão imperturbável, tratando seus visitantes com extrema delicadeza e aparentando uma disposição que contrastava vivamente com o deplorável estado de dom Jaime.

Terminada a refeição, comunicou ao vigário e ao bispo exorcista que as carruagens aguardavam na frente do palácio e pedia-lhes que se dirigissem imediatamente até lá.

– Preciso dar algumas ordens de caráter pessoal ao criado. Não me demorarei e partiremos para o convento – disse-lhes Ricardo levantando-se e saindo da sala de refeições com destino a seus aposentos.

No apartamento privativo, apanhou sobre a mesa a sacola de couro, verificou se estava bem fechada e, satisfeito, chamou seu criado.

– Entregue isso ao mensageiro assim que vir as carruagens se distanciarem do palacete. Mande-o com urgência ao mosteiro e entregue em mãos, preste muita atenção, somente em mãos do irmão Jacobino.

– Entendido, senhor bispo. Pode partir tranqüilo, darei suas ordens e recomendações. O mensageiro deve aguardar resposta?

– Não. Entregue as cartas, deverá voltar imediatamente para a cidade.

Sem se despedir, Ricardo retirou-se, deixando o criado parado com a sacola no meio do quarto.

A poeira das carruagens ainda se assentava sobre a vegetação orvalhada quando um mensageiro partiu do palacete do bispo, apressado, em direção oposta.

Próximo do meio-dia, era anunciada à sentinela do convento Carmelita a chegada dos bispos e do vigário padre Inácio.

– Sejam bem-vindos, em nome de Deus – saudou o guarda à passagem das carruagens.

No interior do convento a rotina permanecia inalterada, a chegada dos visitantes e seus objetivos eram desconhecidos da abadessa, que se entregava compenetrada a suas orações, ajoelhada na capela.

Lúcia, que no episódio das crises da antiga abadessa Agnes conquistara a simpatia e a amizade de madre Marta, agora a servia de forma particular. Esta última intencionava nomeá-la sua auxiliar, assim que fizesse os votos maiores, o que deveria ocorrer nos próximos meses, tão logo houvesse oportunidade da visita do bispo. Informalmente, porém, desde a partida de Enzo, superados os primeiros e difíceis dias, o trabalho começara a dar novo alento à noviça, que encontrara no carinho de Marta a substituição do afeto materno.

Enquanto a madre orava, sua auxiliar, no gabinete, organizava as compras do convento, tarefa doméstica à qual estava afeita desde quando residia com o duque Alberto, executando-a com presteza e eficiência.

Ouvindo leves batidas na porta, interrompeu a atividade e dirigindo o olhar à entrada, falou:

– Entre, irmã. Seja bem-vinda.

Mal se registrava a vibração das primeiras palavras e uma das freiras mais idosas do convento postava-se à frente de Lúcia, com olhar assustado, gestos nervosos e a voz aguda. Era quase um ganido ao informar, afoita:

– Bispos. Dois bispos no convento, mais um vigário.

Surpresa com a informação que com certa dificuldade compreendia, a jovem ergueu-se atrás da mesa e, apoiando-se nas mãos, pediu:

– Fale com mais vagar, irmã. Desta forma apressada tenho dificuldade em entender. A senhora confirma que dois bispos estão no convento. É isso?

– Isso mesmo – concordou a velha religiosa e, enfatizando, mostrou dois dedos da mão direita enquanto falava. – Dois, dois bispos, mais um vigário. Estão na entrada, mandaram vir buscar a abadessa, como estava fiando, recebi a ordem de anunciar-lhes a chegada.

Bastante surpresa pela inesperada visita, mas inexperiente como era, não deu importância ao susto da freira idosa em ver “dois” bispos no convento e calmamente orientou:

– Volte à sala de recepção, mande servir bebidas à escolha dos visitantes, verifique se eles não estão com fome e providencie que sejam bem servidos e tenham conforto. Diga-lhes que nossa abadessa está orando e assim que a informar da chegada dos ilustres visitantes irá ter com eles.

– Não se esqueça de dizer a irmã Marta que são dois bispos, mais um vigário e auxiliares. Alerte-a. Que a Virgem Maria nos proteja!

– Amém, irmã – respondeu calma a noviça observando a freira sair apressada. Depois ajeitou a mesa em que trabalhava e dirigiu-se à capela.

Logo viu a figura magra e franzina da abadessa profundamente concentrada a fiar as contas do rosário. Lentamente e sem fazer ruído aproximou-se, fez o sinal da cruz ante o altar, ajoelhou-se ao lado de Marta, rapidamente pronunciou uma prece e pediu:

– Abadessa, com sua licença, preciso lhe falar, é urgente.

– Nada é mais urgente que nossa relação com Deus, Lúcia. Espere-me terminar.

– Falta muito, senhora?

– Bastante – respondeu a superiora trocando a conta entre seus dedos.

– Desculpe insistir, madre, mas temos visitas inesperadas e importantes.

– Quem? Mais alguém viu São João Evangelista? Ele é nosso mais ilustre visitante.

– Não, madre, não é visita dessa ordem. São dois bispos e um vigário. Suponho que um deles seja o meu tutor.

– Dom Ricardo?! Novamente aqui? Mas por quê? Faz pouco que esteve vários dias entre nós! – comentou a madre, menos interessada nas orações e mais atenta às questões de ordem material. – Mandaste alguém os recepcionar e fazer as honras de nossa congregação?

– Sim, irmã Lia está cuidando deles. Insistiu muito que lhe lembrasse de que são dois bispos e um vigário, pediu que a alertasse e solicitou a proteção da Virgem Maria sobre o convento. Achei estranho, porém nada comentei.

Cismando sobre o fato, como que vasculhando nas lembranças quando fora a última ocasião que evento semelhante ocorrera, a superiora recolheu a um bolso interno o terço, persignou-se e beijou os pés da imagem da protetora do convento. Em seguida, contemplou a jovem noviça e disse:

– É estranho. Um dos bispos, com certeza, é dom Ricardo, mas o outro é desconhecido. E o outro sacerdote, quem é?

– Desculpe, Reverenda Madre, nada posso informar, pois nem sequer fui até a sala onde eles se encontram. Vim diretamente avisá-la da chegada do bispo. Mas irmã Lia pareceu preocupada, não dei maior importância ao fato porque tudo para ela é motivo de aflição.

– Não devemos realmente atribuir grande importância a uma visita do bispo, faz parte das atribuições dele zelar por nós e nada mais natural que venha ao convento. Os outros devem ser amigos dele, viajando pela região – comentou Marta expondo em voz alta os pensamentos que abrigava e, confiante, prosseguiu: – Aliás, com a graça de nossa protetora, que tanto tem feito por nossa congregação, nada temos a temer. A situação é exatamente inversa, temos muito a agradecer e glorificar com a distinção de havermos sido visitadas por São João Evangelista, quer honra maior? Dom Ricardo haverá de ficar muito feliz com a ocorrência desse milagre.

Pela mente de Lúcia passou rapidamente a recordação dos últimos momentos da existência de sua mãe, lembrou-se das emoções todas que as paredes do castelo presenciaram, de Ricardo como um mudo assistente da cena e que tão logo a duquesa fechara os olhos para o mundo dos vivos, a atitude fria e impessoal do tutor se revelara. Relembrou o bispo afastando seu pai aos prantos do lado do corpo da falecida, das ordens que recebeu quanto à forma como deveria proceder diante do padrinho e dos demais habitantes do castelo.

– "Ele é frio, parece não ter emoções. Enzo contou-me que sofre com a paixão que despertou em dom Ricardo, que é perseguido por ciúme, que o bispo é cruel. Por outro lado, foi amigo de minha mãe por toda a vida, era seu confessor, ela tinha integral confiança nele" – pensava Lúcia seguindo a abadessa para fora da capela. – "A ponto de nomeá-lo meu tutor, entregou-lhe uma fortuna para garantir meu futuro na Igreja. Não, o bispo deve ter um lado muito bom, muito confiável. Minha mãe não se enganaria tanto".

A abadessa caminhava apressada pelos corredores em direção à sala de recepção do convento, sendo seguida de perto pela auxiliar conforme lhe ordenara à saída da capela.

Chegando a sala onde se encontravam os visitantes, reverenciou-os, respeitosamente, como convinha a uma abadessa. Feitas as cerimônias de saudação e havendo sido apresentada aos desconhecidos sacerdotes, não atribuindo maior importância aos títulos e cargos que ocupavam, mostrou-se muito receptiva, aberta e franca ao diálogo – elementos fatais para sua condenação. O preço de sua inocência, como diria Platão, seria pago e caro, muito caro.

Lúcia dirigiu-se, imediatamente, à presença de Ricardo, cumprimentando-o educadamente, como uma pupila deveria fazer. Uma leve ruga na testa do bispo do Vêneto foi a única reação à visão da jovem, expressando talvez um leve desagrado, prontamente escondido quando apresentou-a aos demais, omitindo ser sua protegida.

O brilho de prazer nos olhos de padre Inácio ao contemplar a beleza da jovem, acompanhando-lhe os mínimos gestos com esmerada atenção, levou Ricardo a pensar zombeteiramente:

– "A herança de Clarissa pode me valer duplamente. Tudo será bem mais fácil do que havia imaginado. Pelo que vejo nos olhos do vigário, será fácil, muito fácil, fazer aqui a varredura geral."

– Irmã Marta, podemos conversar em particular com a senhora? O assunto que nos traz a este convento é delicado. Dom Jaime e padre Inácio ficarão mais à vontade num ambiente reservado – solicitou Ricardo friamente.

– Com certeza, Reverendíssimo. Por favor, me sigam – respondeu Marta apressadamente e sem nenhuma nota de preocupação. Quando avançava alguns passos, sendo seguida pelos visitantes, estacou e indagou-lhes: – Irmã Lia providenciou que fossem bem-atendidos à chegada? Não desejam nenhuma bebida, um chá, por exemplo?

– Não, abadessa. Fomos muito bem-recebidos. Apenas temos pressa em dar andamento aos motivos de nossa visita – respondeu padre Inácio apressadamente. Depois, notando o desagrado com que os bispos o olhavam, corrigiu-se: – Talvez nossos bispos aceitem sua sugestão. Falei por mim.

A abadessa olhou timidamente para os bispos aguardando a resposta, que não se fez esperar, ouvindo-se a voz áspera e fria de dom Jaime.

– Padre Inácio, faço minhas as suas palavras. Prossigamos, senhora abadessa. Além do mais, não é conveniente que se incentivem os prazeres da matéria.

– "Especialmente quando somos fracos o bastante para sermos publicamente dominados por eles. É, meu caro amigo dom Jaime deve realmente fugir do contato com os prazeres, tal qual o demônio foge dos amuletos e das fórmulas "poderosas" que se gabou de possuir" – pensava Ricardo, relembrando o episódio do dia anterior, enquanto caminhava em silêncio um passo atrás do grupo, acompanhando-os com o olhar inexpressivo.

À porta do gabinete Lúcia se despediu, retirando-se para sua cela. A notícia da chegada dos visitantes correra de boca em boca a uma velocidade impressionante, como só o poderia ser tendo por combustível o ócio. As freiras, assustadas, recolheram-se a suas celas. Apenas na cozinha, na lavanderia e na parte destinada à costura permaneciam as religiosas em atividade, alheias à confusão que se instalara no centro do prédio.

Maria repousava sobre seu catre, conjeturando sobre as razões da presença de dom Ricardo e do vigário judicial.

– "A idéia era chamar apenas o bispo exorcista. Por que vieram esses outros? Complicações de última hora não me agradam."

Repentinamente, o silêncio tenso que imperava no convento foi cortado por um retumbante grito.

– Nããããooo! O demônio, nããããooo! É um santo, um santo, meu santinho.

Cabeças apareceram em todas as portas a dizerem umas para as outras:

– Foi a abadessa. Coitada!

– Quem mandou ser boba? Tinha mais era que ficar calada e não dizer nada. Muitas comentaram "coisas estranhas" que viam ou ouviam aqui no convento nos tempos da abadessa Agnes, mas duvido de que se recordem de algo. Eu já esqueci tudo, sou cega, surda e muda, e olhe se não vou deixar de caminhar repentinamente.

E a discussão prosseguia ouvindo-se os gritos da abadessa e eventualmente um tom de voz masculino firme e forte declarar em alto e bom som:

– É o demônio, abadessa. Só o demônio se manifesta. Ele tenta os homens para levá-los ao inferno. Ele é sagaz, não hesita em tomar a forma de um santo, até mesmo de Nosso Senhor Jesus Cristo, para dominar almas desprevenidas como a sua. Confesse, irmã, que o demônio a possuiu.

– Nããããooo, nããããooo. Nuncaaa. Isso não é verdade! O senhor tem inveja, porque sou eu que vejo São João, o preferido de Nossa Senhora, é no meu convento que ocorre a graça – gritava Marta enfurecida perdendo completamente o controle e não medindo a gravidade e as conseqüências de suas palavras.

Dom Jaime lançou um olhar ao bispo do Vêneto e empunhando uma grande cruz de metal que sacara do bolso ergueu-a, pondo-a à frente do rosto, e declarou:

– Como vê, dom Ricardo, estamos na presença do demônio. A abadessa foi possuída, deve substituí-la e entregar irmã Marta a meus cuidados. Tudo farei para livrá-la deste perverso e dominador príncipe das trevas. Ele anda por muitos lugares, mas eu o perseguirei e não lhe darei descanso.

Ricardo, que assistira à toda a cena perfeitamente acomodado na poltrona, sem expressar absolutamente nenhuma emoção, respondeu:

– É seu trabalho, o senhor tem experiência nessa situação, aja como julgar melhor.

– Levarei a abadessa para as celas do porão, ela ficará isolada enquanto avalio se não há mais nenhuma endemoniada.

Sem esperar qualquer comentário, dom Jaime rudemente arrancou a abadessa da cadeira que ela ocupava atrás da mesa e sujeitando-a violentamente a empurrou para fora da sala e desfilou sua carranca enfurecida recitando esconjurações em latim, apertando à frente do peito da religiosa a cruz que trazia nas mãos. Marta, trêmula e assustada, orava em voz alta pedindo a São João Evangelista que a socorresse, o que mais enfurecia o bispo, que parou suas fórmulas e respondeu:

– Evoque Satã, chame-o e ele não aparecerá. Ele não enfrenta os reais adversários frente a frente, se esconde dominando seres fracos como a senhora. Clame por ele o quanto quiser. Sei que ele não se apresenta nunca diante de um verdadeiro representante de Deus.

As portas das celas se enfileiravam todas fechadas, como se não houvesse mais ninguém no convento, mas tão logo se distanciava a dupla, frestas se abriam e algumas cabeças mais ousadas apontavam rente aos marcos, exibindo olhares assustados e fazendo o sinal da cruz, beijando os dedos. Mas nenhum leve ruído se ouvia, a comunicação era muda e repassada de espanto e medo. Nos olhos das freiras, se lia a mesma mensagem:

– "Ninguém viu nada, ninguém ouviu nada, ninguém sabe de coisa alguma."

No gabinete, o bispo do Vêneto permanecia acomodado como se nada estivesse acontecendo, quando, notando a expressão afoita de padre Inácio, comentou:

– É uma lástima que ocorram situações desse gênero. Bem lembrou Nosso Senhor Jesus Cristo que precisamos estar sempre alertas, como as serpentes. Temos que orar e vigiar, o mal ainda espreita.

– Tem razão, creio que deva também iniciar minhas investigações.

– Se me permite, vigário. Creio que seria melhor primeiro reunir a congregação e comunicar-lhe o afastamento temporário da abadessa e que, na sua ausência, eu, pessoalmente responderei integralmente pelo convento. Depois, então, o senhor terá toda a liberdade necessária a suas investigações. Aliás, adianto-lhe algumas coisas que são de meu conhecimento. Eram preocupações da falecida abadessa Agnes, uma religiosa exemplar, que foi minha fiel colaboradora e servidora por muitos anos, contava com minha irrestrita confiança. Ela por várias ocasiões confiou-me suas preocupações com algumas freiras. Não encaminhamos processos disciplinares porque era uma senhora muito sensível, queria sempre zelar pela paz e pela ordem no convento, dar uma nova oportunidade às pecadoras e, principalmente, era muito justa, queria dar-me primeiro provas, embora eu lhe dissesse que para mim uma só palavra dela fosse o bastante. Mas fato é que ela nunca oficializou denúncias contra aquelas de quem suspeitava legitimamente. Coitadinha, faleceu gravemente enferma nos seus últimos meses, era já irmã Marta quem cuidava de tudo, por isso a nomeei, não a sabia tão volúvel ao domínio das trevas, julgava-a uma religiosa de fé robusta e segura, enganei-me tristemente.

O olhar de aço do vigário lampejou interessado, e dando meia-volta em torno da sala, arrastou consigo uma cadeira colocando-se diante do bispo do Vêneto.

– Dom Ricardo, sou um admirador de seu senso inigualável de justiça e sua preocupação com a devoção à vida ascética dos religiosos sob sua orientação. Quando o senhor ocupar, com méritos inquestionáveis, sua cadeira no conselho de cardeiais, e há de exercer grande influência junto ao santo padre, tenho a certeza de que zelará pelo Tribunal da Rota Romana e a realização da justiça em nosso rebanho.

– Tem a minha palavra, vigário. Conheço seu trabalho, sem depreciar os demais vigários, mas confesso que também sou seu admirador, os processos encaminhados ao senhor são a certeza de decisões firmes e benéficas à Igreja. Sua carreira, no meu entendimento, já deveria ter ascendido a cargos de maior relevância.

– Tudo a seu tempo, caro cardeal – respondeu amistosamente o vigário. – Voltando ao nosso assunto, esperarei seu comunicado oficial às freiras a respeito da situação da congregação, enquanto isso seria muito útil conhecer as preocupações que afligiam a saudosa abadessa Agnes.

Ricardo, impassível, relatou as ditas preocupações da falecida abadessa, incluindo todos os nomes que ele desejava expurgar do convento.

– Comece por investigá-las primeiro, vigário. O tempo urge no serviço ao Senhor, não há razão para desperdiçá-lo, é nosso maior patrimônio divino – sugeriu Ricardo ao fim de um longo diálogo.

– Seguirei sua sugestão, é possível que elas me levem a outros nomes, é comum serem vários os envolvidos nessas ocorrências – comentou, pensativo, o vigário. – A situação pecaminosa era realmente grave nesse local. Mas com sua interferência, tudo voltará ao normal.

– São lamentáveis ocorrências da pobreza da alma humana, por isso devemos nos empenhar no ensino da palavra de Deus, no fortalecimento da fé na Igreja. Não poupo esforços para corrigir os desvios do caminho, tampouco tenho melindres em solicitar a ajuda especializada quando reconheço necessária.

– Demonstração de inegável bom senso, caro bispo.

Passadas algumas poucas horas, dom Jaime retornou, exausto, suarento e muito agitado, ao convívio dos colegas, sendo então informado das medidas de ordem prática determinadas pelo bispo do Vêneto.

– Perfeitas, dom Ricardo. Arranquei apenas um outro nome daquela infeliz, diz que uma noviça de nome Lúcia também presenciou ocorrências demoníacas.

– Lúcia? O senhor tem certeza de que é esse o nome da noviça? – questionou Ricardo.

– Absoluta. Acaso não é a jovem que acompanhava a abadessa logo cedo?

– Ela mesma. Estranho, nunca soube nada a esse respeito.

– Tive boa impressão da jovem – afirmou o vigário dirigindo-se a Ricardo. – Pareceu-me apenas muito jovem e bela para estar em regime de clausura. Reverendíssimo, o senhor conhece as razões de ingresso da jovem?

– Desejo da família, com o qual ela concordou. É tudo que sei.

– Vou averiguar. Minha experiência ensina que por trás desses desejos é freqüente haver problemas que se transferem à vida sacerdotal, manchando o bom nome da Igreja – falou padre Inácio.

– Desculpe, padre Inácio, mas será necessário que ela seja entregue a mim, tenho informação de que se envolve com o demônio. Ela será de minha responsabilidade – interveio dom Jaime.

O olhar feroz do vigário judicial reapareceu transformando completamente sua expressão, ele parecia uma estátua de pedra com olhar fulgurante, todo seu corpo se enrijeceu e a voz fria e áspera dava a dimensão de sua fúria contida pela intromissão do exorcista.

– Dom Jaime, com todo o respeito que o senhor como bispo merece, quero lembrá-lo de que estou neste convento atendendo a pedido pessoal de dom Ricardo e investido da autoridade plena do tribunal, assim, minhas decisões estão sujeitas somente a Santa Sé. Contenha sua ânsia de guerrear com o demônio onde seja claro que ele se encontra: a abadessa confessou em nossa presença seu intercâmbio com ele, ninguém mais. Aliás, o senhor está aqui também em virtude de uma denúncia que com certeza especificava a endemoniada.

Enlouquecido em seu fanatismo de lutar contra as forças do maligno, o bispo encarava o vigário retribuindo toda a raiva que via no seu olhar, quando o advertiu:

– Tome cuidado, padre Inácio, a soberba é um caminho franqueado à ação de Lúcifer. Mas seja feito conforme as normas. – E voltando-se para Ricardo que impassível assistia à disputa dos dois pela noviça, prosseguiu: – Viu, meu cardeal, é por isso que nossas congregações são atacadas pelo maligno. É excesso de regras e normas. Nós, os exorcistas, nem sempre somos bem compreendidos, mas quando as regras deles faltam e o terrível avança suas garras, eles correm pedindo nosso socorro.

Como Ricardo nada respondesse, cada um interpretou o silêncio dele como manifestação favorável ao seu posicionamento.

– Recebi denúncias sim, vigário. E também estou aqui a pedido pessoal do bispo do Vêneto, pessoa do círculo de minha intimidade. Ignorei as denúncias do padre Enzo que serviu alguns meses nesse convento e as inúmeras cartas das irmãs Maria e Clara, contando-me situações absurdas que o demônio promovia nessa Casa de Deus – falava irado dom Jaime quando foi interrompido pelo vigário.

– Que nomes o senhor declinou?

– Recebi denúncias formais das irmãs Maria e Clara. Mas tive notícias anteriores prestadas por padre Enzo, que serviu neste convento. Conheci-o em Roma na sua companhia, não é mesmo, dom Ricardo?

– Há anos atrás – confirmou Ricardo friamente. – Decepcionei-me muito com esse jovem, julgava-o apto para cargos de maior relevância na Igreja, por isso não regateei oportunidades de ele conhecer o melhor do corpo clerical. Infelizmente não correspondeu.

– Esses nomes que dom Jaime informou – tornou o vigário – são os mesmos que dom Ricardo deseja que eu investigue. Não tivesse presenciado a confissão da abadessa, poderia pensar que elas, as ímpias, tramaram para afastar a superiora.

– A situação aqui era mais complexa – apartou Ricardo. – Agora os senhores entendem por que os chamei. São fatos graves que julguei melhor compartilhar com os colegas, cada qual em sua área. Meu único desejo é que se façam a paz e a justiça, restabelecendo essa casa ao serviço de Deus. Assim, sem criar indisposições ou transtornos entre nós, proponho que dom Jaime se encarregue da abadessa com absoluta liberdade para exercer seu ofício. O mesmo será concedido ao senhor, padre Inácio, para investigar as denunciadas. Que me dizem?

Os religiosos trocaram um olhar de contenda até que, mutuamente e de forma silenciosa, deram-se por conformados com a decisão proposta.

– De acordo – respondeu dom Jaime falando ao bispo do Vêneto. – Considerando os termos que mencionou, levarei comigo a abadessa para Roma. Prefiro lutar em meus domínios, lá disponho de melhores meios. Se necessário, mandarei ao senhor requisição da entrega de outras religiosas necessitadas de exorcismo.

– Como queira, dom Jaime. Posso mandar preparar agora mesmo uma das carruagens.

– Quanto antes melhor – respondeu o exorcista. – Será preciso duas carruagens, a endemoniada seguirá amordaçada e amarrada em uma, e eu, noutra.

– Mandarei executar seu pedido agora mesmo. O senhor seguirá na minha carruagem até Roma, é mais confortável.

Dom Jaime aquiesceu e despediu-se, alegando ter urgência nos preparativos. Ricardo tocou a sineta pedindo à religiosa que o atendeu que levasse um bilhete ao chefe da sua guarda com as ordens necessárias ao preparo da partida do exorcista. Então voltou ao vigário e, encarando-o, disse:

– Bem, creio que pela atitude de dom Jaime não lhe resta outra alternativa senão aceitar meus termos, caro padre Inácio.

O vigário, mais apaziguado, respondeu:

– O senhor é um homem de bom senso e sábio em suas decisões. Obviamente que os termos de sua proposta, extremamente justos e conforme os postulados canônicos, estão aceitos. Inicio amanhã as investigações com uma ronda pelo convento. É bom que as religiosas pensem que com o afastamento da abadessa nada mais há de irregular.

– Comungo da sua opinião. Está tarde, que tal nos recolhermos?

Padre Inácio ergueu-se da cadeira que ocupava sinalizando a franca aceitação do convite de Ricardo, e os dois partiram para os aposentos ocupados pelo bispo.

..*

No convento Carmelita dom Jaime apressava a partida levando consigo a "endemoniada", enquanto no mosteiro, irmão Jacobino recebia o esbaforido mensageiro do bispo.

– Pobre coitado! – exclamou Jacobino vendo a aproximação do mensageiro empoeirado e fatigado com a conhecida sacola passada em transversal sobre o corpo. – Deus te ampare, meu filho. Que triste missão tens nesta vida: a de ser mensageiro de convento.

O mensageiro riu e, sem pedir permissão, sentou-se à frente do religioso, que lhe sorria compreensivo e compadecido.

– A minha felicidade é que há religiosos como o senhor que não escrevem uma linha para ninguém. O senhor não tem a quem escrever ou não gosta?

– Ambos, meu filho. Só uso seus serviços quando assim me obriga o

Reverendíssimo. Já fez sua refeição? Não gostaria de banhar-se?

Observando o estado das próprias roupas e imaginando o aspecto da camada de pó que sentia lhe cobrir a pele e os cabelos, o mensageiro sacudiu a cabeça concordando e depois comentou:

– Mas o senhor pode ter pressa em responder ao bispo. Melhor esperar.

– Absolutamente. Primeiro cuide que possa manter-se bem para fazer o trabalho. Esqueça o bispo, vá banhar-se, troque suas roupas, vou pedir ao frei que nos prepare um bom caldo. Hoje não retornarás à estrada, se houver necessidade de uma resposta ao bispo, amanhã pela manhã seguirás viagem.

– Irmão, o senhor tem certeza de que isso não causará problemas? E se monsenhor Ricardo não gostar?

– Deixe o bispo, que dele cuido eu. Vejo em teus olhos que estás fatigado, cuida de ti um pouco. Os bispos sempre têm pressa e se quiser segui-los morrerás antes do tempo, e eles vão e vêm, nem prestarão atenção quando fores substituído por outro. Era por isso que Jesus ensinava que devemos nos cuidar, ele dizia: ajuda-te que o céu te ajudará, nunca disse mata-te pelo teu irmão, por teu superior ou por quem quer que seja. Mas cuida bem do teu corpo, que é um patrimônio divino tanto quanto a tua alma, isso ele ensinou – respondeu irmão Jacobino calmamente. Notando que o mensageiro ainda relutava em obedecer-lhe, concedeu: – Se você se sentir melhor, entregue-me agora a sacola e eu lerei a correspondência.

– Ah! Agora fica bem, aproveito o tempo.

– Isso mesmo, meu filho. Agora vá e não tenha pressa, descanse um pouco. Nesse estado é possível que o alimento não lhe faça bem.

O mensageiro desvencilhou-se da sacola e a entregou ao religioso. Depois levantou-se, deixando uma grande roda de poeira no assento e no encosto da cadeira que, Jacobino, pensativo, ficou contemplando após a saída dele.

Tão compenetrado estava em suas reflexões que não notou a chegada de Mateus que, parado ao seu lado, dirigiu o olhar para onde julgava estivesse o olhar de Jacobino e, espantado, deparou-se com o estrago no veludo da cadeira, não contendo as expressões de curiosidade:

– Que foi isso?!

– Alguém que se preocupa mais com os outros do que consigo mesmo, da forma errada – respondeu Jacobino com naturalidade e mantendo o estado de contemplação. Seu pensamento estava a milhas de distância da cadeira suja.

– Não entendi, irmão Jacobino.

– Simples, Mateus. O mensageiro sentou-se aí e nesse estado não queria tomar banho, nem se alimentar, preocupado em levar uma resposta imediata ao bispo.

– Ele é cioso de seus deveres, só isso.

– Se fosse, estaria preocupado em estar bem para poder atender às obrigações que tanto o afligem. Eu olhava essa cadeira e pensava o quanto o ser humano ainda terá que andar para aprender a exercer um domínio maior sobre si mesmo. Afligem-se por cada situação, que não tenho outra palavra para descrever, que não seja boba, idiota. Consomem-se, física e espiritualmente, em absurdos. E são tão bobos que palavras banais os removem, eles não meditam no que ouvem. Saem assim como folhas, no outono, rolando pelas colinas sem direção, levadas pelo vento. Ao mesmo tempo, querem que os ensinamentos de Jesus sejam tão misteriosos que não possam ser aplicados ao dia-a-dia.

Interessado e vendo que a cadeira levara o amigo a longas divagações, Mateus contornou a mesa e sentou-se na cadeira que ficava ao lado da antes ocupada pelo mensageiro.

– O que fez com o homem? Ou melhor, o que lhe disse?

Dando sinais de abandonar lentamente o estado mais profundo de suas meditações, Jacobino focou o olhar na cadeira suja à sua frente e depois no rosto de Mateus, ao responder-lhe:

– Disse-lhe dos ensinamentos de Jesus com o cuidado com o corpo, que não se afligisse em correr atrás dos bispos, que ele morreria e nenhum deles talvez notasse o fato.

Mateus não conteve o riso e comentou, bem-humorado:

– O senhor lhe aplicou a doutrina dos bispos vão e dos bispos vêm e nós continuamos aqui. O pobre homem deve ter ficado apavorado com o senhor.

– Não. Custou a aceitar minha sugestão de que se cuidasse mais. Eu mal podia olhar o infeliz, tão sujo estava, seu olhar me dizia que estava cansado, faminto. Tive que dizer que iria ler a mensagem para que se afastasse e me obedecesse.

– Mas o senhor não estava lendo nada quando cheguei – constatou Mateus e, brincando, ralhou: – Que feio mentir, irmão Jacobino!

– Eu não menti, Mateus. Ele que entendeu como quis as minhas palavras. Eu lhe disse que leria a carta e, de fato, vou ler, mas não disse quando. É da mesma forma, afoita e descomprometida, que as pessoas lêem as maiores verdades ensinadas pelos luminares da humanidade. Sem pensar, quanto menos meditar, acabam entendendo uma coisa qualquer que lhes serve para aquele momento e que muitas vezes não está dito. É por isso que deixam essas marcas quando se levantam. Não cuidam nunca de si, sempre preocupadas com os outros. Será que não se dão conta de que dessa forma alguém um dia terá de tomar conta delas? E que a vida é bem mais fácil quando cada um cuida de si e todos cooperam para o melhor, fazendo a sua parte? Será que não vêem uma coisa simples como cada coisa ter a sua função e seu propósito, seu tempo de produzir, seu tempo de descansar? Não, fazem tudo de qualquer jeito pensando no que o outro vai fazer ou dizer. Como menosprezam a inteligência que Deus lhes deu! É assim que eu vejo a beleza da lição de dar sem esperar retribuição. O Pai nos concedeu maravilhas, tantas que nossa mente ainda não lhes descobriu a metade, e muitos ainda vivem totalmente alheios, correndo em torno dos outros, esquecendo-se das noções de vida maior que tantos nos legaram.

Em silêncio, Mateus buscava a compreensão e a aplicação da lição que Jacobino compartilhava com ele.

– Bem, vejamos onde parei meu trabalho – disse Jacobino passados alguns momentos.

– E a sacola? – perguntou Mateus.

Olhando por sobre a pilha de documentos que tinha à sua frente para a sacola empoeirada, Jacobino decidiu:

– Abrirei a sacola tão logo concluir essas contas. Se me ajudar, isso será mais rápido.

– Vim justamente para oferecer-lhe auxílio. Que devo fazer primeiro?

– Vá ao cozinheiro e peça-lhe para preparar um caldo para o mensageiro e para nós. Depois volte que terei separado algumas contas para você cuidar, ao final, abriremos a correspondência.

– Sempre mantendo a ordem dos fatos – comentou o diácono.

– É assim que não nos enredamos com o tempo, Mateus, vivendo de acordo com ele, sem avançar nem retroceder antes da hora. Tudo o que segue a ordem do universo caminha em harmonia. Se aplicarmos essa regra inscrita na natureza a nossas vidas, das coisas menores, como a rotina de trabalho, até as maiores, como as mudanças nos relacionamentos com os outros, elas automaticamente seguirão um caminho de ordem e solução.

O jovem alegremente se dispôs a cumprir a orientação do padre.

Finalizavam as tarefas quando o cozinheiro bateu à porta do gabinete trazendo as canecas com o caldo aromático e fumegante.

– Hora de descanso – anunciou Jacobino.

– Terminei nesse exato momento – respondeu Mateus.

– Ótimo! Também concluí as que estava fazendo. Depois de provarmos essa delícia que o frei gentilmente nos trouxe, abriremos a correspondência.

– O senhor tem trabalhado muito, irmão Jacobino – observou o cozinheiro. – Se não lhe trago o caldo, não o veria mais hoje. Nem tem ido muito à cozinha.

– Ah! Desculpe-me, amigo, é que com a ausência do bispo tenho que fazer o trabalho dele, do qual não gosto. Mas não se preocupe, isso é passageiro. Contudo, não tenho me descuidado da alimentação.

– Isso todos sabemos. Só não temos conversado. Quando o irmão vai à cozinha sempre tem uma palavrinha, sentimos falta de suas conversas – tornou o cozinheiro.

– Pois faça o que fez hoje, se não vou à cozinha, venha até onde estou, mas não reprima suas vontades, isso traz infelicidade – orientou Jacobino. – Negocie com elas, satisfazendo-as no limite da necessidade.

O cozinheiro sorriu, trocando amistoso olhar com Mateus e com ele compartilhando um sentimento mútuo de admiração e amizade pelo velho secretário do bispo.

Somente depois de conversar com os companheiros e deliciar-se, calmamente, com o caldo, foi que Jacobino ocupou-se com a correspondência enviada por Ricardo.

– Há cartas para todos, inclusive para o padre Enzo – comunicou Jacobino.

– Não me deixe curioso, irmão Jacobino. Vejamos logo o que dizem.

– Vou deixá-los a sós para trabalharem, minha função é outra – falou o frei que os acompanhava, erguendo-se da cadeira e recolhendo as canecas, que levou presas aos dedos pelas alças. – Ainda os verei no jantar?

– Com certeza, frei. Capriche nos pratos, como viu, estamos trabalhando muito – recomendou amigavelmente Jacobino, despertando sorrisos nos presentes. Vendo que o frei já se aproximava da saída, despediu-se: – Vá em paz.

Enquanto irmão Jacobino olhava o aceno de cabeça que recebera em resposta às suas despedidas, Mateus remexia a sacola retirando as cartas e depositando-as sobre a mesa.

– O que você está fazendo? – ralhou Jacobino rindo da ânsia do diácono.

– Aguardei a tarde toda, irmão, fiz tudo conforme o senhor orientou, mas não agüento mais esperar, bem sabe que durante os dias que estivemos "enfermos" e depois da viagem de Ricardo essa situação me preocupa. Rezo diariamente para que ele tenha sido iluminado e conduzido a situação de outra forma que não aquela planejada.

– Ah, meu querido jovem, tens ainda muito a aprender sobre o nosso bispo. Ele não mudaria de idéia a meio caminho. Antes que nós conhecêssemos o teor da carta vinda de Roma com as denúncias, monsenhor Ricardo já havia traçado todos seus atos. Não guardo esperança de que tenha revisto seus posicionamentos, espero, sim, que tenha feito o que disse e mantido a situação sob controle com o mínimo de injustiça. Tenho medo de homens dominados pelo fanatismo, aliás, tenho medo de homens sem domínio de si mesmos.

– Então o senhor tem razões para temer Ricardo – constatou Mateus com as cartas na mão. – Ele às vezes me parece dominado pela ânsia de poder.

– Eu sei, Mateus, mas não temo o Reverendíssimo porque sei e sinto que ele tem sentimentos, reprimidos e muito, é verdade, mas os tem.

Isso o faz humano aos meus olhos. É cheio de defeitos, como todos nós. Ao longo desses anos presenciei muitos atos reprováveis dele, mas também reconheço que nenhum outro bispo deu tamanha liberdade de ação à congregação. E não falo apenas de mim. Talvez tudo tenha começado por mim, ele negociou a minha volta às funções de secretário pela realização de meus propósitos junto aos órfãos, mas a partir daí outros foram despertando e abrindo frentes de trabalho e ele deu-lhes espaço e recursos. Embora não se envolva diretamente, não posso deixar de reconhecer nele um realizador, pois estava nas mãos dele vetar ou permitir. Ele poderia ter mantido a congregação absolutamente voltada à vida monástica, cheia de intrigas e corrupções, mas felizmente isso não aconteceu e creio que os religiosos que vivem entre nós são felizes.

– Mas me assusta e muito a atitude dele nesse episódio. O senhor tem razão, ele é alguém que reprime muito as próprias emoções, contudo, sei que estava enfurecido, era possível sentir isso perto dele, de forma quase palpável, embora exteriormente não fosse visível. Ele se sente traído.

– É, mas vamos deixar de bisbilhotar a vida do bispo e vejamos o que ele deseja nessas cartas.

Mateus leu os destinatários das cartas, entregou duas ao irmão Jacobino e ficou com uma para si, indo acomodar-se numa poltrona. O secretário do bispo, segurando suas cartas, lançou um olhar ao ambiente e notando-o escuro, depositou as cartas sobre sua mesa e providenciou o acendimento das velas, sentando-se próximo dos castiçais com o rosto enrugado iluminado pelas chamas bruxuleantes das velas. Enquanto a noite se aproximava, iniciou a leitura da longa carta que lhe enviara o superior.

– Que lástima! – exclamou Jacobino. – Por que as pessoas são assim, covardes e gananciosas? Confiassem mais no trabalho, buscassem atividades que realmente as fizessem felizes e teriam essas ânsias de poder resolvidas. Não conheço poder maior do que se sentir realizado com o que faz, de ser feliz trabalhando e ver que esse trabalho dá frutos. São figueiras secas, mortas para si e com seiva venenosa para os outros. Só a piedade de Deus e seu imenso amor por suas criaturas dão esperança de ver seres assim, recuperados.

– Ele lhe contou a trama toda, irmão?

– Com relação ao convento, creio que sim. Há mais alguma?

– Ele me dá notícia do envolvimento de Enzo, indiretamente abrindo caminho e endoçando as denúncias das freiras.

– Ele contou-me sim. Mais um fato digno de piedade. O rapaz sempre recebeu do Reverendíssimo o máximo, o melhor, talvez esse tenha sido o erro. Você conhece a história?

– Ricardo me contou, guardava uma mágoa muito grande do padre, intimamente sei o quanto foi difícil para ele superar a decepção, mas quando o conheci, ele já havia vencido grande parte do caminho de libertação. Ele é muito forte.

– Mas é humano, tive muita pena dele. Viveu tudo sozinho, sem dizer uma única palavra a ninguém, "nem em confissão" – comentou Jacobino buscando descontrair a conversa. – Tentei várias vezes dizer-lhe que era solidário, mas nunca tive oportunidade e acabei aceitando sua maneira de ser.

– Não conheço pessoalmente padre Enzo, mas ele me parece uma personalidade conturbada e marcada pela covardia.

– É, tem seus problemas. O bispo pede que se mande a carta a Belluno, com urgência. O que você acha, Mateus?

– Ele me confia na carta que está designando o padre para acompanhar uma missão católica na África.

– Bom Deus! Padre Enzo irá à loucura. A África é selvagem. Ele vai se recusar, preferirá ficar em Belluno.

– Acredito que não, irmão Jacobino, pois, segundo me escreveu Ricardo, o padre só ficará sabendo a bordo do navio, em alto-mar.

Jacobino ergueu as sobrancelhas, pôs as mãos sobre o rosto, movimentou rapidamente a cabeça e disse:

– Definitivamente nunca poderia ser bispo, me falta usar a mente para criar engenhosidades deste tipo.

Mateus ficou sentado pensativo com a carta na mão, ainda inconformado com o encaminhamento que o bispo havia dado ao problema, mas sem saber apontar outra solução.

..*

Na manhã seguinte, quando os primeiros raios de sol despontavam no horizonte, um mensageiro limpo e revigorado recebia as orientações do irmão Jacobino, partindo para Belluno.

No convento Carmelita, padre Inácio iniciava sua ronda, enquanto Ricardo ocupava-se dos assuntos relativos à administração da instituição.

Após a desconcertante saída da abadessa, seu rosto marcado pela violência do exorcista perambulava no pensamento das freiras, que, intimidadas pela presença do vigário, cumpriam a rotina religiosamente, à exceção das enfermas, que permaneciam em seus leitos.

Ouvindo os cantos primorosamente ensaiados na capela, padre Inácio marchava pelos corredores, examinando, com minúcias, todas as dependências do convento à espera de encontrar objetos obscenos e comportamentos indecorosos.

– "Irá demorar alguns dias para que elas baixem a guarda" – pensava ele. – "A saída tempestuosa de dom Jaime, aos gritos, arrastando aquela mulher ensangüentada, custará a ser esquecida, mas será, tudo o é. Então, se mostrarão as devassas."

Repentinamente, teve sua atenção despertada pelo som de passos e, colocando-se rente à parede escura, entre altos vasos com plantas, ficou a observar de onde viriam. Não tardou muito a noviça Lúcia surgiu em seu raio de visão carregando uma bacia com água e panos brancos nos braços.

Saindo de seu esconderijo, postou-se à frente da jovem quando ela lhe alcançava.

– Padre! – exclamou a jovem, assustada, desequilibrando a bacia e derramando a água quente que trazia. – Que desastre! Terei que refazer todo meu trabalho. Não o vi no corredor e me assustei com sua presença.

– Anda muito distraída, noviça. Devia prestar mais atenção ao que faz – disse o vigário, severo. – O que faz carregando bacias de água quente quando deveria estar no serviço religioso da capela? Não compareceu às preces da manhã.

– Perdão, vigário. Mas meus motivos são justificados, sou responsável por três irmãs enfermas. Elas já ocupavam grande parte do meu dia antes do... – Nesse momento os olhos de Lúcia encheram-se de lágrimas recordando a horrível partida de Marta, mas corajosamente concluiu: –

Que aconteceu com a abadessa. Não tive oportunidade de falar com dom Ricardo, por isso continuo cumprindo a designação de atender as doentes.

– O que há com as freiras? Qual a doença que as abateu? Onde está o médico responsável?

– Duas delas são idosas, uma não caminha mais, está acamada há alguns meses, tem as costas em ferida, disseram-me que é por estar sempre deitada, preciso fazer-lhe curativos e banhá-la, era para isso a água que carregava; a outra, segundo o médico, sofre do pulmão, não tem cura sua doença e, por último, há poucos dias irmã Clara teve forte hemorragia, que tem sido muito difícil estancar, está febril e creio que exista alguma infecção, pois a coitada cheira muito mal. Nosso médico vem quando chamado, é um senhor idoso, este último caso – o de irmã Clara –, ele ainda não tomou conhecimento, a abadessa mandou chamá-lo poucas horas antes da chegada dos senhores, não sei a causa da demora dele.

– Quem está se responsabilizando pelo cuidado desta freira?

– Irmã Maria recomendou alguns chás e cuidados. Irmã Marta também foi vê-la, mas como nunca tivesse passado por situação de hemorragia, não sabia o que fazer e mandou buscar o médico. Eu faço o que manda irmã Maria, mas não tenho visto resultado.

– Aonde ia quando a interrompi?

– Ia atender a freira que não caminha, como lhe disse – respondeu Lúcia atenta.

– Deixe-a para depois. Leve-me para ver a que teve hemorragia.

– Claro, senhor vigário. Mas compreenda, primeiro precisarei secar a água que derramei sobre o piso.

– Faça isso rápido, estarei observando e aguardando.

Lúcia ajoelhou-se e com os panos que trazia nos braços secou a água derramada, depois os colocou dentro da bacia e largando-a ao lado dos vasos, ergueu-se e convidou:

– Pode me seguir, vigário. É por aqui.

A passos rápidos, cruzaram os corredores do convento parando em frente à cela ocupada por irmã Clara. A noviça adiantou-se e, sem bater, ingressou na cela dando passagem ao vigário.

A luz da janela incidia na cela fornecendo-lhe luminosidade fraca, mas suficiente para oferecer perfeita visão. O vigário aproximou-se do catre da freira enferma e olhou-a com ar suspeito. A doente, em estado de modorra, não distinguia nitidamente o que se passava a seu redor, a fraqueza era tanta que não possuía energia nem ao menos para pensar e o quadro se agravava pela febre resistente que a consumia. Nenhuma reação esboçou à presença de padre Inácio, eventualmente abria os olhos e voltava a fechá-los pedindo apenas água. A palidez era mortal, salientando-se no rosto os ossos da face, as olheiras escuras e os lábios ainda vermelhos denotando infecção e febre.

– Está horrível – declarou o padre analisando o quadro da doente. – Há quantos dias nesse estado? Quero resposta precisa.

– Seis, padre.

– Enfermou no mesmo período em que cheguei ao Vêneto. Que tipo de hemorragia ocorreu?

– Não entendo sua pergunta, padre.

– O sangue se esvai do corpo dela por onde?

Lúcia enrubeceu ante a pergunta do padre e procurando responder-lhe, disse:

– Por onde todas as mulheres sangram, padre.

– Hum! Vejamos – resmungou o padre. Abaixando-se sobre o catre e afastando os cobertores do corpo da doente, começou a apalpar-lhe o ventre inchado, arrancando-lhe gemidos e protestos.

– Pare, Maria! – gemia a freira julgando que fosse irmã Maria quem a tocasse. – Não ponha mais as mãos dentro de mim, eu não agüento. Dói muito. Ele vai sair sozinho, deixa, deixa, não me faz sofrer.

O vigário a apertava sem piedade. Depois lhe afastou as pernas sem qualquer dificuldade e, para horror da noviça, arregaçou as mangas da batina e examinou as partes íntimas da doente, manchadas de sangue, enchendo o quarto de um cheiro horrível.

– Padre! – protestava a noviça. – O que está fazendo? Por favor, irmã Clara está doente. O senhor não pode tocá-la dessa forma, por Nossa Senhora, é pecado.

– Cale a boca, noviça. Talvez você não conheça o estado de uma mulher que sofre um aborto malfeito, mas eu conheço. Deixe-me a sós com ela e vá buscar o bispo. Diga-lhe que venha com urgência.

A jovem empalideceu ao ouvir as palavras do vigário compreendendo-lhes a gravidade e a extensão. Enquanto andava pelos corredores, buscava reconstruir na mente os últimos meses do convento para saber como irmã Clara poderia ter engravidado, tinha conhecimento bastante para saber que era necessário um pai e retrocedendo no tempo chegou à figura do próprio amante como possível pai da criança que Clara tentava abortar.

– "Não é possível!" – dizia a si mesma. – "Ele jurava que me amava, que se deitava só comigo, que isso era lindo porque era puro e que Deus não nos condenava. Era mentira, só pode ter sido ele quem engravidou irmã Clara..."

Sem ter exata consciência por onde andava, Lúcia chegou à porta do gabinete trazendo no rosto a prova do espanto que a tomava. Bateu à porta e tão logo ouviu a voz de Ricardo dando permissão à entrada, ingressou na sala parando em frente à mesa onde estava o bispo.

– Que foi, menina? Você está com cara de apavorada. Não venha me dizer que também viu o demônio? Uma basta.

A velada referência a irmã Marta a tirou de seu estado de espanto e ela respondeu:

– Não, Reverendíssimo. Não vi nada. Trago-lhe um recado do vigário padre Inácio: ele pede que o senhor me acompanhe, com urgência, até onde ele se encontra.

– E onde está o vigário?

– Na cela da irmã Clara.

Ricardo abandonou os livros de registros que examinava com pouco interesse e encarou a noviça à sua frente.

– O que se passa com a irmã Clara? Por que o vigário está na cela desta senhora?

– É uma das enfermas do convento, senhor bispo. Há seis dias está acamada, com hemorragia. Por ordem da abadessa irmã Marta, eu cuidava das doentes, como não recebi ordens diferentes, prossegui cuidando delas. Padre Inácio me pediu para vê-la quando nos encontramos no corredor e, bem... desculpe, dom Ricardo, mas ele examinou a doente de maneira horrível, despudorada e diz... estou falando demais, o recado é para o senhor ir encontrar-se com ele.

Ricardo ergueu-se, não acreditando no que se insinuava nas palavras temerosas de Lúcia. Não era possível que houvesse uma religiosa tão estúpida a ponto de engravidar e não livrar-se devidamente da gestação.

– "É possível, sim" – corrigiu-se em pensamento. – "A abadessa Agnes estava doente, não teria condições de fazer um abortamento e irmã Marta dificilmente saberia tal arte. Não, ela era ingênua demais, com certeza não fora ela. Então, quem?"

– Vamos. Isso que me diz é muito grave.

Lúcia nada respondeu, adiantou-se andando à frente do bispo, conduzindo-o à cela da doente.

Ao se aproximarem, ouviram gritos e gemidos, entremeados de palavras sussurradas.

Ricardo apressou o passo, avançando à frente de Lúcia entrando na cela de onde provinham os sons. O quadro com que se deparou fez com que sentisse se arrepiarem os pêlos de sua coluna e braços.

O vigário apertava impiedosamente ora o útero, ora um dos ovários da enferma, enquanto a interrogava questionando como se sucedera aquela gravidez. Quem era o homem envolvido? Como entrara no convento? Quem fizera aquela tentativa de abortamento?

Irmã Clara, jungida pela dor, acordara daquele estado de modorra e urrando, suando de dor e medo, com os olhos esbugalhados, reconhecia e encarava os presentes apavorada.

– Eu conto, padre, eu conto. Por Deus, tenha piedade, não me machuque mais. Eu contarei tudo – dizia Clara.

– Que se passa aqui, padre Inácio? Que métodos são esses de interrogar alguém?

– Eficazes, como o senhor verá. Esta despudorada realmente transgrediu os votos que fez para com Deus e a Igreja, é uma adúltera assassina. Tem dentro dela uma criança de alguns meses morta, por isso sua hemorragia. Está podre por dentro. – E mostrando-lhe uma das mãos suja e fétida, disse: – Olhe!

Ricardo olhou a cena dantesca com certo nojo. Nunca gostara de manchar as mãos com sangue, esse trabalho sujo era de Agnes, apenas acompanhava para garantir que as situações em que se envolvera não acabassem como aquela.

– Não é necessário, vigário, sei reconhecer essa situação e confio em seu julgamento, se o senhor a examinou e diz que o feto está morto, é o suficiente.

O olhar de fera do vigário assustava irmã Clara e Lúcia, que, encolhida ao lado da porta, olhava com horror a cena, contendo ânsias de vômito. Um suor frio lhe cobria o corpo e um medo de morrer de súbito a invadiu deixando-a trêmula, parecia que uma lembrança distante a assaltava, uma recordação de um pesadelo talvez, ela distinguia fisionomias, mas o medo era tão real e assustador que a fez abraçar o corpo e encolher-se cada vez mais junto à porta, até acabar de cócoras, com a cabeça enfiada entre os joelhos.

Não ouviu as palavras de Clara, que entregava todas as envolvidas, juntamente com Enzo e com irmã Maria, contando em detalhes as transgressões sexuais que ocorriam no convento. Pressionada pelo "método" de interrogatório do vigário, Clara não ofereceu barreiras. O vigário mais de uma vez insistiu nos nomes das religiosas e ela os repetiu para que não houvesse dúvida, enquanto clamava que os dedos do padre liberassem seu corpo doente e febril.

– Basta, vigário. Já temos os nomes de todos os envolvidos, em sua maioria confirmam as suspeitas da falecida abadessa Agnes. Solte essa infeliz pecadora, que a morte ronda à volta dela.

O vigário atendeu às palavras do bispo e, tomando uma toalha de linho, limpou o sangue das mãos, afastando-se do catre, enquanto a doente pedia:

– Água, me dêem água...

Ignorando o pedido da enferma, que tentava a custo erguer-se no catre, o vigário deparou-se com Lúcia encolhida no canto e, puxando-a pelo braço, olhou-a cheio de cobiça e com o mesmo brilho feroz nos olhos cinzentos:

– Seguirás comigo, noviça.

Levando Lúcia meio arrastada pelo braço e sem perceber a extensão das conseqüências daquela manhã ainda sob aquele estranho estado de medo que se desencadeara na cela de irmã Clara, os religiosos seguiram pelos corredores.

O vigário trancou a noviça em sua própria cela e acompanhou o bispo ao gabinete.

– Levará com o senhor, vigário, essas mulheres para o tribunal em Roma. Lavrarei agora mesmo os documentos necessários narrando os fatos e dando minha decisão de serem afastadas da vida religiosa, pedindo-lhes julgamento exemplar.

– O mesmo procedimento da ocasião daqueles padres pederastas? Sim, é apropriado. Terão julgamento exemplar e o senhor, caro futuro cardeal, será informado da solução dos casos.

– Muito bem. Providenciarei que tenham o necessário para viajar logo após o almoço. O senhor e as oito freiras envolvidas.

– O senhor contou também a noviça?

– Sim, vigário, contei a noviça.

– E o padre responsável por essa situação, que pretende fazer com ele?

– Foi transferido para acompanhar uma missão religiosa no continente africano.

– É uma boa solução. Não farei menção ao nome dele nos processos.

Trocaram mais algumas palavras e o vigário se despediu. O bispo remexeu a escrivaninha do convento abrindo os compartimentos secretos e tomando a caixa de poções que pertencia a abadessa Agnes, escolheu um dos vidros e, derramando em um copo uma parte da solução, encheu-o com vinho, depositando-o sobre a mesa. Depois tocou a sineta até surgir a velha irmã Lia à sua frente:

– Perdão, Reverendíssimo, andei o mais rápido possível, mas estou muito velha. Em que posso servi-lo?

– Leve esse preparado para irmã Clara. Infelizmente somente há pouco fui informado da gravidade de seu estado de saúde.

Fazendo cara de ingênua, compadecida a velha religiosa respondeu:

– Coitadinha. Tem sofrido muito nos últimos dias. Algumas mulheres têm saúde frágil e são dadas a esses males. Graças a Deus e a boa Virgem Maria que envelheci cheia de saúde, nunca tive esses problemas.

– Glória a Deus, irmã. A senhora é uma felizarda. Agora vá.

Nas primeiras horas da tarde as freiras recebiam, diante da congregação reunida, a acusação formal e sumária de seus crimes, sem qualquer chance de defesa.

Após um breve discurso, em que Ricardo exortou as demais a permanecerem fiéis aos seus votos e a contribuírem para que o convento retomasse a paz e a harmonia, ordenou que o vigário partisse com as infiéis.

Irmã Maria marchava à frente do grupo e olhou insolente para o bispo, recusando-se a baixar a cabeça e a reconhecer a derrota no jogo que propusera ao bispo do Vêneto. As demais seguiam chorosas e ao final da fila Lúcia vinha com a cabeça baixa e o olhar envergonhado. Em sua mente persistia a sensação de medo e remorso ao lembrar a quebra de promessa que fizera a sua mãe. Inocentemente pensava que ainda haveria uma chance de reabilitação.

À noite era anunciado o falecimento da irmã Clara, após longos dias de padecimento.

Dias depois o bispo nomeava, temporariamente, uma responsável pelo convento, até que uma madre pertencente a outro convento da mesma ordem e da confiança de Ricardo viesse assumir o posto de abadessa da congregação. Com essa solução, dava por encerrados os conflitos que abalavam o convento, mesmo porque as religiosas que sobraram estavam tão amedrontadas que, se antes o local tinha o aspecto lúgubre e ermo, agora até o bater das asas dos insetos era ouvido à luz do dia.

..*

No porto de Veneza um padre, jovem e elegante, chamava a atenção dos viajantes. Andava de um lado a outro observando tudo e todos, encantado. Sua mala, de aspecto pesado, nas mãos parecia ser feita de plumas, os olhos brilhavam tanto que seu rosto chamava a atenção, tal a felicidade que irradiava.

Ouviu ao longe o aviso de embarque dado pela tripulação do navio ancorado. Apressado, lançou um último olhar à bela cidade e ao movimentado porto, ajeitou a batina e tomando nas mãos uma carta com o selo do bispado apresentou-se ao marinheiro e ao capitão, que recebiam os viajantes.

– Sua bênção, padre – cumprimentou o marinheiro. – Seja bem-vindo a bordo. Nossas acomodações são singelas, mas esperamos, sinceramente, que faça uma viagem tão boa quanto possível, considerando-se as incertezas do mar.

Padre Enzo sorriu simpático, extravasando alegria, e respondeu:

– Deus o abençoe, marujo. E não tenha dúvidas de que esta será a viagem dos meus sonhos. E, por favor, não faço qualquer exigência de luxo. – Observando à sua volta o asseio e o aspecto bem-cuidado do navio, elogiou: – Seu navio pode não ser luxuoso a seus olhos, mas lhe asseguro que para mim é excelente, além do que me levará diretamente ao paraíso.

Surpreso, o capitão encarou o padre e cumprimentando-o formalmente, falou:

– Obrigado por suas palavras, padre...

– Enzo, capitão.

– Novamente obrigado por sua elogiosa avaliação de nosso navio, padre Enzo. Somente um homem de muita fé e devoção ao próximo veria em nossa viagem um caminho para o paraíso. Fico feliz em conhecer um religioso com tamanha disposição de trabalho. Ao longo dos últimos anos transportamos vários e a maioria não tinha o seu pensamento.

Abanando a cabeça, sem dar importância às palavras do capitão, Enzo, sempre sorridente, explicou:

– Infelizmente o clero conta com elementos mal-humorados e insatisfeitos. Vou lhe confiar um segredo: eles são assim porque nunca tiveram a oportunidade de servir em Belluno.

– Belluno? – indagou o capitão. – Meu Deus! Aquele povoado é no fim do mundo, eu o conheço. Local muito aprazível, mas distante... Então, o senhor vem de lá?

– Graças à bondade de Deus, fui designado para uma localidade bem melhor. O trabalho bem feito sempre é reconhecido. A comunidade de Belluno é muito boa, porém, a distância maltrata.

Observando que uma pequena fila se formava atrás do padre, o capitão estendeu a mão, sinalizando ao padre que lhe entregasse o envelope. Observou-lhe o selo oficial e mandou-o passar, dizendo que o procuraria mais tarde.

O padre, alegre e altaneiro, avançou rapidamente pela plataforma e, tomado de intensa sensação de euforia, embarcou no navio.

Terminada a tarefa de receber os passageiros, o capitão e o marujo rumaram para a embarcação conversando em tom baixo.

– Que figura estranha esse padre Enzo! Deve ser louco ou fanático. Dizer que a África é o paraíso não tem lógica – comentou o marujo.

– Vai ver o padre aprecia a vida selvagem – falou o capitão. – Religiosos são pessoas diferentes mesmo, pelos olhos da fé talvez ele esteja vendo algo muito diferente do que conhecemos.

– Pode ser – concordou o marujo, e com riso zombeteiro, aventou: – Ou é mais um que não sabe para onde está indo.

A última hipótese mostrou ser a correta. Ao notar que se afastavam cada vez mais da costa italiana e do continente europeu, padre Enzo foi buscar informações do capitão e dele recebeu as coordenadas da viagem que seguia em direção a África. Tinham apenas mais uma parada, onde recolheriam outros religiosos que iriam compor a missão e desembarcariam os passageiros, depois seguindo para o destino final. Notando que o padre estava perplexo e incrédulo, mostrou-lhe o documento oficial da missão católica que ele integrava e a carta de designação anexa assinada pelo bispo do Vêneto.

– "Miserável!" – pensou Enzo, furioso. – "Maldito! Há de queimar no quinto dos infernos! Desgraçado! Mentiu-me, traiu minha confiança, maldito Ricardo, mil vezes maldito."

..*

Três anos depois...

Sentado sob a frondosa árvore do pátio interno do mosteiro do Vêneto, irmão Jacobino se entregava prazerosamente às suas leituras e reflexões. A tarde primaveril convidava ao contato com a natureza e a brisa suave tornava ainda mais agradável aquele recanto singelo.

– Irmão! Irmão Jacobino! – chamava um menino que corria esbaforido agitando a sacola das mensagens ao encontro do velho religioso. – Irmão! Chegou carta de Roma pro senhor.

Jacobino ergueu o olhar do livro e sorriu ao contemplar a alegria da criança que desde que chegara ao orfanato lhe seguia os passos o dia inteiro. Rafael só não estava sentado na parte baixa das raízes porque ele lhe pedira que fosse à cozinha buscar uma jarra de refresco.

– "Eu nunca fico só" – constatou Jacobino em pensamento, sentindo uma onda de ternura invadi-lo. – "Obrigado, Jesus! Como sou feliz por compreender que integro uma família bem maior que aquela limitada pelos laços do sangue. Essa eu nunca conheci, mas, Senhor, jamais me faltaram irmãos nossos para compartilhar os dias com suas alegrias e tristezas. Sempre há alguém comigo, a me alimentar o coração com seu carinho e com sua amizade. Obrigado, Senhor, por eu não ser um faminto, quando ouço tantos a clamar necessidade de afeto. Obrigado, Senhor, porque compreendi que na vida a lei é de abundância, que precisamos nos servir sem parcimônia. Por que ver as partes menores e limitadas quando, conforme nos ensinaste, somos todos irmãos e membros da família universal? Olha bem, Senhor, que anjo alegre me concedeste para agraciar meus dias de velhice, com esse sorriso maroto e desdentado. Como posso agradecer tanto, me faltam palavras..."

Rafael, estabanado, no frescor dos sete anos, vinha eufórico com as mensagens e esquecido do refresco. Atrás do menino vários metros, vinha o frei cozinheiro com a jarra e três canecos.

Ao vê-lo surgir ao fim do corredor, Jacobino ampliou o sorriso: "Viu, Senhor? Há dias que até para ler tenho alguma dificuldade. Mas não pense que estou reclamando. Longe disso, afinal para que servem as madrugadas a um velho como eu..."

– Venha, Rafael, e tome cuidado para não tropeçar e se machucar. Seus joelhos estão sempre esfolados. Está na hora de andar com mais calma – advertiu Jacobino olhando a correria do menino e aguardando vê-lo caído ao chão a qualquer momento, como freqüentemente acontecia.

– Não vou cair, irmão – respondeu o menino se aproximando. – Vim correndo porque o mensageiro disse que o senhor ia ficar feliz em receber as cartas dos seus amigos.

– É verdade, meu pequeno. Entregue-me as cartas – pediu Jacobino, e tão logo lhe foi entregue a sacola, sacou o molho de chaves, e com a menor abriu o cadeado, examinando as cartas. – Hum, veja só, Rafael, que volume grande me mandou nosso amigo monsenhor Mateus, será que há algum recado para você?

– Ele sempre escreve para mim. Tenho todas as cartas do monsenhor guardadas, como o senhor ensinou.

– Ótimo! – incentivou Jacobino passando um braço sobre os ombros da criança. – Lembre-se sempre de cultivar suas amizades, Rafael, elas são o que de mais precioso você poderá ter na vida. Quando monsenhor Mateus nos visitar, irá gostar muito de ver como você recebeu e guardou com carinho as cartas que ele lhe manda.

– Eu sei – concordou muito sério o menino. – Na última vez que veio, ele conversou comigo e me contou que gostou muito do desenho desta árvore com o senhor sentado nas raízes que eu mandei para ele. Disse que guardou dentro de um livro dum homem de nome complicado.

– Sei. Era um belo desenho – falou Jacobino passando a examinar a outra carta. – É de nosso bispo.

– Agora não temos que chamar ele de cardeal, irmão Jacobino?

– Podemos, mas ele ainda é o bispo do Vêneto, por isso também está certo chamá-lo como bispo.

O cozinheiro, enfim, alcançou a dupla sob a árvore e largando no chão a jarra e os canecos, sentou-se pesadamente sobre as raízes da árvore, passando a mão na testa.

– Que primavera bem quente, irmão Jacobino. Quando esse peralta invadiu minha cozinha pedindo refresco, a essa hora logo imaginei que devia andar a seu encalço, e como uma coisa leva à outra, lembrei que aqui nessa sua árvore devia realmente estar correndo uma brisa deliciosa – explicou o frei respirando a plenos pulmões, como se quisesse refrigerar todo corpo. – Cartas de nosso cardeal dom Ricardo?

– Exatamente. O bispo escreve regularmente quando se ausenta daqui. Mas confesso que hoje não esperava, calculava mais para o final do mês. É provável que venha passar o verão conosco, talvez esteja antecipando a viagem. Roma é muito quente no verão.

– Sem falar que monsenhor Mateus não ficaria mais de seis meses afastado daqui. Ele adora o Vêneto e o trabalho da congregação.

– É um grande amigo o jovem monsenhor, quem diria? É uma felicidade vê-los tão bem. Mateus tem levado muitas das idéias de nossa congregação à apreciação e ao conhecimento de outros bispos e cardeais com ótimo resultado, tem-se mostrado um grande embaixador da causa do trabalho e da educação do povo. Ele, sim, faz os pobres mensageiros suarem nessas estradas, não há semana que não nos escreva, não é mesmo, Rafael?

– É sim, monsenhor Mateus é meu amigo. O senhor sabia, frei?

– Ah! Mas que beleza! Tão novinho e já com amigos importantes. Meus parabéns!

– Muito obrigado, frei – disse o menino. – Eu também escrevo para ele. Mas sentindo o olhar de Jacobino, corrigiu: – Quer dizer, mando alguns desenhos, e o irmão Jacobino escreve o que eu digo. Dessa vez, se ele escreveu para mim, vou poder responder alguma coisa. Estou aprendendo a escrever.

A conversa seguiu animada e transformou-se num improvisado piquenique na tarde quente. Despreocupado, Jacobino deixou para ler a correspondência depois que o frei tivesse conversado bastante e resolvesse que era tempo de voltar a seus afazeres, deixando-o com Rafael a aproveitar o fim da tarde.

O menino riscava o chão com um pequeno graveto seco, construindo seu mundo de sonhos e fantasias infantis protegido pelo afetuoso cuidado do religioso, que se decidia a ler as cartas.

Uma expressão de surpresa se desenhou no enrugado rosto ao ler as primeiras linhas traçadas por Ricardo.

– "O Reverendíssimo não altera planos a meio caminho. Abandonar Roma dessa forma inopinada é no mínimo muito estranho" – conjeturava Jacobino. – "Que estará acontecendo? Bem, farei o que ele pede na carta. Talvez a correspondência de Mateus me dê algum esclarecimento sobre essa antecipação de quase dois meses no regresso do bispo ao Vêneto."

Decidido, recolocou a carta na sacola e apanhou o volume endereçado por Mateus. De imediato seu semblante se suavizou e um sorriso carinhoso iluminou seu olhar. Leu a primeira página, a segunda e somente quando ia a meio da terceira o jovem amigo dava notícias que esclareciam o motivo do retorno.

O estado de saúde de Ricardo tem me preocupado bastante, irmão Jacobino. Aparentemente ele é o mesmo, forte e saudável, mas tem sentido muitas dores. É freqüente vê-lo massageando as pernas e os braços. Vejo e sinto seu corpo tenso, é comum vê-lo recorrer a drogas para aliviar o sofrimento. Creio que isso não o deixa descansar, pois seu sono é inquieto. É comum que tenha pesadelos dos quais não se recorda, acordando assustado, angustiado. Mas tudo isso sei por conta da observação que aprendi a exercitar com o senhor, ele nada diz, nenhuma palavra nem mesmo para mim. Provoco, pergunto, indago, ele sorri e diz que tenho medo de que ele fique velho.

Acerca de dois dias atrás, me surpreendeu pedindo que preparasse tudo para retornarmos ao Vêneto ainda na primavera, é provável que ele busque restabelecer-se na paz bucólica do mosteiro. Não fossem as preocupações que lhe confiei, poderia dizer que essa decisão só me trouxe maior felicidade.

Jacobino leu até o final, rindo ao passar os olhos sobre as recomendações que Mateus fazia ao pequeno Rafael.

– Do que o senhor tá rindo, irmão Jacobino? – perguntou o menino aproximando-se, curioso.

– Da carta que Mateus escreveu para você. Tome, veja se consegue ler sozinho.

O menino, confiante, apanhou a folha de papel.

– Ra...fa...el... – disse o menino decifrando as letras e soletrando as sílabas, para depois falar: – Rafael, não in...co...mo...de, incomode, o ir...mão Jacobino... Viu? Já sei ler o seu nome – comentou a criança em meio à leitura – quan...do, quando, ele es...ti...ver na co..zi..nha.... Monsenhor disse para não incomodar quando o senhor estiver na cozinha. Por quê?

– Ah, meu filho, siga lendo, é monsenhor Mateus quem deve lhe explicar o que pensa, foi ele quem escreveu, não eu.

– Mas, irmão, a folha é tão grande, tem tantas letras, vai demorar para eu saber. O senhor podia me contar, aposto que sabe. O senhor é velho, e todos dizem que o senhor é um velho que sabe tudo. E o senhor leu a minha carta.

– Não venha querer me conquistar, nem me chantagear, Rafael. Faça você o seu serviço. Eu só dei uma olhadinha, não li até o fim.

Com expressão contrariada, o menino sentou-se no chão, aos pés de Jacobino, e seguiu o exercício de leitura acompanhado pacientemente pelo religioso, que, atento, o corrigia em seus erros.

Terminada a lenta leitura, Jacobino ergueu-se, deu a mão a Rafael, que carregava orgulhosamente a sacola do mensageiro, e os dois dirigiram-se para o gabinete. Naquele fim de tarde, providenciou o cumprimento das ordens recebidas de Ricardo, começando por avisar os criados e por mandar preparar a residência do bispo para seu retorno.

À noite, sob a luz das tochas e velas, em seu modesto dormitório, Jacobino debruçava-se em seus estudos, mas uma sombra se insinuava cheia de preocupação em sua mente:

– Que estaria ocorrendo com o bispo? Estaria ele doente...

..*

Sob um sol escaldante, padre Enzo caminhava em meio a trilhas cobertas de poeira escura levantada pelo trotar dos animais. Olhava à volta e aquela paisagem era-lhe sempre estranha e indigesta, não se ambientava, recusava a afetividade espontânea e ingênua que lhe oferecia o povo da região. Julgava-se superior a eles, em seu pensamento, a "adoração" deles à sua pessoa era fato natural que não merecia nenhuma retribuição. A soberba imperava em sua alma, aceitando como companheira e conselheira apenas a vingança.

Todas as noites, invariavelmente, dedicava horas a pensar em Ricardo. Revia o passado, os bons e os maus momentos, continuava negando sua responsabilidade no rompimento da ligação entre eles e, cheio de revolta, fazia juras pessoais de desforra. Não aceitava o desprezo frio e silencioso que o bispo lhe dedicava. Feria demais o orgulho, e a reclusão a África o humilhara muito mais do que a designação para Belluno. Compreendera que Ricardo não queria vê-lo, não desejava notícias suas e queria uma distância tão grande quanto um oceano entre eles. A mensagem dessa vez fora entendida – tudo acabara mesmo, não havia chance de retorno. Entretanto, as razões do bispo para tal atitude, ele não compreendia.

Alimentando o desejo de vingança contra o bispo do Vêneto, não demorou muito a que seu pensamento atraísse pares, encarnados e desencarnados, dispostos a coadjuvar a tentativa.

O espírito de padre Rugiero passou a ser companhia freqüente nas quentes noites africanas a endossar e fermentar a revolta no coração de Enzo. Como tinha livre locomoção e ação, consciente de que o demônio não tinha pressa em vir buscá-lo, passara a agir pelos corredores dos prédios e conventos aliciando entidades desencarnadas de religiosos revoltados com o tratamento que lhes dera a Igreja, fundando uma nova congregação disposta à "justiça".

Ele viu no padre Enzo o braço humano de sua "justiça".

– "Eles descobrirão que não morri. Malditos irmão Jacobino, sua cara de bonzinho e o bispo e sua arrogância, irão lembrar de mim. Eu guiarei Enzo e ele fará o que quero" – arquitetava Rugiero.

E passou a agir conforme seus pensamentos. Entre seus aliciados, contava com espíritos que haviam servido enquanto encarnados em diversas congregações, assim dispunha sua ação buscando atingir e receber informações de uma grande gama de instituições, acompanhando as ações traçadas pelos encarnados e influindo conforme sua capacidade, desencadeando uma série de processos obsessivos desde os mais simples até dolorosos estados de perturbação. Ele era agora o novo "bispo" daquela ordem, era quem dava as cartas e de igual para igual queria o confronto com Ricardo e Jacobino, ignorante de que a hierarquia humana nada significa no plano espiritual, pois somente a autoridade moral gradua a hierarquia entre os espíritos, e desta, infelizmente, ele nada possuía.

Mas foi alimentado por esses pensamentos que Enzo viveu algum tempo na África isolado das pessoas que o cercavam entregando-se à depressão, à revolta e ao abatimento. Sentia-se pressionado a fazer alguma coisa, pensava e pensava, porém tudo quanto arquitetava esbarrava nas praias e nas ondas enormes do oceano – a distância da Itália, palco necessário à sua vingança, era grande e de difícil transposição. Diante dessa constatação, a impotência o prostrava e seu pensamento se consumia cheio de revolta e autopiedade: "Sou um exilado, desterrado como um criminoso" – dizia ele a si mesmo.

Trabalho, dedicação ao semelhante, identificação com o progresso somando forças com essa lei universal, lamentavelmente, nem por um só minuto passaram pelo pensamento do padre, apesar dos longos anos que presenciou a incansável e alegre atividade de irmão Jacobino.

Servia há quase dois anos na África, sendo um membro improdutivo na missão que integrava, quando conheceu um religioso recém-chegado da Itália. A fisionomia do homem tinha algo que lhe era familiar, mas com a mente tomada pelas idéias fixas de revolta e vingança, ele demorou a recobrar a origem da semelhança.

– "São os olhos" – constatara em pensamento observando o homem. – "Os olhos dele me lembram alguém. São familiares. Mas quem?"

Movido pela curiosidade, aproximou-se do religioso durante um jantar. Muito sóbrio e triste, o recém-chegado era de pouquíssimas palavras, trabalhava o dia inteiro e à noite era comum vê-lo com o terço nas mãos rezando ajoelhado em frente ao altar singelo e rústico do prédio que a missão estava construindo e que lhes servia de sede.

– Posso sentar-me a seu lado? – pediu Enzo, educadamente.

– Claro, senhor. Esteja à vontade.

– Obrigado. Então, o que está achando do trabalho na missão?

– Bom.

– Eu estranhei bastante o clima. De que região da Itália o senhor veio?

– De várias.

– Como, de várias?

– Trabalhei em várias regiões. Viajei muito.

– Entendo. Eu sou do Vêneto, conhece a região? Fica ao norte da Itália. Seu modo de falar é bem parecido com o meu, julguei que também fosse de lá.

– Eu sou. Morei no Vêneto muitos anos, praticamente a vida toda. Nos últimos anos, depois que ingressei na Igreja, é que tenho viajado.

– Entrou para a Igreja há pouco. Interessante. Eu estou nela desde menino. O que o fez descobrir a vocação do sacerdócio? É uma vida dura, de poucas alegrias.

– Estou preparado. Sua comida está esfriando.

– É verdade. Apesar de não ser nenhuma tragédia, com este calor é bom que a comida não esteja muito quente.

Enzo recebeu apenas um olhar rápido e sem expressão do recém-chegado, mas essa atitude não seria suficiente para fazê-lo desistir de saciar a própria curiosidade.

Terminada a refeição, prosseguiu na tentativa de aproximação do novo padre, até que, visivelmente incomodado, o homem levantou-se, mostrando um físico avantajado, e encarando Enzo com frieza, lhe disse:

– Boa noite, padre.

– Mas o que é isso? Irás te recolher tão cedo? Fica um pouco mais. Ainda não sei o seu nome. Chamo-me Enzo, se precisar de algo ou se quiser simplesmente conversar, me procure.

Desconfiado dos modos de Enzo, o religioso preferiu manter distância, aqueles poucos anos na Igreja eram suficientes para saber que nem todas as amizades eram puras e desinteressadas no que ele havia esperado ser um local santo de pessoas devotas e abençoadas, apartadas dos sentidos da carne.

– "Outro não! Será que nem aqui no coração da África, numa terra perdida de Deus, não encontrarei sossego... Será que peço muito ou meus pecados são tão grandes que devo viver no inferno mesmo antes morte?" – pensava o religioso. Mas mandava a boa educação e as normas de convivência da missão que fosse gentil com o tal padre Enzo, por isso respondeu:

– Bruno, prazer em conhecê-lo. Agradeço sua generosidade, mas tudo que busco nesta missão é trabalho e sossego. Preciso descansar. Boa noite.

– Boa noite – disse Enzo encarando Bruno e assimilando a reação dele à sua tentativa de aproximação.

Mas ali não havia razões para desistir facilmente de uma empreitada e tudo o que Bruno conseguiu com sua fria reserva foi despertar ainda mais a curiosidade e o interesse de Enzo.

Transcorreram-se mais alguns meses. Embora não se possa dizer que Bruno tenha se tornado um grande amigo de Enzo, acabou por ceder ao rapaz uma certa camaradagem e mesmo conquistou-lhe a confiança, sendo freqüente vê-los juntos envolvidos em longas conversas. Regra geral, Bruno lhe ensinava o que aprendera antes de tornar-se religioso, falava de sua família, da habilidade em lidar com os cavalos e Enzo falava-lhe da vida no convento do Vêneto, de algumas experiências que o haviam marcado, mas tudo muito superficialmente, notando que o companheiro se retraía sempre à menção do convento e de Ricardo, mas nada falava deixando Enzo ainda mais dominado pela curiosidade.

Caía a noite e eles contemplavam o pôr-do-sol sentados nos degraus de acesso à porta da igreja. Bruno, bastante cansado pelo trabalho do dia, secava o rosto suado com um lenço de algodão:

– Padre Enzo, o senhor nunca está sujo ou suado, como faz tal coisa?

– Simples. Não tenho qualquer habilidade para tarefas manuais ou braçais como o senhor. Cuido dos documentos da missão e da correspondência – respondeu Enzo encarando Bruno e admirando os traços másculos e fortes que nada tinham de extraordinários, eram até bem comuns, mas no meio da África ganhavam mais encantos.

Como sempre acontecia quando via os olhos de Bruno, a sensação de familiaridade o invadia e incomodava. Naquele fim de tarde veio a lembrança de um outro rosto com traçado de olhos muito semelhante, e, involuntariamente, Enzo exclamou:

– Lúcia!

Imediatamente o espanto transfigurou as feições de Bruno, deixando-o, inclusive, um tanto pálido.

– O que disse, padre Enzo?

– Lúcia – repetiu Enzo ainda encarando Bruno e analisando detidamente o rosto. – Desde que o vi tenho a sensação de conhecer alguém parecido consigo, agora me lembrei de quem se trata: é de Lúcia.

– E quem é Lúcia?

– Uma noviça que conheci quando trabalhei no Carmelo do Vêneto.

Um brilho inconfundível de interesse surgiu no olhar de Bruno e não passou despercebido de Enzo, que indagou:

– O senhor a conhece?

– Há quanto tempo o senhor conheceu esta noviça? Era uma jovem?

– Aproximadamente três ou quatro anos, não mais que isso e, sim, Lúcia é uma jovem, muito bela por sinal. Hoje deve ser uma freira. Ingressou na Igreja a pedido da madrinha. Um pedido feito no leito de morte que ela acatou como uma promessa infalível. Coitada! Tinha verdadeira veneração por aquela madrinha. Assim como eu, Lúcia era órfã, foi abandonada nos muros do convento e recolhida pelas freiras. Se estou bem lembrado, a tal madrinha – uma duquesa – estava fazendo um retiro espiritual e, encantada pela criança, tomou a si o compromisso de educá-la.

Algumas lágrimas indiscretas correram pelas faces de Bruno despertando ainda mais a curiosidade de Enzo.

– Então, padre Bruno, falamos da mesma pessoa?

Um fundo e dolorido suspiro brotou do peito de Bruno, enquanto com as costas das mãos tentava inutilmente apagar as marcas das lágrimas. Com voz embargada pela emoção, respondeu:

– Sim, é a mesma jovem.

– Desculpe minha indiscrição, mas é impossível não perceber que ela é uma pessoa importante para o senhor, posso saber a causa da ligação?

– É uma história longa, padre Enzo, que me conduziu até a Igreja e ao que sou hoje. Não gosto de recordar o passado. Vim para a África justamente para esquecê-lo, para afastar-me de todas as ligações com esses fatos tão tristes para mim. Não gostaria de contá-los, prefiro manter silêncio.

– "Meu Deus!" – pensou Enzo. – "É ele, o pai de Lúcia. O cocheiro que era amante da condessa Clarissa. Que mundo pequeno! Isso mesmo, Lúcia me disse que ele declarara ter disposição de também ingressar na Igreja após a morte da condessa. Bruno! Sem dúvida é ele."

– Lúcia me falava muito da madrinha e das pessoas que conviveram com ela antes do noviciado. Como fui seu confessor enquanto estive no convento, sei de muitas coisas a respeito da vida dela. Tem um carinho muito grande por todos, sempre pensei ser um desperdício uma jovem como ela estar no convento simplesmente por obrigação a uma promessa.

– É, Clarissa, onde estiver, há de ter se arrependido muitíssimo do que fez – comentou Bruno envolvido pelas lembranças provocadas por Enzo.

– Por que diz tal coisa? Lúcia pode ser feliz na Igreja.

– A Igreja a matou. Ela foi entregue ao Tribunal da Rota Romana por quebra dos votos e heresia – informou Bruno, respondendo às próprias lembranças e não se dando conta de que dialogava com Enzo. – É por essa razão que estou na África, a Itália e a Igreja lá só me deram desilusões. Aqui, em meio a esse povo simples, quero viver e trabalhar esperando minha hora de me juntar a elas. Nossos pecados foram duramente expiados. Eu rezo por elas, padre Enzo, diariamente, pedindo a Deus que tenha piedade de nossos erros e nos conceda a graça de seu perdão.

Estupefato com a notícia da morte de Lúcia, Enzo não registrou as palavras que se seguiram, sua mente foi absolutamente dominada pela informação e tramou mil planos imaginários para explicar a morte da jovem.

– "Ciúme!" – justificou ele em pensamento. – "Ricardo descobriu meu envolvimento com ela e ciumento como é, deu a Lúcia o mesmo destino que aos padres Bento e Rugiero, que foram meus amigos. É por causa do ciúme dele que estou aqui nesse inferno, fim de mundo era Belluno, aqui não há qualificativo. Ele diz que não me quer, mas também não admite que eu tenha outras pessoas. É ciúme! Sou um prisioneiro do ciúme desse homem, não é possível continuar vivendo assim, preciso fazer alguma coisa."

– "Acabe com ele" – sugeriu mentalmente o espírito de padre Rugiero, que acompanhava a cena. – "Você só terá liberdade quando tiver acabado com ele. Denuncie o que sabe do bispo do Vêneto, faça-o provar do veneno que dá aos outros. Acabe com ele, Enzo. Você pode, é jovem, é inteligente, brilhante, tem conhecimentos influentes em Roma. Mexa-se, saia daí, lute pela sua liberdade. Destrua dom Ricardo e seu asqueroso secretário."

– "Preciso me libertar de Ricardo. O ciúme dele não pode destruir minha vida" – pensou Enzo assimilando a orientação de Rugiero perfeitamente afinada com seus próprios pensamentos. – "Tenho que sair daqui, deixar a África, Ricardo me deixará aqui até a morte. Mas como? Tenho pensado nisso dia e noite e não vejo saída."

– "Seus conhecidos, Enzo" – influenciou Rugiero habilmente. – "Peça formação na ordem exorcista. Eles aceitam padres de todas as congregações. Faça uma especialização na sua carreira. Isso o tirará daqui e o fará ainda mais importante. Pode até libertar-se da jurisdição do bispo do Vêneto."

– "Mudança, é isso que preciso" – cogitava Enzo. – "Mudar, mudar alguma coisa."

– "Os exorcistas, procure por eles. Torne-se um exorcista" – voltou a sugerir Rugiero.

– "É isso! Claro! Como não pensei nisso antes? Dom Jaime, claro, pedirei ingresso para aprender a exorcizar. Genial! Ricardo me encontrará em Roma para acertarmos nossas contas, não serei escravo do ciúme doentio dele. Se não me quiser mais, tudo bem, não serei um monsenhor, nem um bispo a acompanhá-lo em sua carreira, mas não morrerei no calor e no pó da África" – decidia Enzo em pensamento, atribuindo a autoria de todas as idéias a si próprio, nem ao menos cogitando que servia de instrumento à realização de um plano de vingança.

Um sorriso de escárnio e vitória surgiu no rosto da entidade desencarnada, enquanto pensava:

– "Idiota! Mas não importa, desde que obedeça."

Bruno, tomado pelas lembranças do passado, não deu importância ao repentino silêncio do curioso padre Enzo. Dominado por sentir-se duplamente culpado pela morte das mulheres que amava, levantou-se, apanhou no bolso o terço, murmurou uma breve despedida e encaminhou-se ao altar da igreja para rezar pedindo perdão a Deus e luz para as almas de Clarissa e Lúcia.

Enzo, por sua vez, ficou um pouco mais, redigindo mentalmente a carta que pretendia escrever a dom Jaime pedindo ingresso como aprendiz na ordem exorcista. Criou pretensamente histórias mirabolantes – pois ele nunca acompanhara os demais nas visitas às aldeias – ocorridas nas aldeias africanas, envolvendo seus rituais e cultura satanista. Naquela mesma noite escrevera a carta que agora levava a pé até o porto mais próximo, encaminhando-a para Roma.

– Meu último sacrifício – dizia Enzo a si mesmo em voz alta. – Não mais verei essa paisagem selvagem, esse povo, voltarei a Itália, a Roma – o centro do poder. E lá Ricardo conhecerá quem sou eu, após todos esses anos e tudo o que ele me fez passar. Novos dias hão de vir.

..*

Uma fila de carruagens anunciava a chegada do bispo do Vêneto e sua comitiva ao mosteiro. Parado de pé, ao lado dos portões, irmão Jacobino, de mãos dadas com o pequeno Rafael, aguardava para saudar o superior.

– Foi nesse momento que pela primeira vez senti que tinha, novamente, depois de muitos anos, um lar – disse Ricardo abruptamente quebrando nossa atenção às memórias que desfilavam a nossos olhos e trazendo-nos ao presente. Georges, calmo como sempre, acompanhava com atenção as palavras de nosso amigo. – Sabem, Georges e José Antônio, o que senti nesse momento é difícil dizer. Agora, revendo essas lembranças, percebo que alguém teria que me conhecer muito intimamente para notar que eu estava emocionado quando vi o irmão Jacobino e aquele pequeno capetinha desdentado, parados ao lado do portão. Foi uma sensação de estou em casa, voltei, aqui é meu reino, sou livre, estou entre pessoas que confio e que mesmo sabendo quem eu era confiavam em mim. Que fenômeno estranho! Mas é verdade, eles confiavam em mim, sabiam que eu não faria nada que colocasse em perigo o trabalho que desenvolviam, eu era um espécime raro de defensor e bandido. Depois de muitos anos, esse foi um dia que reconheci que uma profunda emoção me dominou interiormente. É nostálgico rever essa cena. Se pudesse, eu a colocaria em um quadro.

– Era o seu reencontro com a figura paterna, Ricardo? – indagou Georges.

– É bem provável. Jacobino era o pai que eu queria, talvez nesse dia eu tenha tornado isso consciente para mim. É até engraçado dizer isso, nessa época eu tinha quase cinqüenta anos e Jacobino ultrapassava os sessenta, mas era a primeira vez desde que eu fora enviado ao colégio do monastério que me sentia de novo em casa. Eu havia substituído, transferido, meus afetos para os companheiros de jornada religiosa do Vêneto. Eu tinha novamente uma identidade familiar, eu pertencia a um grupo e me sentia aceito. Vocês nunca poderão imaginar o que eu senti ao cumprimentar o irmão Jacobino, ainda que aparentemente tudo fosse muito formal, havia uma luz no olhar dele como quem realmente recebe um filho, eu senti o carinho dele e, tenho que confessar, tive um ciúme infantil ao ver Mateus abraçar efusivamente meu secretário. Aliás, acho que não foi apenas ciúme, era inveja também. Eu não tinha ciúmes de Jacobino por estar abraçando Mateus, mas ao contrário. E nunca antes havia invejado a espontaneidade de Mateus expressar seus sentimentos, mas naquele momento queria ter sido eu o abraçado e não fui, agora vejo claramente que isso não aconteceu porque eu não permiti. Infantil, não é mesmo?

– Humano, Ricardo. A busca de afeto, de aceitação, de sentido de pertencer a um grupo social, de dar e receber carinho são necessidades humanas comuns e normais. Pelo que você conta, creio que nesse momento você iniciou um processo de resgate dos traumas da infância, um processo de superação. Teria sido o início da valorização de conceitos imateriais?

Ricardo meneou lentamente a cabeça, dirigiu o olhar ao teto, esquecido da tela e buscava nas próprias recordações a resposta.

– De forma consciente, sim, foi a primeira vez que valorizei algo onde não buscava nada, absolutamente nada, de material. Era afeto puro, simples, desprovido de quaisquer segundas intenções e com disposição de retribuir. Havia amadurecido meus conflitos, será isso, Georges?

– Crescido, sim. Por mais que queiramos reprimir nossas emoções, elas rejeitam essa ação contrária à lei. O amor existe para ser compartilhado e ele domina os seres humanos, ainda que suas manifestações iniciais sejam grosseiras muitas vezes. Mas não temeria afirmar que toda gama de emoções que vivenciamos são manifestações de um único sentimento – o amor. E foi isso que você sentiu, Ricardo, o amor rompendo as barreiras que havia criado, crente que poderia conter e lutar contra uma lei universal.

– Tanto esforço para nada... – lamentou Ricardo.

– Esforço do quê?

– Todas as coisas que fiz, minha ambição desmedida, minha ânsia de poder e liberdade... Ilusões; tudo o que eu realmente queria era amar e ser amado. Hoje, revendo essa cena – e ele apontou a tela onde se viam Jacobino e Rafael sorridentes recepcionando os recém-chegados –, percebo que naquele dia, sendo um cardeal da Igreja, tendo mais ouro, jóias e terras do que conseguiria gastar em várias existências, sendo livre, honrado e respeitado pela sociedade, da mais alta à mais baixa classe, em vários países, podendo influenciar milhares de destinos, eu era pobre, extremamente pobre. Eu havia vencido na posse das coisas materiais, mas a luta para permanecer senhor delas era constante e sem tréguas. A cada passo a transitoriedade delas se fazia mais nítida ao meu olhar, quanto mais eu avançava, quanto mais ascendia, maior era minha consciência de que de uma hora para outra aquilo poderia ser-me arrancado, ou, melhor dizendo, eu poderia ser arrancado delas. Preocupava-me que os trabalhos da congregação não fossem atingidos, fiz o que pude para dar-lhes a máxima independência. E a luta pelas ilusões me vencia em Roma, eu estava cansado. Adorava o poder, não posso e não vou negar, mas o preço era alto e eu estava cansado, muito cansado. Sentia falta da simplicidade e da franqueza do povo do Vêneto. Naqueles anos em Roma, compreendi toda a extensão da sabedoria do irmão Jacobino quando dizia que bispos iam e vinham, mas ele permanecia ali e não iria se desgastar numa luta que não era do interesse dele. No entorno do poder são muito poucos os amigos em quem se pode confiar, eu via muitos bispos "irem" e via a tentativa de outros tantos "virem", num espetáculo de quedas e subidas que conhecia bem demais, onde ou se pisa ou então se vira degrau, não há composição nem meio-termo. E para mim não havia volta, quando muito, uma trégua, e era em busca dela que eu voltava ao Vêneto e aos meus amigos.

– Hoje você faria tudo novamente?

– Sinceramente não sei, Georges. Acredito que não, mas reconheço que fui um fraco diante das circunstâncias e não saberia dizer como reagiria diante delas novamente. Posso apenas lhe dizer que me sinto mais maduro e fortalecido, só não sei o que poderia suportar de fato.

– Para muitos você foi um forte. Por que se diz um fraco, Ricardo?

– Porque eu teria que ser desprovido de razão e inteligência para não reconhecer que o mundo me venceu. Eu saí dele sem nada do que consumiu dias e anos da minha existência. Não sou estúpido, nem idiota, reconheço perfeitamente o grande equívoco que foi minha existência. Eu preferi lutar com os outros e não comigo mesmo, deixei-me arrastar, julgava dirigir e era dirigido. Moldei a mim mesmo para satisfazer aos outros. Não aceitei a idéia de que eu não era exatamente o filho que meus pais sonhavam e fui em busca de honra, respeito e poder para satisfazê-los e ser apreciado pelos outros. E nesse jogo, os "outros" comandaram minha vida e eu fui agindo dominando os que me cercavam, mas sendo dominado por uma multidão de pessoas sem rosto composta pelo que chamam de conceitos, padrões sociais, cultura – a jaula maldita, como chamava o irmão Jacobino.

– E você culpa alguém nesse momento?

– Não, Georges. Não adiantaria nada, seria outra estupidez. Reconheço que me faltou coragem para quebrar esses padrões e viver livremente. Eu me sujeitei, me acomodei. Preferi os caminhos fáceis, não posso culpar os que provavelmente agiram imbuídos desse mesmo pensamento. Reconheço meus erros e sei que são grandes, mas não quero ficar olhando para trás, acho que já fiz isso demais, não lhe parece?

Georges sorriu e estendeu a mão para Ricardo, que a recebeu entre as suas, e sorriu em resposta. Depois comentou:

– Fico muito feliz em ver que você está conseguindo acompanhar todas essas memórias, principalmente estas últimas, sem dor, separando muito bem arrependimento de remorso e mantendo uma atitude positiva diante da vida, olhando de hoje para amanhã.

– Estou pronto, podemos seguir – respondeu Ricardo ciente de que ainda havia muito a avaliar de seu passado.

Retornando à sua posição original, Ricardo olhou diretamente para a tela à sua frente. Expressão calma, relaxada, apenas uma leve ruga na testa denotava alguma preocupação por rever as cenas de sua última existência, mas me chamou a atenção que ele deixara uma de suas mãos entre as de Georges, como se precisasse de algum tipo de apoio, e as cenas do passado no Vêneto voltaram a dominar nossa atenção.

Jacobino sorria feliz para os recém-chegados, acolheu Ricardo amavelmente e abraçou Mateus com infinita ternura, cumprimentando-o com alegre e amistosa ironia:

– Sua bênção, monsenhor Mateus – disse Jacobino com ar brincalhão e irreverente. – Seja bem-vindo. Fez boa viagem?

– Agindo assim Deus não vai lhe abençoar, irmão – retrucou Mateus, risonho. – É muito feio debochar dos outros, é falta de caridade.

– Não me diga, monsenhor Mateus, eu não sabia, me perdoe. Sou apenas um pobre e velho padre, talvez esteja ficando senil e a memória me falte.

– Por que o senhor tá fazendo isso, irmão Jacobino? Ontem me puxou as orelhas só porque eu tava imitando o padre que oficiava a missa. Depois me disse que tava errado o que eu fiz e me encheu de explicações, me fez estudar mais ainda e agora tá debochando logo do monsenhor, que é meu amigo – repreendeu Rafael inocentemente e depois, se adiantando, tomou a mão de Mateus e beijou-a levemente. – Sua bênção, monsenhor. E eu não tô fingindo.

Mateus abaixou-se e abraçou o menino fortemente, e quando se ergueu, o trouxe no colo:

– Deus o abençoe, pequeno. Você é o nosso mascote Rafael, mas ainda tem algumas coisas a aprender. Irmão Jacobino só estava brincando comigo. Sabe o que é? Ele está ficando velho e temos de ter paciência com ele, além do mais, ele não me respeita como um monsenhor, mas eu não fico triste, porque ele é meu amigo e entre nós que somos amigos não existe essa distância da hierarquia. Certo?

Rafael fez uma careta, pensou um pouco, depois abriu seu amplo sorriso desdentado e inocente e comentou:

– Mas é bonito ser amigo de um monsenhor.

– É bonito ser amigo de quem você gosta – frisou Mateus. Depois, lançando um olhar para Ricardo, que acompanhava a calorosa acolhida do companheiro em silêncio, dirigiu-se a ele dizendo: – Lembra-se, Reverendíssimo, dos desenhos que lhe mostrei lá em Roma?

Rafael, tímido por ver o bispo prestar atenção nele, escondeu o rosto no pescoço de Mateus.

– Claro, monsenhor Mateus. Um belo desenho. Não me diga que foi esse jovem quem o mandou?

– Ele mesmo. Será um grande artista, tem muito talento. Mas como todo artista é um pouco excêntrico, está se fazendo de tímido – disse Mateus, e forçando gentilmente o menino a encarar o bispo, cochichou em seu ouvido: – Ande, Rafael, o cardeal dom Ricardo deseja conhecê-lo, não vai ficar escondido no meu ombro, vai? Vamos, desça e vá tomar a bênção do cardeal.

Obediente, o menino desceu e andou até Ricardo, pedindo-lhe a bênção com toda a educação.

– Deus o abençoe, Rafael. É uma alegria conhecer um amigo do monsenhor Mateus, ele fala muito de você.

– Obrigado, cardeal – respondeu Rafael, e olhando os trajes de Ricardo, as jóias que ele carregava e o luxo do interior da carruagem que via pela porta aberta próxima, não conteve uma observação genuinamente infantil – Deve ser muito bom ser cardeal, dom Ricardo, a sua roupa é mais bonita que a dos outros e...

– Rafael! – chamou Jacobino com certa severidade no tom de voz e apenas isso bastou para que ele soubesse que estava se excedendo.

– Desculpe, irmão Jacobino – disse Rafael. E voltando novamente para Ricardo, disse: – Me desculpe também, dom Ricardo.

Ricardo acariciou levemente os cabelos despenteados do menino pela brisa primaveril dizendo:

– Está desculpado, Rafael. Mas, então, você gostou das minhas coisas?

Olhando primeiro para o irmão Jacobino e recebendo um discreto incentivo para responder, Rafael encarou o bispo e respondeu:

– Gostei.

– E como amigo de monsenhor Mateus e meu amigo também, você não gostaria de andar na carruagem até onde o cocheiro irá guardá-la?

– E eu posso?

Mateus sorria observando o diálogo entre o bispo e o menino e vez ou outra trocava olhares de cumplicidade com Jacobino.

Rafael chegou a andar alguns passos apressados em direção à carruagem, então, repentinamente parou e, voltando-se, perguntou:

– Irmão, eu posso andar na carruagem do bispo?

– Ele o convidou, Rafael, então você pode ir, mas não se esqueça de agradecer ao Reverendíssimo, e quando chegar ao fim o seu passeio, volte imediatamente à biblioteca e continue a fazer as suas lições.

– Muito obrigado, dom Ricardo – disse Rafael correndo em direção à carruagem e, sentando-se, puxou a porta ficando apenas seu rostinho aparecendo pela abertura das cortinas da janela.

Com um gesto, Ricardo ordenou ao cocheiro que levasse a carruagem e o passageiro lentamente até o local onde ficaria guardada.

– O senhor é muito severo com o menino, irmão Jacobino – comentou Ricardo. – É uma criança meiga e dócil, não há necessidade.

– A vida dos órfãos é dura, Reverendíssimo, eu bem sei o quanto. Dar-lhes a real dimensão dos limites que existem na vida só lhes fará bem, aprendendo desde cedo o respeito, a gentileza, a educação, reconhecerão autoridade e justiça, não pense que me arrependo de haver sido severo com qualquer um dos meninos que passou por este local. Não, nunca, e todos eles sabem que são os filhos da minha vida e que eu os amo e sou amado pela maioria. Rafael não será diferente, mesmo com todo charme e carência que ele manifesta – retrucou Jacobino, que em matéria de educação dos órfãos, nunca aceitara interferências, aquela era a sua obra, responsabilidade que assumia integralmente.

– "Amor? Que será esse amor de que Jacobino tanto fala? Como será ter esse sentimento assim tão abundante em si? Há quantos ele diz amar... Desde que estou aqui já passaram tantos meninos e rapazes pelas mãos de Jacobino que perdi a conta. Não faz distinção de espécie alguma. E o mais estranho é que todos são tratados de forma igual e ao mesmo tempo diferenciada. Cada um tem a sua dosagem de carinho e severidade" – pensava Ricardo observando Mateus e Jacobino, que andavam abraçados em animada conversa enquanto seguiam pelos corredores do prédio, cheios de arcos que ladeavam os pátios e jardins do convento, até chegarem a um jardim que atravessaram em direção à residência do bispo.

No interior da sala, Ricardo olhava os móveis familiares e um sorriso caloroso surgiu em seu rosto quando se acomodou em uma das poltronas.

– Mateus, irmão Jacobino, por favor, sentem-se – convidou Ricardo que, tocando a sineta, chamou o criado, pedindo-lhe: – Traga-nos vinho, Cristóvão – o melhor que houver na adega.

– Sim, cardeal, lhe trarei o tinto que o senhor aprecia.

– Muito bom – anuiu o bispo, após o que o criado se retirou.

Jacobino, que analisava a fisionomia de Ricardo com interesse de amigo, declarou:

– Roma tem sido ruim para o senhor, Reverendíssimo.

– Por que diz tal coisa, irmão Jacobino? – indagou o bispo.

– Há um ar de cansaço e uma certa tristeza em seu olhar. Tenho notado que cada vez que o senhor tem vindo passar temporadas conosco, desde que se transferiu para Roma, esses sinais são mais evidentes.

– Sempre admirei sua capacidade de observação, irmão Jacobino. De fato, a experiência em Roma é exaustiva, é árida, seca como imagino seja um deserto.

– O pior é que não é possível renunciar ao Conselho de Cardeais – lamentou Mateus. – O que está dizendo irmão Jacobino venho notando há vários meses. Ricardo sabe e não faço segredo em parte alguma que adoro viver no Vêneto e por mim não sairia daqui. Lá é só poder, intriga, dinheiro, influência, discussões teológicas, leis e decisões que repercutem até em lugares onde nunca se colocou o pé.

Jacobino lançou a Mateus um olhar de compreensão e notando certo desconforto no semblante do bispo iniciou uma longa conversa falando sobre o andamento das atividades da congregação, do povo simples da aldeia e do caráter franco das pessoas. Apenas um interlocutor muito atento e astuto perceberia que as palavras do religioso tinham um endereço certo e eram um alerta ao poderoso cardeal dom Ricardo. Para os demais, era apenas um discurso de um apaixonado pelo trabalho, mas o bispo assimilava as palavras do velho secretário e meditava que também ele era um mestre na arte de sobreviver na Igreja.

– "Talvez tenhamos muitas coisas em comum" – pensava Ricardo analisando o proceder de Jacobino. – "Ele sabe fazer boa política, dissimula e usa muitos caminhos para realizar seus desejos, é aberto à negociação, apenas nossos rumos são divergentes. Eu miro o centro do poder, o quero, não o temo, ainda que às vezes me esgote as forças. Jacobino o rejeita, pura e simplesmente, mas exerce um estranho poder sobre o coração das pessoas que o cercam."

A permanência no Vêneto não podia se mostrar mais salutar à recuperação da disposição de Ricardo. As estranhas dores que o perturbavam desapareceram como por encanto, nenhuma vez foi surpreendido a massagear o corpo ou se notou qualquer indício de sofrimento, ainda que leve, no físico do bispo. Parecia que quanto mais tempo passava no convento, melhor se sentia, era como beber da fonte da eterna juventude, revigorante.

O verão ia a meio quando Mateus, em um final de tarde, comentou a disposição renovada de Ricardo enquanto conversava com Jacobino sob a copa da árvore do pátio.

– Impressionante a melhora de Ricardo, irmão Jacobino. Preocupava-me muitíssimo seu estado de saúde. Ele não falava nada, não reclamava, mas eu notava que algo não estava bem, agora o vejo disposto, falante e nunca o vi mais sorridente.

– É, meu caro "monsenhor", também noto a boa saúde e a alegria do bispo. Até mesmo das crianças ele tem se aproximado, coisa que nunca havia feito em todos os anos que trabalhamos juntos. Mas existem muitas coisas e mistérios neste mundo para desvendarmos, e o ser humano é, possivelmente, o maior deles.

Mateus ficou pensando nas palavras do amigo e questionou:

– Que mistério acha que existe na recuperação de Ricardo?

Jacobino encheu a mão com um punhado de areia e terra e ficou brincando, vendo a terra se esvair de suas mãos, meditando, escolhendo palavras para responder de forma clara.

– Talvez o melhor fosse indagar "quais mistérios". Não creio que uma única causa explique as transformações de nosso superior. Ele mudou muito. Jamais imaginei vê-lo declarar-se cansado do poder, sempre o vi ansioso por ter mais e mais poder. Às vezes pensava que nem ele mesmo tinha consciência de sua conduta, sempre imaginei que isso escondia uma busca bem maior, mas ele até hoje não deu sinais de abrir-me qualquer brecha em seu mundo interior, não penetrei aquela couraça, Mateus. É um filho que a vida me nega. E apesar de nossas diferenças, aprecio muito dom Ricardo. Vejo-o como uma jóia bruta, um caráter raro e complexo que, lapidado devidamente, se transformará numa jóia de beleza singular, mas...

– Eu não preciso dizer que gosto dele, isso é por demais óbvio – comentou, despreocupado, Mateus. – Mas o senhor não falou quais mistérios seriam, sob seu ponto de vista, os responsáveis pelas melhoras de nosso bispo.

Jacobino, ainda brincando com a terra, falou pausadamente:

– Maturidade. Um despertar de sentimentos, amar modifica as pessoas, Mateus. E creio firmemente que dom Ricardo ama você. O que é maravilhoso, fez dele um novo homem que agora vai ganhando espaços. Espero que essa plantinha suave e ainda tenra cresça dentro dele. O amor o libertará de muitos conflitos e problemas que carrega e que o fazem ser como o conhecemos. Ele é muito inteligente, saberá conduzir esse processo de mudança muito bem, fortalecendo o que é preciso e transformando sem medo o que estiver em desacordo com seu pensamento e proceder atuais. Essa é uma das virtudes que aprendi a reconhecer nele. Como administrador, ele nunca se debruçou sobre resultados negativos além do necessário para conhecer-lhes as causas. Identificadas, eu o via se atirar com todas as forças no processo de reversão do que não julgava satisfatório. Sei que algum dia ele fará isso consigo mesmo. Depois, tem a energia que cerca o Vêneto, aqui todos trabalhamos em harmonia e compreensão, nossa meta é o coração das pessoas, não do poder. Isso muda tudo à nossa volta, Mateus.

– Adoro quando o irmão me fala desse mundo particular e invisível para mim – comentou Mateus referindo-se às últimas frases de Jacobino. – Esse universo de energias que, segundo o senhor, somos capazes de criar e mover. E olhe, as conversas que tivemos me são muito úteis em Roma. Há realmente lugares onde se nota com perfeição a desarmonia das energias, são densos, causam mal-estar, ansiedade, medo... Enquanto aqui, tudo é claro, limpo, tranqüilo. Tão diferente! Somos livres. Isso faz do Vêneto o meu lar.

– Isso também granjeia a proteção dos bons amigos que partiram e vêm nos orientar e inspirar – respondeu baixinho Jacobino. – Entre nós a lei é de amor e trabalho, não temos tempo nem espaço em nossas vidas para querelas menores e sem importância, não cedemos espaços preciosos a influências menos benéficas, Mateus. Esse é o grande segredo do convento do Vêneto. Dom Ricardo beneficia-se desse ambiente. Aqui mentes desalinhadas que o cercavam neste e no outro plano da vida não têm acesso, daí a sensação de liberdade e bem-estar que ele experimenta.

– A inquietação dele cessou – afirmou Mateus. – Na primeira semana após nossa chegada já o sentia tranqüilo, normal.

Jacobino continuou sua inocente brincadeira com os punhados de terra, olhar perdido na contemplação do escoar das partículas entre seus dedos enquanto mentalmente revia algumas cenas, constatando intimamente:

– "Atormentados! Deus, quantos existem nesse mundo? Eu os vejo na carne e fora dela, não há limites ou barreiras, em toda parte, tormentos e atormentados. Em quem exista incompreensão do que significam os sentimentos, as vivências, as oportunidades ofertadas pela vida, abrindo brechas para a ignorância e a revolta, nele estará a tormenta íntima, pessoal, só removível por força própria no sentido da evolução, da compreensão maior de si e da vida. No meio em que o bispo se movimenta, o cerco de pessoas menos interessadas em si e mais interessadas nas coisas da matéria é grande, além disso, há toda uma trajetória de experiências que lhe granjeiam a antipatia de muitos, o ódio, o desejo de desforra.

Ah, Senhor! Que bom será o dia em que os homens forem conscientes de que a morte é só a perda do corpo, parte menor do que chamam "vivos", o ser imortal que somos prevalece antes e depois da morte e continua agindo, sentindo, querendo, pensando. Nem todos são como o bispo Giordano ou a minha Madalena. Mas tenho que reconhecer a lógica que preside os fatos, Senhor, a sabedoria da tua lei que não transforma nada nem ninguém com passes de mágica, continuamos os mesmos, com possibilidade de crescer e trabalhar. E nada mais natural que os que se foram cheios de apego à matéria, com os corações incendiados, os pensamentos em revolta, prossigam do outro lado da vida nas mesmas condições. E a companhia desses atormentados incomoda. Isso também será muito bom, Senhor – o dia em que os homens forem conscientes de que não vivem isolados em redomas e nichos, mas que é possível interagir entre os muitos reinos da criação, principalmente entre o reino da matéria e o do espírito. Muitas coisas terão melhor explicação e serão tratadas com mais humanidade e compreensão."

Acompanhando as reflexões de Jacobino, desfilavam cenas que ele presenciara da intervenção dos espíritos em muitos fenômenos cotidianos e corriqueiros da vida, fatos que haviam acontecido com ele e com outros. Lembrava a situação do convento Carmelita, lembrava a chegada do bispo, que lhe parecera haver em torno dele algo como uma nuvem cinzenta. Em várias ocasiões lhe viera à mente a jovem afilhada do duque morta nos tribunais da Igreja – fragilidade orgânica, dizia a carta do vigário que comunicava a morte de Lúcia, fora a causa, a moça não tinha boa saúde para os rigores da vida religiosa. Parecia sentir sua presença triste perambulando em torno do bispo, cheia de dores e mal-estares, não a vira, era um pressentimento de seu estado. Orara muito pedindo amparo para o espírito de Lúcia, pedira o carinho de Giuliana para a órfã desencarnada e, certo dia, ao fim de suas preces, a amorosa companheira se apresentara a seu lado a acariciar-lhe a face enrugada, ternamente lhe dizendo:

– Tenha paciência, meu amado. Suas preces são bênçãos que caem naquele pobre ser brutalmente desligado de seu corpo físico. A morte de Lúcia nas rodas de tortura, com seus membros dilacerados, arrancados do corpo, marcou-a demais. Sem falar nas atrocidades que a moça viveu durante meses nos porões do tribunal e do terrível sentimento de fracasso por haver falhado na promessa feita à mãe. Procura desesperadamente por Enzo, ela confiou que o rapaz a amava, iludiu-se e ainda não despertou, acerca-se do bispo em busca do jovem padre e também porque, como ainda julga estar de posse da vida física, acredita que Ricardo possa reabilitá-la e fazê-la novamente admitida na ordem religiosa. Precisaremos de muita paciência com ela, é confusa sua vida emocional, marcada por rejeições, tem carências severas. Você tem razão, meu amor, ela necessita de muito carinho e compreensão. Reze por ela, é o melhor que pode fazer. – Depois, sorrindo, juntou suas mãos às de Jacobino e comentou: – Eu também tenho órfãos a cuidar deste lado da vida, assim como sou a mãe dos meninos do convento, você é o pai dos meus tutelados, ore por Lúcia, envie-lhe pensamentos de amor e paz, ela é uma de nossas filhas.

Apesar das notícias sofridas que o espírito de Giuliana lhe trazia, vê-la, estar com ela era sempre uma fonte de alegria e renovação para o velho secretário do bispo e aquela não fora uma exceção, desde aquele momento, com freqüência em suas orações, enviava pensamentos e pedidos por Lúcia.

A pedido do duque Alberto fora ao castelo rezar uma missa pela alma da jovem afilhada, lembrava o pesar do amigo quando recebera a carta oficial comunicando a morte da noviça aos familiares. Haviam conversado muito naqueles dias e Jacobino saíra de lá com a certeza de que o duque lamentava profundamente a sorte da afilhada, mas aceitava os desígnios da vida. Solitário, entregava-se de corpo e alma ao bem-estar do povo que vivia sob sua dependência econômica e aos filhos do primeiro casamento.

Não só o espírito de Lúcia assediava o bispo, embora seus achaques físicos fossem ocasionados por registrar-lhe a presença e as sensações fortes, pesadas, que ela ainda carregava. Verdade é que muitos o cercavam. Desde alguns que se descobriram explorados no mundo espiritual, extorquidos, roubados; outros, preteridos e prejudicados por muitas das ações "políticas" do bispo. Em diferentes estados de consciência e compreensão, as muitas vítimas do bispo constituíam em torno dele uma grande nuvem de testemunhas de seus atos, porém o pensamento de

Ricardo era imperturbável, ele era tão centrado em si mesmo que vivia como em um casulo, dirigir-lhe o pensamento não era tarefa fácil e nenhum deles ainda havia logrado tal proeza.

– Ore muito por nosso bispo e pela sua paz, Mateus. Isso o ajudará – recomendou Jacobino com simplicidade. – Ele vive em ambiente de tormentas e julga que somente a própria força pode sustentá-lo, esquece-se de pedir a proteção divina. E nossas forças são limitadas, Mateus, mas a de Deus é infinita, suas mãos estão sempre prontas a nos erguer e amparar, ensinando-nos a andar com passos mais seguros nos caminhos da experiência terrestre.

Mateus ouviu a recomendação e ficou a cismar, em silêncio, ao lado de Jacobino.

Aquele verão reservava a Jacobino inusitadas alegrias. A permanência do bispo, de Mateus e a inocente companhia de Rafael aliadas à frutificação em abundância do trabalho que lutara por anos a fio para implantar na congregação eram motivos mais que suficientes para dar ao velho religioso redobrada sensação de paz e disposição. Cada dia que amanhecia, ele agradecia a Deus a dádiva de mais uma oportunidade e, ao fim do dia, a gratidão pelo trabalho se fazia sentir na serenidade com que adormecia, contente e confiante.

Seu estado de espírito se transmitia naturalmente aos membros da congregação, que o reconheciam como o líder nato, àquele a quem seus corações de boa vontade seguiam. O bispo era a autoridade temporal, Jacobino, a moral.

– Não se perca em palavras, Mateus, faça, trabalhe. Nenhuma lição pode ser mais bem ensinada do que aquela em que o mestre trabalha ao lado do aprendiz. Lembre-se de Jesus: Ele não reuniu seus discípulos e ficou a falar-lhes, Ele os chamou e enquanto trabalhava os ensinava, mostrando a teoria e a prática das leis que conduzem os homens no exemplo de trabalho e dedicação diários. E Ele é o mestre por excelência, "monsenhor" – ensinava Jacobino alegremente ao jovem amigo sempre que se reuniam sem a presença barulhenta de Rafael ou do bispo.

Trabalho era o hino de vida de Jacobino, e sua paz e felicidade, as merecidas recompensas.

Amanhecia e o secretário do bispo já se encontrava de pé e em atividade. Enquanto aguardava o desjejum, que o frei, pessoalmente, lhe servia todas as manhãs, ouvia pacientemente os pedidos de um dos auxiliares da cozinha que não perdia a oportunidade de pedir uma "palavrinha" com Jacobino. Escutava-o com carinho, pois há anos sabia que a grande maioria das pessoas não o buscava para receber conselhos e orientações, queriam simplesmente ser ouvidas, compartilhar seus fardos, como crianças ranzinzas que precisam reclamar para fazer alguma coisa, que têm o vício de se queixarem.

– Agora basta, amigo – interveio frei Gusmão se dirigindo ao auxiliar e depositando a bandeja com a refeição de Jacobino. – Amanhã ou depois você continua, a refeição da manhã é sagrada para o irmão Jacobino. Vá cuidar de seu trabalho na cozinha.

Amuado, o auxiliar se levantava, obediente, despediu-se de Jacobino e foi cumprir a determinação do frei.

– Se não faço assim com ele, irmão, passa os dias a se queixar, e trabalho que é bom, nada – comentava o frei dispondo a louça e sentando-se para partilhar a refeição como cotidianamente faziam desde os tempos do bispo Giordano.

– É um mau hábito que há anos temos tentado corrigir, mas ele é renitente. Para você ver, frei, que quando não parte da pessoa a disposição de mudar, ninguém consegue corrigi-la. Olha como digo bobagens... – disse Jacobino no mesmo instante.

– O senhor diz bobagens? Que sobra então para qualificar o que eu digo?

– Digo, sim, frei, quem somos nós para pretender corrigir alguém, se nem Deus faz tal coisa? É só a vaidade e a pretensão humana que nos levam a pensar em tamanha bobagem. Deus nos dá a liberdade de agir como bem quisermos e a responsabilidade pelos nossos atos. Recebemos sempre de conformidade com o que merecemos, com o que damos à vida. Quantos erram um número infinito de vezes e nem por isso Deus se aflige, deixa-os, pois sabe que em algum momento irão despertar, sujeita-o simplesmente a mesma lei que os demais.

– Sem pretensão, irmão – falou risonho o frei –, eu faço com o amigo que nos deixou o mesmo que Deus – a lei comum na cozinha é cada qual com seu trabalho cumprido no tempo certo, sei que com aquele ali não adianta discursos, cansei de ouvi-lo e fazer-lhe recomendações, até que descobri que quando não lhe doía a cabeça, doía o pé e quando este estava bem, então era outra coisa. Não o poupo, ele tem que cumprir sua função igual aos outros.

– Assim, um dia aprenderá, enquanto isso, ele é meu exercício de paciência – concordou Jacobino.

Serviram-se e iniciaram a refeição em amistosa camaradagem. Bebiam um pouco mais de café, após terem se alimentado, quando ouviram uma voz alegre chamando na porta:

– Pai, pai, onde está o senhor?

Jacobino depositou a xícara sobre o pires e custou a erguer a cabeça. Somente o fez ao ouvir passos avançando pelo refeitório e chamando:

– Pai! Que saudade!

Emocionado, o velho religioso levantou o olhar e deparou-se com Lucas, bem mais velho, com alguns fios de cabelos grisalhos nas têmporas e leves rugas em torno dos olhos, mais robusto, o olhar mais seguro e confiante, que irradiava alegria e disposição, braços abertos a chamá-lo. Sem pensar, levantou-se e correu a abraçar o antigo discípulo, com o rosto lavado de lágrimas. Rindo e chorando, apertou-o forte contra si, afagou-lhe o cabelo e, depois, com as emoções sob controle, segurou-lhe as mãos e admirou-o, dizendo:

– Meu filho! Meu pequeno Lucas, então lembraste de teu velho pai? Como estás, meu querido?

– Nunca o esqueci. Não há um só dia que eu não me lembre do senhor e não faça a Deus uma prece por sua saúde – respondeu Lucas secando as lágrimas. – Eu estou muito bem. Há anos tinha o desejo de voltar ao Vêneto, mas só agora consegui.

– Venha, meu filho, vamos sentar – convidou Jacobino puxando Lucas para próximo da extensa mesa. – Você é de casa. Já fez sua refeição? Por favor, frei, traga mais uma xícara para o visitante.

– Não me diga que esse é o antigo seminarista franzino com quem o bispo implicava? – perguntou o frei, que não havia reconhecido no homem à sua frente o inseguro seminarista de anos atrás.

– O próprio, frei – confirmou Lucas. – E o senhor, como está? Sempre fazendo aquele caldo delicioso?

O frei sorriu e, bonachão, abriu os braços para acolher o antigo companheiro.

– Tenho que manter a saúde de todos por aqui. Aquele caldo é minha receita secreta. Que bom vê-lo! Sente-se aí, vou trazer mais uma xícara.

Acomodados, Lucas e Jacobino ficaram alegremente se encarando por alguns minutos, um reparando nas mudanças do outro, até que riram e Jacobino pediu:

– Conte-me, Lucas, que fez esses anos todos?

– Andei muito, meu pai. Quando saí daqui fiz o que o senhor me recomendou. O duque foi muito generoso comigo, mas eu não queria ficar tão próximo do convento, então ele me deu uma carta e recomendou-me a um nobre de Vicenza, parti para lá na mesma semana. Trabalhei em diversas atividades, até que ele reparou em meus conhecimentos e perguntou-me se não gostaria de me encarregar de auxiliar na instrução de seus filhos. Aceitei a tarefa e passei a auxiliar o preceptor. Essa atividade me encantou, tornei-me amigo do preceptor e de sua família, trabalhamos juntos até hoje. A experiência que tive com o senhor aqui no convento me tem sido muito útil, é a ela que devo meu sucesso.

– Um educador. Deus o abençoe, meu filho, na sua obra. É um trabalho lindo e dignificante. Honre sua tarefa – comentou Jacobino. – Ensine seus alunos a amar o saber, a apreciar a vida, a amar a si próprios, aos seus semelhantes e a Deus.

– Tenho procurado fazer isso. Mas, não querendo abusar da boa vontade do frei, será que ele não conseguiria refeição para mais alguns viajantes?

– Claro, meu filho. Por que não disse antes que trazia amigos contigo? Quantos são?

– Seis.

– Vou agora mesmo pedir ao frei que providencie mais alimentos.

O velho secretário do bispo ergueu-se e com passos ligeiros e ágeis foi até a porta que ligava o refeitório com a cozinha e solicitou o combinado ao cozinheiro. Voltou para perto de Lucas e indagou:

– Onde estão seus acompanhantes?

– Na recepção do convento. Achei melhor deixá-los lá até encontrar o senhor.

– Vamos buscá-los, devem estar famintos. De certo viajaram a noite toda... Vicenza é longe.

Alegres e falantes, os dois seguiram pelos corredores desertos do convento até a sala onde estavam os acompanhantes de Lucas.

Jacobino adiantou-se na porta e abriu-a, não escondendo a surpresa ao deparar-se com uma jovem mulher cercada por quatro crianças e trazendo um bebê de aproximados dez meses no colo. Entendendo que se tratava da família de Lucas, Jacobino esboçou um largo sorriso e exclamou:

– Meus netinhos! Jesus, como és bom! Não é que tenho netinhos? Cinco, Senhor! Que lindos! Venham, pequenos – chamou Jacobino abaixando-se e abrindo os braços. – Me abracem, venham. Sou um velho feio, mas sou amigo. Venham.

O cativante pedido de Jacobino foi atendido pelas crianças assim que sentiram o olhar da mãe os incentivando.

O riso do velho religioso abraçando as crianças era contagiante. Depois de abraçar, acariciar e abençoar cada um deles, fazendo-os dizer seus nomes, Jacobino, radiante, aproximou-se da mulher e do bebê. Ela tomou-lhe a mão e pediu:

– A bênção, padre.

– Deus já a abençoou, minha filha, lhe dando anjos tão lindos para fazer-lhe companhia. Mas eu a abençôo. Seja muito feliz, querida. Como é o seu nome?

– Chamo-me Lívia, padre. É uma honra conhecê-lo, meu marido fala muito bem do senhor.

– Ele é um grande amigo, por certo não lhe contou as vezes que o fiz sofrer, minha filha. Mas venha, vamos dar comida a esses anjos, pobrezinhos, devem estar famintos. Rafael vai ficar muito contente em conhecê-los – disse Jacobino falando um pouco com Lívia, outro pouco com as crianças.

Acompanhado pelo casal e seus filhos, Jacobino entrou novamente no refeitório anunciando ao cozinheiro que seus netos tinham vindo visitá-lo e que ele queria capricho nas refeições àquele dia.

Mateus e Rafael integraram-se naturalmente à alegria daquele dia. Ricardo observou um pouco à distância a felicidade do ex-padre e sua família.

O regozijo daqueles momentos estava estampado no olhar e nas feições de Jacobino. Ele era todo alegria. Sentado no pátio, cercado pelas crianças do orfanato e por seus "netinhos", ele contava histórias, falando de Jesus e de seu amor aos pequenos. Envolto naquela vibração, viu rapidamente o espírito do bispo Giordano a abençoá-los alegremente e, a seu lado, sorridente e carinhosa, a figura de Giuliana.

– "Que dia para morrer!" – pensava Jacobino. – "Partiria com a consciência tranqüila, tendo realizado tudo aquilo a que me propus. Obrigado, Jesus. Como és bom comigo!"

Após a missa do ângelus os visitantes partiram, prometendo retornar em outra oportunidade, deixando atrás de si um rastro de alegria e levando as almas repletas de carinho.

Aquele verão chegou ao fim, sem que outras particularidades fossem dignas de nota. Mateus e Ricardo retornaram a Roma e o bispado do Vêneto permaneceu sob a responsabilidade de Jacobino, os trabalhos da congregação cresciam e estava prestes a surgir a escola tão sonhada pelo velho secretário.

Em Roma a atividade política de Ricardo era intensa, consumia seus dias em audiências e reuniões com religiosos e nobres de diversos lugares e países. Mateus era seu braço direito e o equilíbrio da inteligência fria com o aspecto humano e moral da tarefa religiosa, era o sentimento, a empatia, a graça que aliviava o uso de recursos drásticos e extremos, agindo com a persuasão emocional quando a razão pura era insuficiente, fazendo com que Ricardo abandonasse práticas extremas e violentas antes tão usadas.

Charme, diplomacia e perseverança eram as características marcantes da atuação do jovem monsenhor ao lado do cardeal e seu nome crescia em fama e respeito especialmente perante a nobreza com pensamento mais tolerante. Embaixador que se fazia da obra da congregação do Vêneto, os recursos, que já eram abundantes, tornaram-se mais do que fartos, porém, arrecadados de forma honesta, de pessoas que desejavam participar ativamente de tarefas sociais. Sua natural simpatia conquistava a amizade dos superiores e, apoiado no poder do cardeal Ricardo, as portas se abriam para todas as idéias que ele encaminhava à Santa Sé como tarefa abraçada por sua congregação.

A inestimável amizade do duque Alberto com irmão Jacobino, que era o realizador no Vêneto das obras assistenciais da congregação e o grande idealizador das escolas da congregação e sua filosofia educacional, garantia a estabilidade local do trabalho, unindo a nobreza ao clero. Trabalhavam dispostos e em perfeita sintonia, gerindo, com sabedoria, disciplina e muito amor à tarefa, que dava novos horizontes aos seus inúmeros assistidos do corpo e da alma, não distinguindo classes sociais.

Surgiam constantes pedidos de orientação para monastérios e conventos da ordem em diversas regiões da Itália, solicitando a transferência de religiosos do Vêneto para auxiliar a implantação dos trabalhos que realizavam e sua forma de gerir instituições. – Jacobino se desdobrava em formar novos auxiliares e remetê-los para diversos lugares.

Em meio às tratativas para a autorização da tarefa educacional da ordem, Ricardo foi chamado a uma audiência com o sumo pontífice e, enquanto esperava ser atendido, foi surpreendido pela chegada de dom Jaime e seu novo auxiliar.

– Cardeal dom Ricardo, que inusitado prazer encontrá-lo – comentou dom Jaime após os cumprimentos formais.

– Digo o mesmo, dom Jaime. Temos tido poucas oportunidades de diálogo nos últimos tempos. Como está seu trabalho?

– Não tão afamado quanto o seu, mas prossigo minha luta sem tréguas contra o mal, onde eu saiba de sua existência. Agora conto com padre Enzo, meu novo auxiliar.

Intimamente descontente por ver Enzo, mas nada demonstrando em sua fisionomia, Ricardo falou:

– Espero que ele lhe sirva com fidelidade e respeito, assim lhe foi ensinado no Vêneto. E voltando-se para Enzo, que o observava com o olhar brilhante de raiva e despeito, continuou: – Como tem passado, padre Enzo? Não sabia de sua vocação para o exorcismo, mas reitero o que disse a dom Jaime.

A pesada porta de madeira se abriu e o secretário particular do papa aproximou-se do cardeal, cumprimentando-o efusivamente e indagando:

– E monsenhor Mateus, não o acompanha?

– Infelizmente não – respondeu Ricardo. – O monsenhor precisou auxiliar a transferência de um de nossos religiosos para um convento no sul, viajou há alguns dias. Deverá estar em Roma na próxima semana, o que significa que em nossa próxima audiência com o papa ele estará presente com certeza.

– O pontífice ficará muito triste. Tem grande admiração pelo jovem monsenhor. Sempre fala dele, creio que logo, logo o senhor será compelido a perder seu auxiliar. Mais de uma vez ouvi o nome dele cotado para assumir um bispado.

– Monsenhor Mateus merece a justa ascensão que tem recebido na Igreja – comentou Ricardo frisando cada palavra, pois sabia que dom Jaime e Enzo estavam atentos ao diálogo. – Apesar de sentir a perda de tão brilhante auxiliar, não posso, por outro lado, deixar de me sentir gratificado e orgulhoso por ver um de meus antigos aprendizes seguir tão rapidamente meus próprios passos. Quem duvida que ele ainda não me supere?

– Suas palavras, como sempre, vêm repassadas de sabedoria. Vamos então noticiar ao pontífice que o senhor se encontra só e ele não usufruirá a agradável companhia de seu auxiliar – comentou em tom de brincadeira o secretário.

Ricardo, aproveitando a oportunidade de espezinhar Enzo, virou-se para dom Jaime e comentou ironicamente:

– O senhor está vendo, caro bispo, o preço que tenho que pagar por ter monsenhor Mateus como auxiliar? Meu próprio prestígio, que o senhor há pouco decantou, é pouco perto do carisma dele e nosso pontífice me receberá com tristeza por estar desacompanhado. Cuide que seu novo aprendiz, que ainda é somente um padre jovem e um tanto inexperiente, algum dia não lhe tome o lugar.

– Um padre exorcista deve enfrentar um duro combate com o mal, cardeal. É isso que tenho ensinado a ele. – redargüiu dom Jaime, e completou com indisfarçada inveja: – Mas faço coro aos atributos de monsenhor Mateus, embora seja sabido que sua proteção e assistência auxiliam a carreira de qualquer um.

Ricardo, sem se abalar pelo comentário, que poderia ser depreciativo a Mateus, devolveu:

– É verdade, sei exatamente o poder que detenho, caro bispo, e por isso mesmo, eu, melhor do que ninguém, sei quem é digno ou não de receber minha proteção e assistência. Faz parte de minhas obrigações morais selecionar o que há de melhor para trazer ao seio da Igreja. Não esqueça de fazer o mesmo em seus afazeres, dom Jaime. Cuide com quem emprega seu tempo, Jesus nos ensinou a dar mais àquele que tem mais a oferecer e a retirar daquele que nada tem. É o que fiz.

Enzo fervia de indignação com as indiretas de Ricardo, mas a hierarquia lhe impunha silêncio aos lábios.

– "Quem é esse monsenhor Mateus? Não me recordo dele entre os relacionamentos de Ricardo, pensei que quem o acompanhava aqui fosse o irmão Jacobino" – perguntava-se Enzo mentalmente.

Despedindo-se formalmente de dom Jaime e de Enzo, Ricardo afastou-se acompanhando o secretário do papa.

Sozinho na sala com dom Jaime, Enzo não sofreou a curiosidade e perguntou:

– Não conheço o monsenhor a quem se referiram. Quem é ele?

– Um jovem siciliano. Foi seminarista no Vêneto e tem feito uma carreira muito rápida. Acompanha o cardeal em tudo, como você viu, o próprio papa aprecia o dito padre. Falam que o título foi um presente do cardeal. São inseparáveis e muito ligados. Já tive a oportunidade de conversar com monsenhor Mateus, é um jovem brilhante, e o cardeal tem razão, a fidelidade dele ao superior é fácil de ser notada, aliás, ele é fiel à congregação e tem enorme afeição ao que faz, verdade seja dita.

A flecha do ciúme, contaminada pela inveja, atingiu Enzo em cheio e o nome de monsenhor Mateus ficou martelando em sua cabeça até causar-lhe profundo mal-estar.

Não perdeu oportunidade de investigar quem era o religioso e também não demorou nada a ter confirmado suas suspeitas a respeito do relacionamento do cardeal e do monsenhor, obviamente tudo nos cantos dos salões e nas sacristias de Roma. Frente a frente, não ousavam desafiar o poderoso cardeal, nem o benquisto monsenhor, admirado pelos nobres mais ricos da Itália.

– "Maldito Ricardo! Quem ele pensa que é para rejeitar-me assim? Foi por causa desse Mateus que ele despachou-me para a África, não me queria por perto. Mas eu voltei e se não sou tão influente quanto o novo protegido dele, também nada tenho a perder. Todos saberão quem é o bispo do Vêneto, o cardeal dom Ricardo. Ah! Como saberão de tudo sobre ele!"

Com essa determinação, Enzo começou uma implacável campanha difamatória de Ricardo. Nos bastidores do poder onde circulava pelo braço de dom Jaime, ele seduzia a vários religiosos e, sob os mantos dos segredos de alcova, falava-lhes verdades e mentiras sobre dom Ricardo, acusava-o das maiores heresias praticadas com objetos tidos como sagrados pela Igreja – atitudes que ele próprio havia tido –, transferia a responsabilidade para o ex-amante.

Nessas horas, palavras surgiam em sua boca e idéias em sua mente que jamais havia cogitado – influência do espírito de padre Rugiero que pouco se ausentava do lado de seu dócil instrumento –, mas na sanha da inveja e do ciúme tudo valia para destruir aquele a quem creditava sua desdita.

Não demorou muito um rastilho de fofocas incendiou os ambientes por onde circulavam Ricardo e Mateus, embora a dissimulação dos covardes que sempre atacam pelas costas usando a arma da difamação, que não titubeiam em caluniar e mentir, pois tudo quanto diziam a respeito de Mateus não passavam de calúnias, o bispo do Vêneto logo percebeu o que estava acontecendo.

Os planos de expansão da atividade da congregação com a criação de escolas começou a ter sua decisão protelada, a influência da Ordem vinha agora manchada pelos escândalos verdadeiros e falsos atribuídos a seu superior e a atividade estagnava.

Mateus em vão buscava conter a ira que sentia em Ricardo. O bispo nada falava, sua face continuava com a mesma expressão imperturbável de sempre. Em silêncio, em todos os ambientes ele espreitava e jogava com seus interlocutores buscando a origem das difamações, que suspeitava virem de Enzo.

Jacobino, que à distância acompanhava os fatos através das cartas semanais de Mateus, o incentivava a recomendar a prudência ao bispo, a paciência, e inúmeras vezes escreveu:

Mateus, lembre ao Reverendíssimo que tais atitudes não constroem e ruem por si mesmas. São casas construídas sobre areia.

Não se sustentam. Tenham fé e paciência. O tempo mostrará a verdade e a mentira. Olhe a tempestade, é o exemplo da natureza de forças em aparente descontrole, derrubam árvores que se opõem à sua passagem, mas as que são flexíveis vergam e depois retornam com toda pujança à sua estatura normal.

De alguma forma, fosse lendo trechos ou comentando em conversas posteriores, Mateus sempre dava ciência a Ricardo das orientações recebidas de Jacobino, do apoio do velho secretário e das notícias que no Vêneto nenhum abalo sofreram os trabalhos da congregação. Duque Alberto avalizava todas as atitudes dos religiosos e contra seu nome e fortuna fofocas da Igreja não logravam prosperar junto aos nobres.

Mas nada disso confortava Ricardo. Ver o desprezo velado em alguns rostos, as dissimuladas conversas, os olhares cheios de malícia e desconfiança traziam de volta a seu mundo interior as marcas esculpidas a fogo pela incompreensão paterna, o horror dos primeiros tempos distante de tudo o que amava, a brusca perda de identidade, a rejeição sumária e os sermões cheios de recriminações de seu pai. Toda a torrente de emoções reprimidas ao longo dos anos ameaçava irromper no desespero de evitar que os dias da primeira juventude novamente se sucedessem e, principalmente, que atingissem Jacobino e Mateus.

Essa chaga emocional não era visível em Ricardo. Para soterrá-la, escondera, reprimira todas as demais emoções desde a adolescência e quanto mais o tempo fora passando, mais profundamente ela corroía o seu interior, apresentara aos familiares a face de um eleito para fugir às abominações e aos preconceitos, imbuído da necessidade de poder para ser respeitado e ter assegurado um mínimo de liberdade, ele passara a não titubear, foram as pedras de toque que acenderam a ambição latente em seu espírito.

E era nessa ferida que Enzo inadvertidamente remexia, desconhecendo que, com sua inveja e seu ciúme, transformados agora em calúnias e campanha difamatória, fariam de Ricardo literalmente um leão ferido.

Desencadeava forças que, com sua estúpida visão distorcida pelo egoísmo, não divisava as conseqüências nem media sua capacidade de dirigi-las.

Aquele foi o mais longo inverno da existência de Ricardo. Foram inúmeras as noites insones remoendo sozinho as dores que carregava. Maldizia a manhã em que recolhera Enzo no piso de pedra da igreja do convento do Vêneto, revia a trajetória empreendida a contar daquele dia e a frase "Em verdade vos digo, que aquele que come comigo, me trairá" retumbava em sua mente, soando como uma profecia só entendida depois da catástrofe.

Nem o carinho, nem a companhia de Mateus foram capazes de amenizar o estrago que a difamação fazia no interior de Ricardo. Abalara-o em sua estrutura. Sem saber, Enzo atingira a única parte sensível do bispo – o trauma da primeira juventude, com o desprezo do pai por notar suas tendências à homossexualidade.

As palavras de Jacobino não encontravam eco no pensamento do bispo. Apenas a sombra do desprezo o perseguia e crescia dia a dia, alimentada pelo medo que sempre lhe fora companhia fiel, rondando-lhe o mundo emocional.

Não mais suportando a situação criada por Enzo, ciente de que partia dele a campanha, o bispo resolveu agir a seu modo, monitorou tudo e todas as circunstâncias que se desenrolavam à sua volta, e disposto a manter a aparência de que continuava ignorando as fofocas a seu respeito, prosseguiu com suas atividades como se nada houvesse de diferente, trocando hipocrisia por hipocrisia. Só as estrelas eram sabedoras de suas angústias.

Mateus, crendo que finalmente Ricardo dava atenção a seus pedidos e às orientações do velho secretário, relaxou e inocentemente entregou-se com sua costumeira alegria ao trabalho.

Escreveu a Jacobino participando-lhe que notava mudanças salutares em Ricardo e recebeu em resposta uma carta orientando-o a permanecer atento ao bispo e pedindo-lhe que transmitisse a ele felicitações pelo aniversário.

No jogo de hipocrisia que Ricardo fazia, essa data era chave. Dias antes comunicara a Mateus que desejava comemorá-la oferecendo uma grande festa, reunindo a nobreza e o clero de Roma em sua residência. E assim o fez.

Junto com a carta de Jacobino que chegara na manhã da data festiva, vieram barris do melhor vinho do Vêneto, produzido nos vinhedos da congregação. Examinando o carregamento, o bispo ordenou a um dos serviçais:

– Leve os barris para a adega, distribua o vinho em garrafas pequenas, bem vedadas, deixe uma aberta e, quando terminarem, traga-a até meu gabinete.

O serviçal, obediente, acatou a determinação. Era quase meio-dia quando bateu à porta do gabinete e, recebendo permissão, entrou na sala, dizendo:

– Dom Ricardo, trouxe-lhe a garrafa de vinho conforme pediu.

O bispo aproximou-se e tomando-a nas mãos sorriu.

– Obrigado, fez um ótimo trabalho. Escolheu belas garrafas, gostei disso. Pode ir, meu filho. Deus o abençoe.

O criado fez uma mesura desengonçada e deixou Ricardo sozinho a contemplar a bebida com um misterioso meio-sorriso a dançar-lhe sobre os lábios e um brilho frio de ódio aceso no olhar.

Tomou o cuidado de chavear a porta do gabinete para depois retirar de um compartimento do grande armário de madeira pesada sua caixa de drogas, derramando boa quantidade de um líquido letal no vinho. Levou a garrafa cuidadosamente próximo às narinas, aspirando o aroma.

– Não alterou em nada esse verdadeiro perfume que tem o vinho do Vêneto. Perfeito!

Vedou caprichosamente a garrafa e guardou-a no armário.

À noite, o palacete do cardeal não podia estar mais belo, nem mais animado. A elegância, a fartura, o esmero de todos os detalhes era comentado com grandes elogios ao anfitrião, brindes e discursos se multiplicavam nas rodas por onde passava o cardeal. A todos atendia com refinada educação, olhando as cenas, quase não se poderia crer que era a mesma pessoa que se consumia temerosa de um desprezo público. Ninguém diria que circulava entre o anfitrião e seus convidados qualquer comentário que não fossem os mais honrosos e respeitosos, a dissimulação dos interesses e das vaidades tinha ali um retrato fiel em cada rosto, apenas Mateus era a exceção para comprovar a regra.

Dom Jaime e seu aprendiz também se faziam presentes e Enzo olhava deslumbrado o luxo da residência de Ricardo em Roma, no mínimo, dez vezes superior ao que conhecera no Vêneto. Olhando à sua volta e vendo nitidamente a posição de destaque que monsenhor Mateus desfrutava ao lado de Ricardo, a inveja e o ciúme lhe corroíam o íntimo, fervia de revolta, julgava que fora espoliado, que era uma vítima do bispo. Embora Enzo escondesse relativamente bem seus sentimentos, para Ricardo, eles eram transparentes, quase cristalinos, e ver que o antigo amante e causador de seus dissabores estava roído pela inveja o alegrou.

– "Isso é uma graça a mais no meu plano. Saber que ele se sente assim é um tempero que agrada a meu paladar" – pensava Ricardo correndo o olhar pela festa depois de haver furtivamente observado as reações de Enzo.

Horas depois, após o lauto banquete e as apresentações artísticas, notando que seus convidados davam sinal de cansaço, Ricardo antecipou-se e, dirigindo-se a seu gabinete escondeu na batina que usava a garrafa que preparara à tarde. Voltando ao salão, mandou que os criados trouxessem dois grandes cestos repletos de garrafas de vinho.

E conforme os convidados se despediam, ofertava-lhes uma ou mais garrafas do melhor vinho do Vêneto.

Apresentando-se à sua frente na fila das despedidas dom Jaime e seu aprendiz, Ricardo sorriu e abaixou-se mexendo no cesto a pretexto de escolher a garrafa a lhes ofertar:

– Para os senhores, preciso ofertar a melhor garrafa, afinal, o padre Enzo é conhecedor dos vinhos do Vêneto. Não desejo que ele teça comentários desairosos sobre os vinhedos da congregação. – Sacando despercebidamente a pequena garrafa que trouxera escondida, anunciou, entregando a dom Jaime: – Esta! Eis a melhor! Vejam a cor deste tinto. Perfeita, não acham? Sim, uma beleza. Para os senhores fazerem um último brinde à minha pessoa mais tarde, antes de se recolherem.

– Excelente, cardeal. Esse obséquio que dá a seus convivas é prova da gentileza de sua alma. Nunca esqueci o sabor que têm os vinhos produzidos nos seus vinhedos.

Enzo, ao lado de dom Jaime, permanecia mergulhado em silêncio sepulcral. A figura de Mateus o incomodava demais e a pouca importância que ele lhe dera arruinaram-lhe ainda mais a noite, tinha ânsia de sair do palacete de Ricardo o mais rápido possível.

– Não tenha dúvidas, dom Ricardo, que brindaremos à sua saúde e à sua felicidade hoje mesmo – garantiu Enzo, e apressando dom Jaime, despediu-se levando o vinho.

– "Ao menos mais um copo de vinho me ajudará a dormir" – pensava Enzo, irado.

O olhar de Ricardo acompanhou-os até vê-los se retirarem do ambiente, então, um sorriso de regozijo e uma estranha expressão de quem se sente aliviado estamparam-se em sua face.

Vários dias depois circulava em Roma o boato de que a morte do bispo exorcista e de seu aprendiz fora resultante de um pacto entre amantes.

Capítulo 10

Um pai

"Enquanto tenhamos nosso corpo, e a alma se encontra mergulhada nessa corrupção, jamais possuiremos o objeto dos nossos desejos: a verdade. Com efeito, o corpo nos suscita mil obstáculos pela necessidade que temos de cuidá-lo; ademais, ele nos enche de desejos, de apetites, de temores, de mil quimeras e de mil tolices, de maneira que, com ele, é impossível ser sábio um instante. Mas, se não é possível nada conhecer com pureza enquanto a alma está unida ao corpo, é preciso de duas coisas uma: ou que não se conheça jamais a verdade ou que se venha a conhecê-la depois da morte. Livres da loucura do corpo, então conversaremos, é de esperar-se, com homens igualmente livres, e conheceremos por nós mesmos a essência das coisas. Por isso, os verdadeiros filósofos se exercitam para morrer e a morte não lhes parece de nenhum modo temível."[1]

– Georges – chamou Ricardo interrompendo as imagens que desfilavam aos nossos olhos. – Julgo que já revi o suficiente de minhas loucuras passadas. Estou plenamente consciente de tudo o que fiz e, se não posso garantir que não irei reincidir em meus motivos de queda no futuro, posso ao menos lhe garantir que tenho o propósito sincero de mudan-

[1] *Sócrates. Item III. Resumo da doutrina de Sócrates e de Platão. Introdução de* O Evangelho Segundo o Espiritismo. *Trad. Salvador Gentile. Araras, IDE.*

ça. Podemos conversar sobre o que se sucedeu após o que revimos.

Georges trocou comigo um olhar cúmplice, depois se voltou para o paciente e, encarando-o, disse:

– Seja bem-vindo entre nós, Ricardo.

Ricardo, sem entender a estranha resposta de Georges, olhou-o longamente e, como o médico não dissesse nada, voltou seu olhar para mim, que abandonara meu material de anotação e, sorrindo, repeti:

– Seja bem-vindo entre nós, Ricardo.

– O que há? Vocês agora resolveram brincar comigo, por quê? – indagou Ricardo intrigado sentando-se no divã e alternando olhares de mim para Georges.

Georges riu e, tocando o ombro de Ricardo, explicou:

– Isto é uma longa história, meu amigo. Você acabou de manifestar conscientemente o estado que nosso orientador[2] requer para admitir um novo aluno. Como todos nos consideramos seus alunos, lhe demos as boas-vindas ao grupo.

– Desculpem, mas não entendi.

– Você conhece perfeitamente nossa instituição, está entre nós há um bom tempo. Deve ter notado que ela abriga muitos espíritos, em diversas condições, e que tem uma característica marcadamente educacional.

– Sim, notei. É um conceito de escola bem diferente. Creio que o que estou fazendo seja, ao menos para mim, um curso, um estudo sobre mim mesmo. E notei outras atividades semelhantes a essa em grupos, sem falar nos encontros que participei antes e que você dirigia.

– É, nosso lar é uma grande escola, Ricardo. O bondoso amigo que nos dirige os esforços é a quem chamamos orientador. E é dele a frase de que para sermos aceitos nessa escola apenas uma coisa é exigida: firme propósito de mudança interior. Como ele brinca, essa é a senha que abre as portas do nosso grupo.

– Interessante!? – disse Ricardo. – Isso quer dizer que fui aceito aqui?

– Se desejar ficar conosco, sim, tem as condições necessárias.

---

[2] *Nota do autor espiritual: personagem sobre quem falamos em nosso romance* Dramas da Paixão, *publicado pela Boa Nova Editora.*

– Mesmo com todos os erros do meu passado próximo e distante?

– Se nada tivéssemos a aprender e a corrigir, para que serviria um processo educacional? – retrucou Georges.

– E o que farei aqui? O que esperarão de mim?

– Primeiro você se integrará a grupos que fazem uma espécie de revisão conceitual de si mesmos, da vida e de Deus, buscam desenvolver e ampliar uma nova consciência perante a vida. Depois, paralelamente, você irá encontrando as atividades que possa realizar conforme suas condições. Não se preocupe, a necessidade de trabalhar surgirá espontânea em você, assim como descobrirá suas aptidões e no que deseja servir.

– E o que esperarão de mim, Georges?

– Nada.

– Como, nada?

– Nada. Você dará o que desejar e tiver condições. Nenhum de nós pode criar expectativas em cima das realizações de outra pessoa. Seríamos um núcleo de frustrados se trabalhássemos imbuídos desse pensamento. Não, Ricardo, não lhe pedirão nada.

– Para mim é estranho ver esta atitude, não estou habituado.

– Será que não mesmo, Ricardo? Pense bem, não precisa me responder. Mas quase todos nós conhecemos exemplos de atitudes desprendidas, aliás, sabiamente desprendidas. Jesus nos ensinou esse caminho de agir sem esperar recompensas de qualquer tipo, isso evita decepções e frustrações e faz com que coisas pequenas sejam fontes de grande alegria e satisfação.

– É, pensando bem, creio que tive sim exemplos dessas atitudes, eu é que não aproveitei como devia. Mas voltando ao início: podemos parar?

– Podemos. Como você avalia essa jornada?

Ricardo olhou para mim, endereçou-me um longo e perscrutante olhar, deu um meio-sorriso e respondeu:

– Dolorido e doloroso. Estou bem, me sinto aliviado de um fardo pesadíssimo, consciente de que preciso recuperar muita coisa e, principalmente, que tenho muito a construir no futuro. É o que sinto nesse momento. Durante esse tempo procurei separar em mim aquilo que deverá ser mudado do que considero um mérito e pode ser mantido. É minha forma de pensar, talvez esteja errada...

– Não – atalhei imediatamente. – Você está corretíssimo. Fortaleça o que há de bom e renove o que estiver equivocado.

– Obrigado, José Antônio. Bem, julgo que olhar para frente é um mérito, buscar o futuro e partir com disposição para novas conquistas também. São características da minha personalidade que empreguei mal, vou utilizá-las melhor daqui para a frente.

– Ótimo! Excelente! – incentivou Georges, feliz com as palavras de Ricardo.

– Aprendi que preciso me dominar, adquirir temperança no uso das coisas que a vida oferece. Dominar a matéria e minhas ações e reações em torno das ilusões que ela oferece aos sentidos. Em muitos aspectos avaliei que obtive realmente o crescimento que Jacobino dizia ver em mim. Ao menos, com relação ao uso dos prazeres sexuais. Saí do domínio das sensações e conquistei os sentimentos, com eles reorganizei minha vida abandonando a luxúria pelo amor. Creio que essa conquista foi muito positiva.

Ricardo fez uma pausa, enfrentando um questionamento íntimo.

– Sei que retornamos à vida física, vi após a minha morte vários de meus companheiros daquela existência mergulharem em outras experiências materiais. Quando retornar à vida material, terei as mesmas tendências e preferências sexuais desta última?

– Dependerá de você, Ricardo. O espírito, regra geral, escolhe livremente o sexo no qual deseja reencarnar, preferindo aquele que melhor se adapte a suas necessidades no momento. Mas é bem verdade que desenvolvemos ambos os lados – o masculino e o feminino – de nossa personalidade, e muitas vezes preferimos uma dessas formas que esteja mais desenvolvida ou acentuada em nós reencarnando várias vezes na condição de homem ou de mulher. Você era um homem, sua psicologia é masculina, seu corpo também era, sua opção por conviver com outros homens era fruto exclusivo da sua liberdade de escolha no uso dos prazeres que a matéria oferece.

– Mas essa tendência se manifestou logo que eu saía da infância, não tinha conhecimento dos prazeres sexuais para escolher. Sempre julguei que fosse inato.

– Inato é o que nasce conosco quando fomos criados espíritos imortais. Em nossa origem espiritual somos simples e ignorantes, com potencialidades a serem despertadas e, gradativamente, se desenvolvem nos proporcionando liberdade de ação. Você como espírito, em algum momento da sua trajetória teve a experiência homossexual que marcou o desenvolvimento da sua personalidade. Entenda, Ricardo, essa foi a sua necessidade de aprendizagem evolutiva.

– Quer dizer que entra também no domínio das coisas materiais?

– Obviamente. As sensações, emoções e sentimentos que cercam a vida sexual são reflexos das conquistas de cada um e estão subordinados às leis de evolução. Ser senhor dos prazeres físicos de qualquer ordem é a proposta de aprendizado que a vida material encerra. Domine as ilusões que a matéria oferece e você estará lutando contra os vícios que elas despertam, conquistando virtudes e liberdade, sinônimo de evolução. E quando digo isso, falo com relação a qualquer forma de expressão da sexualidade e a todos os prazeres físicos. Eu venci o mundo, asseverou Jesus, querendo justamente dizer que era senhor absoluto de si mesmo e da matéria. Quem é senhor transita com liberdade em qualquer reino.

– Então minhas tendências não são assim tão pecaminosas?

– De forma alguma. São a sua realidade e a sua experiência evolutiva. Não fira ninguém, não magoe, não cause traumas afetivos naqueles com quem vier a se relacionar e não estarás te comprometendo. Pecado é causar dano a si mesmo ou ao próximo.

– Eu errei em direcionar toda minha vida em função da sexualidade. A opção pela Igreja foi equivocada. Eu teria sido bem mais feliz realizando um trabalho que me desse satisfação, talvez até mesmo na área da medicina, que tanto gosto de estudar. Errei em cultivar os sentimentos de rejeição e na idéia de querer tornar-me alguém como os outros esperavam que eu fosse. Isso tudo não me deu realização alguma e eu me joguei na busca desenfreada de sexo, primeiro, querendo uma satisfação que julgava somente física, e era bem maior, não estava nos outros, e sim, provavelmente, dentro de mim, depois, quis mais e mais poder, glória, influência e fortuna. Nada disso me serviu. Na verdade, minha tendência que mais me trouxe prejuízo não foi na área da sexualidade, mas a ambição, depois foi realmente a forma como lidei com a rejeição de meu pai e o conceito que ele me passou sobre mim mesmo como alguém abominável e desprezível.

– Você de fato progride muito rapidamente, Ricardo – comentou Georges observando a lucidez com que seu ex-paciente analisava a si próprio. – Vamos descansar por hoje. Amanhã tornamos a nos encontrar e o levaremos a conhecer nosso orientador, está bem?

Ricardo aquiesceu e despediu-se. Concluí minhas anotações, troquei mais algumas palavras com Georges e retornei a meu estúdio de trabalho.

Na manhã seguinte, logo cedo, encontrei nosso orientador sentado em um dos bancos do jardim apreciando o espetáculo da natureza. Saudou-me alegre e perguntou:

– Como está o antigo bispo do Vêneto?

– Teve melhoras impressionantes. Sua história me fascinou e o trabalho com Georges foi um acréscimo importante.

– São boas as notícias que me trazes. Vamos aguardá-los, em breve Georges deve trazê-lo aqui – falou nosso orientador com um sorriso terno no rosto enrugado. – Fale-me do seu trabalho. Quais são as novidades?

Enquanto esperávamos os amigos, entretivemo-nos em proveitosa conversação.

Um brilho intenso no olhar de nosso orientador chamou minha atenção para um ponto distante alguns metros de onde nos encontrávamos. Georges e Ricardo vinham conversando e se aproximando a passos lentos.

– Vamos encontrá-los – sugeriu o orientador levantando-se e obrigando-me a segui-lo.

Andamos poucos metros e Georges parou à nossa frente.

– Bom dia! – saudou-nos o amigo e, tocando o braço de Ricardo à altura do cotovelo, falou a nosso orientador: – Trago-lhe nosso amigo, doravante creio que ele precise da sua assistência, meu trabalho está concluído.

– Pelo que me relatou José, você fez um excelente trabalho – elogiou o orientador, e dirigindo o olhar a Ricardo, que permanecia mudo ao lado de Georges contemplando ensimesmado a figura à sua frente, sorriu e deixou-se observar sem pressa nem constrangimento.

Georges e eu demos um passo ao lado, afastando-nos um pouco e trocando olhares cheios de mútua curiosidade.

Havia como que algo em suspenso naquele instante. Ricardo fixava atentamente as feições envelhecidas, o olhar meigo e severo de nosso orientador, algo nele lhe era familiar, mas não sabia o quê. A aparência, as roupas por certo não eram, mas havia alguma coisa naquele velhinho à sua frente que era, e muito, familiar.

Nosso orientador adiantou-se alguns passos, ficando bem próximo de Ricardo. Olhou-o nos olhos e disse, com ternura:

– Seja bem-vindo, meu filho, há muito tempo que o espero.

Algumas lágrimas rolaram silenciosas pelo rosto de Ricardo. Em seu olhar, um brilho de felicidade se acendeu, mas ele ainda hesitava, por isso, o orientador abriu os braços e pediu:

– Venha, meu filho, me dê um abraço que há muito tempo o espero.

Ricardo chorava como uma criança ao ouvir as palavras de nosso orientador e, não mais resistindo, jogou-se em seus braços, soluçando.

– Não pode ser verdade! Diga que é você? Está diferente, muito diferente, mas esse olhar, esse modo de falar eu reconheceria de qualquer jeito e em qualquer lugar – dizia Ricardo abraçando fortemente o orientador – Meu filho...Você me chamou meu filho! Isso é mesmo verdade?

O orientador ria feliz abraçado ao novo discípulo e, erguendo a mão, acariciou-lhe os cabelos e a face e respondeu:

– Sim, meu filho, sou eu. É verdade. Finalmente, depois de todos esses anos, posso chamá-lo assim. Finalmente você está livre e aberto para a vida. Que bom tê-lo conosco!

Ricardo não queria mais se afastar daquele abraço. Era isso o que me transmitia aquela cena. Sorridente, olhei para Georges e o surpreendi em pranto contemplando o encontro.

– Jacobino! – dizia Ricardo mergulhado no abraço e com o rosto lavado de lágrimas. – Meu pai Jacobino! Quanto queria chamá-lo assim. Invejava Lucas, Mateus e os outros que se aproximavam de ti como os filhos de um pai. Eu queria e precisava tanto desse afeto, desse vínculo. Pai... meu pai. Depois que minha família me rejeitou, você foi a primeira pessoa que aprendi a amar. Mas eu tinha medo de sofrer, de ser rejeitado, desprezado e ao mesmo tempo ansiava por carinho e compreensão. Eu nunca lhe contei nada, mas, para mim, era como se você soubesse de tudo sempre, desde o dia em que ouvi sua conversa com Lucas atrás da porta do confessionário.

– Ricardo, seja bem-vindo à nossa escola. Desde os tempos do Vêneto tenho acompanhado sua trajetória e esperado para reencontrá-lo. Você é um filho do meu coração. Éramos uma estranha dupla de trabalho, não é mesmo?

– Muito! – concordou Ricardo, rindo. – Diferentes em tudo.

– Mas lá no Vêneto eu pensava em você como um filho rebelde, que não se aproximava muito de mim, mas também não vivia longe. Bem, agora as barreiras caíram. Como você está se sentindo?

Ricardo respirou profundamente e afrouxou o abraço, dando liberdade ao orientador para encaminhá-lo até o banco onde antes estávamos sentados.

– Bem, muito bem. Georges é um grande amigo. Ajudou-me muito. Todos têm sido muito gentis comigo, até mesmo quando eu empregava toda minha arrogância eclesiástica, me toleraram. Estudei-me bastante, revisitei aqueles dias passados e extraí um bom aprendizado. Posso dizer que estou bem. Superei muitas coisas e com outras aprendi a lidar. Sinto-me renovado. Em parte, o mesmo, em parte, outro, é isso que quer dizer, não é, Georges?

Enxugando as lágrimas com as mãos, Georges respirou fundo antes de responder:

– É. – Notando um ar de riso debochado na expressão de Ricardo, ralhou: – Não me olhe assim, não tenho vergonha de chorar, nem de rir, faz parte de todos nós e é saudável expressar as emoções.

– Está bem, eu sei disso – concordou Ricardo. – Afinal, foi você mesmo quem me ensinou. E por acaso rir não é expressar emoção?

Com um gesto de quem era pego no contrapé, Georges sacudiu a cabeça e riu.

– Terás muito trabalho com esse novo discípulo – disse o médico ao orientador.

– Trabalho não me assusta. É sempre sinônimo de felicidade. Ele aprenderá muito rápido, você verá.

– Com certeza – afirmou Georges.

Ricardo acompanhava o diálogo envolvido num clima de êxtase, de satisfação, de alguém que achava novamente um lar, um sentimento de pertencer a um grupo.

Olhando-o, não pude deixar de me questionar o quão forte não seriam as emoções que ele estava experimentando após uma carência afetiva de longos séculos de complexos de rejeição e de uma forte repressão emocional. Aquele era um dia que ficaria para sempre gravado na mente daquele filho que buscava desesperadamente um pai.

..*

Dias depois me encontrava em meu estúdio de trabalho, contemplando os jardins pela janela, mas confesso que sem vê-los. Minha mente mergulhava no trabalho que naquele momento tomava minha atenção. Mentalmente arquitetava a forma que desejava dar a uma nova história, quando ouvi uma suave batida anunciando que tinha visitas.

Um tanto contrariado, atendi a porta e, para minha surpresa, deparei-me com Ricardo, alegre e bem-disposto.

– Certa vez você me disse que quando desejasse eu poderia vir procurá-lo, por isso estou aqui – disse-me ele.

– De fato, eu disse. Entre.

Ele andou pelo meu estúdio e, parado em frente à janela, comentou:

– Lembro a primeira vez que estive aqui. Foi por causa disto – falou ele me mostrando o livro que tinha em mãos. – A minha história que você escreveu. Eu a li, conforme me pediu.

– E então, o que achou?

– Fiel. Você contou o fundamental daquela existência. Vim lhe devolver e ...

– Não me diga que mudou de idéia!

– Não, de forma alguma. Espero que ela seja útil, vim reiterar meu consentimento para que a torne pública.

Ele estendeu-me o volume e acrescentou:

– Minha visita é breve. Tenho um pequeno trabalho a fazer.

– Obrigado, Ricardo – disse-lhe, recebendo o texto. – Fico muito feliz em saber que está trabalhando.

Ele se despediu e saiu rapidamente. Fiquei observando o esvoaçar das saias da batina do bispo, baixei o olhar para o livro e notei que tinha algo dentro. Com cuidado, abri a capa e me deparei com uma carta:

Engraçado, José, não sei a quem me dirigir. Um "prezado leitor" me parece tão formal depois de tudo que foi exposto em seu texto, que acabei por me decidir a abolir completamente as formalidades.

Senti necessidade de dizer algumas palavras àqueles que derem seu tempo à leitura de minhas experiências.

Carpe diem – *aproveite o dia. Aproveite suas oportunidades, construa, empregue bem seus talentos.*

Não fuja de si mesmo, enfrente-se. Conheça-se, preste atenção em si mesmo, não nos outros.

Fui dominado pelo que os outros poderiam dizer ou pensar de mim, a opinião alheia era um fantasma a rondar em torno de mim. Paguei muito caro, sofri e gerei sofrimentos, não faça o mesmo. Procure a liberdade que as suas verdades oferecem e lembre-se de não aprisionar ninguém em seus julgamentos. Cada um de nós é um ser singular da criação. É um livro inédito, um romance inesquecível e deve ser amado e respeitado tal qual se apresenta.

Se faltam condições para erguer alguém, que não sejamos os que o derrubam.

Luto contra pesados fardos, espero um dia vencê-los. Permitir a exposição nua e crua de meus sentimentos, de mim mesmo, tal qual os vivi, é minha primeira prova de fogo, sei que muitos irão me compreender e muitos irão me condenar.

Não sei se José Antônio irá acrescentar essas linhas ao texto, mas quero registrar algumas lembranças.

Após aquela festa, lutei muito tentando apagar os vestígios das denúncias verídicas e das calúnias espalhadas por Enzo. Eu não podia admitir que meus atos viessem prejudicar o trabalho de Jacobino e Mateus em prol da criação de escolas e orfanatos que formassem jovens em diversas profissões, dando-lhes a oportunidade de escolha da vida que desejariam seguir. E também porque naquela época o conceito público a respeito da minha pessoa era vital. Nele, eu buscava mostrar aos meus familiares que eu era ALGUÉM de quem eles podiam sentir orgulho.

Mas foi uma luta inglória até certo ponto, pois as palavras, uma vez ditas, lançam idéias que não mais se conseguem apagar. Isso foi motivo de grande sofrimento, reabrindo velhas feridas de minha alma. Entrei em profundo abatimento. Mateus foi um companheiro leal e devotado até o meu fim. Jacobino tinha razão ao dizer que ele tinha futuro em qualquer lugar por se interessar pelas pessoas e, na religião, por seus sinceros ideais de espiritualidade. Depois da minha morte, que ocorreu anos após os últimos fatos narrados, Mateus assumiu a direção da congregação no Vêneto, foi nomeado bispo e prosseguiu as obras que idealizava com Jacobino, hoje está de volta às lutas da vida física e segue evoluindo.

Eu passei aqueles últimos anos intimamente perturbado e, quando deixei a vida física, descobri que era assediado por muitas das minhas antigas vítimas. Entretanto, como a morte não realiza milagres, logo tomei consciência da situação e tratei de afastá-los – o poder tinha que ser meu e foi. Vi-os desaparecer dos ambientes que habitávamos um a um, recolhidos a regiões de tratamento e recuperação, vi-os voltar à matéria, mas eu mesmo, em verdade, fugia, relutava em me afastar daquele universo triste, porém conhecido. As marcas da rejeição acentuaram o medo ao novo e eu permaneci séculos dessa forma.

Talvez alguns pais leiam a minha vida e quem sabe alguns vejam em seus filhos as tendências à homossexualidade. Por favor, lembrem das marcas, das dores, do sofrimento moral que carreguei e não rejeitem seus filhos. Um ser humano é muito mais que a condição sexual que revela. Ele não deixa de ser digno, de ter sentimentos, lutas e conflitos, ele não deixará de amar você, de precisar de seu carinho e de seu afeto.

Todos aqui o chamam orientador, para mim, ele será sempre Jacobino, o homem que eu queria que tivesse sido meu pai, e, com certeza, eu teria sido outra pessoa, bem melhor, com comprometimentos menores. Ele, como diz Georges, é incansável em ensinar os significados das palavras dos grandes filósofos e de Jesus, que estou procurando sentir, e em nos alertar para não esperarmos nada dos outros.

Pense assim sobre seu filho, eduque-o, dê-lhe o melhor que puder, nos aspectos material e espiritual, mas não lance sobre ele ex-

pectativas, aprenda a descobrir-lhe o caráter e o ajude a ser um homem melhor.

Obrigado por sua compreensão.

Ricardo, o bispo.

Junho de 2002

José Antônio.

De Ana Cristina Vargas

Dramas da Paixão
pelo espírito **José Antônio**
Romance no qual o amor se mescla com a ambição e a cobiça, e a afetividade vem sedimentada no interesse. Obra que sensibilizará o leitor de forma delicada e profunda ao ponto de fazê-lo refletir intensamente sobre a influência da Providência Divina no comportamento humano, ou seja, nas conseqüências de nossos atos e atitudes.

Escravo da Ilusão
pelo espírito **José Antônio**
Escravo é todo aquele que de alguma forma abdica de sua liberdade de agir, abandonando seus ideais e renegando sua individualidade, para se adaptar ao conjunto de regras externas. Essa obra propõe uma viagem ao reino da escravidão buscando encontrar caminhos de liberdade. É valiosa oportunidade para extrairmos lições de viver e conviver em sociedade e também para encontrarmos a autoliberdade.

De Francisco do Espírito Santo Neto

Os Prazeres da Alma
pelo espírito **Hammed**
Esta obra, a exemplo do livro *As dores da alma*, é objeto de estudo do comportamento e dos potenciais humanos baseado em *O Livro dos Espíritos*. O benfeitor Hammed denomina *Os Prazeres da Alma,* sentimentos como a sabedoria, alegria, afetividade, coragem, autoconhecimento, lucidez, compreensão, amor, desapego, compaixão, perdão e outros tantos. Hammed busca no trecho do Novo Testamento (Marcos 12:37) "E a multidão O escutava com prazer!" a inspiração para o título desse livro.

Coleção Fonte de Inspiração
pelo espírito **Hammed**
A Coleção Fonte de Inspiração reúne os livros *Sol do Amanhecer*, *Espelho D'Água* e *Além do Horizonte* em um só pacote. São as mais luminosas citações do espírito Hammed psicografadas pelo médium Francisco do Espírito Santo Neto, reunidas em pequenos livros de cabeceira. Trata-se de uma coleção de pensamentos que servem como verdadeiras lições de meditação sobre o nosso comportamento e nossas posturas diante da vida.

As Dores da Alma

pelo espírito **Hammed**

Nesta obra Hammed faz uma análise dos "sete pecados capitais", ou seja, um estudo sobre a depressão, o medo, a culpa, a mágoa, a rigidez, a repressão – o que ele denomina as "dores da alma". Constrói pontes entre os métodos da sociologia, da psicologia, da pedagogia e de diversas questões de *O Livro dos Espíritos*. Uma excelente reflexão sobre o comportamento humano.

Renovando Atitudes

pelo espírito **Hammed**

Hammed, neste livro, diz que só podemos nos transformar até onde conseguimos nos perceber. Ensina-nos como ampliar a consciência para que possamos enxergar as verdadeiras intenções que motivaram nossos atos e atitudes e, por conseqüência, melhoraram nosso procedimento em relação à vida. Obra baseada em *O Evangelho Segundo o Espiritismo*.

Conviver e Melhorar

pelos espíritos **Lourdes Catherine** e **Batuíra**

Os autores pretendem nos auxiliar a ter um bom relacionamento com nós mesmos, para que possamos lidar melhor com as personalidades difíceis que encontramos em nossa esfera familiar, no ambiente profissional e social. Ajudam-nos na arte do relacionamento interpessoal, facilitando e aperfeiçoando nossa convivência.

A Imensidão dos Sentidos

pelo espírito **Hammed**

Como "olhar" além do óbvio e do que nossos cinco sentidos podem oferecer? Como adentrar no vasto campo da sabedoria espiritual de forma natural e espontânea? Essas e outras tantas respostas você encontrará nessa obra baseada em *O Livro dos Médiuns*. Estas páginas constituem um verdadeiro tratado de como perceber a vida transcendental dentro e fora de nós.

De Célia Xavier Camargo

Preciso de Ajuda!

pelo espírito **Eduardo**

Um livro que trata das questões do suicídio, da autodestruição. Ainda transmite que a valorização da vida nasce do autorespeito para alcançar a felicidade. É uma narrativa emocionante, instrutiva e consoladora, revelando que ninguém está desamparado pela Misericórdia Divina. Preocupados com a idéia do suicídio, jovens da cidade espiritual Céu Azul trabalham no auxílio aos encarnados.

De Volta Ao Passado

pelo espírito **César Augusto Melero**

Livro que se refere ao autoconhecimento como a melhor maneira para vencer as imperfeições que caracterizam o ser humano. O esquecimento do passado é tratado no livro como benção divina que proporciona uma vida construtiva, apenas rastreando os prejuízos de tempos atrás.

Céu Azul

pelo espírito **César Augusto Melero**

O livro mostra a situação de jovens desencarnados com narrativas emocionantes, consoladoras e instrutivas, posicionando a morte como inexistente e trazendo informações sobre o Mundo Espiritual. O jovem César, agora desencarnado, fala de suas experiências e de seus novos amigos na Espiritualidade.

Os Sinos Tocam

pelo espírito **Erick**

Na época de Carlos IX, houve na França um trágico episódio que ficou conhecido como "Noite de São Bartolomeu". Ainda hoje, quando os sinos tocam, repercutem desagradavelmente no íntimo daqueles espíritos que participaram do trágico acontecimento, lembrando-os das torturas e dos crimes praticados naquela terrível noite. As experiências aqui relatadas servem de exemplo e de alerta para todos os que vierem a ler esta obra, escrita com muito amor e dedicação.

De Oneida Terra

Sob a Luz da Verdade

pelo espírito **Victor Hugo**

Esta obra conta a história de alguns questionamentos da vida, como os traumas que dificultam o relacionamento íntimo, comportamentos estranhos de pessoas que teriam tudo para ser feliz, amores não correspondidos, etc.. O autor espiritual Victor Hugo aponta alguns caminhos que podem ajudar a descobrir a solução para esses problemas.

Um Só Coração

pelo espírito **Sahija**

O livro mostra que ninguém é julgado ou sentenciado pelas ações, apenas chamados para refletir ante suas inconsequências. É a busca por tornar os costumes menos rudes e disciplinar as paixões, vencendo os antagonismos e estabelecendo a paz. No livro, Iron se nega a fazer uma denúcia de um crime, sofrendo abalos psicológicos, por não tomar a atitude desejada do espírito desencarnado.

Fotolitos
ArtScan
(São José do Rio Preto, SP)

Impressão
Lis Gráfica e Editora Ltda.
(São Paulo, SP)